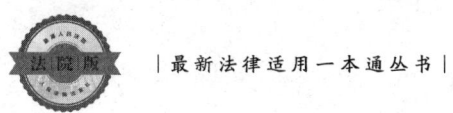

|最新法律适用一本通丛书|

民法典
婚姻家庭编和继承编
适用一本通

人民法院出版社 编

人民法院出版社

图书在版编目（CIP）数据

民法典婚姻家庭编和继承编适用一本通 / 人民法院出版社编. -- 北京：人民法院出版社，2024.1
（最新法律适用一本通丛书）
ISBN 978-7-5109-3994-5

Ⅰ. ①民… Ⅱ. ①人… Ⅲ. ①婚姻法－法律适用－中国②继承法－法律适用－中国 Ⅳ. ①D923.905②D923.55

中国国家版本馆CIP数据核字(2023)第254103号

民法典婚姻家庭编和继承编适用一本通
人民法院出版社　编

策划编辑	李安尼
责任编辑	周利航
封面设计	尹苗苗
出版发行	人民法院出版社
地　　址	北京市东城区东交民巷27号（100745）
电　　话	（010）67550691（责任编辑）　67550558（发行部查询） 　　　　　65223677（读者服务部）
客 服 QQ	2092078039
网　　址	http://www.courtbook.com.cn
E－mail	courtpress@sohu.com
印　　刷	保定市中画美凯印刷有限公司
经　　销	新华书店
开　　本	880毫米×1230毫米　1/32
字　　数	498千字
印　　张	15.125
版　　次	2024年1月第1版　2024年1月第1次印刷
书　　号	ISBN 978-7-5109-3994-5
定　　价	55.00元

版权所有　侵权必究

前　言

　　民法典作为我国基本法律之一，是新时代国家精神、民族精神和法律文化传统的立法表达。编纂民法典是党的十八届四中全会提出的重大立法任务，也是切实贯彻落实党的十九届四中全会精神、丰富完善国家法制体系、推进依法治国能力现代化的重要举措。2020年5月28日，十三届全国人大三次会议正式表决通过《中华人民共和国民法典》，共7编、1260条，各编依次为总则、物权、合同、人格权、婚姻家庭、继承、侵权责任和附则，自2021年1月1日起施行。民法典的颁行对于统一《民法通则》和其他已有民事法律规范，消弭单行立法之间的疏漏、重复和冲突，保护人们在社会中生存发展的民事权利，保证司法的统一、公正、高效和权威，激发社会发展的活力和潜力等均具有重要意义。

　　在民法典实施三周年之际，为更好地回应广大读者对民法典深入学习的热切期盼和强烈渴求，人民法院出版社立足法律实践，在之前出版的《中华人民共和国民法典适用一本通丛书》的基础上，对该丛书全面升级改版，全新推出《最新法律适用一本通丛书》之《民法典总则编适用一本通》《民法典物权编适用一本通》《民法典合同编适用一本通》《民法典人格权编和侵权责任编适用一本通》《民法典婚姻家庭编和继承编适用一本通》5个分册。每一分册均以《中华人民共和国民法典》主体法律条文为主线，逐条全面梳理与之密切关联的法律规范及权威案例，并新增"适用要点"栏目，为部分重点条文的理解与适用提供具体指引。本丛书通过"以法析法"、"以案释法"、要点提示的方式将民事法律规范系统、全面、生动地呈现在广大读者面前，为法官、律师等司法工作者及法律教学、社会普法等大众读者提供了全面、丰富、实用的法律实践指引和学习参考指引。

丛书具有以下四项显著特点：

1. 内容全面、编排得当。丛书体例上，以《中华人民共和国民法典》条文为纲，在每个条文之后插入与之密切相关的法律、行政法规、司法解释及文件、部门规章及规范性文件，重点法条配有地方性法规、地方政府规章、权威案例、适用要点等，使读者一目了然地了解与民法典各个条文相关的全部重点内容。

2. 紧扣实务、以案释法。为增强丛书的实用性，使读者更好地理解法律条文的内容，为解决实务问题提供参考，丛书精心收录了与主条文切合的具有全国指导意义的权威典型案例，如最高人民法院指导性案例、公报案例、典型案例、人民法院案例选案例、民事审判指导与参考案例等，并制作单独的案例索引目录方便实践应用。

3. 精心设计、方便实用。丛书体例内容均经过精心设计，仅收录现行有效的、最新的、与民法典条文密切相关的内容，民法典颁布后失效的以及时间久远的指导当前实践意义不大的规范及案例并未被选取。此外，为方便读者翻阅查询，丛书还为民法典各个条文提炼了相应的条文要旨。

4. 传统纸媒与数字内容深度融合。鉴于部分案例全文内容庞大，悉数收录将极大增加图书篇幅，不便于阅读和携带，丛书充分利用大数据资源，将传统纸媒与数字内容深度融合，书中指导案例及公报案例等仅保留发布时间、关键词和案例要旨部分，方便读者了解案例概况，同时可扫描案例下方的二维码读取案例原文。

丛书的编纂一切从读者的需求出发，希望本丛书的出版能够为广大读者深入学习和理解民法典，解决工作学习中的问题提供有益的帮助。囿于时间仓促及资料有限，丛书可能还存在一些不当与纰漏之处，敬请读者朋友谅解，也欢迎批评指正。

编者

2023 年 12 月

凡　例

1. 法律文件名称中的"中华人民共和国"省略，其余一般不省略，例如《中华人民共和国立法法》，简称为《立法法》。

2. 以《中华人民共和国民法典》正式颁布条文为纲，原有条文要旨和适用要点的提炼参考已出版的法律及司法解释理解与适用图书及其他图书，新增条文要旨的提炼根据条文关键词及内容概要。

3. 法律规范的选取及排序。选取法律、立法解释、行政法规、司法解释及文件、部门规章及规范性文件等。每一类别下优先按照与主条文相关性排序，其次按照发布时间从新到旧排序。收录日期截至2023年12月底。

4. 案例的选取及排序。选取最高人民法院指导性案例、最高人民法院公报案例、最高人民法院公布的典型案例、《人民法院案例选》案例、《民事审判指导与参考》案例，并以此为序。收录日期截至2023年12月底。

5. 案例索引。每册书制作单独的案例索引，放在每册目录之后。索引中将案例按照内容主题分类列明，方便读者快速查阅。

目 录

婚姻家庭编

第一章　一般规定 ··· 3

第一千零四十条　【婚姻家庭编的调整范围】················· 3
第一千零四十一条　【基本原则】························· 4
第一千零四十二条　【婚姻家庭的禁止性规定】············· 16
第一千零四十三条　【婚姻家庭的倡导性规定】············· 42
第一千零四十四条　【收养基本原则及禁止买卖未成年人】··· 44
第一千零四十五条　【亲属、近亲属及家庭成员范围】······· 45

第二章　结　　婚 ·· 49

第一千零四十六条　【结婚自愿】························ 49
第一千零四十七条　【法定婚龄】························ 51
第一千零四十八条　【禁止结婚的情形】·················· 52
第一千零四十九条　【结婚登记】························ 54
第一千零五十条　【夫妻互为家庭成员】·················· 70

第一千零五十一条　【婚姻无效的情形】……………………71
　　第一千零五十二条　【胁迫婚姻可撤销】……………………74
　　第一千零五十三条　【隐瞒重大疾病婚姻可撤销】…………77
　　第一千零五十四条　【无效或被撤销婚姻的法律效果】……81

第三章　家庭关系……………………………………………83
第一节　夫妻关系……………………………………………83
　　第一千零五十五条　【夫妻平等】………………………………83
　　第一千零五十六条　【夫妻姓名权】……………………………84
　　第一千零五十七条　【夫妻的自由】……………………………85
　　第一千零五十八条　【夫妻抚养、教育和保护子女的权利义务
　　　　　　　　　　　平等】……………………………………88
　　第一千零五十九条　【夫妻相互扶养义务】……………………92
　　第一千零六十条　　【夫妻家事代理权】………………………96
　　第一千零六十一条　【夫妻间遗产继承】………………………97
　　第一千零六十二条　【夫妻共同财产】…………………………100
　　第一千零六十三条　【夫妻个人财产】…………………………104
　　第一千零六十四条　【夫妻共同债务】…………………………106
　　第一千零六十五条　【夫妻约定财产制】………………………110
　　第一千零六十六条　【婚姻关系存续期间夫妻共同财产的
　　　　　　　　　　　分割】…………………………………113
第二节　父母子女关系和其他近亲属关系……………………114
　　第一千零六十七条　【父母与子女之间的抚养、赡养义务】……114
　　第一千零六十八条　【父母教育、保护未成年子女的权利
　　　　　　　　　　　和义务】……………………………………140
　　第一千零六十九条　【子女应尊重父母的婚姻】………………154

第一千零七十条　【父母与子女间遗产继承】……………………157
第一千零七十一条　【非婚生子女的权利】……………………159
第一千零七十二条　【继父母与继子女间的权利义务关系】………162
第一千零七十三条　【亲子关系异议之诉】……………………168
第一千零七十四条　【祖孙之间的抚养赡养义务】………………173
第一千零七十五条　【兄弟姐妹间的扶养义务】…………………175

第四章　离　　婚…………………………………………178

第一千零七十六条　【协议离婚】………………………………178
第一千零七十七条　【离婚冷静期】……………………………182
第一千零七十八条　【自愿离婚登记】…………………………183
第一千零七十九条　【诉讼离婚】………………………………192
第一千零八十条　【婚姻关系解除】……………………………208
第一千零八十一条　【现役军人配偶要求离婚】…………………209
第一千零八十二条　【男方不得提出离婚的情形】………………212
第一千零八十三条　【复婚登记】………………………………214
第一千零八十四条　【离婚后的父母子女间关系】………………215
第一千零八十五条　【离婚后子女抚养费的负担】………………225
第一千零八十六条　【离婚后父母对子女的探望权】……………232
第一千零八十七条　【离婚时夫妻共同财产的处理】……………239
第一千零八十八条　【离婚经济补偿】…………………………251
第一千零八十九条　【离婚时夫妻共同债务清偿】………………252
第一千零九十条　【离婚经济帮助】……………………………255
第一千零九十一条　【离婚损害赔偿】…………………………256
第一千零九十二条　【一方侵害夫妻共同财产的法律后果】……264

第五章 收　养 271

第一节　收养关系的成立 271

第一千零九十三条　【被收养人的范围】......271

第一千零九十四条　【送养人的范围】......275

第一千零九十五条　【监护人送养未成年人的特殊规定】......279

第一千零九十六条　【监护人送养孤儿的特殊规定】......281

第一千零九十七条　【生父母送养】......284

第一千零九十八条　【收养人的条件】......294

第一千零九十九条　【收养三代以内旁系同辈血亲子女的特殊规定】......300

第一千一百条　【收养子女的人数】......302

第一千一百零一条　【共同收养】......305

第一千一百零二条　【无配偶者收养异性子女的年龄限制】......307

第一千一百零三条　【收养继子女的特别规定】......308

第一千一百零四条　【收养、送养自愿】......310

第一千一百零五条　【收养的形式要件】......312

第一千一百零六条　【被收养人户口登记】......342

第一千一百零七条　【亲朋抚养例外】......343

第一千一百零八条　【优先抚养权】......345

第一千一百零九条　【涉外收养】......346

第一千一百一十条　【收养保密义务】......352

第二节　收养的效力 354

第一千一百一十一条　【收养效力】......354

第一千一百一十二条　【养子女的姓氏】......356

第一千一百一十三条　【收养的无效】......357

第三节　收养关系的解除 ·· 359
　　　第一千一百一十四条 【协议解除及因违法行为解除收养
　　　　　　　　　　　　　关系】·· 359
　　　第一千一百一十五条 【关系恶化而协议解除收养关系】········ 360
　　　第一千一百一十六条 【解除收养关系的程序】····················· 362
　　　第一千一百一十七条 【解除收养关系的法律后果】·············· 365
　　　第一千一百一十八条 【解除收养关系后生活费或抚养费的
　　　　　　　　　　　　　给付】·· 366

继 承 编

第一章　一般规定 ·· 371
　　第一千一百一十九条 【继承编的调整范围】························· 371
　　第一千一百二十条　【继承权受国家保护】··························· 372
　　第一千一百二十一条 【继承开始的时间及死亡先后的推定】··· 373
　　第一千一百二十二条 【遗产范围】······································· 376
　　第一千一百二十三条 【继承方式及其相互关系】··················· 383
　　第一千一百二十四条 【继承和遗赠的接受和放弃】··············· 384
　　第一千一百二十五条 【继承权的丧失】································ 387

第二章　法定继承 ·· 390
　　第一千一百二十六条 【继承权男女平等】···························· 390
　　第一千一百二十七条 【法定继承人范围及继承顺序】············ 391
　　第一千一百二十八条 【代位继承】······································· 394
　　第一千一百二十九条 【丧偶儿媳、女婿的继承权】··············· 397

第一千一百三十条 【遗产分配的原则】……………………398
第一千一百三十一条 【酌情分得遗产权】……………………402
第一千一百三十二条 【继承处理方式】……………………406

第三章　遗嘱继承和遗赠……………………408

第一千一百三十三条 【遗嘱继承和遗赠的一般规定】……………………408
第一千一百三十四条 【自书遗嘱】……………………409
第一千一百三十五条 【代书遗嘱】……………………411
第一千一百三十六条 【打印遗嘱】……………………412
第一千一百三十七条 【录音录像遗嘱】……………………413
第一千一百三十八条 【口头遗嘱】……………………414
第一千一百三十九条 【公证遗嘱】……………………416
第一千一百四十条 【遗嘱见证人资格的限制性规定】……………………421
第一千一百四十一条 【必留份】……………………422
第一千一百四十二条 【遗嘱的撤回、变更及效力顺位】……………………423
第一千一百四十三条 【遗嘱的实质要件】……………………425
第一千一百四十四条 【附义务的遗嘱或遗赠】……………………427

第四章　遗产的处理……………………429

第一千一百四十五条 【遗产管理人的选任】……………………429
第一千一百四十六条 【指定遗产管理人】……………………430
第一千一百四十七条 【遗产管理人的职责】……………………432
第一千一百四十八条 【遗产管理人未尽职责的民事责任】……………………433
第一千一百四十九条 【遗产管理人的报酬】……………………433
第一千一百五十条 【继承开始的通知】……………………434
第一千一百五十一条 【遗产的保管】……………………435

第一千一百五十二条 【转继承】……………………………………… 435

第一千一百五十三条 【遗产的认定】…………………………………… 436

第一千一百五十四条 【法定继承的适用范围】…………………………… 441

第一千一百五十五条 【胎儿预留份】…………………………………… 445

第一千一百五十六条 【遗产分割的原则和方法】………………………… 446

第一千一百五十七条 【再婚时对所继承遗产的处分权】………… 447

第一千一百五十八条 【遗赠扶养协议】………………………………… 448

第一千一百五十九条 【继承遗产债务清偿与特留份规定】…… 454

第一千一百六十条 【无人继承遗产的归属】………………………… 455

第一千一百六十一条 【遗产继承与税款、债务清偿】……………… 456

第一千一百六十二条 【遗赠与税款、债务清偿顺序】……………… 457

第一千一百六十三条 【既有法定继承又有遗嘱继承、遗赠时
　　　　　　　　　　　税款和债务的清偿规则】………………………… 458

案例索引

婚姻家庭编

一般规定

- **典型案例**：受到家庭暴力的受害人向人民法院申请人身安全保护令的，人民法院经审查，可对施暴人发出禁止令，禁止其实施家庭暴力——陈某申请人身安全保护令案 …… 35
- **典型案例**：妇联在知道未成年受害人父母对被害人实施家庭暴力后向人民法院申请人身安全保护令，人民法院可发出人身安全保护令禁止其父母实施家庭暴力——朱小某申请人身安全保护令案 …… 36
- **典型案例**：因实施家庭暴力导致离婚的，无过错方在离婚时有权请求损害赔偿——王某诉江某离婚纠纷案 …… 38
- **典型案例**：夫妻双方因家庭暴力被判决离婚的，受害方有权要求施暴方给予精神损害赔偿——郑某某诉倪某某离婚纠纷案 …… 39
- **典型案例**：实施家庭暴力的一方不宜直接抚养子女——季某某诉罗某某离婚纠纷案 …… 40

- ⊙**民事审判指导与参考案例**：家庭暴力是人民法院在审理离婚案件中确定子女抚养问题时不可忽略的因素——陆某某与苏某某离婚纠纷上诉案 ·············· 41
- ⊙**典型案例**：是否可请求出轨者支付精神赔偿——周某诉张某离婚后损害责任纠纷案 ·············· 42

结　婚

- ⊙**人民法院案例选案例**：三代以内旁系血亲结婚，婚姻关系自始无效——杨某某诉张某某婚姻确认无效案 ·············· 53
- ⊙**公报案例**：双方未办理结婚登记的，婚约解除后婚约财产应返还——杨某某诉周某1、周某2返还聘金纠纷案 ·············· 70
- ⊙**民事审判指导与参考案例**：如何理解"法定的无效婚姻情形已经消失"——王某申请宣告赵某与李某某的婚姻无效案 ····· 73
- ⊙**人民法院报案例**：傅某与黎某撤销婚姻纠纷案 ·············· 80

家庭关系

- ⊙**典型案例**：夫妻之间具有婚内扶养义务——黄某某与张某某婚内扶养纠纷案 ·············· 93
- ⊙**民事审判指导与参考案例**：夫妻一方使用已故配偶工龄优惠购买的"房改房"，考虑到从承租权转化为所有权之间的承继性，应将此类"房改房"认定为夫妻共同财产——赵1、赵2诉赵3遗嘱继承纠纷案 ·············· 102
- ⊙**民事审判指导与参考案例**：未成年子女要求父母支付抚养费与夫妻一方主张另一方擅自处分夫妻共同财产的行为无效属于两种不同的法律关系——马某某诉田某擅自处分夫妻共同财产案 ·············· 103

⊙**民事审判指导与参考案例**：夫妻一方婚后用个人财产购买房屋用于出租，租金收入属于经营性收入，属于夫妻共同财产——王某某与李某离婚纠纷上诉案 ·············· 103

⊙**人民法院案例选案例**：夫妻一方以个人名义对外举债超出夫妻日常代理范围，他人有理由相信其为夫妻双方共同意思表示的应承担举证责任——山东昊玺经贸有限公司诉朱某某、徐某民间借贷纠纷案 ·············· 109

⊙**民事审判指导与参考案例**：认定夫妻共同财产涉及父母为子女买房出资性质如何确定 ·············· 109

⊙**公报案例**：夫妻之间达成的婚内财产分割协议的效力优先于法定继承适用——唐某诉李某某、唐某乙法定继承纠纷案 ·············· 111

⊙**典型案例**：夫妻对婚姻关系存续期间所得的财产以及婚前财产所作的约定，对双方具有约束力——杨某诉刘某某离婚纠纷案 ·············· 111

⊙**公报案例**：婚姻关系存续期间双方同意以人工授精方式所生的孩子应视为夫妻双方的婚生子女，父母对其均负有抚养义务——人工授精子女抚养纠纷案 ·············· 119

⊙**典型案例**：留守儿童的父母怠于履行抚养义务，妇联组织可直接作为原告代未成年人提起诉讼，要求怠于履行抚养义务的父母承担抚养责任——某妇联诉胡某、姜某某抚养纠纷案 ·············· 119

⊙**典型案例**：对违反约定拒绝支付抚养费而约定的违约金条款无效——博小某诉博某抚养费案 ·············· 120

⊙**典型案例**：法院确定抚养费时应着眼于未成年人的合理需求——麻某2诉麻某1抚养费纠纷案 ·············· 122

⊙**典型案例**：无论婚内还是婚外，未成年子女均有权向不履行抚养义务的父母双方或一方主张抚养费——付某2诉付某1抚养费纠纷案 ·············· 124

⊙ **典型案例**：父母不得以没有能力抚养为由拒绝履行抚养义务——何某2诉周某某抚养纠纷案 ……………………… 125

⊙ **典型案例**：子女对于不在一起生活的父母，应给付一定的赡养费用，同时应当定期探望——陈某某赡养费纠纷案 …… 126

⊙ **典型案例**：赡养父母是法定义务，子女应当对老年人经济上供养、生活上照料、精神上慰藉，以及为经济困难的父母承担医疗费用等，不得以任何理由和借口拒绝履行赡养义务——刘某1赡养纠纷案 …………………………………… 127

⊙ **典型案例**：子女应当履行对父母经济上供养、生活上照料和精神上慰藉的义务——狄某某诉被告李某1、李某2、李某3、李某4赡养纠纷案 ……………………………………… 128

⊙ **典型案例**：子女对父母均有赡养义务且是强制性的法定义务，不因任何原因而免除——张某诉郭甲、郭乙、郭丙赡养纠纷案 ………………………………………………………… 129

⊙ **典型案例**：赡养父母是子女应尽的义务，赡养费用应与被赡养人的日常生活水平相适应并应考虑子女的收入情况——刘某诉刘甲、刘乙赡养费纠纷案 ……………………… 131

⊙ **典型案例**：子女不能以自己对父母的亲疏好恶等看法来选择是否赡养父母——周某与肖某、倪甲等赡养纠纷案 ……… 132

⊙ **典型案例**：子女不履行赡养义务时，无劳动能力的或生活困难的父母有权要求子女给付赡养费——丁某与蒋甲、蒋乙等赡养纠纷案 …………………………………………… 134

⊙ **典型案例**：赡养人不履行赡养义务，老年人有要求赡养人付给赡养费等权利——贾某诉刘某赡养纠纷案 ………… 136

⊙ **典型案例**：子女拒绝履行赡养义务的，无劳动能力或生活困难的父母有权要求子女履行赡养义务——耿某、赵某与耿甲、耿乙、耿丙赡养纠纷案 ……………………………… 137

⊙ **典型案例**：子女不得以财产分配不公为由拒绝尽赡养义务——吕某某等二人诉李某2等四人赡养纠纷案 ……… 138

⊙ **典型案例**：庞某某诉张某某等二人赡养费纠纷案 …… 155

⊙ **公报案例**：给予非婚生子女抚养费没有明显超过再婚父或母的负担能力，不能因与现任配偶未商议一致而认定为侵犯夫妻共同财产——刘某某诉徐某、尹某某抚养费纠纷案 …… 160

⊙ **民事审判指导与参考案例**：未成年非婚生子女追索抚养费是否应适用诉讼时效制度——顾某与周某抚养费纠纷上诉案 …… 161

⊙ **公报案例**：继父母去世时，已经解除抚养关系的继子女主张对继父母遗产进行法定继承的，不予支持——邹某1诉高某某、孙某1、陈某1法定继承纠纷案 ……… 165

⊙ **公报案例**：无扶养关系继子女不能成为法定继承人——王某5等五人诉王某10继承纠纷案 …………… 165

⊙ **典型案例**：受继父母抚养教育的继子女须承担赡养义务——陈某与陈甲、徐乙、徐丙赡养费纠纷案 ……… 166

⊙ **人民法院案例选案例**：被继承人死亡后，一方起诉要求确认与被继承人存在亲子关系但无充分证据，另一方拒绝接受半同胞关系鉴定的，人民法院不能推定半同胞关系存在——许小某诉周一某、周二某继承纠纷案 …………… 172

⊙ **人民法院案例选案例**：有负担能力的孙子女对于有子女赡养的祖父母无赡养义务——周某某在其子去世后诉儿媳袁某某、孙女梁某某赡养案 …………………… 175

离　　婚

⊙ **公报案例**：一方未签字的离婚协议无效——莫某某诉李某某离婚纠纷案 ………………………… 181

⊙ **人民法院案例选案例**：将财产给予子女的约定性质上为利益第三人条款，负有给付义务的一方不得基于赠与合同关系行使任意撤销权——倪陆某某与陆某某离婚后财产纠纷案 …… 190

⊙ **人民法院案例选案例**：婚姻登记机关对无民事行为能力人协议离婚颁发离婚证的，该离婚证无效——郭某某诉某县民政局对无民事行为能力人协议离婚核发离婚证案 …… 191

⊙ **典型案例**：滥施"家规"构成家庭暴力——陈某诉张某离婚纠纷案 …… 199

⊙ **典型案例**：法院处理双方感情实际上并未完全破裂的离婚案件时，不应轻易判决离婚——邵某诉薛某离婚纠纷案 …… 200

⊙ **典型案例**：无民事行为能力人的离婚诉讼，应由除其配偶外的其他监护人代为提起——陈某某与吕某某离婚纠纷案 …… 201

⊙ **典型案例**：法院应更加慎重地审核老年夫妻离婚案件，对于具有重归于好的可能的案件不予判离——刘某某诉李某某离婚纠纷案 …… 203

⊙ **典型案例**：无感情基础老年人再婚因子女沟通不畅请求离婚的，可认定为感情确已破裂——彭某某与李某某离婚纠纷案 …… 204

⊙ **典型案例**：认定夫妻感情是否确已破裂，要根据离婚纠纷案件的客观事实来确定——赵某某与杨某某离婚纠纷案 …… 205

⊙ **典型案例**：因感情不和已分居四年，且一方多次起诉离婚的，应判断为夫妻感情已破裂——孙某某与王某某离婚纠纷案 …… 206

⊙ **人民法院案例选案例**：男方在女方分娩之后一年内提出离婚且不属于法律规定的"确有必要"情形的，人民法院应当不予受理——刘某某诉王某某分娩后一年内离婚纠纷案 …… 214

⊙ **人民法院案例选案例**：离婚后未进行复婚登记的不形成事实婚姻关系——林某1、杨某某等诉林某2继承权纠纷案 ……215

⊙ **典型案例**：综合考虑未成年子女本人意愿的基础上依法作出判决，发出全国首份家庭教育令——胡某诉陈某变更抚养权纠纷案 …… 219

⊙ **典型案例**：直接抚养人对未成年子女实施家庭暴力，人民法院可暂时变更直接抚养人——韩某某、张某申请人身安全保护令案 …… 220

⊙ **典型案例**：离婚后与未成年子女共同生活的监护人在共同生活期间曾多次有家暴行为的，未与未成年子女生活的监护人可以申请法院变更抚养关系。该案为全国第一道未成年人"人身安全保护令"案——胡某诉张某变更抚养关系案 …… 222

⊙ **典型案例**：与未成年子女共同生活的一方监护人，剥夺未成年子女的受教育权，严重影响了孩子的身心健康发展，侵犯了未成年人的合法权益的，经另一方监护人的申请，法院应依法变更抚养关系——江某诉钟某变更抚养关系案 …… 223

⊙ **典型案例**：子女户口在农村实际生活在城镇的，应按照城镇标准支付抚养费——王某某与王甲抚养费案 …… 227

⊙ **典型案例**：拒不执行具有金钱给付义务的生效判决的，法院有权将其纳入失信被执行人名单，并冻结银行账户——孙某某申请执行彭某某抚养费案 …… 228

⊙ **典型案例**：未成年子女有权基于法定情形向抚养义务人要求增加抚养费——余某2诉余某1抚养费纠纷案 …… 230

⊙ **典型案例**：法院应从有利于子女的身心健康、正常生活和学习的角度确定行使探望权的时间和方式——王某1诉柴某探望权纠纷案 …… 234

⊙**典型案例**：夫妻离婚后，不直接抚养子女的一方，有探望子女的权利，另一方应予协助配合——何某某与蒋某某探望权纠纷案·················235

⊙**典型案例**：离婚后不直接抚养孩子的一方有探望的权利，另一方不应以先行给付抚养费等理由加以阻挠——韩某诉杨某1探望权纠纷案·················236

⊙**典型案例**：丧子老人可对孙子女"隔代探望"——沙某某诉袁某某探望权纠纷案·················237

⊙**民事审判指导与参考案例**：当事人就探望权纠纷再次起诉的，人民法院应当受理·················238

⊙**公报案例**：在婚姻关系存续期间一方所获得的具有人身性的物质奖励，不应作为夫妻共同财产予以分割——刘某某诉郑某某离婚及财产分割案·················247

⊙**民事审判指导与参考案例**：违章建筑不宜作为夫妻共同财产进行分割——黄某某诉沙某某离婚纠纷案·················247

⊙**民事审判指导与参考案例**：同居期间所得财产的处理规则····247

⊙**民事审判指导与参考案例**：不动产婚内共同还贷及增值的计算——甲男诉乙女离婚纠纷案·················249

⊙**人民法院案例选案例**：夫妻一方承担家庭义务较多的，离婚时有权向另一方请求补偿——张某诉萧某离婚案·················251

⊙**典型案例**：法院处理离婚案件时，对于为家庭付出较多义务的女方应判决给予一定的经济帮助——岳某诉曹某离婚纠纷案··255

⊙**典型案例**：夫妻一方发现与子女并无亲生血缘关系，离婚时要求另一方损害赔偿的，人民法院应予支持——张某与蒋某婚姻家庭纠纷案·················259

⊙**典型案例**：对婚姻关系的无过错方在提起离婚诉讼的同时提起的请求损害赔偿，法院依法予以支持——陆某诉陈某离婚纠纷案·················261

⊙ **民事审判指导与参考案例**：当事人以人民法院作出的人身安全保护裁定为据主张其配偶实施家庭暴力并请求离婚损害赔偿的，人民法院不予支持——方某某诉楚某请求离婚损失赔偿案 ……………………………………………………… 263

⊙ **人民法院案例选案例**：受暴方的反抗行为造成施暴方轻微伤害的，不属于过错方，施暴方仍应支付损害赔偿金——段某某诉尹某离婚纠纷案 ………………………………… 263

⊙ **指导案例**：一方转移、隐藏、变卖、毁损、挥霍夫妻共同财产或企图侵占另一方财产的，分割夫妻共同财产时可少分或不分——雷某某诉宋某某离婚纠纷案 ………………… 266

⊙ **典型案例**：离婚后一方当事人发现对方有隐藏夫妻共同财产的行为的，可以诉请再次分割夫妻共同财产——李某诉孙某离婚后财产纠纷案 ………………………………… 266

⊙ **典型案例**：离婚诉讼一方隐匿家庭财产的，对方可视情况采取财产保全措施——吕某某诉许某某离婚案 …………… 268

收　养

⊙ **人民法院案例选案例**：生父母一方未经另一方同意擅自将子女送养的，收养关系无效——乔某某诉王某1变更子女抚养关系纠纷案 …………………………………………… 293

⊙ **人民法院案例选案例**：关系没有恶化到无法共同生活的程度要求解除收养关系的，人民法院不予解除——陈某某诉曾某某解除养母子关系理由不成立被驳回案 ……………… 362

⊙ **典型案例**：未办理收养手续的收养行为发生在《收养法》实施之前，结合相关证据能认定收养关系成立的应予认定——冯某1、周某诉冯某2解除收养关系案 ………… 363

⊙**人民法院案例选案例**：解除收养关系的养子女对缺乏劳动能力又缺乏生活来源的养父母仍负有给付生活费的义务——王某某在解除收养关系十余年后丧失劳动能力又无生活来源诉葛某某经济帮助案 ················· 367

继 承 编

一般规定

⊙**典型案例**：依法切实维护残疾人的继承权——陈某1、陈某2与陈某3等遗嘱继承纠纷案 ················· 373

⊙**公报案例**：家庭承包方式的农村土地承包经营权不能作为遗产处理——李某1诉李某2继承权纠纷案 ················· 380

⊙**人民法院案例选案例**：死亡赔偿金不属于受害人的遗产范畴，应当按照与受害人共同生活的紧密程度等因素确定权利人和相应份额——林某某诉陈某某共有纠纷案 ················· 381

⊙**人民法院案例选案例**：会员资格是针对本人所特有，与生命权相联系的权利性质，不能作为遗产被继承——胡某某、何某1、何某2诉深圳高尔夫俱乐部有限公司继承纠纷案 ······ 381

⊙**人民法院案例选案例**：宅基地使用权本身不能作为遗产继承——陈某某、莫某1等诉莫某2、莫某3继承纠纷案 ······ 381

⊙**人民法院案例选案例**：遗赠优先于法定继承适用——唐某等诉汪某某等遗赠协议纠纷案 ················· 383

⊙**人民法院案例选案例**：仅加盖私章而无本人签名且本人提出异议的放弃继承证明，形式上不符合继承人放弃继承的法律要件——罗某1、罗某2诉王某某等法定继承纠纷案 ······ 386

法定继承

- ⊙**公报案例**：随母改嫁的子女享有继承生父遗产或代位继承的权利——王某1等三人与王某4继承案 ·················395
- ⊙**典型案例**：侄甥代位继承——苏某甲诉李某甲等法定继承纠纷案 ·················395
- ⊙**公报案例**：与被继承人共同生活的继承人在分配遗产时，可以多分——王某5等五人诉王某10继承纠纷案 ·················399
- ⊙**典型案例**：对于生活有特殊困难、缺乏劳动能力的继承人，分配遗产时应当予以照顾——汪某2诉汪某3继承纠纷案 ·················399
- ⊙**典型案例**：法定继承中对被继承人尽了主要扶养义务或者与被继承人共同生活的继承人，分配遗产时可以多分——贾某诉李某某继承纠纷案 ·················401
- ⊙**公报案例**：申请人对无主房屋所有人生前尽了主要扶养义务，且该房屋财产价值不大的，可将上述财产判归申请人所有——陈某1申请认定财产无主案 ·················403
- ⊙**公报案例**：已被他人收养但对被继承人生前扶养较多的，可适当分得遗产——纪某1诉纪某2房屋继承纠纷案 ·················403
- ⊙**典型案例**：自愿赡养老人继承遗产案——高某2诉高甲、高乙、高丙继承纠纷案 ·················404

遗嘱继承和遗赠

- ⊙**民事审判指导与参考案例**：电脑中电子遗嘱不符合法律规定的自书遗嘱的形式要件，不能被认定为自书遗嘱——赫某1与赫某2等遗嘱继承纠纷上诉案 ·················410

⊙**民事审判指导与参考案例**：遗嘱应为缺乏劳动能力又没有生活来源的继承人保留必要的遗产份额——陈乙等与陈甲继承纠纷案 ……………………………………………………… 422

⊙**民事审判指导与参考案例**：遗嘱的解释应探寻被继承人的内心真意，不得仅仅因遗嘱存在个别错误或部分歧义而轻易否定其效力——简某 1 诉简某 2、简某 3、简某 4、简某 5 遗嘱继承纠纷案 …………………………………………………… 426

遗产的处理

⊙**典型案例**：让具有管养维护遗产房屋优势条件的部分继承人担任侨房遗产管理人，妥善解决涉侨祖宅的管养维护问题——欧某某申请指定遗产管理人案 ………………… 430

⊙**公报案例**：分割夫妻共同财产中的遗产时，应当先将共同所有的财产的一半分出为配偶所有——莫某某、岑某 1 诉岑某 2、岑某 3、林某某继承纠纷案 …………………………… 441

⊙**指导案例**：夫妻一方订立的遗嘱未为胎儿保留遗产份额的，该部分内容无效——李某、郭某阳诉郭某和、童某某继承纠纷案 ……………………………………………………………… 445

⊙**人民法院案例选案例**：遗赠扶养协议的扶养人无正当理由不履行协议的，被扶养人有权请求解除协议——吕某某诉陈某某遗赠扶养协议纠纷案 …………………………………… 453

⊙**人民法院案例选案例**：被继承人生前形成的侵权之债属于被继承人的债务，其遗产继承人在遗产价值范围内负有清偿责任——某汽车租赁有限公司与张某等被继承人清偿债务案 ……………………………………………………………… 457

婚姻家庭编

第一章　一般规定

> 第一千零四十条　【婚姻家庭编的调整范围】本编调整因婚姻家庭产生的民事关系。

法　律

⊙《民法典》(总则编)(2020 年 5 月 28 日)

第二条　民法调整平等主体的自然人、法人和非法人组织之间的人身关系和财产关系。

⊙《民法典》(合同编)(2020 年 5 月 28 日)

第四百六十四条　合同是民事主体之间设立、变更、终止民事法律关系的协议。

婚姻、收养、监护等有关身份关系的协议，适用有关该身份关系的法律规定；没有规定的，可以根据其性质参照适用本编规定。

适用要点

⊙ 同居关系的司法处理

广义的同居关系可以分为婚内同居、非婚同居和有配偶者与他人同居。因婚内同居属于合法的婚姻关系，当然适用婚姻家庭法律调整。此处所指同居关系限于非婚同居和有配偶者与他人同居的情形。其中,非婚同居关系本身不受婚姻家庭法调整。但是因同居关系产生的子女抚养、财产分割则属于民事法律关系,属于婚姻家庭编的调整对象。

> **第一千零四十一条 【基本原则】**婚姻家庭受国家保护。
> 实行婚姻自由、一夫一妻、男女平等的婚姻制度。
> 保护妇女、未成年人、老年人、残疾人的合法权益。

法 律

⊙《**宪法**》(2018年3月11日修正)

第四十八条 中华人民共和国妇女在政治的、经济的、文化的、社会的和家庭的生活等各方面享有同男子平等的权利。

国家保护妇女的权利和利益,实行男女同工同酬,培养和选拔妇女干部。

第四十九条 婚姻、家庭、母亲和儿童受国家的保护。

夫妻双方有实行计划生育的义务。

父母有抚养教育未成年子女的义务,成年子女有赡养扶助父母的义务。

禁止破坏婚姻自由,禁止虐待老人、妇女和儿童。

⊙《**民法典**》(总则编)(2020年5月28日)

第四条 民事主体在民事活动中的法律地位一律平等。

第五条 民事主体从事民事活动,应当遵循自愿原则,按照自己的意思设立、变更、终止民事法律关系。

第十四条 自然人的民事权利能力一律平等。

第三十五条 监护人应当按照最有利于被监护人的原则履行监护职责。监护人除为维护被监护人利益外,不得处分被监护人的财产。

未成年人的监护人履行监护职责,在作出与被监护人利益有关的决定时，应当根据被监护人的年龄和智力状况，尊重被监护人的真实意愿。

成年人的监护人履行监护职责，应当最大程度地尊重被监护人的真实意愿，保障并协助被监护人实施与其智力、精神健康状况相适应的民事法律行为。对被监护人有能力独立处理的事务，监护人不得干涉。

第一百一十条 自然人享有生命权、身体权、健康权、姓名权、肖像权、名誉权、荣誉权、隐私权、婚姻自主权等权利。

法人、非法人组织享有名称权、名誉权和荣誉权。

第一百一十二条 自然人因婚姻家庭关系等产生的人身权利受法律保护。

第一百二十八条 法律对未成年人、老年人、残疾人、妇女、消费者等的民事权利保护有特别规定的，依照其规定。

第一百九十六条 下列请求权不适用诉讼时效的规定：

（一）请求停止侵害、排除妨碍、消除危险；

（二）不动产物权和登记的动产物权的权利人请求返还财产；

（三）请求支付抚养费、赡养费或者扶养费；

（四）依法不适用诉讼时效的其他请求权。

⊙《**民法典**》(**人格权编**)(2020 年 5 月 28 日)

第一千零一条 对自然人因婚姻家庭关系等产生的身份权利的保护，适用本法第一编、第五编和其他法律的相关规定；没有规定的，可以根据其性质参照适用本编人格权保护的有关规定。

⊙《**民法典**》(**婚姻家庭编**)(2020 年 5 月 28 日)

第一千零六十七条 父母不履行抚养义务的，未成年子女或者不能独立生活的成年子女，有要求父母给付抚养费的权利。

成年子女不履行赡养义务的，缺乏劳动能力或者生活困难的父母，有要求成年子女给付赡养费的权利。

第一千零七十四条 有负担能力的祖父母、外祖父母，对于父母已经死亡或者父母无力抚养的未成年孙子女、外孙子女，有抚养的义务。

有负担能力的孙子女、外孙子女，对于子女已经死亡或者子女无力赡养的祖父母、外祖父母，有赡养的义务。

第一千零七十五条 有负担能力的兄、姐，对于父母已经死亡或者父母无力抚养的未成年弟、妹，有扶养的义务。

由兄、姐扶养长大的有负担能力的弟、妹，对于缺乏劳动能力又缺乏生活来源的兄、姐，有扶养的义务。

第一千零八十二条 女方在怀孕期间、分娩后一年内或者终止妊娠后六个月内，男方不得提出离婚；但是，女方提出离婚或者人民法院认为确有必要受理男方离婚请求的除外。

第一千零八十四条 父母与子女间的关系，不因父母离婚而消除。离婚后，子女无论由父或者母直接抚养，仍是父母双方的子女。

离婚后，父母对于子女仍有抚养、教育、保护的权利和义务。

离婚后，不满两周岁的子女，以由母亲直接抚养为原则。已满两周岁的子女，父母双方对抚养问题协议不成的，由人民法院根据双方的具体情况，按照最有利于未成年子女的原则判决。子女已满八周岁的，应当尊重其真实意愿。

第一千零八十五条 离婚后，子女由一方直接抚养的，另一方应当负担部分或者全部抚养费。负担费用的多少和期限的长短，由双方协议；协议不成的，由人民法院判决。

前款规定的协议或者判决，不妨碍子女在必要时向父母任何一方提出超过协议或者判决原定数额的合理要求。

第一千零八十七条 离婚时，夫妻的共同财产由双方协议处理；协议不成的，由人民法院根据财产的具体情况，按照照顾子女、女方和无过错方权益的原则判决。

对夫或者妻在家庭土地承包经营中享有的权益等，应当依法予以保护。

第一千零八十八条 夫妻一方因抚育子女、照料老年人、协助另一方工作等负担较多义务的，离婚时有权向另一方请求补偿，另一方应当给予补偿。具体办法由双方协议；协议不成的，由人民法院判决。

⊙《**妇女权益保障法**》(2022年10月30日修订)

第一条 为了保障妇女的合法权益，促进男女平等和妇女全面发展，充分发挥妇女在全面建设社会主义现代化国家中的作用，弘扬社会主义核心价值观，根据宪法，制定本法。

第二条　男女平等是国家的基本国策。妇女在政治的、经济的、文化的、社会的和家庭的生活等各方面享有同男子平等的权利。

国家采取必要措施，促进男女平等，消除对妇女一切形式的歧视，禁止排斥、限制妇女依法享有和行使各项权益。

国家保护妇女依法享有的特殊权益。

第五十六条　村民自治章程、村规民约、村民会议、村民代表会议的决定以及其他涉及村民利益事项的决定，不得以妇女未婚、结婚、离婚、丧偶、户无男性等为由，侵害妇女在农村集体经济组织中的各项权益。

因结婚男方到女方住所落户的，男方和子女享有与所在地农村集体经济组织成员平等的权益。

第六十条　国家保障妇女享有与男子平等的婚姻家庭权利。

第六十一条　国家保护妇女的婚姻自主权。禁止干涉妇女的结婚、离婚自由。

第六十二条　国家鼓励男女双方在结婚登记前，共同进行医学检查或者相关健康体检。

第六十三条　婚姻登记机关应当提供婚姻家庭辅导服务，引导当事人建立平等、和睦、文明的婚姻家庭关系。

第六十四条　女方在怀孕期间、分娩后一年内或者终止妊娠后六个月内，男方不得提出离婚；但是，女方提出离婚或者人民法院认为确有必要受理男方离婚请求的除外。

第六十五条　禁止对妇女实施家庭暴力。

县级以上人民政府有关部门、司法机关、社会团体、企业事业单位、基层群众性自治组织以及其他组织，应当在各自的职责范围内预防和制止家庭暴力，依法为受害妇女提供救助。

第六十六条　妇女对夫妻共同财产享有与其配偶平等的占有、使用、收益和处分的权利，不受双方收入状况等情形的影响。

对夫妻共同所有的不动产以及可以联名登记的动产，女方有权要求在权属证书上记载其姓名；认为记载的权利人、标的物、权利比例等事项有错误的，有权依法申请更正登记或者异议登记，有关机构应当按照其申请依法办理相应登记手续。

第六十七条 离婚诉讼期间，夫妻一方申请查询登记在对方名下财产状况且确因客观原因不能自行收集的，人民法院应当进行调查取证，有关部门和单位应当予以协助。

离婚诉讼期间，夫妻双方均有向人民法院申报全部夫妻共同财产的义务。一方隐藏、转移、变卖、损毁、挥霍夫妻共同财产，或者伪造夫妻共同债务企图侵占另一方财产的，在离婚分割夫妻共同财产时，对该方可以少分或者不分财产。

第六十八条 夫妻双方应当共同负担家庭义务，共同照顾家庭生活。

女方因抚育子女、照料老人、协助男方工作等负担较多义务的，有权在离婚时要求男方予以补偿。补偿办法由双方协议确定；协议不成的，可以向人民法院提起诉讼。

第六十九条 离婚时，分割夫妻共有的房屋或者处理夫妻共同租住的房屋，由双方协议解决；协议不成的，可以向人民法院提起诉讼。

第七十条 父母双方对未成年子女享有平等的监护权。

父亲死亡、无监护能力或者有其他情形不能担任未成年子女的监护人的，母亲的监护权任何组织和个人不得干涉。

第七十一条 女方丧失生育能力的，在离婚处理子女抚养问题时，应当在最有利于未成年子女的条件下，优先考虑女方的抚养要求。

⊙《**未成年人保护法**》(2020 年 10 月 17 日修订)

第一条 为了保护未成年人身心健康，保障未成年人合法权益，促进未成年人德智体美劳全面发展，培养有理想、有道德、有文化、有纪律的社会主义建设者和接班人，培养担当民族复兴大任的时代新人，根据宪法，制定本法。

第三条 国家保障未成年人的生存权、发展权、受保护权、参与权等权利。

未成年人依法平等地享有各项权利，不因本人及其父母或者其他监护人的民族、种族、性别、户籍、职业、宗教信仰、教育程度、家庭状况、身心健康状况等受到歧视。

第七条 未成年人的父母或者其他监护人依法对未成年人承担监护职责。

国家采取措施指导、支持、帮助和监督未成年人的父母或者其他监护人履行监护职责。

第十五条 未成年人的父母或者其他监护人应当学习家庭教育知识，接受家庭教育指导，创造良好、和睦、文明的家庭环境。

共同生活的其他成年家庭成员应当协助未成年人的父母或者其他监护人抚养、教育和保护未成年人。

第十六条 未成年人的父母或者其他监护人应当履行下列监护职责：

（一）为未成年人提供生活、健康、安全等方面的保障；

（二）关注未成年人的生理、心理状况和情感需求；

（三）教育和引导未成年人遵纪守法、勤俭节约，养成良好的思想品德和行为习惯；

（四）对未成年人进行安全教育，提高未成年人的自我保护意识和能力；

（五）尊重未成年人受教育的权利，保障适龄未成年人依法接受并完成义务教育；

（六）保障未成年人休息、娱乐和体育锻炼的时间，引导未成年人进行有益身心健康的活动；

（七）妥善管理和保护未成年人的财产；

（八）依法代理未成年人实施民事法律行为；

（九）预防和制止未成年人的不良行为和违法犯罪行为，并进行合理管教；

（十）其他应当履行的监护职责。

第十七条 未成年人的父母或者其他监护人不得实施下列行为：

（一）虐待、遗弃、非法送养未成年人或者对未成年人实施家庭暴力；

（二）放任、教唆或者利用未成年人实施违法犯罪行为；

（三）放任、唆使未成年人参与邪教、迷信活动或者接受恐怖主义、分裂主义、极端主义等侵害；

（四）放任、唆使未成年人吸烟（含电子烟，下同）、饮酒、赌博、流浪乞讨或者欺凌他人；

（五）放任或者迫使应当接受义务教育的未成年人失学、辍学；

（六）放任未成年人沉迷网络，接触危害或者可能影响其身心健康的图书、报刊、电影、广播电视节目、音像制品、电子出版物和网络信息等；

（七）放任未成年人进入营业性娱乐场所、酒吧、互联网上网服务营业场所等不适宜未成年人活动的场所；

（八）允许或者迫使未成年人从事国家规定以外的劳动；

（九）允许、迫使未成年人结婚或者为未成年人订立婚约；

（十）违法处分、侵吞未成年人的财产或者利用未成年人牟取不正当利益；

（十一）其他侵犯未成年人身心健康、财产权益或者不依法履行未成年人保护义务的行为。

第十八条　未成年人的父母或者其他监护人应当为未成年人提供安全的家庭生活环境，及时排除引发触电、烫伤、跌落等伤害的安全隐患；采取配备儿童安全座椅、教育未成年人遵守交通规则等措施，防止未成年人受到交通事故的伤害；提高户外安全保护意识，避免未成年人发生溺水、动物伤害等事故。

第十九条　未成年人的父母或者其他监护人应当根据未成年人的年龄和智力发展状况，在作出与未成年人权益有关的决定前，听取未成年人的意见，充分考虑其真实意愿。

第二十条　未成年人的父母或者其他监护人发现未成年人身心健康受到侵害、疑似受到侵害或者其他合法权益受到侵犯的，应当及时了解情况并采取保护措施；情况严重的，应当立即向公安、民政、教育等部门报告。

第二十一条　未成年人的父母或者其他监护人不得使未满八周岁或者由于身体、心理原因需要特别照顾的未成年人处于无人看护状态，或者将其交由无民事行为能力、限制民事行为能力、患有严重传染性疾病或者其他不适宜的人员临时照护。

未成年人的父母或者其他监护人不得使未满十六周岁的未成年人脱离监护单独生活。

第二十二条 未成年人的父母或者其他监护人因外出务工等原因在一定期限内不能完全履行监护职责的,应当委托具有照护能力的完全民事行为能力人代为照护;无正当理由的,不得委托他人代为照护。

未成年人的父母或者其他监护人在确定被委托人时,应当综合考虑其道德品质、家庭状况、身心健康状况、与未成年人生活情感上的联系等情况,并听取有表达意愿能力未成年人的意见。

具有下列情形之一的,不得作为被委托人:

(一)曾实施性侵害、虐待、遗弃、拐卖、暴力伤害等违法犯罪行为;

(二)有吸毒、酗酒、赌博等恶习;

(三)曾拒不履行或者长期怠于履行监护、照护职责;

(四)其他不适宜担任被委托人的情形。

第二十三条 未成年人的父母或者其他监护人应当及时将委托照护情况书面告知未成年人所在学校、幼儿园和实际居住地的居民委员会、村民委员会,加强和未成年人所在学校、幼儿园的沟通;与未成年人、被委托人至少每周联系和交流一次,了解未成年人的生活、学习、心理等情况,并给予未成年人亲情关爱。

未成年人的父母或者其他监护人接到被委托人、居民委员会、村民委员会、学校、幼儿园等关于未成年人心理、行为异常的通知后,应当及时采取干预措施。

第二十四条 未成年人的父母离婚时,应当妥善处理未成年子女的抚养、教育、探望、财产等事宜,听取有表达意愿能力未成年人的意见。不得以抢夺、藏匿未成年子女等方式争夺抚养权。

未成年人的父母离婚后,不直接抚养未成年子女的一方应当依照协议、人民法院判决或者调解确定的时间和方式,在不影响未成年人学习、生活的情况下探望未成年子女,直接抚养的一方应当配合,但被人民法院依法中止探望权的除外。

⊙ **《老年人权益保障法》**（2018年12月29日修正）

第一条 为了保障老年人合法权益，发展老龄事业，弘扬中华民族敬老、养老、助老的美德，根据宪法，制定本法。

第二条 本法所称老年人是指六十周岁以上的公民。

第三条 国家保障老年人依法享有的权益。

老年人有从国家和社会获得物质帮助的权利，有享受社会服务和社会优待的权利，有参与社会发展和共享发展成果的权利。

禁止歧视、侮辱、虐待或者遗弃老年人。

第五条 国家建立多层次的社会保障体系，逐步提高对老年人的保障水平。

国家建立和完善以居家为基础、社区为依托、机构为支撑的社会养老服务体系。

倡导全社会优待老年人。

第七条 保障老年人合法权益是全社会的共同责任。

国家机关、社会团体、企业事业单位和其他组织应当按照各自职责，做好老年人权益保障工作。

基层群众性自治组织和依法设立的老年人组织应当反映老年人的要求，维护老年人合法权益，为老年人服务。

提倡、鼓励义务为老年人服务。

第十三条 老年人养老以居家为基础，家庭成员应当尊重、关心和照料老年人。

第十四条 赡养人应当履行对老年人经济上供养、生活上照料和精神上慰藉的义务，照顾老年人的特殊需要。

赡养人是指老年人的子女以及其他依法负有赡养义务的人。

赡养人的配偶应当协助赡养人履行赡养义务。

第十五条 赡养人应当使患病的老年人及时得到治疗和护理；对经济困难的老年人，应当提供医疗费用。

对生活不能自理的老年人，赡养人应当承担照料责任；不能亲自照料的，可以按照老年人的意愿委托他人或者养老机构等照料。

第十六条 赡养人应当妥善安排老年人的住房，不得强迫老年人居住或者迁居条件低劣的房屋。

老年人自有的或者承租的住房，子女或者其他亲属不得侵占，不得擅自改变产权关系或者租赁关系。

老年人自有的住房，赡养人有维修的义务。

第十七条 赡养人有义务耕种或者委托他人耕种老年人承包的田地，照管或者委托他人照管老年人的林木和牲畜等，收益归老年人所有。

第十八条 家庭成员应当关心老年人的精神需求，不得忽视、冷落老年人。

与老年人分开居住的家庭成员，应当经常看望或者问候老年人。

用人单位应当按照国家有关规定保障赡养人探亲休假的权利。

第十九条 赡养人不得以放弃继承权或者其他理由，拒绝履行赡养义务。

赡养人不履行赡养义务，老年人有要求赡养人付给赡养费等权利。

赡养人不得要求老年人承担力不能及的劳动。

第二十条 经老年人同意，赡养人之间可以就履行赡养义务签订协议。赡养协议的内容不得违反法律的规定和老年人的意愿。

基层群众性自治组织、老年人组织或者赡养人所在单位监督协议的履行。

第二十一条 老年人的婚姻自由受法律保护。子女或者其他亲属不得干涉老年人离婚、再婚及婚后的生活。

赡养人的赡养义务不因老年人的婚姻关系变化而消除。

第二十二条 老年人对个人的财产，依法享有占有、使用、收益和处分的权利，子女或者其他亲属不得干涉，不得以窃取、骗取、强行索取等方式侵犯老年人的财产权益。

老年人有依法继承父母、配偶、子女或者其他亲属遗产的权利，有接受赠与的权利。子女或者其他亲属不得侵占、抢夺、转移、隐匿或者损毁应当由老年人继承或者接受赠与的财产。

老年人以遗嘱处分财产，应当依法为老年配偶保留必要的份额。

第二十三条 老年人与配偶有相互扶养的义务。

由兄、姐扶养的弟、妹成年后，有负担能力的，对年老无赡养人的兄、姐有扶养的义务。

第二十四条 赡养人、扶养人不履行赡养、扶养义务的，基层群众性自治组织、老年人组织或者赡养人、扶养人所在单位应当督促其履行。

第二十五条 禁止对老年人实施家庭暴力。

第二十六条 具备完全民事行为能力的老年人，可以在近亲属或者其他与自己关系密切、愿意承担监护责任的个人、组织中协商确定自己的监护人。监护人在老年人丧失或者部分丧失民事行为能力时，依法承担监护责任。

老年人未事先确定监护人的，其丧失或者部分丧失民事行为能力时，依照有关法律的规定确定监护人。

第二十七条 国家建立健全家庭养老支持政策，鼓励家庭成员与老年人共同生活或者就近居住，为老年人随配偶或者赡养人迁徙提供条件，为家庭成员照料老年人提供帮助。

⊙《**残疾人保障法**》(2018年10月26日修正)

第一条 为了维护残疾人的合法权益，发展残疾人事业，保障残疾人平等地充分参与社会生活，共享社会物质文化成果，根据宪法，制定本法。

第二条 残疾人是指在心理、生理、人体结构上，某种组织、功能丧失或者不正常，全部或者部分丧失以正常方式从事某种活动能力的人。

残疾人包括视力残疾、听力残疾、言语残疾、肢体残疾、智力残疾、精神残疾、多重残疾和其他残疾的人。

残疾标准由国务院规定。

第三条 残疾人在政治、经济、文化、社会和家庭生活等方面享有同其他公民平等的权利。

残疾人的公民权利和人格尊严受法律保护。

禁止基于残疾的歧视。禁止侮辱、侵害残疾人。禁止通过大众传播媒介或者其他方式贬低损害残疾人人格。

第九条 残疾人的扶养人必须对残疾人履行扶养义务。

残疾人的监护人必须履行监护职责，尊重被监护人的意愿，维护被监护人的合法权益。

残疾人的亲属、监护人应当鼓励和帮助残疾人增强自立能力。

禁止对残疾人实施家庭暴力，禁止虐待、遗弃残疾人。

⊙《**涉外民事关系法律适用法**》(2010 年 10 月 28 日)

第二十三条 夫妻人身关系，适用共同经常居所地法律；没有共同经常居所地的，适用共同国籍国法律。

司法解释及文件

⊙《**最高人民法院关于适用〈中华人民共和国民法典〉婚姻家庭编的解释（一）**》(2020 年 12 月 29 日 法释〔2020〕22 号)

第四十三条 婚姻关系存续期间，父母双方或者一方拒不履行抚养子女义务，未成年子女或者不能独立生活的成年子女请求支付抚养费的，人民法院应予支持。

第四十四条 离婚案件涉及未成年子女抚养的，对不满两周岁的子女，按照民法典第一千零八十四条第三款规定的原则处理。母亲有下列情形之一，父亲请求直接抚养的，人民法院应予支持：

（一）患有久治不愈的传染性疾病或者其他严重疾病，子女不宜与其共同生活；

（二）有抚养条件不尽抚养义务，而父亲要求子女随其生活；

（三）因其他原因，子女确不宜随母亲生活。

第四十六条 对已满两周岁的未成年子女，父母均要求直接抚养，一方有下列情形之一的，可予优先考虑：

（一）已做绝育手术或者因其他原因丧失生育能力的；

（二）子女随其生活时间较长，改变生活环境对子女健康成长明显不利的；

（三）无其他子女，而另一方有其他子女；

（四）子女随其生活，对子女成长有利，而另一方患有久治不愈的传染性疾病或者其他严重疾病，或者有其他不利于子女身心健康的情形，不宜与子女共同生活。

　　第四十八条　在有利于保护子女利益的前提下，父母双方协议轮流直接抚养子女的，人民法院应予支持。

　　第六十二条　无民事行为能力人的配偶有民法典第三十六条第一款规定行为，其他有监护资格的人可以要求撤销其监护资格，并依法指定新的监护人；变更后的监护人代理无民事行为能力一方提起离婚诉讼的，人民法院应予受理。

　　第六十七条　未成年子女、直接抚养子女的父或者母以及其他对未成年子女负担抚养、教育、保护义务的法定监护人，有权向人民法院提出中止探望的请求。

⊙**《最高人民法院关于印发〈第八次全国法院民事商事审判工作会议（民事部分）纪要〉的通知》**（2016年11月21日　法〔2016〕399号）

　　1. 在审理婚姻家庭案件中，应注重对未成年人权益的保护，特别是涉及家庭暴力的离婚案件，从未成年子女利益最大化的原则出发，对于实施家庭暴力的父母一方，一般不宜判决其直接抚养未成年子女。

　　2. 离婚后，不直接抚养未成年子女的父母一方提出探望未成年子女诉讼请求的，应当向双方当事人释明探望权的适当行使对未成年子女健康成长、人格塑造的重要意义，并根据未成年子女的年龄、智力和认知水平，在有利于未成年子女成长和尊重其意愿的前提下，保障当事人依法行使探望权。

　　3. 祖父母、外祖父母对父母已经死亡或父母无力抚养的未成年孙子女、外孙子女尽了抚养义务，其定期探望孙子女、外孙子女的权利应当得到尊重，并有权通过诉讼方式获得司法保护。

　　第一千零四十二条　【婚姻家庭的禁止性规定】禁止包办、买卖婚姻和其他干涉婚姻自由的行为。禁止借婚姻索取财物。

　　禁止重婚。禁止有配偶者与他人同居。

　　禁止家庭暴力。禁止家庭成员间的虐待和遗弃。

> 法 律

⊙《宪法》(2018年3月11日修正)
第四十九条 婚姻、家庭、母亲和儿童受国家的保护。
夫妻双方有实行计划生育的义务。
父母有抚养教育未成年子女的义务,成年子女有赡养扶助父母的义务。
禁止破坏婚姻自由,禁止虐待老人、妇女和儿童。

⊙《民法典》(总则编)(2020年5月28日)
第一百一十条 自然人享有生命权、身体权、健康权、姓名权、肖像权、名誉权、荣誉权、隐私权、婚姻自主权等权利。
法人、非法人组织享有名称权、名誉权和荣誉权。

⊙《民法典》(婚姻家庭编)(2020年5月28日)
第一千零九十一条 有下列情形之一,导致离婚的,无过错方有权请求损害赔偿:
(一)重婚;
(二)与他人同居;
(三)实施家庭暴力;
(四)虐待、遗弃家庭成员;
(五)有其他重大过错。

⊙《妇女权益保障法》(2022年10月30日修订)
第二十一条 妇女的生命权、身体权、健康权不受侵犯。禁止虐待、遗弃、残害、买卖以及其他侵害女性生命健康权益的行为。
禁止进行非医学需要的胎儿性别鉴定和选择性别的人工终止妊娠。
医疗机构施行生育手术、特殊检查或者特殊治疗时,应当征得妇女本人同意;在妇女与其家属或者关系人意见不一致时,应当尊重妇女本人意愿。

第六十五条 禁止对妇女实施家庭暴力。
县级以上人民政府有关部门、司法机关、社会团体、企业事业单位、基层群众性自治组织以及其他组织，应当在各自的职责范围内预防和制止家庭暴力，依法为受害妇女提供救助。

⊙《未成年人保护法》（2020年10月17日修订）

第十七条　未成年人的父母或者其他监护人不得实施下列行为：

（一）虐待、遗弃、非法送养未成年人或者对未成年人实施家庭暴力；

（二）放任、教唆或者利用未成年人实施违法犯罪行为；

（三）放任、唆使未成年人参与邪教、迷信活动或者接受恐怖主义、分裂主义、极端主义等侵害；

（四）放任、唆使未成年人吸烟（含电子烟，下同）、饮酒、赌博、流浪乞讨或者欺凌他人；

（五）放任或者迫使应当接受义务教育的未成年人失学、辍学；

（六）放任未成年人沉迷网络，接触危害或者可能影响其身心健康的图书、报刊、电影、广播电视节目、音像制品、电子出版物和网络信息等；

（七）放任未成年人进入营业性娱乐场所、酒吧、互联网上网服务营业场所等不适宜未成年人活动的场所；

（八）允许或者迫使未成年人从事国家规定以外的劳动；

（九）允许、迫使未成年人结婚或者为未成年人订立婚约；

（十）违法处分、侵吞未成年人的财产或者利用未成年人牟取不正当利益；

（十一）其他侵犯未成年人身心健康、财产权益或者不依法履行未成年人保护义务的行为。

⊙《老年人权益保障法》（2018年12月29日修正）

第三条　国家保障老年人依法享有的权益。

老年人有从国家和社会获得物质帮助的权利，有享受社会服务和社会优待的权利，有参与社会发展和共享发展成果的权利。

禁止歧视、侮辱、虐待或者遗弃老年人。

⊙《残疾人保障法》（2018年10月26日修正）

第九条　残疾人的扶养人必须对残疾人履行扶养义务。

残疾人的监护人必须履行监护职责,尊重被监护人的意愿,维护被监护人的合法权益。

残疾人的亲属、监护人应当鼓励和帮助残疾人增强自立能力。

禁止对残疾人实施家庭暴力,禁止虐待、遗弃残疾人。

⊙《家庭教育促进法》(2021年10月23日)

第二十三条 未成年人的父母或者其他监护人不得因性别、身体状况、智力等歧视未成年人,不得实施家庭暴力,不得胁迫、引诱、教唆、纵容、利用未成年人从事违反法律法规和社会公德的活动。

第五十三条 未成年人的父母或者其他监护人在家庭教育过程中对未成年人实施家庭暴力的,依照《中华人民共和国未成年人保护法》《中华人民共和国反家庭暴力法》等法律的规定追究法律责任。

⊙《反家庭暴力法》(2015年12月27日)

第一章 总 则

……

第二条 本法所称家庭暴力,是指家庭成员之间以殴打、捆绑、残害、限制人身自由以及经常性谩骂、恐吓等方式实施的身体、精神等侵害行为。

第三条 家庭成员之间应当互相帮助,互相关爱,和睦相处,履行家庭义务。

反家庭暴力是国家、社会和每个家庭的共同责任。

国家禁止任何形式的家庭暴力。

……

第五条 反家庭暴力工作遵循预防为主,教育、矫治与惩处相结合原则。

反家庭暴力工作应当尊重受害人真实意愿,保护当事人隐私。

未成年人、老年人、残疾人、孕期和哺乳期的妇女、重病患者遭受家庭暴力的,应当给予特殊保护。

第二章 家庭暴力的预防

……

第十二条 未成年人的监护人应当以文明的方式进行家庭教育,依法履行监护和教育职责,不得实施家庭暴力。

第三章 家庭暴力的处置

第十三条 家庭暴力受害人及其法定代理人、近亲属可以向加害人或者受害人所在单位、居民委员会、村民委员会、妇女联合会等单位投诉、反映或者求助。有关单位接到家庭暴力投诉、反映或者求助后,应当给予帮助、处理。

家庭暴力受害人及其法定代理人、近亲属也可以向公安机关报案或者依法向人民法院起诉。

单位、个人发现正在发生的家庭暴力行为,有权及时劝阻。

……

第十六条 家庭暴力情节较轻,依法不给予治安管理处罚的,由公安机关对加害人给予批评教育或者出具告诫书。

告诫书应当包括加害人的身份信息、家庭暴力的事实陈述、禁止加害人实施家庭暴力等内容。

……

第二十一条 监护人实施家庭暴力严重侵害被监护人合法权益的,人民法院可以根据被监护人的近亲属、居民委员会、村民委员会、县级人民政府民政部门等有关人员或者单位的申请,依法撤销其监护人资格,另行指定监护人。

被撤销监护人资格的加害人,应当继续负担相应的赡养、扶养、抚养费用。

……

第四章 人身安全保护令

第二十三条 当事人因遭受家庭暴力或者面临家庭暴力的现实危险,向人民法院申请人身安全保护令的,人民法院应当受理。

当事人是无民事行为能力人、限制民事行为能力人,或者因受到强制、威吓等原因无法申请人身安全保护令的,其近亲属、公安机关、妇女联合会、居民委员会、村民委员会、救助管理机构可以代为申请。

第二十四条 申请人身安全保护令应当以书面方式提出;书面申请确有困难的,可以口头申请,由人民法院记入笔录。

第二十五条　人身安全保护令案件由申请人或者被申请人居住地、家庭暴力发生地的基层人民法院管辖。

第二十六条　人身安全保护令由人民法院以裁定形式作出。

第二十七条　作出人身安全保护令，应当具备下列条件：

（一）有明确的被申请人；

（二）有具体的请求；

（三）有遭受家庭暴力或者面临家庭暴力现实危险的情形。

第二十八条　人民法院受理申请后，应当在七十二小时内作出人身安全保护令或者驳回申请；情况紧急的，应当在二十四小时内作出。

第二十九条　人身安全保护令可以包括下列措施：

（一）禁止被申请人实施家庭暴力；

（二）禁止被申请人骚扰、跟踪、接触申请人及其相关近亲属；

（三）责令被申请人迁出申请人住所；

（四）保护申请人人身安全的其他措施。

第三十条　人身安全保护令的有效期不超过六个月，自作出之日起生效。人身安全保护令失效前，人民法院可以根据申请人的申请撤销、变更或者延长。

第三十一条　申请人对驳回申请不服或者被申请人对人身安全保护令不服的，可以自裁定生效之日起五日内向作出裁定的人民法院申请复议一次。人民法院依法作出人身安全保护令的，复议期间不停止人身安全保护令的执行。

第三十二条　人民法院作出人身安全保护令后，应当送达申请人、被申请人、公安机关以及居民委员会、村民委员会等有关组织。人身安全保护令由人民法院执行，公安机关以及居民委员会、村民委员会等应当协助执行。

第五章　法律责任

第三十三条　加害人实施家庭暴力，构成违反治安管理行为的，依法给予治安管理处罚；构成犯罪的，依法追究刑事责任。

第三十四条　被申请人违反人身安全保护令，构成犯罪的，依法追究刑事责任；尚不构成犯罪的，人民法院应当给予训诫，可以根据情节轻重处以一千元以下罚款、十五日以下拘留。

……

⊙《**精神卫生法**》(2018 年 4 月 27 日修正)

第五条 全社会应当尊重、理解、关爱精神障碍患者。

任何组织或者个人不得歧视、侮辱、虐待精神障碍患者,不得非法限制精神障碍患者的人身自由。

新闻报道和文学艺术作品等不得含有歧视、侮辱精神障碍患者的内容。

第九条 精神障碍患者的监护人应当履行监护职责,维护精神障碍患者的合法权益。

禁止对精神障碍患者实施家庭暴力,禁止遗弃精神障碍患者。

⊙《**刑法**》(2023 年 12 月 29 日修正)

第二百五十七条【暴力干涉婚姻自由罪】 以暴力干涉他人婚姻自由的,处二年以下有期徒刑或者拘役。

犯前款罪,致使被害人死亡的,处二年以上七年以下有期徒刑。

第一款罪,告诉的才处理。

第二百五十八条【重婚罪】 有配偶而重婚的,或者明知他人有配偶而与之结婚的,处二年以下有期徒刑或者拘役。

第二百五十九条【破坏军婚罪】 明知是现役军人的配偶而与之同居或者结婚的,处三年以下有期徒刑或者拘役。

利用职权、从属关系,以胁迫手段奸淫现役军人的妻子的,依照本法第二百三十六条的规定定罪处罚。

第二百六十条【虐待罪】 虐待家庭成员,情节恶劣的,处二年以下有期徒刑、拘役或者管制。

犯前款罪,致使被害人重伤、死亡的,处二年以上七年以下有期徒刑。

第一款罪,告诉的才处理,但被害人没有能力告诉,或者因受到强制、威吓无法告诉的除外。

第二百六十条之一【虐待被监护、看护人罪】 对未成年人、老年人、患病的人、残疾人等负有监护、看护职责的人虐待被监护、看护的人,情节恶劣的,处三年以下有期徒刑或者拘役。

单位犯前款罪的,对单位判处罚金,并对其直接负责的主管人员和其他直接责任人员,依照前款的规定处罚。

有第一款行为,同时构成其他犯罪的,依照处罚较重的规定定罪处罚。

第二百六十一条【遗弃罪】 对于年老、年幼、患病或者其他没有独立生活能力的人,负有扶养义务而拒绝扶养,情节恶劣的,处五年以下有期徒刑、拘役或者管制。

司法解释及文件

⊙《最高人民法院关于适用〈中华人民共和国民法典〉婚姻家庭编的解释（一）》(2020年12月29日 法释〔2020〕22号)

第一条 持续性、经常性的家庭暴力,可以认定为民法典第一千零四十二条、第一千零七十九条、第一千零九十一条所称的"虐待"。

第二条 民法典第一千零四十二条、第一千零七十九条、第一千零九十一条规定的"与他人同居"的情形,是指有配偶者与婚外异性,不以夫妻名义,持续、稳定地共同居住。

第五条 当事人请求返还按照习俗给付的彩礼的,如果查明属于以下情形,人民法院应当予以支持:

(一)双方未办理结婚登记手续;

(二)双方办理结婚登记手续但确未共同生活;

(三)婚前给付并导致给付人生活困难。

适用前款第二项、第三项的规定,应当以双方离婚为条件。

⊙《最高人民法院关于办理人身安全保护令案件适用法律若干问题的规定》(2022年7月14日 法释〔2022〕17号)

第一条 当事人因遭受家庭暴力或者面临家庭暴力的现实危险,依照反家庭暴力法向人民法院申请人身安全保护令的,人民法院应当受理。

向人民法院申请人身安全保护令,不以提起离婚等民事诉讼为条件。

第二条 当事人因年老、残疾、重病等原因无法申请人身安全保护令，其近亲属、公安机关、民政部门、妇女联合会、居民委员会、村民委员会、残疾人联合会、依法设立的老年人组织、救助管理机构等，根据当事人意愿，依照反家庭暴力法第二十三条规定代为申请的，人民法院应当依法受理。

第三条 家庭成员之间以冻饿或者经常性侮辱、诽谤、威胁、跟踪、骚扰等方式实施的身体或者精神侵害行为，应当认定为反家庭暴力法第二条规定的"家庭暴力"。

第四条 反家庭暴力法第三十七条规定的"家庭成员以外共同生活的人"一般包括共同生活的儿媳、女婿、公婆、岳父母以及其他有监护、扶养、寄养等关系的人。

第五条 当事人及其代理人对因客观原因不能自行收集的证据，申请人民法院调查收集，符合《最高人民法院关于适用〈中华人民共和国民事诉讼法〉的解释》第九十四条第一款规定情形的，人民法院应当调查收集。

人民法院经审查，认为办理案件需要的证据符合《最高人民法院关于适用〈中华人民共和国民事诉讼法〉的解释》第九十六条规定的，应当调查收集。

第六条 人身安全保护令案件中，人民法院根据相关证据，认为申请人遭受家庭暴力或者面临家庭暴力现实危险的事实存在较大可能性的，可以依法作出人身安全保护令。

前款所称"相关证据"包括：

（一）当事人的陈述；

（二）公安机关出具的家庭暴力告诫书、行政处罚决定书；

（三）公安机关的出警记录、讯问笔录、询问笔录、接警记录、报警回执等；

（四）被申请人曾出具的悔过书或者保证书等；

（五）记录家庭暴力发生或者解决过程等的视听资料；

（六）被申请人与申请人或者其近亲属之间的电话录音、短信、即时通讯信息、电子邮件等；

（七）医疗机构的诊疗记录；

（八）申请人或者被申请人所在单位、民政部门、居民委员会、村民委员会、妇女联合会、残疾人联合会、未成年人保护组织、依法设立的老年人组织、救助管理机构、反家暴社会公益机构等单位收到投诉、反映或者求助的记录；

（九）未成年子女提供的与其年龄、智力相适应的证言或者亲友、邻居等其他证人证言；

（十）伤情鉴定意见；

（十一）其他能够证明申请人遭受家庭暴力或者面临家庭暴力现实危险的证据。

第七条 人民法院可以通过在线诉讼平台、电话、短信、即时通讯工具、电子邮件等简便方式询问被申请人。被申请人未发表意见的，不影响人民法院依法作出人身安全保护令。

第八条 被申请人认可存在家庭暴力行为，但辩称申请人有过错的，不影响人民法院依法作出人身安全保护令。

第九条 离婚等案件中，当事人仅以人民法院曾作出人身安全保护令为由，主张存在家庭暴力事实的，人民法院应当根据《最高人民法院关于适用〈中华人民共和国民事诉讼法〉的解释》第一百零八条的规定，综合认定是否存在该事实。

第十条 反家庭暴力法第二十九条第四项规定的"保护申请人人身安全的其他措施"可以包括下列措施：

（一）禁止被申请人以电话、短信、即时通讯工具、电子邮件等方式侮辱、诽谤、威胁申请人及其相关近亲属；

（二）禁止被申请人在申请人及其相关近亲属的住所、学校、工作单位等经常出入场所的一定范围内从事可能影响申请人及其相关近亲属正常生活、学习、工作的活动。

第十一条 离婚案件中，判决不准离婚或者调解和好后，被申请人违反人身安全保护令实施家庭暴力的，可以认定为民事诉讼法第一百二十七条第七项规定的"新情况、新理由"。

第十二条 被申请人违反人身安全保护令，符合《中华人民共和国刑法》第三百一十三条规定的，以拒不执行判决、裁定罪定罪处罚；同时构成其他犯罪的，依照刑法有关规定处理。

⊙《最高人民法院关于印发〈第八次全国法院民事商事审判工作会议（民事部分）纪要〉的通知》(2016年11月21日　法〔2016〕399号)

1.在审理婚姻家庭案件中，应注重对未成年人权益的保护，特别是涉及家庭暴力的离婚案件，从未成年子女利益最大化的原则出发，对于实施家庭暴力的父母一方，一般不宜判决其直接抚养未成年子女。

⊙《最高人民法院、全国妇联、教育部、公安部、民政部、司法部、卫生健康委关于加强人身安全保护令制度贯彻实施的意见》(2022年3月3日　法发〔2022〕10号)

一、坚持以习近平新时代中国特色社会主义思想为指导。深入贯彻习近平法治思想和习近平总书记关于注重家庭家教家风建设的重要论述精神，在家庭中积极培育和践行社会主义核心价值观，涵养优良家风，弘扬家庭美德，最大限度预防和制止家庭暴力。

二、坚持依法、及时、有效保护受害人原则。各部门在临时庇护、法律援助、司法救助等方面要持续加大对家庭暴力受害人的帮扶力度，建立多层次、多样化、立体式的救助体系。要深刻认识家庭暴力的私密性、突发性特点，提高家庭暴力受害人证据意识，指导其依法及时保存、提交证据。

三、坚持尊重受害人真实意愿原则。各部门在接受涉家庭暴力投诉、反映、求助以及受理案件、转介处置等工作中，应当就采取何种安全保护措施、是否申请人身安全保护令、对加害人的处理方式等方面听取受害人意见，加大对受害人的心理疏导。

四、坚持保护当事人隐私原则。各部门在受理案件、协助执行、履行强制报告义务等工作中应当注重保护当事人尤其是未成年人的隐私。受害人已搬离与加害人共同住所的，不得将受害人的行踪或者联系方式告知加害人，不得在相关文书、回执中列明受害人的现住所。人身安全保护令原则上不得公开。

十一、人民法院应当建立人身安全保护令案件受理"绿色通道"，加大依职权调取证据力度，依法及时作出人身安全保护令。各基层人民法院及其派出人民法庭应当在立案大厅或者诉讼服务中心为当事人申请人身安全保护令提供导诉服务。

十二、坚持最有利于未成年人原则。各部门就家庭暴力事实听取未成年人意见或制作询问笔录时，应当充分考虑未成年人身心特点，提供适宜的场所环境，采取未成年人能够理解的问询方式，保护其隐私和安全。必要时，可安排心理咨询师或社会工作者协助开展工作。未成年人作为受害人的人身安全保护令案件中，人民法院可以通知法律援助机构为其提供法律援助。未成年子女作为证人提供证言的，可不出庭作证。

十三、各部门在接受涉家庭暴力投诉、反映、求助或者处理婚姻家庭纠纷过程中，发现当事人遭受家庭暴力或者面临家庭暴力现实危险的，应当主动告知其可以向人民法院申请人身安全保护令。

十四、人民法院在作出人身安全保护令后，应当在24小时内向当事人送达，同时送达当地公安派出所、居民委员会、村民委员会，也可以视情况送达当地妇女联合会、学校、未成年人保护组织、残疾人联合会、依法设立的老年人组织等。

十五、人民法院在送达人身安全保护令时，应当注重释明和说服教育，督促被申请人遵守人身安全保护令，告知其违反人身安全保护令的法律后果。被申请人不履行或者违反人身安全保护令的，申请人可以向人民法院申请强制执行。被申请人违反人身安全保护令，尚不构成犯罪的，人民法院应当给予训诫，可以根据情节轻重处以一千元以下罚款、十五日以下拘留。

十六、人民法院在送达人身安全保护令时，可以向当地公安派出所、居民委员会、村民委员会、妇女联合会、学校等一并送达协助执行通知书，协助执行通知书中应当明确载明协助事项。相关单位应当按照协助执行通知书的内容予以协助。

十七、人身安全保护令有效期内，公安机关协助执行的内容可以包括：协助督促被申请人遵守人身安全保护令；在人身安全保护令有效期内，被申请人违反人身安全保护令的，公安机关接警后应当及时出警，制止违法行为；接到报警后救助、保护受害人，并搜集、固定证据；发现被申请人违反人身安全保护令的,将情况通报人民法院等。

⊙《最高人民法院关于为实施积极应对人口老龄化国家战略提供司法服务和保障的意见》(2022年3月29日　法发〔2022〕15号)

4. 依法妥善审理涉老年人婚姻家庭纠纷案件。依法审理赡养纠纷案件,保障老年人基本生活需要。加强老年人精神赡养类案件调解力度,增进对老年人的精神关爱。注重法院的职权调查,强化依法裁量,依法保护老年人的婚姻自由。对于老年人同居析产纠纷,要综合考量共同生活时间、各自付出等因素,兼顾双方利益,实现公平公正。

13. 依法加大对侵害老年人人身和财产权益违法犯罪行为的打击力度。依法严惩虐待、遗弃、伤害老年人等违法犯罪行为。严厉打击针对老年人的电信网络诈骗、借用"以房养老"之名实施的"套路贷",依法惩处家庭成员盗窃、诈骗、抢夺、侵占、勒索、故意损毁老年人财物等违法犯罪行为。依法严惩消费领域违法犯罪行为,维护老年人消费权益,为老年人营造安全、便利、诚信的消费环境。

14. 加大涉老年人权益案件执行力度。各地人民法院要加大涉老年人居住权案件执行力度,依法及时维护老年人居住权益,保障老年人住有所居。加大对老年人追索赡养费、扶养费案件的先予执行力度。创新涉老年人精神赡养纠纷案件执行方式,督促、引导赡养人积极主动履行赡养义务。

⊙《最高人民法院、最高人民检察院、公安部、司法部印发〈关于依法办理家庭暴力犯罪案件的意见〉的通知》(2015年3月2日　法发〔2015〕4号)

发生在家庭成员之间,以及具有监护、扶养、寄养、同居等关系的共同生活人员之间的家庭暴力犯罪,严重侵害公民人身权利,破坏家庭关系,影响社会和谐稳定。人民法院、人民检察院、公安机关、司法行政机关应当严格履行职责,充分运用法律,积极预防和有效惩治各种家庭暴力犯罪,切实保障人权,维护社会秩序。为此,根据刑法、刑事诉讼法、婚姻法、未成年人保护法、老年人权益保障法、妇女权益保障法等法律,结合司法实践经验,制定本意见。

一、基本原则

1. 依法及时、有效干预。针对家庭暴力持续反复发生，不断恶化升级的特点，人民法院、人民检察院、公安机关、司法行政机关对已发现的家庭暴力，应当依法采取及时、有效的措施，进行妥善处理，不能以家庭暴力发生在家庭成员之间，或者属于家务事为由而置之不理，互相推诿。

2. 保护被害人安全和隐私。办理家庭暴力犯罪案件，应当首先保护被害人的安全。通过对被害人进行紧急救治、临时安置，以及对施暴人采取刑事强制措施、判处刑罚、宣告禁止令等措施，制止家庭暴力并防止再次发生，消除家庭暴力的现实侵害和潜在危险。对与案件有关的个人隐私，应当保密，但法律有特别规定的除外。

3. 尊重被害人意愿。办理家庭暴力犯罪案件，既要严格依法进行，也要尊重被害人的意愿。在立案、采取刑事强制措施、提起公诉、判处刑罚、减刑、假释时，应当充分听取被害人意见，在法律规定的范围内作出合情、合理的处理。对法律规定可以调解、和解的案件，应当在当事人双方自愿的基础上进行调解、和解。

4. 对未成年人、老年人、残疾人、孕妇、哺乳期妇女、重病患者特殊保护。办理家庭暴力犯罪案件，应当根据法律规定和案件情况，通过代为告诉、法律援助等措施，加大对未成年人、老年人、残疾人、孕妇、哺乳期妇女、重病患者的司法保护力度，切实保障他们的合法权益。

二、案件受理

5. 积极报案、控告和举报。依照刑事诉讼法第一百零八条第一款"任何单位和个人发现有犯罪事实或者犯罪嫌疑人，有权利也有义务向公安机关、人民检察院或者人民法院报案或者举报"的规定，家庭暴力被害人及其亲属、朋友、邻居、同事，以及村（居）委会、人民调解委员会、妇联、共青团、残联、医院、学校、幼儿园等单位、组织，发现家庭暴力，有权利也有义务及时向公安机关、人民检察院、人民法院报案、控告或者举报。

公安机关、人民检察院、人民法院对于报案人、控告人和举报人不愿意公开自己的姓名和报案、控告、举报行为的，应当为其保守秘密，保护报案人、控告人和举报人的安全。

6. 迅速审查、立案和转处。公安机关、人民检察院、人民法院接到家庭暴力的报案、控告或者举报后，应当立即问明案件的初步情况，制作笔录，迅速进行审查，按照刑事诉讼法关于立案的规定，根据自己的管辖范围，决定是否立案。对于符合立案条件的，要及时立案。对于可能构成犯罪但不属于自己管辖的，应当移送主管机关处理，并且通知报案人、控告人或者举报人；对于不属于自己管辖而又必须采取紧急措施的，应当先采取紧急措施，然后移送主管机关。

经审查，对于家庭暴力行为尚未构成犯罪，但属于违反治安管理行为的，应当将案件移送公安机关，依照治安管理处罚法的规定进行处理，同时告知被害人可以向人民调解委员会提出申请，或者向人民法院提起民事诉讼，要求施暴人承担停止侵害、赔礼道歉、赔偿损失等民事责任。

7. 注意发现犯罪案件。公安机关在处理人身伤害、虐待、遗弃等行政案件过程中，人民法院在审理婚姻家庭、继承、侵权责任纠纷等民事案件过程中，应当注意发现可能涉及的家庭暴力犯罪。一旦发现家庭暴力犯罪线索，公安机关应当将案件转为刑事案件办理，人民法院应当将案件移送公安机关；属于自诉案件的，公安机关、人民法院应当告知被害人提起自诉。

8. 尊重被害人的程序选择权。对于被害人有证据证明的轻微家庭暴力犯罪案件，在立案审查时，应当尊重被害人选择公诉或者自诉的权利。被害人要求公安机关处理的，公安机关应当依法立案、侦查。在侦查过程中，被害人不再要求公安机关处理或者要求转为自诉案件的，应当告知被害人向公安机关提交书面申请。经审查确系被害人自愿提出的，公安机关应当依法撤销案件。被害人就这类案件向人民法院提起自诉的，人民法院应当依法受理。

9. 通过代为告诉充分保障被害人自诉权。对于家庭暴力犯罪自诉案件，被害人无法告诉或者不能亲自告诉的，其法定代理人、近亲属可以告诉或者代为告诉；被害人是无行为能力人、限制行为能力人，其法定代理人、近亲属没有告诉或者代为告诉的，人民检察院可以告诉；侮辱、暴力干涉婚姻自由等告诉才处理的案件，被害人因受强制、威吓无法告诉的，人民检察院也可以告诉。人民法院对告诉或者代为告诉的，应当依法受理。

10. 切实加强立案监督。人民检察院要切实加强对家庭暴力犯罪案件的立案监督，发现公安机关应当立案而不立案的，或者被害人及其法定代理人、近亲属，有关单位、组织就公安机关不予立案向人民检察院提出异议的，人民检察院应当要求公安机关说明不立案的理由。人民检察院认为不立案理由不成立的，应当通知公安机关立案，公安机关接到通知后应当立案；认为不立案理由成立的，应当将理由告知提出异议的被害人及其法定代理人、近亲属或者有关单位、组织。

11. 及时、全面收集证据。公安机关在办理家庭暴力案件时，要充分、全面地收集、固定证据，除了收集现场的物证、被害人陈述、证人证言等证据外，还应当注意及时向村（居）委会、人民调解委员会、妇联、共青团、残联、医院、学校、幼儿园等单位、组织的工作人员，以及被害人的亲属、邻居等收集涉及家庭暴力的处理记录、病历、照片、视频等证据。

12. 妥善救治、安置被害人。人民法院、人民检察院、公安机关等负有保护公民人身安全职责的单位和组织，对因家庭暴力受到严重伤害需要紧急救治的被害人，应当立即协助联系医疗机构救治；对面临家庭暴力严重威胁，或者处于无人照料等危险状态，需要临时安置的被害人或者相关未成年人，应当通知并协助有关部门进行安置。

13. 依法采取强制措施。人民法院、人民检察院、公安机关对实施家庭暴力的犯罪嫌疑人、被告人，符合拘留、逮捕条件的，可以依法拘留、逮捕；没有采取拘留、逮捕措施的，应当通过走访、打电话等方式与被害人或者其法定代理人、近亲属联系，了解被害人的人身安全状况。对于犯罪嫌疑人、被告人再次实施家庭暴力的，应当根据情况，依法采取必要的强制措施。

人民法院、人民检察院、公安机关决定对实施家庭暴力的犯罪嫌疑人、被告人取保候审的，为了确保被害人及其子女和特定亲属的安全，可以依照刑事诉讼法第六十九条第二款的规定，责令犯罪嫌疑人、被告人不得再次实施家庭暴力；不得侵扰被害人的生活、工作、学习；不得进行酗酒、赌博等活动；经被害人申请且有必要的，责令不得接近被害人及其未成年子女。

14. 加强自诉案件举证指导。家庭暴力犯罪案件具有案发周期较长、证据难以保存、被害人处于相对弱势、举证能力有限、相关事实难以认定等特点。有些特点在自诉案件中表现得更为突出。因此，人民法院在审理家庭暴力自诉案件时，对于因当事人举证能力不足等原因，难以达到法律规定的证据要求的，应当及时对当事人进行举证指导，告知需要收集的证据及收集证据的方法。对于因客观原因不能取得的证据，当事人申请人民法院调取的，人民法院应当认真审查，认为确有必要的，应当调取。

15. 加大对被害人的法律援助力度。人民检察院自收到移送审查起诉的案件材料之日起三日内，人民法院自受理案件之日起三日内，应当告知被害人及其法定代理人或者近亲属有权委托诉讼代理人，如果经济困难，可以向法律援助机构申请法律援助；对于被害人是未成年人、老年人、重病患者或者残疾人等，因经济困难没有委托诉讼代理人的，人民检察院、人民法院应当帮助其申请法律援助。

法律援助机构应当依法为符合条件的被害人提供法律援助，指派熟悉反家庭暴力法律法规的律师办理案件。

三、定罪处罚

16. 依法准确定罪处罚。对故意杀人、故意伤害、强奸、猥亵儿童、非法拘禁、侮辱、暴力干涉婚姻自由、虐待、遗弃等侵害公民人身权利的家庭暴力犯罪，应当根据犯罪的事实、犯罪的性质、情节和对社会的危害程度，严格依照刑法的有关规定判处。对于同一行为同时触犯多个罪名的，依照处罚较重的规定定罪处罚。

17. 依法惩处虐待犯罪。采取殴打、冻饿、强迫过度劳动、限制人身自由、恐吓、侮辱、谩骂等手段，对家庭成员的身体和精神进行摧残、折磨，是实践中较为多发的虐待性质的家庭暴力。根据司法实践，具有虐待持续时间较长、次数较多；虐待手段残忍；虐待造成被害人轻微伤或者患较严重疾病；对未成年人、老年人、残疾人、孕妇、哺乳期妇女、重病患者实施较为严重的虐待行为等情形，属于刑法第二百六十条第一款规定的虐待"情节恶劣"，应当依法以虐待罪定罪处罚。

准确区分虐待犯罪致人重伤、死亡与故意伤害、故意杀人犯罪致人重伤、死亡的界限，要根据被告人的主观故意、所实施的暴力手段与方式、是否立即或者直接造成被害人伤亡后果等进行综合判断。对于被告人主观上不具有侵害被害人健康或者剥夺被害人生命的故意，而是出于追求被害人肉体和精神上的痛苦，长期或者多次实施虐待行为，逐渐造成被害人身体损害，过失导致被害人重伤或者死亡的；或者因虐待致使被害人不堪忍受而自残、自杀，导致重伤或者死亡的，属于刑法第二百六十条第二款规定的虐待"致使被害人重伤、死亡"，应当以虐待罪定罪处罚。对于被告人虽然实施家庭暴力呈现出经常性、持续性、反复性的特点，但其主观上具有希望或者放任被害人重伤或者死亡的故意，持凶器实施暴力，暴力手段残忍，暴力程度较强，直接或者立即造成被害人重伤或者死亡的，应当以故意伤害罪或者故意杀人罪定罪处罚。

依法惩处遗弃犯罪。负有扶养义务且有扶养能力的人，拒绝扶养年幼、年老、患病或者其他没有独立生活能力的家庭成员，是危害严重的遗弃性质的家庭暴力。根据司法实践，具有对被害人长期不予照顾、不提供生活来源；驱赶、逼迫被害人离家，致使被害人流离失所或者生存困难；遗弃患严重疾病或者生活不能自理的被害人；遗弃致使被害人身体严重损害或者造成其他严重后果等情形，属于刑法第二百六十一条规定的遗弃"情节恶劣"，应当依法以遗弃罪定罪处罚。

准确区分遗弃罪与故意杀人罪的界限，要根据被告人的主观故意、所实施行为的时间与地点、是否立即造成被害人死亡，以及被害人对被告人的依赖程度等进行综合判断。对于只是为了逃避扶养义务，并不希望或者放任被害人死亡，将生活不能自理的被害人弃置在福利院、医院、派出所等单位或者广场、车站等行人较多的场所，希望被害人得到他人救助的，一般以遗弃罪定罪处罚。对于希望或者放任被害人死亡，不履行必要的扶养义务，致使被害人因缺乏生活照料而死亡，或者将生活不能自理的被害人带至荒山野岭等人迹罕至的场所扔弃，使被害人难以得到他人救助的，应当以故意杀人罪定罪处罚。

18.切实贯彻宽严相济刑事政策。对于实施家庭暴力构成犯罪的，应当根据罪刑法定、罪刑相适应原则，兼顾维护家庭稳定、尊重被害人意愿等因素综合考虑，宽严并用，区别对待。根据司法实践，对于实施家庭暴力手段残忍或者造成严重后果；出于恶意侵占财产等卑劣动机实施家庭暴力；因酗酒、吸毒、赌博等恶习而长期或者多次实施家庭暴力；曾因实施家庭暴力受到刑事处罚、行政处罚；或者具有其他恶劣情形的，可以酌情从重处罚。对于实施家庭暴力犯罪情节较轻，或者被告人真诚悔罪，获得被害人谅解，从轻处罚有利于被扶养人的，可以酌情从轻处罚；对于情节轻微不需要判处刑罚的，人民检察院可以不起诉，人民法院可以判处免予刑事处罚。

对于实施家庭暴力情节显著轻微危害不大不构成犯罪的，应当撤销案件、不起诉，或者宣告无罪。

人民法院、人民检察院、公安机关应当充分运用训诫、责令施暴人保证不再实施家庭暴力，或者向被害人赔礼道歉、赔偿损失等非刑罚处罚措施，加强对施暴人的教育与惩戒。

19. 准确认定对家庭暴力的正当防卫。为了使本人或者他人的人身权利免受不法侵害，对正在进行的家庭暴力采取制止行为，只要符合刑法规定的条件，就应当依法认定为正当防卫，不负刑事责任。防卫行为造成施暴人重伤、死亡，且明显超过必要限度，属于防卫过当，应当负刑事责任，但是应当减轻或者免除处罚。

认定防卫行为是否"明显超过必要限度"，应当以足以制止并使防卫人免受家庭暴力不法侵害的需要为标准，根据施暴人正在实施家庭暴力的严重程度、手段的残忍程度、防卫人所处的环境、面临的危险程度、采取的制止暴力的手段、造成施暴人重大损害的程度，以及既往家庭暴力的严重程度等进行综合判断。

20. 充分考虑案件中的防卫因素和过错责任。对于长期遭受家庭暴力后，在激愤、恐惧状态下为了防止再次遭受家庭暴力，或者为了摆脱家庭暴力而故意杀害、伤害施暴人，被告人的行为具有防卫因素，施暴人在案件起因上具有明显过错或者直接责任的，可以酌情从宽处罚。对于因遭受严重家庭暴力，身体、精神受到重大损害而故意杀害施暴人；或者因不堪忍受长期家庭暴力而故意杀害施暴人，犯罪情节不是特别恶劣，手段不是特别残忍的，可以认定为刑法第二百三十二条规定的故意杀人"情节较轻"。在服刑期间确有悔改表现的，可以根据其家庭情况，依法放宽减刑的幅度，缩短减刑的起始时间与间隔时间；符合假释条件的，应当假释。被杀害施暴人的近亲属表示谅解的，在量刑、减刑、假释时应当予以充分考虑。

四、其他措施

21. 充分运用禁止令措施。人民法院对实施家庭暴力构成犯罪被判处管制或者宣告缓刑的犯罪分子，为了确保被害人及其子女和特定亲属的人身安全，可以依照刑法第三十八条第二款、第七十二条第二款的规定，同时禁止犯罪分子再次实施家庭暴力，侵扰被害人的生活、工作、学习，进行酗酒、赌博等活动；经被害人申请且有必要的，禁止接近被害人及其未成年子女。

22. 告知申请撤销施暴人的监护资格。人民法院、人民检察院、公安机关对于监护人实施家庭暴力，严重侵害被监护人合法权益的，在必要时可以告知被监护人及其他有监护资格的人员、单位，向人民法院提出申请，要求撤销监护人资格，依法另行指定监护人。

23. 充分运用人身安全保护措施。人民法院为了保护被害人的人身安全，避免其再次受到家庭暴力的侵害，可以根据申请，依照民事诉讼法等法律的相关规定，作出禁止施暴人再次实施家庭暴力、禁止接近被害人、迁出被害人的住所等内容的裁定。对于施暴人违反裁定的行为，如对被害人进行威胁、恐吓、殴打、伤害、杀害，或者未经被害人同意拒不迁出住所的，人民法院可以根据情节轻重予以罚款、拘留；构成犯罪的，应当依法追究刑事责任。

24. 充分运用社区矫正措施。社区矫正机构对因实施家庭暴力构成犯罪被判处管制、宣告缓刑、假释或者暂予监外执行的犯罪分子，应当依法开展家庭暴力行为矫治，通过制定有针对性的监管、教育和帮助措施，矫正犯罪分子的施暴心理和行为恶习。

25. 加强反家庭暴力宣传教育。人民法院、人民检察院、公安机关、司法行政机关应当结合本部门工作职责，通过以案说法、社区普法、针对重点对象法制教育等多种形式，开展反家庭暴力宣传教育活动，有效预防家庭暴力，促进平等、和睦、文明的家庭关系，维护社会和谐、稳定。

典型案例

⊙受到家庭暴力的受害人向人民法院申请人身安全保护令的，人民法院经审查，可对施暴人发出禁止令，禁止其实施家庭暴力——陈某申请人身安全保护令案（2020年11月25日最高人民法院发布的人身安全保护令十大典型案例）

【基本案情】

申请人陈某（女）与被申请人段某某系夫妻关系。双方婚后因工作原因分居，仅在周末、假日共同居住生活，婚初感情一般。段某某常为日常琐事责骂陈某，两人因言语不和即发生争吵，撕扯中互有击打行为。2017

年 5 月 5 日，双方因琐事发生争吵厮打，陈某在遭段某某拳打脚踢后报警。经汉台公安分局出警处理，决定给予段某某拘留 10 日，并处罚款 500 元的行政处罚。因段某某及其父母扬言要在拘留期满后上门打击报复陈某及其父母，陈某于 2017 年 5 月 17 日起诉至汉中市汉台区人民法院，申请人民法院作出人身保护裁定并要求禁止段某某对其实施家庭暴力，禁止段某某骚扰、跟踪、接触其本人、父母。

【裁判结果】

陕西省汉中市汉台区人民法院裁定：一、禁止段某某对陈某实施辱骂、殴打等形式的家庭暴力；二、禁止段某某骚扰、跟踪、接触陈某及其相关近亲属。如段某某违反上述禁令，视情节轻重处以罚款、拘留；构成犯罪的，依法追究刑事责任。

【典型意义】

因段某某尚在拘留所被执行拘留行政处罚，汉台区人民法院依法适用简易程序进行缺席听证，发出人身安全保护令。办案法官充分认识到家庭暴力危害性的特点，抓紧时间审查证据，仔细研究案情，与陈某进行了面谈、沟通，获知她本人及其家属的现状、身体状况、人身安全等情况，准确把握针对家庭暴力的行为保全申请的审查标准，简化了审查流程，缩短了认定的时间，依法、果断作出裁定，对受暴力困扰的妇女给予了法律强而有力的正义保护。陈某为家暴受害者如何申请人身安全保护令作出了好的示范，她具有很强的法律、证据意识，在家庭暴力发生后及时报警、治疗伤情，保证自身人身安全，保存各种能够证明施暴行为和伤害后果的证据并完整地提供给法庭，使办案法官能够快速、顺利地在申请当日作出了民事裁定，及时维护了自己的权益。

⊙**妇联在知道未成年受害人父母对被害人实施家庭暴力后向人民法院申请人身安全保护令，人民法院可发出人身安全保护令禁止其父母实施家庭暴力——朱小某申请人身安全保护令案**（2020 年 11 月 25 日最高人民法院发布的人身安全保护令十大典型案例）

【基本案情】

朱小某（10 岁）与父亲朱某（被申请人）、继母徐某（被申请人）共同生活。朱某和徐某常常以"教育"的名义对朱小某进行殴打，树棍、尺子、数据线等都成为体罚朱小某的工具。日常生活中，朱小某稍有不注意，就会被父母打骂，不管是身上还是脸上，常常旧痕未愈，又添新伤。长期处于随时面临殴打的恐惧中，朱小某身心受到严重伤害。区妇联在知悉朱小某的情况后，立即开展工作，向法院提交派出所询问笔录、走访调查材料、受伤照片等家暴证据，请求法院依法发出人身安全保护令。

【裁判结果】

江苏省连云港市赣榆区人民法院裁定：一、禁止朱某、徐某对朱小某实施家庭暴力；二、禁止朱某、徐某威胁、控制、骚扰朱小某。

【典型意义】

孩子是父母生命的延续，是家庭、社会和国家的未来。作为孩子的法定监护人，父母或是其他家庭成员应为孩子营造良好的成长氛围，以恰当的方式引导和教育孩子，帮助孩子树立正确的人生观和价值观。本案中，朱小某的父母动辄对其谩骂、殴打、体罚，对孩子造成严重的身心伤害，给其童年留下暴力的阴影。法院作出人身安全保护令之后，立即送达被申请人、辖区派出所、居委会及妇联，落实保护令监管事项，并专门与被申请人谈话，对其进行深刻教育，同时去医院探望正在接受治疗的朱小某。法院和妇联对朱小某的情况保持密切关注，及时进行必要的心理疏导，定期回访，督促朱某、徐某切实履行监护职责，为孩子的成长营造良好环境。

《反家庭暴力法》第二十三条第二款规定，当事人是无民事行为能力人、限制民事行为能力人，或者因受到强制、威吓等原因无法申请人身安全保护令的，其近亲属、公安机关、妇女联合会、居民委员会、村民委员会、救助管理机构可以代为申请。随着反家暴工作的不断深入，对于自救意识和求助能力欠缺的家暴受害人，妇联等职能机构代为申请人身安全保护令的案件越来越多。勇于对家暴亮剑，已经成为全社会的共同责任。法院、公安、妇联、社区等部门构建起严密的反家暴联动网络，全方位地为家庭弱势成员撑起"保护伞"。

⊙**因实施家庭暴力导致离婚的，无过错方在离婚时有权请求损害赔偿——王某诉江某离婚纠纷案**［2015年11月19日最高人民法院公布的30起婚姻家庭纠纷典型案例（北京）］

【案例要旨】

我国民法典婚姻家庭编明确禁止家庭暴力。配偶一方对另一方实施家庭暴力，经调解无效的应准予离婚，因实施家庭暴力导致离婚的，无过错方在离婚时有权请求损害赔偿。

【基本案情】

王某与江某系经人介绍相识并登记结婚，婚后无子女。由于双方相识时间短，相互了解较少，结婚较为仓促，感情基础薄弱。婚后由于江某酗酒，对原告有家庭暴力，经常因为生活琐事对原告拳脚相加。2009年，江某无缘无故将原告毒打一顿并致其离家出走。后王某提起离婚诉讼，要求判决：（1）解除双方的婚姻关系；（2）江某给付精神损失费5万元；（3）依法分割共同财产。该案诉讼费由江某承担。王某提供江某书写的协议书及相关证人证明在婚姻存续期间江某对其施加家庭暴力。

【裁判结果】

北京市通州区人民法院认为：男女一方要求离婚的，可向法院提起诉讼，如感情确已破裂，应当准予离婚。该案中，双方同意离婚，表明双方感情已彻底破裂，故对王某要求离婚的诉讼请求，法院予以准许。王某要求江某支付精神损害赔偿金的诉讼请求，因江某在婚姻存续期间，确实存在家庭暴力情形，法院予以支持，具体数额由法院依法予以酌定。为此，原审法院判决王某与江某离婚（财产分割略），江某支付王某精神损害赔偿金。

【典型意义】

夫妻应当互敬互爱，和睦相处，但遗憾的是，夫妻之间实施暴力给其中一方造成人身伤害和精神痛苦的现象仍然存在，家庭暴力问题作为离婚案件的重要诱因，仍然在很大程度上影响着家庭的稳定与和谐。家庭暴力是指行为人以殴打、捆绑、残害、强行限制人身自由或者其他手段，给其家庭成员的身体、精神等方面造成一定伤害后果的行为。持续性、经常性的家庭暴力，构成虐待。根据北京法院对2013年度东城法院、丰台法院、通州法院结案的 620 件离婚案件抽样统计显示，涉家庭暴力类的离婚案件占选取离婚案件总数的 9%，数量比例虽不高，但涉家暴案件大多矛盾激烈、调解率低、最终离异率高。我国婚姻法明确禁止家庭暴力，规定配偶一方对另一方实施家庭暴力，经调解无效的应准予离婚，因实施家庭暴力导致离婚的，无过错方在离婚时有权请求损害赔偿。《反家庭暴力法》也通过规定了一系列制度安排，以期保护家庭中的弱势群体，对家庭暴力行为进行遏制。本案就是典型的因家庭暴力导致离婚的案件，人民法院依法支持无过错方的离婚请求和赔偿请求，对于家庭暴力这样违反法律和社会主义道德的行为，旗帜鲜明地给予否定性评价。

⊙夫妻双方因家庭暴力被判决离婚的，受害方有权要求施暴方给予精神损害赔偿——郑某某诉倪某某离婚纠纷案（2014 年 2 月 27 日最高人民法院公布的十起司法干预家庭暴力典型案例）

【案例要旨】

夫妻双方因一方在精神上恐吓另一方，导致另一方产生恐惧感的，该行为构成精神暴力，离婚时受害方有权要求施暴方给予精神损害赔偿。

【基本案情】

原告郑某某与被告倪某某于 2009 年 2 月 11 日登记结婚，2010 年 5 月 7 日生育儿子倪某某。在原、被告共同生活期间，被告经常击打一个用白布包裹的篮球，上面写着"我要打死、打死郑某某"的字句。2011 年 2 月 23 日，原、被告因家庭琐事发生争执，后被告将原告殴打致轻微伤。2011 年 3 月 14 日，原告向法院提起离婚诉讼，请求法院依法判令准予原、被告离婚；婚生男孩倪某某由原告抚养，抚养费由原告自行承担；原、被告夫妻共同财产依法分割；被告赔偿原告精神损失费人民币 30000 元。

【裁判结果】

法院经审理认为，原告郑某某与被告倪某某婚前缺乏了解，草率结婚。婚后被告将一个裹着白布的篮球挂在家中的阳台上，且在白布上写着对原告具有攻击性和威胁性的字句，还经常击打篮球，从视觉上折磨原告，使原告产生恐惧感，该行为构成精神暴力。在夫妻发生矛盾时，被告对原告实施身体暴力致其轻微伤，最终导致了原、被告夫妻感情的完全破裂。因被告存在家庭暴力行为不宜直接抚养子女，且婚生男孩倪某某未满两周岁随母亲生活更有利于其身心健康。被告对原告实施家庭暴力使原告遭受精神损害，被告应承担过错责任，故被告应酌情赔偿原告精神损害抚慰金。据此，依法判决准予原告郑某某与被告倪某某离婚；婚生男孩倪某某由原告郑某某抚养，抚养费由原告承担；被告倪某某赔偿原告郑某某精神损害抚慰金人民币5000元。该判决已生效。

⊙**实施家庭暴力的一方不宜直接抚养子女——季某某诉罗某某离婚纠纷案**（2014年2月27日最高人民法院公布的十起司法干预家庭暴力典型案例）

【案例要旨】

男方酗酒对妻子和子女施暴，妻子起诉离婚时候关于子女的抚养权归属应该优先考虑儿童的利益。

【基本案情】

原告季某某、被告罗某某于1994年1月17日登记结婚，1994年8月7日生育女儿罗某1，2002年6月27日生育儿子罗某2。双方婚后感情尚可，自2003年开始因罗某某经常酗酒引起矛盾。2011年起，罗某某酗酒严重，经常酒后施暴。女儿罗某1在日记中记录了罗某某多次酒后打骂季某某母子三人的经过。2012年1月5日，季某某第一次起诉离婚。因罗某某提出双方登记离婚，季某某申请撤诉。但之后罗某某反悔，酗酒和施暴更加频繁。2012年7月30日，罗某某酒后扬言要杀死全家。季某某母子反锁房门在卧室躲避，罗某某踢烂房门后殴打季某某，子女在劝阻中也被殴打，季某某当晚两次报警。2012年8月底，为躲避殴打，季某某带子女在外租房居住，与罗某某分居。2012年9月21日，季某某再次起诉离婚并请求由自己抚养一双子女。罗某某答辩称双方感情好，不承认自己酗酒及实施家庭暴力，不同意离婚，也不同意由季某某抚养子女。

【裁判结果】

法院经审理认为，罗某某长期酗酒，多次酒后实施家庭暴力。子女罗某1、罗某2数次目睹父亲殴打母亲，也曾直接遭受殴打，这都给他们身心造成严重伤害，同时也可能造成家庭暴力的代际传递。为避免罗某1、罗某 2 继续生活在暴力环境中，应由季某某抚养两个子女，罗某某依法支付抚养费。遂判决准许季某某与罗某某离婚，子女罗某 1、罗某 2 由季某某抚养，罗某某每月支付抚养费共计 900 元。罗某某可于每月第一个星期日探视子女，探视前 12 小时内及探视期间不得饮酒，否则视为放弃该次探视权利，季某某及子女可拒绝探视。一审宣判后双方均未提起上诉。

民事审判指导与参考案例

⊙家庭暴力是人民法院在审理离婚案件中确定子女抚养问题时不可忽略的因素——陆某某与苏某某离婚纠纷上诉案〔《民事审判指导与参考》2013 年第 3 辑（总第 55 辑）〕

【案例要旨】

在涉及家庭暴力的离婚案件中，人民法院在判决确定子女直接抚养权归属时，应当将有利于未成年子女的健康成长即子女利益最大化作为原则。在就与父母中哪一方共同生活的问题征询年满 10 周岁[①]以上未成年子女意见的同时，应当将家庭暴力作为一项重要因素加以考量。

适用要点

⊙**严格区分借婚姻索取财物与给付彩礼的民间习惯**

彩礼是一种民间习俗，一般是男女双方或其家庭的自愿馈赠，属于赠与；而借婚姻索取财物一方当事人是违背缔结婚姻对方当事人意愿，以缔结婚姻为手段，强迫对方支付一定金额财产的行为。彩礼在某些特殊情形下可以返还，如《最高人民法院关于适用〈中华人民共和国民法典〉婚姻家庭编的解释（一）》第 5 条的规定。

---

① 编者注：《民法典》将该年龄改为 8 周岁。

> **第一千零四十三条** 【婚姻家庭的倡导性规定】家庭应当树立优良家风，弘扬家庭美德，重视家庭文明建设。
>
> 夫妻应当互相忠实，互相尊重，互相关爱；家庭成员应当敬老爱幼，互相帮助，维护平等、和睦、文明的婚姻家庭关系。

司法解释及文件

⊙《最高人民法院关于适用〈中华人民共和国民法典〉婚姻家庭编的解释（一）》（2020年12月29日 法释〔2020〕22号）

第四条 当事人仅以民法典第一千零四十三条为依据提起诉讼的，人民法院不予受理；已经受理的，裁定驳回起诉。

典型案例

⊙**是否可请求出轨者支付精神赔偿——周某诉张某离婚后损害责任纠纷案**〔2015年11月19日最高人民法院公布的30起婚姻家庭纠纷典型案例（河南）〕

【基本案情】

2003年原告周某与被告张某登记结婚，婚后生育一女一子。2013年7月，张某提起与周某离婚之诉，经法院主持调解离婚，调解书主要内容为，双方自愿离婚，张某一次性给付周某某人民币38000元，双方互不再追究。而2013年5月，张某与案外某女生育一女。周某诉称离婚后才发现此事，现起诉要求张某赔偿精神损害赔偿金3万元。

【裁判结果】

河南省滑县人民法院经审理认为，《婚姻法》第四条（《民法典》第一千零四十三条）规定：夫妻应当互相忠实，互相尊重；家庭成员间应当敬老爱幼，互相帮助，维护平等、和睦、文明的婚姻家庭关系；第四十六条（《民法典》第一千零九十一条）规定：导致离婚的，无过错方有权请求损害赔偿；《最高人民法院关于适用〈中华人民共和国婚姻法〉若干问题的解释》第二十八条[《最高人民法院关于适用〈中华人民共和国民法典〉婚姻家庭编的解释（一）》第八十六条]、《婚姻法》第四十六条（《民法典》第一千零九十一条）规定的"损害赔偿"，包括物质损害赔偿和精神损害赔偿。被告张某在与原告婚姻关系存续期间，与他人有不正当男女关系的行为，并生育一女，导致离婚，应该承担相应的民事赔偿责任，应当支持原告提出损害赔偿请求，即判令被告张某给付原告周某精神损害赔偿人民币15000元。宣判后，双方均未提出上诉。

【典型意义】

夫妻互相忠实，不背叛爱情，不仅是传统美德，也是法定义务。对婚姻不忠实，是难以容忍的不诚信，它不仅破坏了夫妻关系，拆散了家庭，也伤及无辜的子女，而且败坏了社会风气，是法律所禁止的行为。因此，在离婚后发现被告在婚姻存续期间的出轨行为，请求精神损害赔偿，人民法院依法予以支持，以彰显法律的公正和道德力量。

适用要点

⊙ 本条性质为倡导性规范，不是裁判规范

倡导性规范，是指提倡和引导人们为或不为某种行为的法律规范。这些条文一般不具有强制执行力，也不是裁判规范，当事人仅以该条文起诉的，人民法院不予受理，已经受理的，裁定驳回起诉。本条即为婚姻家庭编的倡导性规范，其所规定的忠诚义务是一种夫妻间的道德义务，法律并不赋予其强制执行力。

⊙ 处理夫妻忠诚协议相关纠纷的原则

夫妻关系是民事主体最私密和最核心的领域，法律不宜干涉太多。夫妻是否忠诚属于情感道德领域的问题，是一种道德义务。夫妻双方之间订立的忠诚协议应由双方当事人本着诚信原则自觉履行，法律不禁止此类协议的签订，但也不赋予此类协议强制执行力。因此，人民法院以不受理为宜。但夫妻一方提出离婚，并以对方存在出轨、婚外情等情形提起离婚损

害赔偿的,人民法院应当受理。虽然人民法院不宜对忠诚协议的效力作出评价,但一方存在出轨等情形的,可以作为另一方提起离婚损害赔偿的考量因素进行处理。

> **第一千零四十四条 【收养基本原则及禁止买卖未成年人】** 收养应当遵循最有利于被收养人的原则,保障被收养人和收养人的合法权益。
> 禁止借收养名义买卖未成年人。

法 律

⊙《未成年人保护法》(2020年10月17日修订)

第三条 未成年人享有生存权、发展权、受保护权、参与权等权利,国家根据未成年人身心发展特点给予特殊、优先保护,保障未成年人的合法权益不受侵犯。

未成年人享有受教育权,国家、社会、学校和家庭尊重和保障未成年人的受教育权。

未成年人不分性别、民族、种族、家庭财产状况、宗教信仰等,依法平等地享有权利。

第四条 保护未成年人,应当坚持最有利于未成年人的原则。处理涉及未成年人事项,应当符合下列要求:

(一)给予未成年人特殊、优先保护;
(二)尊重未成年人人格尊严;
(三)保护未成年人隐私权和个人信息;
(四)适应未成年人身心健康发展的规律和特点;
(五)听取未成年人的意见;
(六)保护与教育相结合。

部门规章及规范性文件

⊙《**民政部关于收养法律规定适用范围的复函**》(1996年4月1日　民事函〔1996〕67号)

法国驻华大使馆：

贵馆1995年12月28日函收悉。现就我国收养法有关解除收养关系的规定及其适用范围说明如下：

《中华人民共和国收养法》第2条规定："收养应当有利于被收养的未成年人的抚养、成长。"根据这个原则，第四章规定了收养人在被收养人成年之前不得解除收养关系。但如果出现不利于被收养人抚养、成长的情况，法律又规定可有条件地解除收养关系。此章这一规定只适用于发生在中华人民共和国境内（包括收养人是外国人）的收养关系的解除。

第一千零四十五条　【亲属、近亲属及家庭成员范围】亲属包括配偶、血亲和姻亲。

配偶、父母、子女、兄弟姐妹、祖父母、外祖父母、孙子女、外孙子女为近亲属。

配偶、父母、子女和其他共同生活的近亲属为家庭成员。

法　律

⊙《**刑事诉讼法**》(2018年10月26日修正)

第一百零八条　本法下列用语的含意是：

（一）"侦查"是指公安机关、人民检察院对于刑事案件，依照法律进行的收集证据、查明案情的工作和有关的强制性措施；

（二）"当事人"是指被害人、自诉人、犯罪嫌疑人、被告人、附带民事诉讼的原告人和被告人；

（三）"法定代理人"是指被代理人的父母、养父母、监护人和负有保护责任的机关、团体的代表；

（四）"诉讼参与人"是指当事人、法定代理人、诉讼代理人、辩护人、证人、鉴定人和翻译人员；

（五）"诉讼代理人"是指公诉案件的被害人及其法定代理人或者近亲属、自诉案件的自诉人及其法定代理人委托代为参加诉讼的人和附带民事诉讼的当事人及其法定代理人委托代为参加诉讼的人；

（六）"近亲属"是指夫、妻、父、母、子、女、同胞兄弟姊妹。

监察法规

⊙《监察法实施条例》（2021年9月20日　国家监察委员会公告第1号）

第二百八十三条　本条例所称"近亲属"，是指夫、妻、父、母、子、女、同胞兄弟姊妹。

司法解释及文件

⊙《最高人民法院关于适用〈中华人民共和国民事诉讼法〉的解释》（2022年4月1日修正）

第八十五条　根据民事诉讼法第六十一条第二款第二项规定，与当事人有夫妻、直系血亲、三代以内旁系血亲、近姻亲关系以及其他有抚养、赡养关系的亲属，可以当事人近亲属的名义作为诉讼代理人。

⊙《最高人民法院关于适用〈中华人民共和国行政诉讼法〉的解释》（2018年2月6日　法释〔2018〕1号）

第十四条　行政诉讼法第二十五条第二款规定的"近亲属"，包括配偶、父母、子女、兄弟姐妹、祖父母、外祖父母、孙子女、外孙子女和其他具有扶养、赡养关系的亲属。

公民因被限制人身自由而不能提起诉讼的，其近亲属可以依其口头或者书面委托以该公民的名义提起诉讼。近亲属起诉时无法与被限制人身自由的公民取得联系，近亲属可以先行起诉，并在诉讼中补充提交委托证明。

> 部门规章及规范性文件

⊙《外国人在中国永久居留审批管理办法》(2004年8月15日 公安部、外交部令74号)

第二十七条 本办法中下列用语的含义：

（一）"直系亲属"指父母（配偶的父母）、祖父母（外祖父母）、已满18周岁的成年子女及其配偶、已满18周岁的成年孙子女（外孙子女）及其配偶；

（二）"以上""以内"皆包括本数。

⊙《国务院港澳办公室关于港澳同胞及其亲属身份解释的通知》(1991年4月19日〔91〕港办二字第383号)

各省、自治区、直辖市人民政府办公厅：

最近，一些省、市、自治区侨务部门反映，由于对港澳同胞及其亲属身份的界定不够明确，在实际工作中各地掌握不一，对外造成一些不好的影响，希望对港澳同胞等有关身份予以明确解释，以利于政策的贯彻执行，经商有关部门，现将《关于港澳同胞等几种人身份的解释（试行）》发给你们，作为工作的依据，不对外公布。各级人民政府根据当地的实际情况，对港澳同胞及其眷属在升学、住房、就业等方面给予适当照顾。

在试行中，有什么问题，望及时函告我们，以便修改补充。

1991年4月19日

附：关于港澳同胞等几种人身份的解释（试行）

一、港澳同胞：指香港或澳门居民中的中国公民。即在香港享有居留权的永久性居民中的中国公民和虽未取得居留权但系经内地主管部门批准、正式移居香港的中国公民，以及持有澳门正式居民身份证，而不是"临时逗留证"的中国公民。

二、定居内地的港澳同胞：指回内地的港澳同胞。不论年龄大小和何时回内地，都是定居内地的港澳同胞。

三、港澳学生：指回内地就读但未在内地定居的港澳同胞。

四、回内地的港澳学生：指从港澳回内地定居就读的港澳同胞。不论年龄大小，就读于何种学校，都是回内地的港澳学生。

五、港澳同胞眷属：指港澳同胞在内地的眷属。包括：配偶、父母、子女（含媳妇、女婿）、兄弟姐妹、祖父母、外祖父母、孙儿、孙女、外孙儿、外孙女，以及同港澳同胞有长期抚养关系的其他亲属。

港澳同胞回内地定居后，其内地眷属仍视为港澳同胞眷属。

港澳同胞去世后，其在内地的配偶、父母、子女（含媳妇、女婿）、兄弟姐妹、祖父母、外祖父母、孙儿、孙女、外孙儿、外孙女，仍视为港澳同胞眷属。

第二章 结婚

> **第一千零四十六条 【结婚自愿】** 结婚应当男女双方完全自愿，禁止任何一方对另一方加以强迫，禁止任何组织或者个人加以干涉。

法 律

⊙《宪法》(2018年3月11日修正)

第四十九条 婚姻、家庭、母亲和儿童受国家的保护。

夫妻双方有实行计划生育的义务。

父母有抚养教育未成年子女的义务，成年子女有赡养扶助父母的义务。

禁止破坏婚姻自由，禁止虐待老人、妇女和儿童。

⊙《民法典》(总则编)(2020年5月28日)

第五条 民事主体从事民事活动，应当遵循自愿原则，按照自己的意思设立、变更、终止民事法律关系。

第一百三十条 民事主体按照自己的意愿依法行使民事权利，不受干涉。

⊙《妇女权益保障法》(2022年10月30日修订)

第六十一条 国家保护妇女的婚姻自主权。禁止干涉妇女的结婚、离婚自由。

⊙《未成年人保护法》（2020年10月17日修订）

第十七条 未成年人的父母或者其他监护人不得实施下列行为：

（一）虐待、遗弃、非法送养未成年人或者对未成年人实施家庭暴力；

（二）放任、教唆或者利用未成年人实施违法犯罪行为；

（三）放任、唆使未成年人参与邪教、迷信活动或者接受恐怖主义、分裂主义、极端主义等侵害；

（四）放任、唆使未成年人吸烟（含电子烟，下同）、饮酒、赌博、流浪乞讨或者欺凌他人；

（五）放任或者迫使应当接受义务教育的未成年人失学、辍学；

（六）放任未成年人沉迷网络，接触危害或者可能影响其身心健康的图书、报刊、电影、广播电视节目、音像制品、电子出版物和网络信息等；

（七）放任未成年人进入营业性娱乐场所、酒吧、互联网上网服务营业场所等不适宜未成年人活动的场所；

（八）允许或者迫使未成年人从事国家规定以外的劳动；

（九）允许、迫使未成年人结婚或者为未成年人订立婚约；

（十）违法处分、侵吞未成年人的财产或者利用未成年人牟取不正当利益；

（十一）其他侵犯未成年人身心健康、财产权益或者不依法履行未成年人保护义务的行为。

适用要点

⊙关于结婚非自愿情况的司法处理

本条规定实质上也隐藏着缔结婚姻的双方当事人对缔结婚姻关系应达成合意，这也是结婚的必备要件之一。若男女双方缔结婚姻非自愿的，如一方对另一方加以胁迫的，受胁迫的一方有权自胁迫行为终止之日起1年内向人民法院提出请求撤销婚姻关系，被非法限制人身自由的，应当自恢复人身自由之日起 1 年内向人民法院请求撤销婚姻关系。以此为由申请撤销婚姻关系的，应承担举证责任，不能承担举证责任的，应承担举证不能的法律后果。

> **第一千零四十七条 【法定婚龄】** 结婚年龄，男不得早于二十二周岁，女不得早于二十周岁。

行政法规

⊙《婚姻登记条例》（2003 年 8 月 8 日　国务院令第 387 号）

第六条　办理结婚登记的当事人有下列情形之一的，婚姻登记机关不予登记：

（一）未到法定结婚年龄的；

（二）非双方自愿的；

（三）一方或者双方已有配偶的；

（四）属于直系血亲或者三代以内旁系血亲的；

（五）患有医学上认为不应当结婚的疾病的。

司法解释及文件

⊙《最高人民法院关于适用〈中华人民共和国民法典〉婚姻家庭编的解释（一）》（2020 年 12 月 29 日　法释〔2020〕22 号）

第九条　有权依据民法典第一千零五十一条规定向人民法院就已办理结婚登记的婚姻请求确认婚姻无效的主体，包括婚姻当事人及利害关系人。其中，利害关系人包括：

（一）以重婚为由的，为当事人的近亲属及基层组织；

（二）以未到法定婚龄为由的，为未到法定婚龄者的近亲属；

（三）以有禁止结婚的亲属关系为由的，为当事人的近亲属。

适用要点

⊙民族自治地方对法定婚龄的变通规定

我国幅员辽阔,为多民族组成的国家,部分少数民族地方有其特定的风俗习惯,故对于法定婚龄,我国一些民族自治地方的立法机关作了变通规定。

⊙结婚的当事人应当具有结婚的行为能力

若达到法定结婚年龄的自然人为无民事行为能力人,其当然不具备缔结婚姻的行为能力。若达到法定结婚年龄的自然人是限制民事行为能力人,则需要考量其作出的缔结婚姻的意思表示是否与其智力、精神状况相当。例如,因限制民事行为能力人不具备缔结婚姻的行为能力而认定其婚姻存在瑕疵时,应当由鉴定机构出具相关说明,并明确其无缔结婚姻的行为能力,且无缔结婚姻的行为能力的状态在其缔结婚姻前就已经存在。

第一千零四十八条 【禁止结婚的情形】直系血亲或者三代以内的旁系血亲禁止结婚。

行政法规

⊙《婚姻登记条例》(2003年8月8日 国务院令第387号)

第六条 办理结婚登记的当事人有下列情形之一的,婚姻登记机关不予登记:

(一)未到法定结婚年龄的;

(二)非双方自愿的;

(三)一方或者双方已有配偶的;

(四)属于直系血亲或者三代以内旁系血亲的;

(五)患有医学上认为不应当结婚的疾病的。

> 部门规章及规范性文件

⊙《民政部民政司关于表姨和表外甥能否结婚的复函》(1986年3月26日〔86〕民民字第42号)

中共抚顺市望花区委信访室：

　　转来你室一月三十一日来函收悉。现答复如下：

　　婚姻法第六条一款规定："直系血亲和三代以内的旁系血亲"禁止结婚。所谓"三代以内的旁系血亲"，是指同一祖父母或外祖父母的血亲关系。你们所询表姨和表外甥并不是同一外祖父母，因此不属三代以内的旁系血亲。他们之间不属禁婚之列。但是，从遗传学角度考虑，血缘过近的婚配，是不利于优生的，建议劝说双方当事人慎重考虑，为了子孙后代的健康，以另外择偶为好。

> 人民法院案例选案例

⊙三代以内旁系血亲结婚，婚姻关系自始无效——杨某某诉张某某婚姻确认无效案〔《人民法院案例选》2003年第1辑（总第43辑）〕

　　【案例要旨】

　　三代以内旁系血亲结婚，属于无效婚姻，婚姻被依法宣告无效后，其效力溯及当事人结婚之时，即"自始无效"。当事人不具有夫妻的权利和义务，同居期间所得的财产在由双方当事人协商处理不成时，由人民法院根据照顾无过错方的原则判决，当事人所生子女的抚养，根据民法典婚姻家庭编有关父母子女的规定处理。

> 适用要点

⊙拟制直系血亲之间的婚姻效力问题

　　拟制直系血亲也是直系血亲，继父母与继子女之间、养父母与养子女之间同样属于本条规定禁止结婚的范围。法律并未规定收养关系解除后仍不得结婚,故在收养关系终止之后,养子女与原养父母及其他近亲属之间不属于禁止结婚的范围。

第一千零四十九条 【结婚登记】 要求结婚的男女双方应当亲自到婚姻登记机关申请结婚登记。符合本法规定的,予以登记,发给结婚证。完成结婚登记,即确立婚姻关系。未办理结婚登记的,应当补办登记。

行政法规

⊙《婚姻登记条例》(2003年8月8日　国务院令第387号)

第一章　总　则

第一条 为了规范婚姻登记工作,保障婚姻自由、一夫一妻、男女平等的婚姻制度的实施,保护婚姻当事人的合法权益,根据《中华人民共和国婚姻法》(以下简称婚姻法),制定本条例。

第二条 内地居民办理婚姻登记的机关是县级人民政府民政部门或者乡(镇)人民政府,省、自治区、直辖市人民政府可以按照便民原则确定农村居民办理婚姻登记的具体机关。

中国公民同外国人、内地居民同香港特别行政区居民(以下简称香港居民)、澳门特别行政区居民(以下简称澳门居民)、台湾地区居民(以下简称台湾居民)、华侨办理婚姻登记的机关是省、自治区、直辖市人民政府民政部门或者省、自治区、直辖市人民政府民政部门确定的机关。

第三条 婚姻登记机关的婚姻登记员应当接受婚姻登记业务培训,经考核合格,方可从事婚姻登记工作。

婚姻登记机关办理婚姻登记,除按收费标准向当事人收取工本费外,不得收取其他费用或者附加其他义务。

第二章　结婚登记

第四条 内地居民结婚,男女双方应当共同到一方当事人常住户口所在地的婚姻登记机关办理结婚登记。

中国公民同外国人在中国内地结婚的，内地居民同香港居民、澳门居民、台湾居民、华侨在中国内地结婚的，男女双方应当共同到内地居民常住户口所在地的婚姻登记机关办理结婚登记。

第五条　办理结婚登记的内地居民应当出具下列证件和证明材料：

（一）本人的户口簿、身份证；

（二）本人无配偶以及与对方当事人没有直系血亲和三代以内旁系血亲关系的签字声明。

办理结婚登记的香港居民、澳门居民、台湾居民应当出具下列证件和证明材料：

（一）本人的有效通行证、身份证；

（二）经居住地公证机构公证的本人无配偶以及与对方当事人没有直系血亲和三代以内旁系血亲关系的声明。

办理结婚登记的华侨应当出具下列证件和证明材料：

（一）本人的有效护照；

（二）居住国公证机构或者有权机关出具的、经中华人民共和国驻该国使（领）馆认证的本人无配偶以及与对方当事人没有直系血亲和三代以内旁系血亲关系的证明，或者中华人民共和国驻该国使（领）馆出具的本人无配偶以及与对方当事人没有直系血亲和三代以内旁系血亲关系的证明。

办理结婚登记的外国人应当出具下列证件和证明材料：

（一）本人的有效护照或者其他有效的国际旅行证件；

（二）所在国公证机构或者有权机关出具的、经中华人民共和国驻该国使（领）馆认证或者该国驻华使（领）馆认证的本人无配偶的证明，或者所在国驻华使（领）馆出具的本人无配偶的证明。

第六条　办理结婚登记的当事人有下列情形之一的，婚姻登记机关不予登记：

（一）未到法定结婚年龄的；

（二）非双方自愿的；

（三）一方或者双方已有配偶的；

（四）属于直系血亲或者三代以内旁系血亲的；

（五）患有医学上认为不应当结婚的疾病的。

第七条 婚姻登记机关应当对结婚登记当事人出具的证件、证明材料进行审查并询问相关情况。对当事人符合结婚条件的，应当当场予以登记，发给结婚证；对当事人不符合结婚条件不予登记的，应当向当事人说明理由。

第八条 男女双方补办结婚登记的，适用本条例结婚登记的规定。

第九条 因胁迫结婚的，受胁迫的当事人依据婚姻法第十一条的规定向婚姻登记机关请求撤销其婚姻的，应当出具下列证明材料：

（一）本人的身份证、结婚证；

（二）能够证明受胁迫结婚的证明材料。

婚姻登记机关经审查认为受胁迫结婚的情况属实且不涉及子女抚养、财产及债务问题的，应当撤销该婚姻，宣告结婚证作废。

第三章 离婚登记

第十条 内地居民自愿离婚的，男女双方应当共同到一方当事人常住户口所在地的婚姻登记机关办理离婚登记。

中国公民同外国人在中国内地自愿离婚的，内地居民同香港居民、澳门居民、台湾居民、华侨在中国内地自愿离婚的，男女双方应当共同到内地居民常住户口所在地的婚姻登记机关办理离婚登记。

第十一条 办理离婚登记的内地居民应当出具下列证件和证明材料：

（一）本人的户口簿、身份证；

（二）本人的结婚证；

（三）双方当事人共同签署的离婚协议书。

办理离婚登记的香港居民、澳门居民、台湾居民、外国人除应当出具前款第（二）项、第（三）项规定的证件、证明材料外，香港居民、澳门居民、台湾居民还应当出具本人的有效通行证、身份证，华侨、外国人还应当出具本人的有效护照或者其他有效国际旅行证件。

离婚协议书应当载明双方当事人自愿离婚的意思表示以及对子女抚养、财产及债务处理等事项协商一致的意见。

第十二条 办理离婚登记的当事人有下列情形之一的，婚姻登记机关不予受理：

（一）未达成离婚协议的；
（二）属于无民事行为能力人或者限制民事行为能力人的；
（三）其结婚登记不是在中国内地办理的。

第十三条　婚姻登记机关应当对离婚登记当事人出具的证件、证明材料进行审查并询问相关情况。对当事人确属自愿离婚，并已对子女抚养、财产、债务等问题达成一致处理意见的，应当当场予以登记，发给离婚证。

第十四条　离婚的男女双方自愿恢复夫妻关系的，应当到婚姻登记机关办理复婚登记。复婚登记适用本条例结婚登记的规定。

第四章　婚姻登记档案和婚姻登记证

第十五条　婚姻登记机关应当建立婚姻登记档案。婚姻登记档案应当长期保管。具体管理办法由国务院民政部门会同国家档案管理部门规定。

第十六条　婚姻登记机关收到人民法院宣告婚姻无效或者撤销婚姻的判决书副本后，应当将该判决书副本收入当事人的婚姻登记档案。

第十七条　结婚证、离婚证遗失或者损毁的，当事人可以持户口簿、身份证向原办理婚姻登记的机关或者一方当事人常住户口所在地的婚姻登记机关申请补领。婚姻登记机关对当事人的婚姻登记档案进行查证，确认属实的，应当为当事人补发结婚证、离婚证。

第五章　罚　则

第十八条　婚姻登记机关及其婚姻登记员有下列行为之一的，对直接负责的主管人员和其他直接责任人员依法给予行政处分：
（一）为不符合婚姻登记条件的当事人办理婚姻登记的；
（二）玩忽职守造成婚姻登记档案损失的；
（三）办理婚姻登记或者补发结婚证、离婚证超过收费标准收取费用的。

违反前款第（三）项规定收取的费用，应当退还当事人。

第六章　附　则

第十九条　中华人民共和国驻外使（领）馆可以依照本条例的有关规定，为男女双方均居住于驻在国的中国公民办理婚姻登记。

第二十条　本条例规定的婚姻登记证由国务院民政部门规定式样并

监制。

第二十一条 当事人办理婚姻登记或者补领结婚证、离婚证应当交纳工本费。工本费的收费标准由国务院价格主管部门会同国务院财政部门规定并公布。

第二十二条 本条例自 2003 年 10 月 1 日起施行。1994 年 1 月 12 日国务院批准、1994 年 2 月 1 日民政部发布的《婚姻登记管理条例》同时废止。

司法解释及文件

⊙《最高人民法院关于适用〈中华人民共和国民法典〉婚姻家庭编的解释（一）》（2020 年 12 月 29 日　法释〔2020〕22 号）

第五条 当事人请求返还按照习俗给付的彩礼的，如果查明属于以下情形，人民法院应当予以支持：

（一）双方未办理结婚登记手续的；

（二）双方办理结婚登记手续但确未共同生活的；

（三）婚前给付并导致给付人生活困难的。

适用前款第二项、第三项的规定，应当以双方离婚为条件。

第六条 男女双方依据民法典第一千零四十九条规定补办结婚登记的，婚姻关系的效力从双方均符合民法典所规定的结婚的实质要件时起算。

第七条 未依据民法典第一千零四十九条规定办理结婚登记而以夫妻名义共同生活的男女，提起诉讼要求离婚的，应当区别对待：

（一）1994 年 2 月 1 日民政部《婚姻登记管理条例》公布实施以前，男女双方已经符合结婚实质要件的，按事实婚姻处理。

（二）1994 年 2 月 1 日民政部《婚姻登记管理条例》公布实施以后，男女双方符合结婚实质要件的，人民法院应当告知其补办结婚登记。未补办结婚登记的，依据本解释第三条规定处理。

第八条 未依据民法典第一千零四十九条规定办理结婚登记而以夫妻名义共同生活的男女，一方死亡，另一方以配偶身份主张享有继承权的，依据本解释第七条的原则处理。

⊙《**最高人民法院行政审判庭关于婚姻登记行政案件原告资格及判决方式有关问题的答复**》(2005年10月8日　法〔2005〕行他字第13号)

浙江省高级人民法院：

你院《关于婚姻关系当事人以外的其他人可否对婚姻登记行为提起行政诉讼及对程序违法的婚姻登记行为能否判决撤销的请示》收悉。经研究，答复如下：

一、依据《中华人民共和国行政诉讼法》第二十四条第二款规定，有权起诉婚姻登记行为的婚姻关系当事人死亡的，其近亲属可以提起行政诉讼。

二、根据《中华人民共和国婚姻法》第八条规定，婚姻关系双方或一方当事人未亲自到婚姻登记机关进行婚姻登记，且不能证明婚姻登记系男女双方的真实意思表示，当事人对该婚姻登记不服提起诉讼的，人民法院应当依法予以撤销。

部门规章及规范性文件

⊙《**中国边民与毗邻国边民婚姻登记办法**》(2012年8月8日　民政部令第45号)

第一条　为规范边民婚姻登记工作，保护婚姻当事人的合法婚姻权益，根据《中华人民共和国婚姻法》《婚姻登记条例》，制定本办法。

第二条　本办法所称边民是指中国与毗邻国边界线两侧县级行政区域内有当地常住户口的中国公民和外国人。中国与毗邻国就双方国家边境地区和边民的范围达成有关协议的，适用协议的规定。

第三条　本办法适用于中国边民与毗邻国边民在中国边境地区办理婚姻登记。

第四条　边民办理婚姻登记的机关是边境地区县级人民政府民政部门。

边境地区婚姻登记机关应当按照便民原则在交通不便的乡（镇）巡回登记。

第五条 中国边民与毗邻国边民在中国边境地区结婚，男女双方应当共同到中国一方当事人常住户口所在地的婚姻登记机关办理结婚登记。

第六条 办理结婚登记的中国边民应当出具下列证件、证明材料：

（一）本人的居民户口簿、居民身份证；

（二）本人无配偶以及与对方当事人没有直系血亲和三代以内旁系血亲关系的签字声明。

办理结婚登记的毗邻国边民应当出具下列证明材料：

（一）能够证明本人边民身份的有效护照、国际旅行证件或者边境地区出入境通行证件；

（二）所在国公证机构或者有权机关出具的、经中华人民共和国驻该国使（领）馆认证或者该国驻华使（领）馆认证的本人无配偶的证明，或者所在国驻华使（领）馆出具的本人无配偶的证明，或者由毗邻国边境地区与中国乡（镇）人民政府同级的政府出具的本人无配偶证明。

第七条 办理结婚登记的当事人有下列情形之一的，婚姻登记机关不予登记：

（一）未到中国法定结婚年龄的；

（二）非双方自愿的；

（三）一方或者双方已有配偶的；

（四）属于直系血亲或者三代以内旁系血亲的；

（五）患有医学上认为不应当结婚的疾病的。

第八条 婚姻登记机关应当对结婚登记当事人出具的证件、证明材料进行审查并询问相关情况，对当事人符合结婚条件的，应当当场予以登记，发给结婚证。对当事人不符合结婚条件不予登记的，应当向当事人说明理由。

第九条 男女双方补办结婚登记的，适用本办法关于结婚登记的规定。

第十条 未到婚姻登记机关办理结婚登记以夫妻名义同居生活的，不成立夫妻关系。

第十一条 因受胁迫结婚的，受胁迫的边民可以依据《中华人民共和国婚姻法》第十一条的规定向婚姻登记机关请求撤销其婚姻。受胁迫方应当出具下列证件、证明材料：

（一）本人的身份证件；

（二）结婚证；

（三）要求撤销婚姻的书面申请；

（四）公安机关出具或者人民法院作出的能够证明当事人被胁迫结婚的证明材料。

受胁迫方为毗邻国边民的，其身份证件包括能够证明边民身份的有效护照、国际旅行证件或者边境地区出入境通行证件。

婚姻登记机关经审查认为受胁迫结婚的情况属实且不涉及子女抚养、财产及债务问题的，应当撤销该婚姻，宣告结婚证作废。

第十二条 中国边民与毗邻国边民在中国边境地区自愿离婚的，应当共同到中国边民常住户口所在地的婚姻登记机关办理离婚登记。

第十三条 办理离婚登记的双方当事人应当出具下列证件、证明材料：

（一）本人的结婚证；

（二）双方当事人共同签署的离婚协议书。

除上述材料外，办理离婚登记的中国边民还需要提供本人的居民户口簿和居民身份证，毗邻国边民还需要提供能够证明边民身份的有效护照、国际旅行证件或者边境地区出入境通行证件。

离婚协议书应当载明双方当事人自愿离婚的意思表示以及对子女抚养、财产及债务处理等事项协商一致的意见。

第十四条 办理离婚登记的当事人有下列情形之一的，婚姻登记机关不予受理：

（一）未达成离婚协议的；

（二）属于无民事行为能力或者限制民事行为能力人的；

（三）其结婚登记不是在中国内地办理的。

第十五条 婚姻登记机关应当对离婚登记当事人出具的证件、证明材料进行审查并询问相关情况。对当事人确属自愿离婚，并已对子女抚养、财产、债务等问题达成一致处理意见的，应当当场予以登记，发给离婚证。

第十六条　离婚的男女双方自愿恢复夫妻关系的，应当到婚姻登记机关办理复婚登记。复婚登记适用本办法关于结婚登记的规定。

第十七条　结婚证、离婚证遗失或者损毁的，中国边民可以持居民户口簿、居民身份证，毗邻国边民可以持能够证明边民身份的有效护照、国际旅行证件或者边境地区出入境通行证向原办理婚姻登记的机关或者中国一方当事人常住户口所在地的婚姻登记机关申请补领。婚姻登记机关对当事人的婚姻登记档案进行查证，确认属实的，应当为当事人补发结婚证、离婚证。

第十八条　本办法自2012年10月1日起施行。1995年颁布的《中国与毗邻国边民婚姻登记管理试行办法》（民政部令第1号）同时废止。

⊙《民政部关于印发〈婚姻登记工作规范〉的通知》（2015年12月8日民发〔2015〕230号公布　根据2021年11月24日民发〔2020〕116号《民政部关于贯彻落实〈中华人民共和国民法典〉中有关婚姻登记规定的通知》修订）

第四章　结婚登记

第二十七条　结婚登记应当按照初审—受理—审查—登记（发证）的程序办理。

第二十八条　受理结婚登记申请的条件是：

（一）婚姻登记处具有管辖权；

（二）要求结婚的男女双方共同到婚姻登记处提出申请；

（三）当事人男年满22周岁，女年满20周岁；

（四）当事人双方均无配偶（未婚、离婚、丧偶）；

（五）当事人双方没有直系血亲和三代以内旁系血亲关系；

（六）双方自愿结婚；

（七）当事人提交3张2寸双方近期半身免冠合影照片；

（八）当事人持有本规范第二十九条至第三十五条规定的有效证件。

第二十九条　内地居民办理结婚登记应当提交本人有效的居民身份证和户口簿，因故不能提交身份证的可以出具有效的临时身份证。

居民身份证与户口簿上的姓名、性别、出生日期、公民身份号码应当一致；不一致的，当事人应当先到有关部门更正。

户口簿上的婚姻状况应当与当事人声明一致。不一致的，当事人应当向登记机关提供能够证明其声明真实性的法院生效司法文书、配偶居民死亡医学证明（推断）书等材料；不一致且无法提供相关材料的，当事人应当先到有关部门更正。

当事人声明的婚姻状况与婚姻登记档案记载不一致的，当事人应当向登记机关提供能够证明其声明真实性的法院生效司法文书、配偶居民死亡医学证明（推断）书等材料。

第三十条 现役军人办理结婚登记应当提交本人的居民身份证、军人证件和部队出具的军人婚姻登记证明。

居民身份证、军人证件和军人婚姻登记证明上的姓名、性别、出生日期、公民身份号码应当一致；不一致的，当事人应当先到有关部门更正。

第三十一条 香港居民办理结婚登记应当提交：

（一）港澳居民来往内地通行证或者港澳同胞回乡证；

（二）香港居民身份证；

（三）经香港委托公证人公证的本人无配偶以及与对方当事人没有直系血亲和三代以内旁系血亲关系的声明。

第三十二条 澳门居民办理结婚登记应当提交：

（一）港澳居民来往内地通行证或者港澳同胞回乡证；

（二）澳门居民身份证；

（三）经澳门公证机构公证的本人无配偶以及与对方当事人没有直系血亲和三代以内旁系血亲关系的声明。

第三十三条 台湾居民办理结婚登记应当提交：

（一）台湾居民来往大陆通行证或者其他有效旅行证件；

（二）本人在台湾地区居住的有效身份证；

（三）经台湾公证机构公证的本人无配偶以及与对方当事人没有直系血亲和三代以内旁系血亲关系的声明。

第三十四条 华侨办理结婚登记应当提交：

（一）本人的有效护照；

（二）居住国公证机构或者有权机关出具的、经中华人民共和国驻该国使（领）馆认证的本人无配偶以及与对方当事人没有直系血亲和三代以内旁系血亲关系的证明，或者中华人民共和国驻该国使（领）馆出具的本人无配偶以及与对方当事人没有直系血亲和三代以内旁系血亲关系的证明。

与中国无外交关系的国家出具的有关证明，应当经与该国及中国均有外交关系的第三国驻该国使（领）馆和中国驻第三国使（领）馆认证，或者经第三国驻华使（领）馆认证。

第三十五条　外国人办理结婚登记应当提交：

（一）本人的有效护照或者其他有效的国际旅行证件；

（二）所在国公证机构或者有权机关出具的、经中华人民共和国驻该国使（领）馆认证或者该国驻华使（领）馆认证的本人无配偶的证明，或者所在国驻华使（领）馆出具的本人无配偶证明。

与中国无外交关系的国家出具的有关证明，应当经与该国及中国均有外交关系的第三国驻该国使（领）馆和中国驻第三国使（领）馆认证，或者经第三国驻华使（领）馆认证。

第三十六条　婚姻登记员受理结婚登记申请，应当按照下列程序进行：

（一）询问当事人的结婚意愿；

（二）查验本规范第二十九条至第三十五条规定的相应证件和材料；

（三）自愿结婚的双方各填写一份《申请结婚登记声明书》；《申请结婚登记声明书》中"声明人"一栏的签名必须由声明人在监誓人面前完成并按指纹；

（四）当事人现场复述声明书内容，婚姻登记员作监誓人并在监誓人一栏签名。

第三十七条　婚姻登记员对当事人提交的证件、证明、声明进行审查，符合结婚条件的，填写《结婚登记审查处理表》和结婚证。

第三十八条　《结婚登记审查处理表》的填写：

（一）《结婚登记审查处理表》项目的填写，按照下列规定通过计算机完成：

1."申请人姓名"：当事人是中国公民的，使用中文填写；当事人是外国人的，按照当事人护照上的姓名填写。

2."出生日期"：使用阿拉伯数字，按照身份证件上的出生日期填写为"××××年××月××日"。

3."身份证件号"：当事人是内地居民的，填写居民身份证号；当事人是香港、澳门、台湾居民的，填写香港、澳门、台湾居民身份证号，并在号码后加注"（香港）""（澳门）"或者"（台湾）"；当事人是华侨的，填写护照或旅行证件号；当事人是外国人的，填写当事人的护照或旅行证件号。

证件号码前面有字符的，应当一并填写。

4."国籍"：当事人是内地居民、香港居民、澳门居民、台湾居民、华侨的，填写"中国"；当事人是外国人的，按照护照上的国籍填写；无国籍人，填写"无国籍"。

5."提供证件情况"：应当将当事人提供的证件、证明逐一填写，不得省略。

6."审查意见"：填写"符合结婚条件，准予登记"。

7."结婚登记日期"：使用阿拉伯数字，填写为："××××年××月××日"。填写的日期应当与结婚证上的登记日期一致。

8."结婚证字号"填写式样按照民政部相关规定执行，填写规则见附则。

9."结婚证印制号"填写颁发给当事人的结婚证上印制的号码。

10."承办机关名称"：填写承办该结婚登记的婚姻登记处的名称。

（二）"登记员签名"：由批准该结婚登记的婚姻登记员亲笔签名，不得使用个人印章或者计算机打印。

（三）在"照片"处粘贴当事人提交的照片，并在骑缝处加盖钢印。

第三十九条 结婚证的填写：

（一）结婚证上"结婚证字号""姓名""性别""出生日期""身份证件号""国籍""登记日期"应当与《结婚登记审查处理表》中相应项目完全一致。

（二）"婚姻登记员"：由批准该结婚登记的婚姻登记员使用黑色墨水钢笔或签字笔亲笔签名，签名应清晰可辨，不得使用个人印章或者计算机打印。

（三）在"照片"栏粘贴当事人双方合影照片。

（四）在照片与结婚证骑缝处加盖婚姻登记工作业务专用钢印。

（五）"登记机关"：盖婚姻登记工作业务专用印章（红印）。

第四十条 婚姻登记员在完成结婚证填写后，应当进行认真核对、检查。对填写错误、证件被污染或者损坏的，应当将证件报废处理，重新填写。

第四十一条 颁发结婚证，应当在当事人双方均在场时按照下列步骤进行：

（一）向当事人双方询问核对姓名、结婚意愿；

（二）告知当事人双方领取结婚证后的法律关系以及夫妻权利、义务；

（三）见证当事人本人亲自在《结婚登记审查处理表》上的"当事人领证签名并按指纹"一栏中签名并按指纹；

"当事人领证签名并按指纹"一栏不得空白，不得由他人代为填写、代按指纹。

（四）将结婚证分别颁发给结婚登记当事人双方，向双方当事人宣布：取得结婚证，确立夫妻关系；

（五）祝贺新人。

第四十二条 申请补办结婚登记的，当事人填写《申请补办结婚登记声明书》，婚姻登记机关按照结婚登记程序办理。

第四十三条 申请复婚登记的，当事人填写《申请结婚登记声明书》，婚姻登记机关按照结婚登记程序办理。

第四十四条 婚姻登记员每办完一对结婚登记，应当依照《婚姻登记档案管理办法》，对应当存档的材料进行整理、保存，不得出现原始材料丢失、损毁情况。

第四十五条 婚姻登记机关对不符合结婚登记条件的，不予受理。当事人要求出具《不予办理结婚登记告知书》的，应当出具。

⊙**《民政部关于贯彻执行〈婚姻登记条例〉若干问题的意见》**（2004年3月29日 民函〔2004〕76号）

各省、自治区、直辖市民政厅（局），计划单列市民政局，新疆生产建设兵团民政局：

为切实保障《婚姻登记条例》的贯彻实施，规范婚姻登记工作，方便当事人办理婚姻登记，经商国务院法制办公室、外交部、公安部、解放军总政治部等相关部门，现就《婚姻登记条例》贯彻执行过程中的若干问题提出以下处理意见：

一、关于身份证问题

当事人无法提交居民身份证的，婚姻登记机关可根据当事人出具的有效临时身份证办理婚姻登记。

二、关于户口簿问题

当事人无法出具居民户口簿的，婚姻登记机关可凭公安部门或有关户籍管理机构出具的加盖印章的户籍证明办理婚姻登记；当事人属于集体户口的，婚姻登记机关可凭集体户口簿内本人的户口卡片或加盖单位印章的记载其户籍情况的户口簿复印件办理婚姻登记。

当事人未办理落户手续的，户口迁出地或另一方当事人户口所在地的婚姻登记机关可凭公安部门或有关户籍管理机构出具的证明材料办理婚姻登记。

三、关于身份证、户口簿查验问题

当事人所持户口簿与身份证上的"姓名""性别""出生日期"内容不一致的，婚姻登记机关应告知当事人先到户籍所在地的公安部门履行相关项目变更和必要的证簿换领手续后再办理婚姻登记。

当事人声明的婚姻状况与户口簿"婚姻状况"内容不一致的，婚姻登记机关对当事人婚姻状况的审查主要依据其本人书面声明。

四、关于少数民族当事人提供的照片问题

为尊重少数民族的风俗习惯，少数民族当事人办理婚姻登记时提供的照片是否免冠从习俗。

五、关于离婚登记中的结婚证问题

申请办理离婚登记的当事人有一本结婚证丢失的，婚姻登记机关可根据另一本结婚证办理离婚登记；当事人两本结婚证都丢失的，婚姻登记机关可根据结婚登记档案或当事人提供的结婚登记记录证明等证明材料办理离婚登记。当事人应对结婚证丢失情况作出书面说明，该说明由婚姻登记机关存档。

申请办理离婚登记的当事人提供的结婚证上的姓名、出生日期、身份证号与身份证、户口簿不一致的，当事人应书面说明不一致的原因。

六、关于补领结婚证、离婚证问题

申请补领结婚证、离婚证的当事人出具的身份证、户口簿上的姓名、年龄、身份证号与原婚姻登记档案记载不一致的，当事人应书面说明不一致的原因，婚姻登记机关可根据当事人出具的身份证件补发结婚证、离婚证。

当事人办理结婚登记时未达法定婚龄，申请补领时仍未达法定婚龄的，婚姻登记机关不得补发结婚证。当事人办理结婚登记时未达法定婚龄，申请补领时已达法定婚龄的，当事人应对结婚登记情况作出书面说明；婚姻登记机关补发的结婚证登记日期应为当事人达到法定婚龄之日。

七、关于出国人员、华侨及港澳台居民结婚提交材料的问题

出国人员办理结婚登记应根据其出具的证件分情况处理。当事人出具身份证、户口簿作为身份证件的，按内地居民婚姻登记规定办理；当事人出具中国护照作为身份证件的，按华侨婚姻登记规定办理。

当事人以中国护照作为身份证件，在内地居住满一年、无法取得有关国家或我驻外使领馆出具的婚姻状况证明的，婚姻登记机关可根据当事人本人的相关情况声明及两个近亲属出具的有关当事人婚姻状况的证明办理结婚登记。

八、关于双方均非内地居民的结婚登记问题

双方均为外国人，要求在内地办理结婚登记的，如果当事人能够出具《婚姻登记条例》规定的相应证件和证明材料以及当事人本国承认其居民在国外办理结婚登记效力的证明，当事人工作或生活所在地具有办理涉外婚姻登记权限的登记机关应予受理。

一方为外国人、另一方为港澳台居民或华侨，或者双方均为港澳台居民或华侨，要求在内地办理结婚登记的，如果当事人能够出具《婚姻登记条例》规定的相应证件和证明材料，当事人工作或生活所在地具有相应办理婚姻登记权限的登记机关应予受理。

一方为出国人员、另一方为外国人或港澳台居民，或双方均为出国人员，要求在内地办理结婚登记的，如果当事人能够出具《婚姻登记条例》规定的相应证件和证明材料，出国人员出国前户口所在地具有相应办理婚姻登记权限的登记机关应予受理。

九、关于现役军人的婚姻登记问题

办理现役军人的婚姻登记仍按《民政部办公厅关于印发〈军队贯彻实施《中华人民共和国婚姻法》若干问题的规定〉有关内容的通知》（民办函〔2001〕226号）执行。

办理现役军人婚姻登记的机关可以是现役军人部队驻地所在地或户口注销前常住户口所在地的婚姻登记机关，也可以是非现役军人一方常住户口所在地的婚姻登记机关。

十、关于服刑人员的婚姻登记问题

服刑人员申请办理婚姻登记，应当亲自到婚姻登记机关提出申请并出具有效的身份证件；服刑人员无法出具身份证件的，可由监狱管理部门出具有关证明材料。

办理服刑人员婚姻登记的机关可以是一方当事人常住户口所在地或服刑监狱所在地的婚姻登记机关。

⊙《民政部办公厅关于退伍军人待安置期间办理婚姻登记问题的答复》（2004年1月20日　民办函〔2004〕17号）

江西省民政厅：

你省武宁县民政局婚姻登记处《关于询问退伍军人待安置期间可否办理结婚登记的问题》的来函收悉。经研究，现就有关问题答复如下：

目前，由于现役军人身份证件和户口簿的管理与普通居民确有不同，退伍军人待安置期间可能暂时没有身份证和户口簿。如果因此不能办理婚姻登记，将影响退伍军人的正常生活和工作。为妥善解决其结婚登记的问题，可由该退伍军人入伍前常住户口所在地的公安部门出具其身份、户籍证明，替代普通居民的身份证和户口簿，其他则须按《婚姻登记条例》的规定办理。安置部门出具的待安置未分配证明和入伍通知书可复印存档、备查。

公报案例

⊙**双方未办理结婚登记的，婚约解除后婚约财产应返还——杨某某诉周某1、周某2返还聘金纠纷案**（《最高人民法院公报》2006年第7期）

【案例要旨】

付婚约财产是为了缔结婚姻，双方未办结婚登记，而是按民间习俗举行仪式"结婚"，进而以夫妻名义共同生活，这种不被法律承认的"婚姻"构成同居关系，应当解除。在同居前给付聘金的行为虽属赠与，但该赠与行为追求的是双方结婚，结婚不能实现的，为结婚而赠与的财物应当返还。

适用要点

⊙**结婚登记存在程序瑕疵的救济途径和纠纷处理**

如果当事人认为结婚登记程序存在瑕疵，主张更正或撤销结婚登记的，可以请求婚姻登记机关予以更正或撤销婚姻登记，在婚姻登记机关不予更正或不予撤销的情况下，可以提起行政诉讼要求婚姻登记机关履行法定职责。当然，当事人亦可以选择直接提起行政诉讼。撤销婚姻登记的后果等同于没有登记，双方当事人之间不存在受到法律保护的夫妻关系。

对于有程序瑕疵的结婚登记行政行为，要综合考虑程序违法的程度和对关系人的信赖保护，应先尽量补正瑕疵。如果无法补正的，人民法院应当根据案件的具体情况和当事人的诉讼请求，确认婚姻登记机关的登记行为违法或者撤销婚姻登记机关作出的婚姻登记。

第一千零五十条 【夫妻互为家庭成员】登记结婚后，按照男女双方约定，女方可以成为男方家庭的成员，男方可以成为女方家庭的成员。

> 法　律

⊙《妇女权益保障法》(2022年10月30日修订)
　　第六十条　国家保障妇女享有与男子平等的婚姻家庭权利。

第一千零五十一条【婚姻无效的情形】有下列情形之一的，婚姻无效：
　　(一)重婚；
　　(二)有禁止结婚的亲属关系；
　　(三)未到法定婚龄。

> 法　律

⊙《民法典》(总则编)(2020年5月28日)
　　第一百五十三条　违反法律、行政法规的强制性规定的民事法律行为无效。但是，该强制性规定不导致该民事法律行为无效的除外。
　　违背公序良俗的民事法律行为无效。

⊙《民法典》(婚姻家庭编)(2020年5月28日)
　　第一千零五十四条　无效的或者被撤销的婚姻自始没有法律约束力，当事人不具有夫妻的权利和义务。同居期间所得的财产，由当事人协议处理；协议不成的，由人民法院根据照顾无过错方的原则判决。对重婚导致的无效婚姻的财产处理，不得侵害合法婚姻当事人的财产权益。当事人所生的子女，适用本法关于父母子女的规定。
　　婚姻无效或者被撤销的，无过错方有权请求损害赔偿。

⊙《刑法》(2023年12月29日修正)
　　第二百五十八条【重婚罪】有配偶而重婚的，或者明知他人有配偶而与之结婚的，处二年以下有期徒刑或者拘役。

司法解释及文件

⊙《最高人民法院关于适用〈中华人民共和国民法典〉婚姻家庭编的解释（一）》(2020年12月29日　法释〔2020〕22号)

第九条　有权依据民法典第一千零五十一条规定向人民法院就已办理结婚登记的婚姻请求确认婚姻无效的主体，包括婚姻当事人及利害关系人。其中，利害关系人包括：

（一）以重婚为由的，为当事人的近亲属及基层组织；

（二）以未到法定婚龄为由的，为未到法定婚龄者的近亲属；

（三）以有禁止结婚的亲属关系为由的，为当事人的近亲属。

第十条　当事人依据民法典第一千零五十一条规定向人民法院请求确认婚姻无效，法定的无效婚姻情形在提起诉讼时已经消失的，人民法院不予支持。

第十一条　人民法院受理请求确认婚姻无效案件后，原告申请撤诉的，不予准许。

对婚姻效力的审理不适用调解，应当依法作出判决。

涉及财产分割和子女抚养的，可以调解。调解达成协议的，另行制作调解书；未达成调解协议的，应当一并作出判决。

第十二条　人民法院受理离婚案件后，经审理确属无效婚姻的，应当将婚姻无效的情形告知当事人，并依法作出确认婚姻无效的判决。

第十三条　人民法院就同一婚姻关系分别受理了离婚和请求确认婚姻无效案件的，对于离婚案件的审理，应当待请求确认婚姻无效案件作出判决后进行。

第十四条　夫妻一方或者双方死亡后，生存一方或者利害关系人依据民法典第一千零五十一条的规定请求确认婚姻无效，人民法院应当受理。

第十五条　利害关系人依据民法典第一千零五十一条的规定，请求人民法院确认婚姻无效的，利害关系人为原告，婚姻关系当事人双方为被告。

夫妻一方死亡的，生存一方为被告。

第十六条　人民法院审理重婚导致的无效婚姻案件时，涉及财产处理的，应当准许合法婚姻当事人作为有独立请求权的第三人参加诉讼。

第十七条 当事人以民法典第一千零五十一条规定的三种无效婚姻以外的情形请求确认婚姻无效的，人民法院应当判决驳回当事人的诉讼请求。

当事人以结婚登记程序存在瑕疵为由提起民事诉讼，主张撤销结婚登记的，告知其可以依法申请行政复议或者提起行政诉讼。

民事审判指导与参考案例

⊙如何理解"法定的无效婚姻情形已经消失"——王某申请宣告赵某与李某某的婚姻无效案 [《民事审判指导与参考》2017年第1辑（总第69辑）]

【案例要旨】

当事人以重婚为由向人民法院申请宣告婚姻无效的，申请时，有效婚姻关系的当事人办理了离婚手续或配偶一方已经死亡的，人民法院不予支持。

【基本案情】

王女士到法院申请宣告赵女士与李某某的婚姻无效。王女士称，其与李某某2003年9月结婚，并生育了子女，夫妻感情一直不错。后李某某去外地做生意，双方离多聚少，李某某对其越来越冷淡，并于2008年7月到法院起诉离婚，法院于2008年12月最终判决解除了双方的婚姻关系。离婚后，王女士偶然得知李某某竟然瞒着她于2006年2月在外地与赵女士登记结婚，王女士认为，李某某的行为构成重婚，其与赵女士的婚姻应当无效。

【裁判结果】

法院审理后认为，王女士到法院申请宣告李某某与赵女士的婚姻无效时，其已经与李某某离婚，此时李某某只有一个婚姻，并非同时存在两个或两个以上的婚姻。根据《最高人民法院关于适用〈中华人民共和国婚姻法〉若干问题的解释（一）》第八条 [《最高人民法院关于适用〈中华人民共和国民法典〉婚姻家庭编的解释（一）》第十条] 规定："当事人依据婚姻法第十条规定向人民法院申请宣告婚姻无效的，申请时，法定的无效婚姻情形已经消失的，人民法院不予支持。"据此判决：驳回王女士请求宣告李某某与赵女士婚姻无效的申请。

适用要点

⊙ 无效婚姻认定的阻却事由

对《民法典》第1051条规定的三种无效婚姻类型的阻却事由应具体分析：

一是关于因有禁止结婚的亲属关系而形成的无效婚姻。通常情况下不存在阻却事由，任何时候都可以请求确认其为无效婚姻。

二是关于因重婚而形成的无效婚姻。考虑到重婚的严重社会危害性，原则上该种情形不存在阻却事由。即使当事人的一个婚姻关系已经解除，仍然不能消除当事人的重婚行为及其社会危害性。但如果重婚中对方是善意的，即不知道或者不应当知道一方重婚的，对于该善意相对方是否需要予以特别保护，有待司法实践进一步探索。

三是关于因未达法定婚龄而形成的无效婚姻。对在发生争议时已经符合法律要件规定的婚姻关系，没有必要将其确认为无效婚姻。未到法定结婚年龄的婚姻，应当在男女当事人未到法定结婚年龄届至前提出或确认其婚姻无效。人民法院确认某婚姻关系时，关于双方是否符合法定婚龄条件，仅以其审理时的实际年龄为标准。

第一千零五十二条 【胁迫婚姻可撤销】 因胁迫结婚的，受胁迫的一方可以向人民法院请求撤销婚姻。

请求撤销婚姻的，应当自胁迫行为终止之日起一年内提出。

被非法限制人身自由的当事人请求撤销婚姻的，应当自恢复人身自由之日起一年内提出。

> 法　律

⊙《民法典》(总则编)(2020年5月28日)

第一百五十条　一方或者第三人以胁迫手段,使对方在违背真实意思的情况下实施的民事法律行为,受胁迫方有权请求人民法院或者仲裁机构予以撤销。

第一百五十二条　有下列情形之一的,撤销权消灭:

(一)当事人自知道或者应当知道撤销事由之日起一年内、重大误解的当事人自知道或者应当知道撤销事由之日起九十日内没有行使撤销权;

(二)当事人受胁迫,自胁迫行为终止之日起一年内没有行使撤销权;

(三)当事人知道撤销事由后明确表示或者以自己的行为表明放弃撤销权。

当事人自民事法律行为发生之日起五年内没有行使撤销权的,撤销权消灭。

> 行政法规

⊙《婚姻登记条例》(2003年8月8日　国务院令第387号)

第九条　因胁迫结婚的,受胁迫的当事人依据婚姻法第十一条的规定向婚姻登记机关请求撤销其婚姻的,应当出具下列证明材料:

(一)本人的身份证、结婚证;

(二)能够证明受胁迫结婚的证明材料。

婚姻登记机关经审查认为受胁迫结婚的情况属实且不涉及子女抚养、财产及债务问题的,应当撤销该婚姻,宣告结婚证作废。

> 司法解释及文件

⊙《最高人民法院关于适用〈中华人民共和国民法典〉婚姻家庭编的解释(一)》(2020年12月29日　法释〔2020〕22号)

第十八条　行为人以给另一方当事人或者其近亲属的生命、身体、健康、名誉、财产等方面造成损害为要挟,迫使另一方当事人违背真实意愿结婚的,可以认定为民法典第一千零五十二条所称的"胁迫"。

因受胁迫而请求撤销婚姻的,只能是受胁迫一方的婚姻关系当事人本人。

第十九条 民法典第一千零五十二条规定的"一年",不适用诉讼时效中止、中断或者延长的规定。

受胁迫或者被非法限制人身自由的当事人请求撤销婚姻的,不适用民法典第一百五十二条第二款的规定。

⊙《**最高人民法院关于适用〈中华人民共和国民法典〉时间效力的若干规定**》(2020年12月29日 法释〔2020〕15号)

第二十六条 当事人以民法典施行前受胁迫结婚为由请求人民法院撤销婚姻的,撤销权的行使期限适用民法典第一千零五十二条第二款的规定。

部门规章及规范性文件

⊙《**中国边民与毗邻国边民婚姻登记办法**》(2012年8月8日 民政部令第45号)

第十一条 因受胁迫结婚的,受胁迫的边民可以依据《中华人民共和国婚姻法》第十一条的规定向婚姻登记机关请求撤销其婚姻。受胁迫方应当出具下列证件、证明材料:

(一)本人的身份证件;

(二)结婚证;

(三)要求撤销婚姻的书面申请;

(四)公安机关出具或者人民法院作出的能够证明当事人被胁迫结婚的证明材料。

受胁迫方为毗邻国边民的,其身份证件包括能够证明边民身份的有效护照、国际旅行证件或者边境地区出入境通行证件。

婚姻登记机关经审查认为受胁迫结婚的情况属实且不涉及子女抚养、财产及债务问题的,应当撤销该婚姻,宣告结婚证作废。

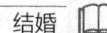

⊙《婚姻登记档案管理办法》(2006年1月23日　民政部、国家档案局令第32号)

第六条　办理撤销婚姻形成的下列材料应当归档:

(一)婚姻登记机关关于撤销婚姻的决定;

(二)《撤销婚姻申请书》;

(三)当事人的结婚证原件;

(四)公安机关出具的当事人被拐卖、解救证明,或人民法院作出的能够证明当事人被胁迫结婚的判决书;

(五)当事人身份证件复印件;

(六)其他有关材料。

适用要点

⊙**在婚姻纠纷案件中,人民法院不得主动撤销婚姻**

可撤销婚姻以当事人提出撤销申请为前提,人民法院在审理案件过程中应当严格遵循"不告不理"原则,尊重当事人的婚姻自由,即使发现一方当事人是因胁迫而结婚的,在当事人未提出撤销婚姻的诉讼请求时,也不得依职权撤销婚姻。

第一千零五十三条　【隐瞒重大疾病婚姻可撤销】一方患有重大疾病的,应当在结婚登记前如实告知另一方;不如实告知的,另一方可以向人民法院请求撤销婚姻。

请求撤销婚姻的,应当自知道或者应当知道撤销事由之日起一年内提出。

法　律

⊙《民法典》(总则编)(2020年5月28日)

第一百四十八条　一方以欺诈手段,使对方在违背真实意思的情况下实施的民事法律行为，受欺诈方有权请求人民法院或者仲裁机构予以撤销。

⊙《**母婴保健法**》(2017年11月4日修正)

第八条 婚前医学检查包括对下列疾病的检查：

（一）严重遗传性疾病；

（二）指定传染病；

（三）有关精神病。

经婚前医学检查，医疗保健机构应当出具婚前医学检查证明。

第十条 经婚前医学检查，对诊断患医学上认为不宜生育的严重遗传性疾病的，医师应当向男女双方说明情况，提出医学意见；经男女双方同意，采取长效避孕措施或者施行结扎手术后不生育的，可以结婚。但《中华人民共和国婚姻法》规定禁止结婚的除外。

第三十八条 本法下列用语的含义：

指定传染病，是指《中华人民共和国传染病防治法》中规定的艾滋病、淋病、梅毒、麻疯病以及医学上认为影响结婚和生育的其他传染病。

严重遗传性疾病，是指由于遗传因素先天形成，患者全部或者部分丧失自主生活能力，后代再现风险高，医学上认为不宜生育的遗传性疾病。

有关精神病，是指精神分裂症、躁狂抑郁型精神病以及其他重型精神病。

产前诊断，是指对胎儿进行先天性缺陷和遗传性疾病的诊断。

⊙《**传染病防治法**》(2013年6月29日修正)

第三条 本法规定的传染病分为甲类、乙类和丙类。

甲类传染病是指：鼠疫、霍乱。

乙类传染病是指：传染性非典型肺炎、艾滋病、病毒性肝炎、脊髓灰质炎、人感染高致病性禽流感、麻疹、流行性出血热、狂犬病、流行性乙型脑炎、登革热、炭疽、细菌性和阿米巴性痢疾、肺结核、伤寒和副伤寒、流行性脑脊髓膜炎、百日咳、白喉、新生儿破伤风、猩红热、布鲁氏菌病、淋病、梅毒、钩端螺旋体病、血吸虫病、疟疾。

丙类传染病是指：流行性感冒、流行性腮腺炎、风疹、急性出血性结膜炎、麻风病、流行性和地方性斑疹伤寒、黑热病、包虫病、丝虫病，除霍乱、细菌性和阿米巴性痢疾、伤寒和副伤寒以外的感染性腹泻病。

国务院卫生行政部门根据传染病暴发、流行情况和危害程度，可以决定增加、减少或者调整乙类、丙类传染病病种并予以公布。

行政法规

⊙《**母婴保健法实施办法**》(2017年11月17日国务院令第764号修订)

第十四条　经婚前医学检查，医疗、保健机构应当向接受婚前医学检查的当事人出具婚前医学检查证明。

婚前医学检查证明应当列明是否发现下列疾病：

（一）在传染期内的指定传染病；

（二）在发病期内的有关精神病；

（三）不宜生育的严重遗传性疾病；

（四）医学上认为不宜结婚的其他疾病。

发现前款第（一）项、第（二）项、第（三）项疾病的，医师应当向当事人说明情况，提出预防、治疗以及采取相应医学措施的建议。当事人依据医生的医学意见，可以暂缓结婚，也可以自愿采用长效避孕措施或者结扎手术；医疗、保健机构应当为其治疗提供医学咨询和医疗服务。

第十七条　医疗、保健机构应当为育龄妇女提供有关避孕、节育、生育、不育和生殖健康的咨询和医疗保健服务。

医师发现或者怀疑育龄夫妻患有严重遗传性疾病的，应当提出医学意见；限于现有医疗技术水平难以确诊的，应当向当事人说明情况。育龄夫妻可以选择避孕、节育、不孕等相应的医学措施。

第十九条　医疗、保健机构发现孕妇患有下列严重疾病或者接触物理、化学、生物等有毒、有害因素，可能危及孕妇生命安全或者可能严重影响孕妇健康和胎儿正常发育的，应当对孕妇进行医学指导和下列必要的医学检查：

（一）严重的妊娠合并症或者并发症；

（二）严重的精神性疾病；

（三）国务院卫生行政部门规定的严重影响生育的其他疾病。

人民法院报案例

⊙傅某与黎某撤销婚姻纠纷案（《人民法院报》2021年4月8日第3版）

【裁判摘要】

依照相关规定，血友病A型是严重的遗传性凝血障碍疾病，属于重大疾病。根据我国《民法典》第1053条"一方患有重大疾病的，应当在结婚登记前如实告知另一方；不如实告知的，另一方可以向人民法院请求撤销婚姻。请求撤销婚姻的，应当自知道或者应当知道撤销事由之日起一年内提出"的规定，原告傅某在知晓撤销事由的一年内向法院提出撤销婚姻的诉讼，其提出撤销与被告的婚姻关系，具有事实和法律依据，法院依法判决撤销原告傅某与被告黎某的婚姻关系。

【基本案情】

原告傅某经人介绍与被告黎某相识恋爱一年多后，于2020年5月下旬登记结婚。2020年8月，被告在当地一医院拔牙后出血十多天不止，后经该医院诊断为血友病A型。当月的月底另经相关检验机构检验，还检测到A型血友病F8基因变异，检验结果解释中载明"A型血友病以X连锁隐性方式遗传，患者多为男性；女性携带者有50%的概率将致病变异传递给子代，其获得致病变异的子代中，儿子往往是患者，女儿为携带者"。被告在婚前已知晓自己患有此病，其在办理结婚登记时未如实告知对方，且未治愈。另查明，2017年6月22日，国务院向十二届全国人大常委会关于药品管理工作情况的报告称，将血友病纳入重大疾病保障试点范围。2017年9月22日，在原国家卫生计生委办公厅《关于印发孕产妇妊娠风险评估与管理工作规范的通知》（国卫办妇幼发〔2017〕35号）中附件2孕产妇妊娠风险筛查表中，血友病被列为严重的遗传性疾病。国务院办公厅《关于印发国家贫困地区儿童发展规划（2014—2020年）的通知》（国办发〔2014〕67号），将血友病作为儿童重大疾病，并提高医疗保障。法庭上，被告承认婚前未如实告知患有重大疾病属实，并同意撤销与原告方的婚姻。

> 适用要点

⊙以隐瞒重大疾病申请撤销婚姻的审查要点

非患病一方以患病一方所患疾病构成重大疾病且未告知为由请求撤销婚姻的，人民法院应当审慎认定非患病一方指称对方所患疾病是否符合《民法典》规定的"重大疾病"。人民法院在审查被隐瞒一方提出的撤销婚姻请求应否支持时，应按照该"重大疾病"是否能够足以影响另一方当事人决定结婚的自由意志或者是否对双方婚后生活造成重大影响的标准严格把握。审理相关案件时不仅要审查未如实告知该"重大疾病"是否会给未患病的婚姻当事人的家庭生活造成损害以致影响到未患病一方当事人结婚的真实意思表示，还要审查双方当事人缔结婚姻关系后的家庭生活实际情况、是否生育小孩、婚后生活紧密度等。

第一千零五十四条 【无效或被撤销婚姻的法律效果】 无效的或者被撤销的婚姻自始没有法律约束力，当事人不具有夫妻的权利和义务。同居期间所得的财产，由当事人协议处理；协议不成的，由人民法院根据照顾无过错方的原则判决。对重婚导致的无效婚姻的财产处理，不得侵害合法婚姻当事人的财产权益。当事人所生的子女，适用本法关于父母子女的规定。

婚姻无效或者被撤销的，无过错方有权请求损害赔偿。

> 法　律

⊙《民法典》（总则编）（2020年5月28日）

第一百五十五条 无效的或者被撤销的民事法律行为自始没有法律约束力。

第一百五十七条 民事法律行为无效、被撤销或者确定不发生效力后，行为人因该行为取得的财产，应当予以返还；不能返还或者没有必要返还的，应当折价补偿。有过错的一方应当赔偿对方由此所受到的损失；

各方都有过错的,应当各自承担相应的责任。法律另有规定的,依照其规定。

司法解释及文件

⊙《最高人民法院关于适用〈中华人民共和国民法典〉婚姻家庭编的解释(一)》(2020年12月29日　法释〔2020〕22号)

第三条　当事人提起诉讼仅请求解除同居关系的,人民法院不予受理;已经受理的,裁定驳回起诉。

当事人因同居期间财产分割或者子女抚养纠纷提起诉讼的,人民法院应当受理。

第十六条　人民法院审理重婚导致的无效婚姻案件时,涉及财产处理的,应当准许合法婚姻当事人作为有独立请求权的第三人参加诉讼。

第二十条　民法典第一千零五十四条所规定的"自始没有法律约束力",是指无效婚姻或者可撤销婚姻在依法被确认无效或者被撤销时,才确定该婚姻自始不受法律保护。

第二十一条　人民法院根据当事人的请求,依法确认婚姻无效或者撤销婚姻的,应当收缴双方的结婚证书并将生效的判决书寄送当地婚姻登记管理机关。

第二十二条　被确认无效或者被撤销的婚姻,当事人同居期间所得的财产,除有证据证明为当事人一方所有的以外,按共同共有处理。

适用要点

⊙无过错方损害赔偿请求权的损害赔偿责任主体

根据本条规定,婚姻被确认无效或被撤销的,无过错方享有损害赔偿请求权。一般来讲,承担本条规定的损害赔偿责任主体为无过错方的配偶,并无疑义。但是,因受胁迫而请求撤销婚姻的情形下,若实施胁迫行为的当事人并不仅限于婚姻当事人,如婚姻当事人的近亲属。此时,损害赔偿责任的责任主体也不应仅仅限于婚姻另一方当事人。

第三章　家庭关系

第一节　夫妻关系

第一千零五十五条　【夫妻平等】 夫妻在婚姻家庭中地位平等。

法　律

⊙《宪法》(2018年3月11日修正)

第四十八条　中华人民共和国妇女在政治的、经济的、文化的、社会的和家庭的生活等各方面享有同男子平等的权利。

国家保护妇女的权利和利益，实行男女同工同酬，培养和选拔妇女干部。

⊙《民法典》(总则编)(2020年5月28日)

第四条　民事主体在民事活动中的法律地位一律平等。

⊙《民法典》(婚姻家庭编)(2020年5月28日)

第一千零四十一条　婚姻家庭受国家保护。

实行婚姻自由、一夫一妻、男女平等的婚姻制度。

保护妇女、未成年人、老年人、残疾人的合法权益。

第一千零五十八条 夫妻双方平等享有对未成年子女抚养、教育和保护的权利，共同承担对未成年子女抚养、教育和保护的义务。

第一千零六十条 夫妻一方因家庭日常生活需要而实施的民事法律行为，对夫妻双方发生效力，但是夫妻一方与相对人另有约定的除外。

夫妻之间对一方可以实施的民事法律行为范围的限制，不得对抗善意相对人。

⊙《妇女权益保障法》(2022 年 10 月 30 日修订)

第二条 男女平等是国家的基本国策。妇女在政治的、经济的、文化的、社会的和家庭的生活等各方面享有同男子平等的权利。

国家采取必要措施，促进男女平等，消除对妇女一切形式的歧视，禁止排斥、限制妇女依法享有和行使各项权益。

国家保护妇女依法享有的特殊权益。

第六十条 国家保障妇女享有与男子平等的婚姻家庭权利。

适用要点

⊙ **本规定不能作为独立的请求权基础**

本规定作为一项法律原则，本身不能作为独立的请求权基础。由于规则在适用上具有优先性，如果法律已经明确规定了体现本原则的具体规则，则不应直接适用本规范作为裁判依据。

第一千零五十六条 【夫妻姓名权】 夫妻双方都有各自使用自己姓名的权利。

法 律

⊙《民法典》(总则编)(2020 年 5 月 28 日)

第一百一十条 自然人享有生命权、身体权、健康权、姓名权、肖像权、名誉权、荣誉权、隐私权、婚姻自主权等权利。

法人、非法人组织享有名称权、名誉权和荣誉权。

⊙《**民法典**》(**人格权编**)(2020年5月28日)

第九百九十条　人格权是民事主体享有的生命权、身体权、健康权、姓名权、名称权、肖像权、名誉权、荣誉权、隐私权等权利。

除前款规定的人格权外，自然人享有基于人身自由、人格尊严产生的其他人格权益。

第九百九十五条　人格权受到侵害的，受害人有权依照本法和其他法律的规定请求行为人承担民事责任。受害人的停止侵害、排除妨碍、消除危险、消除影响、恢复名誉、赔礼道歉请求权，不适用诉讼时效的规定。

第一千零一十二条　自然人享有姓名权，有权依法决定、使用、变更或者许可他人使用自己的姓名，但是不得违背公序良俗。

第一千零五十七条　【夫妻的自由】夫妻双方都有参加生产、工作、学习和社会活动的自由，一方不得对另一方加以限制或者干涉。

| 法　律 |

⊙《**宪法**》(2018年3月11日修正)

第三十五条　中华人民共和国公民有言论、出版、集会、结社、游行、示威的自由。

第三十七条　中华人民共和国公民的人身自由不受侵犯。

任何公民，非经人民检察院批准或者决定或者人民法院决定，并由公安机关执行，不受逮捕。

禁止非法拘禁和以其他方法非法剥夺或者限制公民的人身自由，禁止非法搜查公民的身体。

第四十二条　中华人民共和国公民有劳动的权利和义务。

国家通过各种途径，创造劳动就业条件，加强劳动保护，改善劳动条件，并在发展生产的基础上，提高劳动报酬和福利待遇。

劳动是一切有劳动能力的公民的光荣职责。国有企业和城乡集体经济组织的劳动者都应当以国家主人翁的态度对待自己的劳动。国家提倡社会主义劳动竞赛，奖励劳动模范和先进工作者。国家提倡公民从事义务劳动。

国家对就业前的公民进行必要的劳动就业训练。

第四十六条 中华人民共和国公民有受教育的权利和义务。

国家培养青年、少年、儿童在品德、智力、体质等方面全面发展。

第四十八条 中华人民共和国妇女在政治的、经济的、文化的、社会的和家庭的生活等各方面享有同男子平等的权利。

国家保护妇女的权利和利益，实行男女同工同酬，培养和选拔妇女干部。

⊙**《民法典》(总则编)**(2020 年 5 月 28 日)

第一百零九条 自然人的人身自由、人格尊严受法律保护。

⊙**《民法典》(人格权编)**(2020 年 5 月 28 日)

第九百九十条 人格权是民事主体享有的生命权、身体权、健康权、姓名权、名称权、肖像权、名誉权、荣誉权、隐私权等权利。

除前款规定的人格权外，自然人享有基于人身自由、人格尊严产生的其他人格权益。

⊙**《劳动法》**(2018 年 12 月 29 日修正)

第三条 劳动者享有平等就业和选择职业的权利、取得劳动报酬的权利、休息休假的权利、获得劳动安全卫生保护的权利、接受职业技能培训的权利、享受社会保险和福利的权利、提请劳动争议处理的权利以及法律规定的其他劳动权利。

劳动者应当完成劳动任务，提高职业技能，执行劳动安全卫生规程，遵守劳动纪律和职业道德。

第十二条 劳动者就业，不因民族、种族、性别、宗教信仰不同而受歧视。

第十三条 妇女享有与男子平等的就业权利。在录用职工时,除国家规定的不适合妇女的工种或者岗位外,不得以性别为由拒绝录用妇女或者提高对妇女的录用标准。

⊙《**就业促进法**》(2015年4月24日修正)

第三条 劳动者依法享有平等就业和自主择业的权利。

劳动者就业,不因民族、种族、性别、宗教信仰等不同而受歧视。

第二十七条 国家保障妇女享有与男子平等的劳动权利。

用人单位招用人员,除国家规定的不适合妇女的工种或者岗位外,不得以性别为由拒绝录用妇女或者提高对妇女的录用标准。

用人单位录用女职工,不得在劳动合同中规定限制女职工结婚、生育的内容。

⊙《**妇女权益保障法**》(2022年10月30日修订)

第二条 男女平等是国家的基本国策。妇女在政治的、经济的、文化的、社会的和家庭的生活等各方面享有同男子平等的权利。

国家采取必要措施,促进男女平等,消除对妇女一切形式的歧视,禁止排斥、限制妇女依法享有和行使各项权益。

国家保护妇女依法享有的特殊权益。

第十二条 国家保障妇女享有与男子平等的政治权利。

第十三条 妇女有权通过各种途径和形式,依法参与管理国家事务、管理经济和文化事业、管理社会事务。

妇女和妇女组织有权向各级国家机关提出妇女权益保障方面的意见和建议。

第十四条 妇女享有与男子平等的选举权和被选举权。

全国人民代表大会和地方各级人民代表大会的代表中,应当保证有适当数量的妇女代表。国家采取措施,逐步提高全国人民代表大会和地方各级人民代表大会的妇女代表的比例。

居民委员会、村民委员会成员中,应当保证有适当数量的妇女成员。

> **第一千零五十八条 【夫妻抚养、教育和保护子女的权利义务平等】** 夫妻双方平等享有对未成年子女抚养、教育和保护的权利,共同承担对未成年子女抚养、教育和保护的义务。

法 律

⊙《宪法》(2018年3月11日修正)

第四十九条 婚姻、家庭、母亲和儿童受国家的保护。

夫妻双方有实行计划生育的义务。

父母有抚养教育未成年子女的义务,成年子女有赡养扶助父母的义务。

禁止破坏婚姻自由,禁止虐待老人、妇女和儿童。

⊙《民法典》(总则编)(2020年5月28日)

第二十六条 父母对未成年子女负有抚养、教育和保护的义务。

成年子女对父母负有赡养、扶助和保护的义务。

第二十七条 父母是未成年子女的监护人。

未成年人的父母已经死亡或者没有监护能力的,由下列有监护能力的人按顺序担任监护人:

(一)祖父母、外祖父母;

(二)兄、姐;

(三)其他愿意担任监护人的个人或者组织,但是须经未成年人住所地的居民委员会、村民委员会或者民政部门同意。

第二十八条 无民事行为能力或者限制民事行为能力的成年人,由下列有监护能力的人按顺序担任监护人:

(一)配偶;

(二)父母、子女;

(三)其他近亲属;

(四)其他愿意担任监护人的个人或者组织,但是须经被监护人住所地的居民委员会、村民委员会或者民政部门同意。

第三十四条 监护人的职责是代理被监护人实施民事法律行为，保护被监护人的人身权利、财产权利以及其他合法权益等。

监护人依法履行监护职责产生的权利，受法律保护。

监护人不履行监护职责或者侵害被监护人合法权益的，应当承担法律责任。

因发生突发事件等紧急情况，监护人暂时无法履行监护职责，被监护人的生活处于无人照料状态的，被监护人住所地的居民委员会、村民委员会或者民政部门应当为被监护人安排必要的临时生活照料措施。

第三十五条 监护人应当按照最有利于被监护人的原则履行监护职责。监护人除为维护被监护人利益外，不得处分被监护人的财产。

未成年人的监护人履行监护职责，在作出与被监护人利益有关的决定时，应当根据被监护人的年龄和智力状况，尊重被监护人的真实意愿。

成年人的监护人履行监护职责，应当最大程度地尊重被监护人的真实意愿，保障并协助被监护人实施与其智力、精神健康状况相适应的民事法律行为。对被监护人有能力独立处理的事务，监护人不得干涉。

第三十六条 监护人有下列情形之一的，人民法院根据有关个人或者组织的申请，撤销其监护人资格，安排必要的临时监护措施，并按照最有利于被监护人的原则依法指定监护人：

（一）实施严重损害被监护人身心健康的行为；

（二）怠于履行监护职责，或者无法履行监护职责且拒绝将监护职责部分或者全部委托给他人，导致被监护人处于危困状态；

（三）实施严重侵害被监护人合法权益的其他行为。

本条规定的有关个人、组织包括：其他依法具有监护资格的人，居民委员会、村民委员会、学校、医疗机构、妇女联合会、残疾人联合会、未成年人保护组织、依法设立的老年人组织、民政部门等。

前款规定的个人和民政部门以外的组织未及时向人民法院申请撤销监护人资格的，民政部门应当向人民法院申请。

第三十七条 依法负担被监护人抚养费、赡养费、扶养费的父母、子女、配偶等，被人民法院撤销监护人资格后，应当继续履行负担的义务。

⊙《**民法典**》（婚姻家庭编）（2020年5月28日）

第一千零六十七条 父母不履行抚养义务的，未成年子女或者不能独立生活的成年子女，有要求父母给付抚养费的权利。

成年子女不履行赡养义务的，缺乏劳动能力或生活困难的父母，有要求成年子女给付赡养费的权利。

第一千零六十八条 父母有教育、保护未成年子女的权利和义务。未成年子女造成他人损害的，父母应当依法承担民事责任。

⊙《**义务教育法**》（2018年12月29日修正）

第五条 各级人民政府及其有关部门应当履行本法规定的各项职责，保障适龄儿童、少年接受义务教育的权利。

适龄儿童、少年的父母或者其他法定监护人应当依法保证其按时入学接受并完成义务教育。

依法实施义务教育的学校应当按照规定标准完成教育教学任务，保证教育教学质量。

社会组织和个人应当为适龄儿童、少年接受义务教育创造良好的环境。

⊙《**未成年人保护法**》（2020年10月17日修订）

第十五条 未成年人的父母或者其他监护人应当学习家庭教育知识，接受家庭教育指导，创造良好、和睦、文明的家庭环境。

共同生活的其他成年家庭成员应当协助未成年人的父母或者其他监护人抚养、教育和保护未成年人。

第十七条 未成年人的父母或者其他监护人不得实施下列行为：

（一）虐待、遗弃、非法送养未成年人或者对未成年人实施家庭暴力；

（二）放任、教唆或者利用未成年人实施违法犯罪行为；

（三）放任、唆使未成年人参与邪教、迷信活动或者接受恐怖主义、分裂主义、极端主义等侵害；

（四）放任、唆使未成年人吸烟（含电子烟，下同）、饮酒、赌博、流浪乞讨或者欺凌他人；

（五）放任或者迫使应当接受义务教育的未成年人失学、辍学；

（六）放任未成年人沉迷网络，接触危害或者可能影响其身心健康的图书、报刊、电影、广播电视节目、音像制品、电子出版物和网络信息等；

（七）放任未成年人进入营业性娱乐场所、酒吧、互联网上网服务营业场所等不适宜未成年人活动的场所；

（八）允许或者迫使未成年人从事国家规定以外的劳动；

（九）允许、迫使未成年人结婚或者为未成年人订立婚约；

（十）违法处分、侵吞未成年人的财产或者利用未成年人牟取不正当利益；

（十一）其他侵犯未成年人身心健康、财产权益或者不依法履行未成年人保护义务的行为。

⊙《家庭教育促进法》(2021年10月23日)

第二条 本法所称家庭教育，是指父母或者其他监护人为促进未成年人全面健康成长，对其实施的道德品质、身体素质、生活技能、文化修养、行为习惯等方面的培育、引导和影响。

第四条 未成年人的父母或者其他监护人负责实施家庭教育。

国家和社会为家庭教育提供指导、支持和服务。

国家工作人员应当带头树立良好家风，履行家庭教育责任。

第十四条 父母或者其他监护人应当树立家庭是第一个课堂、家长是第一任老师的责任意识，承担对未成年人实施家庭教育的主体责任，用正确思想、方法和行为教育未成年人养成良好思想、品行和习惯。

共同生活的具有完全民事行为能力的其他家庭成员应当协助和配合未成年人的父母或者其他监护人实施家庭教育。

第十五条 未成年人的父母或者其他监护人及其他家庭成员应当注重家庭建设，培育积极健康的家庭文化，树立和传承优良家风，弘扬中华民族家庭美德，共同构建文明、和睦的家庭关系，为未成年人健康成长营造良好的家庭环境。

⊙《妇女权益保障法》(2022年10月30日修订)

第七十条 父母双方对未成年子女享有平等的监护权。

父亲死亡、无监护能力或者有其他情形不能担任未成年子女的监护人的，母亲的监护权任何组织和个人不得干涉。

司法解释及文件

⊙《**最高人民法院关于适用〈中华人民共和国民法典〉婚姻家庭编的解释（一）**》（2020年12月29日 法释〔2020〕22号）

第六十条 在离婚诉讼期间，双方均拒绝抚养子女的，可以先行裁定暂由一方抚养。

第六十一条 对拒不履行或者妨害他人履行生效判决、裁定、调解书中有关子女抚养义务的当事人或者其他人，人民法院可依照民事诉讼法第一百一十一条的规定采取强制措施。

第一千零五十九条 【夫妻相互扶养义务】 夫妻有相互扶养的义务。

需要扶养的一方，在另一方不履行扶养义务时，有要求其给付扶养费的权利。

法 律

⊙《**老年人权益保障法**》（2018年12月29日修正）

第二十三条 老年人与配偶有相互扶养的义务。

由兄、姐扶养的弟、妹成年后，有负担能力的，对年老无赡养人的兄、姐有扶养的义务。

⊙《**刑法**》（2023年12月29日修正）

第二百六十一条【**遗弃罪**】 对于年老、年幼、患病或者其他没有独立生活能力的人，负有扶养义务而拒绝扶养，情节恶劣的，处五年以下有期徒刑、拘役或者管制。

司法解释及文件

⊙《最高人民法院关于适用〈中华人民共和国民事诉讼法〉的解释》（2022年4月1日修正）

第二百一十八条 赡养费、扶养费、抚养费案件，裁判发生法律效力后，因新情况、新理由，一方当事人再行起诉要求增加或者减少费用的，人民法院应作为新案受理。

典型案例

⊙ **夫妻之间具有婚内扶养义务——黄某某与张某某婚内扶养纠纷案**
（2015年12月4日最高人民法院公布的49起婚姻家庭纠纷典型案例）

【案例要旨】

婚内扶养义务不仅仅是一个道德问题，更是夫妻之间的法定义务，有扶养能力的一方必须自觉履行这一义务，特别是在对方患病，或是丧失劳动能力的情况下更应该做到这一点。如果一方不履行这一法定义务，另一方可通过法律途径实现自己的合法权益。扶养责任的承担，既是婚姻关系得以维持和存续的前提，也是夫妻共同生活的保障。

【基本案情】

黄某某与张某某于1987年12月31日登记结婚，婚后生育一子（已成人）。黄某某、张某某婚后共同在岳池县九龙镇购置了住房两套、门市一个，其中一套住房用于一家人自住，另一套住房及门市出租。2009年4月，黄某某被诊断患有"脊髓空洞症、抑郁症"，至今未愈，每月需要较多的医药费，除住院可报销部分医疗费外，其余药费需黄某某自己负担。黄某某现为四川省岳池某公司职工，因长期病休，每月领取工资1188元，住房及门市租金24000元/年均由黄某某收取。张某某系某银行下岗职工，每月领取下岗失业军转干部生活困难补助费1476元，患有"脂肪肝、前列腺囊肿"，有母亲需赡养。张某某下岗后常年在外务工当监理，收入较高。近年来，黄某某、张某某因性格不合及黄某某患病，双方时常发生矛盾，张某某多次起诉要求离婚，因黄某某坚决不同意离婚，张某某的离婚诉讼请求均被驳回,张某某便离家外出租房生活。2014年6月5日,黄某某诉至岳池法院称她身患多病,每月需万元以上药费,张某某不尽丈夫义务,致使她债台高筑,请求法院判决张某某尽扶养义务,按月承担医疗费、生活补助费、护理费6000元。张某某辩称,黄某某每月有固定收入,有租房租金,有医保报销医疗费,其家里的多年积蓄全在黄某某处,他也身患多病,又下岗,工资低,还要赡养90多岁的母亲,不同意支付黄某某扶养费。

【裁判结果】

岳池法院经审理认为,夫妻有互相扶养的义务。黄某某与张某某系合法夫妻,本应相互关心,彼此扶助。现黄某某身患严重疾病,需要人照顾,而张某某离家出走,使黄某某陷入生活困难,并且现在黄某某病休期间工资收入微薄,虽尚有房屋租金收入,但治病除医保报销之外,自己需负担一部分医药费,其费用相对黄某某的收入,难以承担。故黄某某生活很困难,而张某某除了固定每月领取军转干部生活困难补助费1476元外,一直在外务工,因此,张某某应当付给黄某某扶养费以尽扶养义务。根据双方的情况,考虑到黄某某另外有儿子应当依法尽赡养义务等因素,酌定张某某支付黄某某1000元/月扶养费较适宜。遂判决:张某某每月付给黄某某医疗、生活补助、护理等扶养费1000元。

黄某某、张某某均不服一审判决,向法院提起上诉。黄某某上诉称,一审判决张某某给付的扶养费过低,要求二审改判张某某给付扶养费6000元/月。张某某上诉称一审判决他每月支付黄某某1000元扶养费错误,要求二审改判他不予支付。

法院认为,《婚姻法》规定,夫妻有互相扶养的义务,一方不履行扶养义务时,需要扶养的一方,有要求对方付给扶养费的权利。黄某某与张某某系夫妻,本应相互关心,彼此扶助,而张某某在黄某某身患严重疾病、特别需要丈夫照顾时,却不履行丈夫义务、离家出走。现黄某某虽有工资收入、房屋租金收入,但因其每天需服多种药,每月需负担不少的医药费,致使黄某某生活陷入困难,作为丈夫的张某某依法应对黄某某尽扶养义务。虽然张某某也患病,但张某某未提供证据证明其所患之病需大量的医药费,加之张某某除了每月固定领取军转干部生活困难补助费1476

元外,一直在外务工,有一定的收入。黄某某也未提供充分证据证明张某某有每月支付 6000 元的经济能力。一审根据双方的实际情况,结合黄某某还有儿子应当依法尽赡养义务及张某某有一定的经济能力等因素,酌定张某某每月支付黄某某 1000 元扶养费是恰当的。遂判决驳回双方的上诉,维持原判。

【典型意义】

近年来,因夫妻一方患病导致夫妻感情淡化,因意外事故导致婚姻难以维系时,一方离家不离婚以及一方坚决离婚、不尽扶养义务,另一方坚决不离婚的情况时有发生,婚内扶养案件在婚姻家庭纠纷案件中愈来愈多。我国《婚姻法》第二十条(《民法典》第一千零五十九条)规定:夫妻有互相扶养的义务。一方不履行扶养义务时,需要扶养的一方,有要求对方给付扶养费的权利。婚内扶养义务不仅仅是一个道德问题,更是夫妻之间的法定义务,有扶养能力的一方必须自觉履行这一义务,特别是在对方患病,或是丧失劳动能力的情况下更应该做到这一点。如果一方不履行这一法定义务,另一方可通过法律途径实现自己的合法权益。扶养责任的承担,既是婚姻关系得以维持和存续的前提,也是夫妻共同生活的保障。本案中,黄某某、张某某系合法夫妻,现黄某某身患疾病,需大量医疗费,而张某某撒手不管,多次提出离婚,一、二审鉴于黄某某确实需要扶养,张某某又有一定的经济能力,酌定张某某婚内每月给付黄某某 1000 元扶养费,充分保护了需要扶养一方的权利,也给那些不尽夫妻扶养义务的具有一定的警示作用。

适用要点

⊙扶养费的具体确定

具体的扶养义务应根据夫妻双方的具体情况来确定,不存在完全统一的标准。在人身损害中,使用扶养人标准来客观计算被扶养人的生活费。而在夫妻间扶养费给付的情形中,并不使用这一标准。夫妻之间的扶养主要是为了满足生活困难一方的基本生活需要和其他必要开支,如支付医疗费等。具体扶养费的确定需要同时考虑扶养权利人一方的实际需求、扶养义务人一方的经济能力、当地居民的平均生活水平等因素。

⊙ **夫妻之间的扶养义务与夫妻财产制**

夫妻之间相互扶养的义务是基于双方之间的夫妻身份关系产生的，是夫妻之间的法定义务，只要有婚姻关系存在，这种义务就无法免除。无论夫妻之间采用何种财产制度，这种相互扶养的义务都是存在的，以此最大限度地保护生活困难一方的生存权益。

第一千零六十条 【夫妻家事代理权】 夫妻一方因家庭日常生活需要而实施的民事法律行为，对夫妻双方发生效力，但是夫妻一方与相对人另有约定的除外。

夫妻之间对一方可以实施的民事法律行为范围的限制，不得对抗善意相对人。

法 律

⊙《**民法典**》(婚姻家庭编)(2020年5月28日)

第一千零六十四条 夫妻双方共同签名或者夫妻一方事后追认等共同意思表示所负的债务，以及夫妻一方在婚姻关系存续期间以个人名义为家庭日常生活需要所负的债务，属于夫妻共同债务。

夫妻一方在婚姻关系存续期间以个人名义超出家庭日常生活需要所负的债务，不属于夫妻共同债务；但是，债权人能够证明该债务用于夫妻共同生活、共同生产经营或者基于夫妻双方共同意思表示的除外。

司法解释及文件

⊙《最高人民法院关于适用〈中华人民共和国民法典〉婚姻家庭编的解释（一）》(2020年12月29日 法释〔2020〕22号)

第二十八条 一方未经另一方同意出售夫妻共同所有的房屋，第三人善意购买、支付合理对价并办理不动产登记，另一方主张追回该房屋的，人民法院不予支持。

夫妻一方擅自处分共同所有的房屋造成另一方损失，离婚时另一方请求赔偿损失的，人民法院应予支持。

第三十三条 债权人就一方婚前所负个人债务向债务人的配偶主张权利的，人民法院不予支持。但债权人能够证明所负债务用于婚后家庭共同生活的除外。

第三十四条 夫妻一方与第三人串通，虚构债务，第三人主张该债务为夫妻共同债务的，人民法院不予支持。

夫妻一方在从事赌博、吸毒等违法犯罪活动中所负债务，第三人主张该债务为夫妻共同债务的，人民法院不予支持。

第三十五条 当事人的离婚协议或者人民法院生效判决、裁定、调解书已经对夫妻财产分割问题作出处理的，债权人仍有权就夫妻共同债务向男女双方主张权利。

一方就夫妻共同债务承担清偿责任后，主张由另一方按照离婚协议或者人民法院的法律文书承担相应债务的，人民法院应予支持。

第三十六条 夫或者妻一方死亡的，生存一方应当对婚姻关系存续期间的夫妻共同债务承担清偿责任。

适用要点

⊙夫妻一方非因日常生活需要实施的法律行为对另一方是否具有约束力

基于个人主义和意思自治原则，夫妻双方虽因婚姻存在共同利益，但不能完全否认各自人格的独立性，因此，夫妻一方非因日常生活需要实施的法律行为，不能当然对另一方具有法律约束力。对于家庭重大事项或者重大财产的处分等，夫妻双方应当取得一致意见。此时如果与之交易的第三人主张对夫妻双方均具有约束力，应当按照民法的一般原理，证明对方已经明确表示同意或者构成表见代理，即其有理由相信为夫妻双方的共同意思表示。

第一千零六十一条【夫妻间遗产继承】夫妻有相互继承遗产的权利。

法　律

⊙《**民法典**》(**继承编**)(2020年5月28日)

第一千一百二十条　国家保护自然人的继承权。

第一千一百二十二条　遗产是自然人死亡时遗留的个人合法财产。依照法律规定或者根据其性质不得继承的遗产，不得继承。

第一千一百二十六条　继承权男女平等。

第一千一百二十七条　遗产按照下列顺序继承：

(一)第一顺序：配偶、子女、父母；

(二)第二顺序：兄弟姐妹、祖父母、外祖父母。

继承开始后，由第一顺序继承人继承，第二顺序继承人不继承；没有第一顺序继承人继承的，由第二顺序继承人继承。

本编所称子女，包括婚生子女、非婚生子女、养子女和有扶养关系的继子女。

本编所称父母，包括生父母、养父母和有扶养关系的继父母。

本编所称兄弟姐妹，包括同父母的兄弟姐妹、同父异母或者同母异父的兄弟姐妹、养兄弟姐妹、有扶养关系的继兄弟姐妹。

第一千一百五十三条　夫妻共同所有的财产，除有约定的外，遗产分割时，应当先将共同所有的财产的一半分出为配偶所有，其余的为被继承人的遗产。

遗产在家庭共有财产之中的，遗产分割时，应当先分出他人的财产。

第一千一百五十七条　夫妻一方死亡后另一方再婚的，有权处分所继承的财产，任何组织或者个人不得干涉。

⊙《**妇女权益保障法**》(2022年10月30日修订)

第五十八条　妇女享有与男子平等的继承权。妇女依法行使继承权，不受歧视。

丧偶妇女有权依法处分继承的财产，任何组织和个人不得干涉。

⊙《**农村土地承包法**》(2018年12月29日修正)

第三十二条　承包人应得的承包收益，依照继承法的规定继承。

林地承包的承包人死亡,其继承人可以在承包期内继续承包。

第五十四条　依照本章规定通过招标、拍卖、公开协商等方式取得土地经营权的,该承包人死亡,其应得的承包收益,依照继承法的规定继承;在承包期内,其继承人可以继续承包。

司法解释及文件

⊙《最高人民法院关于适用〈中华人民共和国民法典〉婚姻家庭编的解释(一)》(2020年12月29日　法释〔2020〕22号)

第八条　未依据民法典第一千零四十九条规定办理结婚登记而以夫妻名义共同生活的男女,一方死亡,另一方以配偶身份主张享有继承权的,依据本解释第七条的原则处理。

适用要点

⊙**夫妻一方因意外事故死亡获得的死亡赔偿金是否为遗产**

根据《民法典》侵权责任编中的第1179条和第1181条的规定,被侵权人死亡的,其近亲属有权要求赔偿丧葬费和死亡赔偿金。可见,死亡赔偿金是基于死者死亡而对死者近亲属所支付的赔偿,而并非死者死亡时即已经存在并遗留的合法财产。获得死亡赔偿金的权利人是死者近亲属,而非死者本人。基于死亡赔偿金的性质,死者的配偶、父母、子女可以作为第一顺位的请求权人请求侵权人予以赔偿。夫妻一方为死亡赔偿金的合法权利人之一,但并非基于继承死亡配偶的遗产所取得,而是基于法律的直接规定。

⊙**家庭承包方式的土地承包经营权是否可以继承**

当夫或妻一方死亡时,配偶能够继续承包经营,是由家庭承包方式下土地承包经营权的性质决定的,并不是基于夫妻双方之间的遗产继承权所获得。根据《民法典》婚姻家庭编中第1087条第2款的规定,对夫或者妻在家庭土地承包经营中享有的权益等,应当依法予以保护。此种权益,应当包括一方继续承包经营的权利。当然,基于家庭承包经营已经获得的收益，属于夫妻共同财产范畴，可以作为遗产相互继承。

而对"四荒"土地采取的其他方式承包，则是以效率优先、兼顾公平为处理原则。根据《农村土地承包法》第 54 条的规定，土地经营权通过招标、拍卖、公开协商等方式取得的，该承包人死亡，其应得的承包收益，依照继承法的规定继承；在承包期内，其继承人可以继续承包。

第一千零六十二条 【夫妻共同财产】 夫妻在婚姻关系存续期间所得的下列财产，为夫妻的共同财产，归夫妻共同所有：

（一）工资、奖金、劳务报酬；

（二）生产、经营、投资的收益；

（三）知识产权的收益；

（四）继承或者受赠的财产，但是本法第一千零六十三条第三项规定的除外；

（五）其他应当归共同所有的财产。

夫妻对共同财产，有平等的处理权。

【司法解释及文件】

⊙《最高人民法院关于适用〈中华人民共和国民法典〉婚姻家庭编的解释（一）》（2020 年 12 月 29 日　法释〔2020〕22 号）

第二十四条　民法典第一千零六十二条第一款第三项规定的"知识产权的收益"，是指婚姻关系存续期间，实际取得或者已经明确可以取得的财产性收益。

第二十五条　婚姻关系存续期间，下列财产属于民法典第一千零六十二条规定的"其他应当归共同所有的财产"：

（一）一方以个人财产投资取得的收益；

（二）男女双方实际取得或者应当取得的住房补贴、住房公积金；

（三）男女双方实际取得或者应当取得的基本养老金、破产安置补偿费。

第二十六条　夫妻一方个人财产在婚后产生的收益，除孳息和自然增值外，应认定为夫妻共同财产。

第二十七条　由一方婚前承租、婚后用共同财产购买的房屋，登记在一方名下的，应当认定为夫妻共同财产。

第二十九条　当事人结婚前，父母为双方购置房屋出资的，该出资应当认定为对自己子女个人的赠与，但父母明确表示赠与双方的除外。

当事人结婚后，父母为双方购置房屋出资的，依照约定处理；没有约定或者约定不明确的，按照民法典第一千零六十二条第一款第四项规定的原则处理。

第七十一条　人民法院审理离婚案件，涉及分割发放到军人名下的复员费、自主择业费等一次性费用的，以夫妻婚姻关系存续年限乘以年平均值，所得数额为夫妻共同财产。

前款所称年平均值，是指将发放到军人名下的上述费用总额按具体年限均分得出的数额。其具体年限为人均寿命七十岁与军人入伍时实际年龄的差额。

第八十条　离婚时夫妻一方尚未退休、不符合领取基本养老金条件，另一方请求按照夫妻共同财产分割基本养老金的，人民法院不予支持；婚后以夫妻共同财产缴纳基本养老保险费，离婚时一方主张将养老金账户中婚姻关系存续期间个人实际缴纳部分及利息作为夫妻共同财产分割的，人民法院应予支持。

⊙ **《最高人民法院关于印发〈第八次全国法院民事商事审判工作会议（民事部分）纪要〉的通知》**（2016 年 11 月 21 日　法〔2016〕399 号）

4.婚姻关系存续期间以夫妻共同财产投保，投保人和被保险人同为夫妻一方，离婚时处于保险期内，投保人不愿意继续投保的，保险人退还的保险单现金价值部分应按照夫妻共同财产处理；离婚时投保人选择继续投保的，投保人应当支付保险单现金价值的一半给另一方。

【民事审判指导与参考案例】

⊙夫妻一方使用已故配偶工龄优惠购买的"房改房",考虑到从承租权转化为所有权之间的承继性,应将此类"房改房"认定为夫妻共同财产——赵1、赵2诉赵3遗嘱继承纠纷案[《民事审判指导与参考》2018年第2辑(总第74辑)]

【案例要旨】

"房改房"不同于普通商品房,其房屋价格不是单纯的市场价格。夫妻一方使用已故配偶工龄优惠购买的"房改房",考虑到从承租权转化为所有权之间的承继性,应将此类"房改房"认定为夫妻共同财产。

【基本案情】

许某与赵某系夫妻关系,双方婚后育有三子,即赵1、赵2、赵3。许某于2004年6月死亡,2004年12月赵某出资4万余元购买其与许某婚姻关系存续期间承租(1987年)的单位"房改房",2008年4月取得房屋所有权证。2008年10月,赵某至北京市某公证处立下遗嘱,内容为:上述房屋产权由儿子赵1和赵2共同继承,由赵1继承上述房屋70%的产权份额,赵2继承30%的产权份额。

赵某死亡后,兄弟三人因继承房产问题发生纠纷。赵1、赵2起诉至一审法院,要求对父亲公证遗嘱中所涉及的上述房屋享有继承权,其中赵1享有70%,赵2享有30%。赵3辩称,赵某遗留的诉争房屋原系赵某和许某共同居住,并且是用双方共同存款购买,所以对于公证遗嘱中涉及许某的部分应当认定为无效。

【裁判结果】

一审法院认为,本案争议焦点在于诉争房屋是否为被继承人赵某的个人财产。综合本案证据,诉争房屋系用赵某与许某的夫妻共同财产购买,虽然登记在赵某名下,但其中部分权益属于许某。对于赵某所立遗嘱处分许某权益的部分,应当认定为无效,该部分应按照法定继承予以处理。

一审判决后赵1、赵2不服提起上诉。二审法院认为,公有住房的承租、房改制度具有极强的福利属性,与合同法中的租赁及商品房买卖具有明显的区别。公房承租制度是我国在一定的历史条件下及特定的发展阶段中的福利制度，其福利属性表现为由夫妻一方承租，只缴纳少许的费用即可长期居住、使用，在后续的房改政策中可以成本价购买并通过折算工龄获得优惠。作为原承租人的父母去世后，其子女一般均可以继续承租并参加房改。本案中，赵某与许某自1987年开始承租诉争房屋，虽以赵某名义承租，但该项福利应属赵某与许某共同取得、共同享有。本案诉争房屋虽系赵某在许某去世后购买，但该房的权属取得毕竟不同于商品房的购买，系对原有福利的形态转化，不能简单地理解为由赵某单独所有，而应认定含有许某的部分权益。判决驳回上诉，维持原判。

赵1、赵2不服申请再审，再审法院认为，赵某与许某自1987年承租涉案房屋，虽以赵某名义承租，但该项福利应属赵某和许某共同取得和享有。涉案房屋虽系赵某在许某去世后所购买，但该房屋的权属取得毕竟不同于商品房的购买。因此，许某对涉案房屋应享有部分权益。原审法院依据查明的事实，对涉案房屋的分割处理并无不当，遂驳回赵1、赵2的再审申请。

⊙未成年子女要求父母支付抚养费与夫妻一方主张另一方擅自处分夫妻共同财产的行为无效属于两种不同的法律关系——马某某诉田某擅自处分夫妻共同财产案〔《民事审判指导与参考》2014年第3辑（总第59辑）〕

【案例要旨】

未成年的或不能独立生活的子女有要求父母支付抚养费的权利，但支付抚养费与夫妻一方擅自赠与婚外第三人财产纠纷是两个不同的法律关系，权利人可以另案主张支付子女抚养费。

⊙夫妻一方婚后用个人财产购买房屋用于出租，租金收入属于经营性收入，属于夫妻共同财产——王某某与李某离婚纠纷上诉案〔《民事审判指导与参考》2013年第4辑（总第56辑）〕

【案例要旨】

一方婚后用个人财产购买房屋，离婚时该房屋属于"个人财产的替代物"，应认定为个人财产，其自然增值也属于个人财产；一方个人所有的房屋婚后用于出租，其租金收入属于经营性收入，应认定为夫妻共同财产。

[适用要点]

⊙对于婚前个人财产在婚后发生变化、产生收益的认定

一方使用婚前个人积蓄在婚后购买的房屋、车辆等有形财产，如果能够明确是来源于其婚前的个人积蓄，只是原有财产价值存在形态发生了变化，其价值取得始于婚前，应当认定为一方的个人财产。夫妻一方财产在婚后产生的收益原则上为夫妻共同财产。依据《最高人民法院关于适用〈中华人民共和国民法典〉婚姻家庭编的解释（一）》第26条之规定，个人财产增值认定为夫妻共同财产仍然存在两项例外：一是个人财产的孳息，包括天然孳息和法定孳息。因孳息归属于原物所有权人为民法的一般原理，与夫妻一方或双方对该财产所付出的劳务、扶持无关，亦符合公平原则。二是个人财产的自然增值，指因通货膨胀或市场行情变化所致财产收益，与夫妻一方或双方是否为该财产投入物资、劳动、努力、管理等无关，如房屋价格的上涨。

> **第一千零六十三条 【夫妻个人财产】**下列财产为夫妻一方的个人财产：
> （一）一方的婚前财产；
> （二）一方因受到人身损害获得的赔偿或者补偿；
> （三）遗嘱或者赠与合同中确定只归一方的财产；
> （四）一方专用的生活用品；
> （五）其他应当归一方的财产。

[法　律]

⊙《民法典》（侵权责任编）(2020年5月28日)

第一千一百七十九条　侵害他人造成人身损害的，应当赔偿医疗费、护理费、交通费、营养费、住院伙食补助费等为治疗和康复支出的合理费用，以及因误工减少的收入。造成残疾的，还应当赔偿辅助器具费和残疾赔偿金；造成死亡的，还应当赔偿丧葬费和死亡赔偿金。

司法解释及文件

⊙《最高人民法院关于适用〈中华人民共和国民法典〉婚姻家庭编的解释（一）》（2020年12月29日　法释〔2020〕22号）

第二十九条　当事人结婚前，父母为双方购置房屋出资的，该出资应当认定为对自己子女个人的赠与，但父母明确表示赠与双方的除外。

当事人结婚后，父母为双方购置房屋出资的，依照约定处理；没有约定或者约定不明确的，按照民法典第一千零六十二条第一款第四项规定的原则处理。

第三十条　军人的伤亡保险金、伤残补助金、医药生活补助费属于个人财产。

第三十一条　民法典第一千零六十三条规定为夫妻一方的个人财产，不因婚姻关系的延续而转化为夫妻共同财产。但当事人另有约定的除外。

第三十二条　婚前或者婚姻关系存续期间，当事人约定将一方所有的房产赠与另一方或者共有，赠与方在赠与房产变更登记之前撤销赠与，另一方请求判令继续履行的，人民法院可以按照民法典第六百五十八条的规定处理。

第七十一条　人民法院审理离婚案件，涉及分割发放到军人名下的复员费、自主择业费等一次性费用的，以夫妻婚姻关系存续年限乘以年平均值，所得数额为夫妻共同财产。

前款所称年平均值，是指将发放到军人名下的上述费用总额按具体年限均分得出的数额。其具体年限为人均寿命七十岁与军人入伍时实际年龄的差额。

第八十条　离婚时夫妻一方尚未退休、不符合领取基本养老金条件，另一方请求按照夫妻共同财产分割基本养老金的，人民法院不予支持；婚后以夫妻共同财产缴纳基本养老保险费，离婚时一方主张将养老金账户中婚姻关系存续期间个人实际缴纳部分及利息作为夫妻共同财产分割的，人民法院应予支持。

⊙《最高人民法院关于印发〈第八次全国法院民事商事审判工作会议（民事部分）纪要〉的通知》(2016年11月21日　法〔2016〕399号)

5.婚姻关系存续期间，夫妻一方作为被保险人依据意外伤害保险合同、健康保险合同获得的具有人身性质的保险金，或者夫妻一方作为受益人依据以死亡为给付条件的人寿保险合同获得的保险金，宜认定为个人财产，但双方另有约定的除外。

婚姻关系存续期间，夫妻一方依据以生存到一定年龄为给付条件的具有现金价值的保险合同获得的保险金，宜认定为夫妻共同财产，但双方另有约定的除外。

第一千零六十四条　【夫妻共同债务】夫妻双方共同签名或者夫妻一方事后追认等共同意思表示所负的债务，以及夫妻一方在婚姻关系存续期间以个人名义为家庭日常生活需要所负的债务，属于夫妻共同债务。

夫妻一方在婚姻关系存续期间以个人名义超出家庭日常生活需要所负的债务，不属于夫妻共同债务；但是，债权人能够证明该债务用于夫妻共同生活、共同生产经营或者基于夫妻双方共同意思表示的除外。

法　律

⊙《**民法典**》(婚姻家庭编)(2020年5月28日)

第一千零六十条　夫妻一方因家庭日常生活需要而实施的民事法律行为，对夫妻双方发生效力，但是夫妻一方与相对人另有约定的除外。

夫妻之间对一方可以实施的民事法律行为范围的限制，不得对抗善意相对人。

第一千零八十九条　离婚时，夫妻共同债务应当共同偿还。共同财产不足清偿或者财产归各自所有的，由双方协议清偿；协议不成的，由人民法院判决。

司法解释及文件

⊙《最高人民法院关于适用〈中华人民共和国民法典〉婚姻家庭编的解释（一）》(2020年12月29日　法释〔2020〕22号)

　　第三十三条　债权人就一方婚前所负个人债务向债务人的配偶主张权利的，人民法院不予支持。但债权人能够证明所负债务用于婚后家庭共同生活的除外。

　　第三十四条　夫妻一方与第三人串通，虚构债务，第三人主张该债务为夫妻共同债务的，人民法院不予支持。

　　夫妻一方在从事赌博、吸毒等违法犯罪活动中所负债务，第三人主张该债务为夫妻共同债务的，人民法院不予支持。

　　第三十五条　当事人的离婚协议或者人民法院生效判决、裁定、调解书已经对夫妻财产分割问题作出处理的，债权人仍有权就夫妻共同债务向男女双方主张权利。

　　一方就夫妻共同债务承担清偿责任后，主张由另一方按照离婚协议或者人民法院的法律文书承担相应债务的，人民法院应予支持。

　　第三十六条　夫或者妻一方死亡的，生存一方应当对婚姻关系存续期间的夫妻共同债务承担清偿责任。

⊙《最高人民法院关于依法妥善审理涉及夫妻债务纠纷案件有关问题的通知》(2017年2月28日　法〔2017〕48号)

　　二、保障未具名举债夫妻一方的诉讼权利。在审理以夫妻一方名义举债的案件中，原则上应当传唤夫妻双方本人和案件其他当事人本人到庭；需要证人出庭作证的，除法定事由外，应当通知证人出庭作证。在庭审中，应当按照《最高人民法院关于适用〈中华人民共和国民事诉讼法〉的解释》的规定，要求有关当事人和证人签署保证书，以保证当事人陈述和证人证言的真实性。未具名举债一方不能提供证据，但能够提供证据线索的，人民法院应当根据当事人的申请进行调查取证；对伪造、隐藏、毁灭证据的要依法予以惩处。未经审判程序，不得要求未举债的夫妻一方承担民事责任。

三、审查夫妻债务是否真实发生。债权人主张夫妻一方所负债务为夫妻共同债务的，应当结合案件的具体情况，按照《最高人民法院关于审理民间借贷案件适用法律若干问题的规定》第十六条第二款、第十九条规定，结合当事人之间关系及其到庭情况、借贷金额、债权凭证、款项交付、当事人的经济能力、当地或者当事人之间的交易方式、交易习惯、当事人财产变动情况以及当事人陈述、证人证言等事实和因素，综合判断债务是否发生。防止违反法律和司法解释规定，仅凭借条、借据等债权凭证就认定存在债务的简单做法。

在当事人举证基础上，要注意依职权查明举债一方作出有悖常理的自认的真实性。对夫妻一方主动申请人民法院出具民事调解书的，应当结合案件基础事实重点审查调解协议是否损害夫妻另一方的合法权益。对人民调解协议司法确认案件，应当按照《最高人民法院关于适用〈中华人民共和国民事诉讼法〉的解释》要求，注重审查基础法律关系的真实性。

四、区分合法债务和非法债务，对非法债务不予保护。在案件审理中，对夫妻一方在从事赌博、吸毒等违法犯罪活动中所负的债务，不予法律保护；对债权人知道或者应当知道夫妻一方举债用于赌博、吸毒等违法犯罪活动而向其出借款项，不予法律保护；对夫妻一方以个人名义举债后用于个人违法犯罪活动，举债人就该债务主张按夫妻共同债务处理的，不予支持。

五、把握不同阶段夫妻债务的认定标准。依照婚姻法第十七条、第十八条、第十九条和第四十一条有关夫妻共同财产制、分别财产制和债务偿还原则以及有关婚姻法司法解释的规定，正确处理夫妻一方以个人名义对外所负债务问题。

> 人民法院案例选案例

⊙夫妻一方以个人名义对外举债超出夫妻日常代理范围，他人有理由相信其为夫妻双方共同意思表示的应承担举证责任——山东昊玺经贸有限公司诉朱某某、徐某民间借贷纠纷案〔《人民法院案例选》2017年第4辑（总第110辑）〕

【案例要旨】

夫妻关系存续期间一方对外举债，是否为夫妻共同债务不应仅以婚姻关系存续为依据，还应考察款项是否为共同生活所负。婚姻关系存续期间，因日常生活或共同生产所负之合理债务，即使是一方举债亦应为夫妻共同债务。但对超出夫妻日常事务代理权的事项，夫妻双方应当平等协商，取得一致意见。他人有理由相信其为夫妻双方共同意思表示的，另一方不得以不同意或不知道为由对抗善意第三人。对自己的"有理由相信"，第三人应负举证责任。

> 民事审判指导与参考案例

⊙认定夫妻共同财产涉及父母为子女买房出资性质如何确定〔《民事审判指导与参考》2016年第2辑（总第66辑）〕

【案例要旨】

离婚诉讼中，夫妻一方持婚姻关系存续期间一方所欠债务的生效法律文书，主张该债务为夫妻共同债务的，不宜直接将该法律文书作为认定夫妻共同债务的依据，对于夫妻共同债务的认定应加强举债一方的举证责任，其应当能够证明所借债务用于夫妻共同生活、经营或者基于夫妻双方的合意。

【基本案情】

叶某与刘某婚姻关系存续期间，叶某的父母全额出资为其购买房屋，并将产权登记在夫妻双方名下。后刘某到法院起诉请求与叶某离婚，并要求分割叶某父母出资购买的房屋。一审法院判决准予叶某与刘某离婚，并认定案涉房屋属于夫妻共同财产。

在一审离婚案件法院作出房屋属于夫妻共同财产的判决后，叶某不服提起上诉。叶某的父母随即向另一法院另案起诉叶某，主张购房款的性质为借款，双方迅速达成调解协议，由法院出具民事调解书确认购房款的性质为借款，后叶某持该民事调解书在离婚案件的二审期间主张购房款为夫妻共同债务。

本案一审中的庭审笔录载明，一审法院曾询问双方当事人有无共同债权债务，双方均回答说没有。二审中叶某又提出购房款系夫妻双方对外的共同债务，并提供了自己书写的"借据"，借款日期为二年前购买房屋的时间。刘某认为这张所谓的"借据"是叶某在离婚诉讼期间后补的，坚持认为购房款的性质为赠与。

【裁判结果】

二审法院最终认定叶某父母的出资属于赠与性质，案涉房屋是叶某和刘某的夫妻共同财产。

第一千零六十五条 【夫妻约定财产制】男女双方可以约定婚姻关系存续期间所得的财产以及婚前财产归各自所有、共同所有或者部分各自所有、部分共同所有。约定应当采用书面形式。没有约定或者约定不明确的，适用本法第一千零六十二条、第一千零六十三条的规定。

夫妻对婚姻关系存续期间所得的财产以及婚前财产的约定，对双方具有法律约束力。

夫妻对婚姻关系存续期间所得的财产约定归各自所有，夫或者妻一方对外所负的债务，相对人知道该约定的，以夫或者妻一方的个人财产清偿。

司法解释及文件

⊙《最高人民法院关于适用〈中华人民共和国民法典〉婚姻家庭编的解释（一）》（2020年12月29日 法释〔2020〕22号）

第三十七条 民法典第一千零六十五条第三款所称"相对人知道该约

定的"，夫妻一方对此负有举证责任。

> 公报案例

⊙夫妻之间达成的婚内财产分割协议的效力优先于法定继承适用——唐某诉李某某、唐某乙法定继承纠纷案（《最高人民法院公报》2014年第12期）

【案例要旨】

夫妻之间达成的婚内财产分割协议是双方通过订立契约对采取何种夫妻财产制所作的约定，是双方协商一致对家庭财产进行内部分配的结果，在不涉及婚姻家庭以外第三人利益的情况下，应当尊重夫妻之间的真实意思表示，按照双方达成的婚内财产分割协议履行，优先保护事实物权人，不宜以产权登记作为确认不动产权属的唯一依据。

> 典型案例

⊙夫妻对婚姻关系存续期间所得的财产以及婚前财产所作的约定，对双方具有约束力——杨某诉刘某某离婚纠纷案 [2015 年 11 月 19 日最高人民法院公布的 30 起婚姻家庭纠纷典型案例（山东）]

【案例要旨】

夫妻双方可以书面约定婚姻关系存续期间所得财产以及婚前财产归各自所有、共同所有或部分各自所有、共同所有。婚内财产协议附有的"一方提出离婚，协议无效"等限制他人离婚自由的约定，因违反法律规定和公序良俗而无效，其无效不影响协议书其他条款的效力。

【基本案情】

2010 年 12 月，原告杨某与被告刘某某经人介绍登记结婚，结婚时间较短且未生育子女。婚后双方因家务琐事经常发生矛盾，难以共同生活，杨某两次向法院起诉离婚，刘某某表示同意离婚。婚前，刘某某购买了商品房一套，别克凯越轿车一辆。婚后二人签订了一份"保婚"协议，约定上述房子和车辆为夫妻共同财产,并注明若杨某提出离婚,协议无效。协议签订一年后,杨某起诉离婚,要求分割夫妻共同财产。

【裁判结果】

滨州市滨城区人民法院经审理认为,原、被告双方夫妻感情确已破裂,准予双方离婚。诉讼双方约定涉案房产、车辆为共同财产,系双方当事人真实意思表示,不违反法律规定,应予支持。对杨某、刘某某婚后共同财产,法院依法予以分割。最后,法院判决:一、准予杨某与刘某某离婚;二、杨某在刘某某处的婚前个人财产新日电动车一辆归杨某个人所有;杨某、刘某某婚后共同财产中的42寸海信电视一台、电视柜一个归杨某所有,澳柯玛冰箱一台、餐桌一张带四把椅子归刘某某所有;三、杨某、刘某某婚后共同财产中位于滨州市滨城区某小区42号楼1单元302室的住房一套归刘某某所有(剩余贷款约16万元由刘某某偿还),刘某某给付杨某该项财产分割款60000元;婚后共同财产中的鲁MKRXXX别克凯越轿车一辆归杨某所有,杨某给付刘某某该项财产分割款22500元;折抵后,刘某某需支付杨某财产分割款37500元;以上过付事项于判决生效后十日内付清;四、驳回杨某、刘某某其他诉讼请求。

【典型意义】

这是一起涉及婚内财产协议效力的案件。当前,许多人在婚前婚内签订一纸"保婚"文书,而"谁提离婚,谁便净身出户",往往成为婚内财产协议中的恩爱信诺,以使得双方打消离婚念头,一心一意地经营好婚姻。但是,这些协议究竟有没有效力。根据《婚姻法》第十九条(《民法典》第一千零六十五条)"夫妻双方可以约定婚姻关系存续期间所得财产以及婚前财产归各自所有、共同所有或部分各自所有、共同所有。约定应采用书面形式,没有约定或约定不明确的,适用本法第十七条、十八条《民法典》第一千零六十二条、第一千零六十三条)的规定。夫妻对婚姻关系存续期间所得的财产以及婚前财产的约定,对双方具有约束力"。本案中的《协议书》由当事人双方签字认可,且有见证人签字,协议书签署后双方共同生活一年以上,在刘某某无相反证据证实杨某存在欺诈、胁迫的情形时,《协议书》内容应视为双方真实意思表示,不违反法律规定,法院应予支持。对于《协议书》所附"一方提出离婚,协议无效"的约定,因限制他人离婚自由,违反法律规定和公序良俗而无效，其无效不影响协议书其他条款的效力。

> 适用要点

⊙ **未采书面形式的约定效力**

　　实践中，经常出现一方当事人主张双方曾以口头形式对夫妻财产作出约定，并请求按照口头约定进行财产分割的情形。对此，如另一方对一方提出的约定内容并无异议，人民法院可以对该约定予以认可；但如果对方对于双方存在口头约定不予认可，或者对约定的内容不予认可的，不能直接认定双方之间存在财产约定。

⊙ **夫妻约定财产制应以婚姻关系成立为前提**

　　依据本条规定，订立财产制契约的时间可以在婚前，也可以在婚后，但夫妻约定财产制是基于配偶这一特殊身份发生的，根据夫妻财产制契约的性质，夫妻财产制契约应当以婚姻关系成立为生效要件。因在婚前订立财产契约的，缔约双方并不具有婚姻关系，所以本条第1款表述为"男女双方"，但并不否定立法机关认为夫妻财产制约定的生效应以婚姻关系成立为前提的意思。据此，如男女双方在结婚之前订立财产制契约，但是后来并未履行结婚登记手续的，双方不成立婚姻关系，双方于婚前订立的财产制契约自然不发生效力。

第一千零六十六条　【婚姻关系存续期间夫妻共同财产的分割】
婚姻关系存续期间，有下列情形之一的，夫妻一方可以向人民法院请求分割共同财产：
　　（一）一方有隐藏、转移、变卖、毁损、挥霍夫妻共同财产或者伪造夫妻共同债务等严重损害夫妻共同财产利益的行为；
　　（二）一方负有法定扶养义务的人患重大疾病需要医治，另一方不同意支付相关医疗费用。

[法　律]

⊙《**民法典**》(**物权编**)(2020年5月28日)

第三百零三条　共有人约定不得分割共有的不动产或者动产,以维持共有关系的,应当按照约定,但是共有人有重大理由需要分割的,可以请求分割;没有约定或者约定不明确的,按份共有人可以随时请求分割,共同共有人在共有的基础丧失或者有重大理由需要分割时可以请求分割。因分割造成其他共有人损害的,应当给予赔偿。

[司法解释及文件]

⊙《最高人民法院关于适用〈中华人民共和国民法典〉婚姻家庭编的解释(一)》(2020年12月29日　法释〔2020〕22号)

第三十八条　婚姻关系存续期间,除民法典第一千零六十六条规定情形以外,夫妻一方请求分割共同财产的,人民法院不予支持。

第二节　父母子女关系和其他近亲属关系

第一千零六十七条　【父母与子女之间的抚养、赡养义务】父母不履行抚养义务的,未成年子女或者不能独立生活的成年子女,有要求父母给付抚养费的权利。

成年子女不履行赡养义务的,缺乏劳动能力或者生活困难的父母,有要求成年子女给付赡养费的权利。

[法　律]

⊙《**宪法**》(2018年3月11日修正)

第四十九条　婚姻、家庭、母亲和儿童受国家的保护。

夫妻双方有实行计划生育的义务。

父母有抚养教育未成年子女的义务，成年子女有赡养扶助父母的义务。

禁止破坏婚姻自由，禁止虐待老人、妇女和儿童。

⊙《民法典》（总则编）(2020年5月28日)

第二十六条 父母对未成年子女负有抚养、教育和保护的义务。

成年子女对父母负有赡养、扶助和保护的义务。

第三十七条 依法负担被监护人抚养费、赡养费、扶养费的父母、子女、配偶等，被人民法院撤销监护人资格后，应当继续履行负担的义务。

第一百九十六条 下列请求权不适用诉讼时效的规定：

（一）请求停止侵害、排除妨碍、消除危险；

（二）不动产物权和登记的动产物权的权利人请求返还财产；

（三）请求支付抚养费、赡养费或者扶养费；

（四）依法不适用诉讼时效的其他请求权。

⊙《民法典》（婚姻家庭编）(2020年5月28日)

第一千零八十五条 离婚后，子女由一方直接抚养的，另一方应当负担部分或者全部抚养费。负担费用的多少和期限的长短，由双方协议；协议不成的，由人民法院判决。

前款规定的协议或者判决，不妨碍子女在必要时向父母任何一方提出超过协议或者判决原定数额的合理要求。

⊙《未成年人保护法》(2020年10月17日修订)

第十五条 未成年人的父母或者其他监护人应当学习家庭教育知识，接受家庭教育指导，创造良好、和睦、文明的家庭环境。

共同生活的其他成年家庭成员应当协助未成年人的父母或者其他监护人抚养、教育和保护未成年人。

第二十二条 未成年人的父母或者其他监护人因外出务工等原因在一定期限内不能完全履行监护职责的，应当委托具有照护能力的完全民事行为能力人代为照护；无正当理由的，不得委托他人代为照护。

未成年人的父母或者其他监护人在确定被委托人时，应当综合考虑其道德品质、家庭状况、身心健康状况、与未成年人生活情感上的联系等情况，并听取有表达意愿能力未成年人的意见。

具有下列情形之一的，不得作为被委托人：

（一）曾实施性侵害、虐待、遗弃、拐卖、暴力伤害等违法犯罪行为；

（二）有吸毒、酗酒、赌博等恶习；

（三）曾拒不履行或者长期怠于履行监护、照护职责；

（四）其他不适宜担任被委托人的情形。

第一百零八条 未成年人的父母或者其他监护人不依法履行监护职责或者严重侵犯被监护的未成年人合法权益的，人民法院可以根据有关人员或者单位的申请，依法作出人身安全保护令或者撤销监护人资格。

被撤销监护人资格的父母或者其他监护人应当依法继续负担抚养费用。

⊙《**家庭教育促进法**》(2021 年 10 月 23 日)

第四条 未成年人的父母或者其他监护人负责实施家庭教育。

国家和社会为家庭教育提供指导、支持和服务。

国家工作人员应当带头树立良好家风，履行家庭教育责任。

第五条 家庭教育应当符合以下要求：

（一）尊重未成年人身心发展规律和个体差异；

（二）尊重未成年人人格尊严，保护未成年人隐私权和个人信息，保障未成年人合法权益；

（三）遵循家庭教育特点，贯彻科学的家庭教育理念和方法；

（四）家庭教育、学校教育、社会教育紧密结合、协调一致；

（五）结合实际情况采取灵活多样的措施。

⊙《**老年人权益保障法**》(2018 年 12 月 29 日修正)

第十三条 老年人养老以居家为基础，家庭成员应当尊重、关心和照料老年人。

第十四条 赡养人应当履行对老年人经济上供养、生活上照料和精神上慰藉的义务，照顾老年人的特殊需要。

赡养人是指老年人的子女以及其他依法负有赡养义务的人。

赡养人的配偶应当协助赡养人履行赡养义务。

第十五条 赡养人应当使患病的老年人及时得到治疗和护理；对经济困难的老年人，应当提供医疗费用。

对生活不能自理的老年人，赡养人应当承担照料责任；不能亲自照料的，可以按照老年人的意愿委托他人或者养老机构等照料。

第十六条 赡养人应当妥善安排老年人的住房，不得强迫老年人居住或者迁居条件低劣的房屋。

老年人自有的或者承租的住房，子女或者其他亲属不得侵占，不得擅自改变产权关系或者租赁关系。

老年人自有的住房，赡养人有维修的义务。

第十七条 赡养人有义务耕种或者委托他人耕种老年人承包的田地，照管或者委托他人照管老年人的林木和牲畜等，收益归老年人所有。

第十八条 家庭成员应当关心老年人的精神需求，不得忽视、冷落老年人。

与老年人分开居住的家庭成员，应当经常看望或者问候老年人。

用人单位应当按照国家有关规定保障赡养人探亲休假的权利。

第十九条 赡养人不得以放弃继承权或者其他理由，拒绝履行赡养义务。

赡养人不履行赡养义务，老年人有要求赡养人付给赡养费等权利。

赡养人不得要求老年人承担力不能及的劳动。

第二十条 经老年人同意，赡养人之间可以就履行赡养义务签订协议。赡养协议的内容不得违反法律的规定和老年人的意愿。

基层群众性自治组织、老年人组织或者赡养人所在单位监督协议的履行。

第二十一条 老年人的婚姻自由受法律保护。子女或者其他亲属不得干涉老年人离婚、再婚及婚后的生活。

赡养人的赡养义务不因老年人的婚姻关系变化而消除。

> 司法解释及文件

⊙《**最高人民法院关于适用〈中华人民共和国民法典〉婚姻家庭编的解释（一）**》（2020 年 12 月 29 日　法释〔2020〕22 号）

第四十条　婚姻关系存续期间，夫妻双方一致同意进行人工授精，所生子女应视为婚生子女，父母子女间的权利义务关系适用民法典的有关规定。

第四十一条　尚在校接受高中及其以下学历教育，或者丧失、部分丧失劳动能力等非因主观原因而无法维持正常生活的成年子女，可以认定为民法典第一千零六十七条规定的"不能独立生活的成年子女"。

第四十二条　民法典第一千零六十七条所称"抚养费"，包括子女生活费、教育费、医疗费等费用。

第四十三条　婚姻关系存续期间，父母双方或者一方拒不履行抚养子女义务，未成年子女或者不能独立生活的成年子女请求支付抚养费的，人民法院应予支持。

第四十九条　抚养费的数额，可以根据子女的实际需要、父母双方的负担能力和当地的实际生活水平确定。

有固定收入的，抚养费一般可以按其月总收入的百分之二十至三十的比例给付。负担两个以上子女抚养费的，比例可以适当提高，但一般不得超过月总收入的百分之五十。

无固定收入的，抚养费的数额可以依据当年总收入或者同行业平均收入，参照上述比例确定。

有特殊情况的，可以适当提高或者降低上述比例。

⊙《**最高人民法院关于被赡养人因损害行为引起他人经济损失本人无经济收入的能否由赡养人垫付的复函**》（1990 年 2 月 10 日　〔1989〕法民字第 32 号）

四川省高级人民法院：

你院川法研（89）第 43 号关于被赡养人因损害行为引起他人经济损失，本人无经济收入的能否按照《关于贯彻执行〈中华人民共和国民法通则〉若干问题的意见（试行）》第 161 条第二款（以下简称《意见》）的规定,由赡养人垫付的请示收悉。经研究,我们认为,《意见》第 161 条第二款是对年满十八周岁,没有经济收入的民事主体侵权时,承担民事责任的规定。已分家独自生活的被赡养人致人损害时,应由本人承担民事责任。赡养人既不是共同被告,也不是第三人,不应列为诉讼当事人,至于赡养人自愿为被赡养人支付赔偿费用,可由他们自行协商解决,人民法院不宜作出发生法律效力的调解或者判决。

公报案例

⊙**婚姻关系存续期间双方同意以人工授精方式所生的孩子应视为夫妻双方的婚生子女,父母对其均负有抚养义务——人工授精子女抚养纠纷案**(《最高人民法院公报》1997 年第 1 期)

【案例要旨】

婚姻关系存续期间采用人工授精方法所生子女,虽然未办理书面同意手续,但实施人工授精时,丈夫均在现场,并未提出反对或者不同的意见;该婚姻关系存续期间所生子女,应视为夫妻双方的婚生子女。无论子女随哪一方生活,父母对子女都有抚养教育的义务。

典型案例

⊙**留守儿童的父母怠于履行抚养义务,妇联组织可直接作为原告代未成年人提起诉讼,要求怠于履行抚养义务的父母承担抚养责任——某妇联诉胡某、姜某某抚养纠纷案**(2021 年 3 月 2 日最高人民法院发布的未成年人司法保护典型案例)

【基本案情】

胡某某(2003 年 3 月 6 日出生)系胡某与姜某某非婚生女儿,后因胡某与姜某某解除恋爱关系,遂由胡某父母负责照顾、抚养、教育。2016 年 11 月 8 日,经西南医科大学附属医院诊断,胡某某患有抑郁症、分离转换性障碍。胡某、姜某某长期未履行对胡某某的抚养义务,胡某父母年老多病，无力继续照顾胡某某，多次要求户籍所在地的村社、政府解决困难。该地妇联了解情况后，向法院提起诉讼，请求胡某、姜某某全面履行对胡某某的抚养义务。

【裁判结果】

法院经审理认为，本案的适格原告胡某某系限制民事行为能力人，本应由其父母作为法定代理人代为提起诉讼，但胡某某的父母均是本案被告，不能作为其法定代理人参加诉讼。综合考虑二被告的婚姻状况、经济条件和胡某某本人的生活习惯、意愿，判决胡某某由胡某直接抚养，随胡某居住生活；姜某某从2017年6月起每月15日前支付抚养费500元；胡某某的教育费、医疗费实际产生后凭正式票据由胡某、姜某某各承担50%，直至胡某某独立生活时止。

【典型意义】

本案是一起典型的父母怠于履行抚养义务的案例。审判实践中存在大量与本案类似的留守儿童抚养问题，这些未成年人的父母虽未直接侵害未成年人合法权益，但怠于履行监护义务，把未成年子女留给年迈的老人照顾，子女缺乏充分的经济和安全保障，缺乏父母关爱和教育，导致部分未成年人轻则心理失衡，重则误入歧途，甚至走向犯罪的深渊。本案中，法院参照最高人民法院、最高人民检察院、公安部、民政部联合发布的《关于依法处理监护人侵害未成年人合法权益的意见》的有关精神，积极探索由妇联组织、未成年人保护组织等机构直接作为原告代未成年人提起诉讼的模式，为督促未成年人父母履行抚养义务，解决父母不履行监护职责的现实问题提供了有益参考。

⊙**对违反约定拒绝支付抚养费而约定的违约金条款无效——博小某诉博某抚养费案**〔2015年11月19日最高人民法院公布的30起婚姻家庭纠纷典型案例（北京）〕

【案例要旨】

在分居期间就子女抚养费问题已经达成协议，抚养费数额的约定是双方真实意思的表示，法院应予支持，但因为抚养费的给付并非基于合同，双方约定的违约金条款无效。

【基本案情】

原告博小某的法定代理人刘某与被告博某原系夫妻关系，于2011年1月26日生有一子博小某，即本案原告。原告法定代理人与被告于2011年4月26日在东城区民政局协议离婚，后于2011年6月8日复婚，2012年5月27日二人签订了夫妻分居协议，协议约定：分居期间原告由其母刘某抚养，被告每月给付抚养费1500元，于每月12日前支付，从第二个月开始抚养费逾期未转账，则赔偿违约金30000元/次。2012年6月至2012年10月被告每月给付原告抚养费1500元，2012年11月开始不再给付。2014年5月28日，原告法定代理人与被告经河北省涿州市人民法院判决离婚，判决原告随其母刘某共同生活，被告博某自2014年6月起每月给付原告抚养费1900元，至原告博小某18周岁止。后博小某将博某诉至北京市东城区人民法院，请求支付2012年12月至2014年5月间的抚养费，并依约支付违约金。

【裁判结果】

北京市东城区人民法院经审理认为：父母对子女有抚养教育的义务，不直接抚养子女的一方应负担抚养费的一部或全部。负担费用的多少和期限的长短，由双方协议。父母不履行抚养义务时，未成年的子女有要求父母给付抚养费的权利。原告法定代理人刘某与被告博某在分居期间就子女抚养费问题已经达成协议，抚养费数额的约定是双方真实意思的表示，并未违反法律的强制性规定，被告理应按约定履行给付义务，故对于原告要求支付拖欠的抚养费的诉讼请求，本院予以支持；但因为抚养费的给付并非基于合同，故双方约定的违约金条款于法无据，对于原告要求赔偿违约金的诉讼请求本院不予支持。北京市东城区人民法院依照《婚姻法》第二十一条第一、二款（《民法典》第二十六条、第一千零六十七条），判决如下：

一、本判决生效后七日内，被告博某补付原告博小某二〇一二年十一月至二〇一四年五月抚养费二万八千五百元整；

二、驳回原告博小某的其他诉讼请求。

【典型意义】

在本案中，原告的法定代理人与被告签订了夫妻分居协议，该协议约定婚生子由一方抚养，另一方每月给付抚养费，并约定了迟延履行要支付违约金的条款。抚养费的给付是基于身为父母的法定义务，而并非基于父母双方的协议，该协议可以且只能约定抚养费的数额，且该法定义务不能因父母双方的协议而免除。因此，公民法定义务的履行只能依据法律法规的约束，而不宜因公民之间约定的违约金条款而予以约束。抚养费设立的初衷是为了保护离婚后未成年人子女的合法权益，是以赋予未抚养一方法定义务的方式，努力使未成年子女的生活恢复到其父母离婚前的状态。抚养费本质上是一种针对未成年人的保障，因此，抚养人不应以违约金的形式从子女的抚养费中获利。

⊙法院确定抚养费时应着眼于未成年人的合理需求——麻某 2 诉麻某 1 抚养费纠纷案［2015 年 11 月 19 日最高人民法院公布的 30 起婚姻家庭纠纷典型案例（北京）］

【案例要旨】

对于离婚后抚养子女的一方在对方每月支付的固定数额抚养费之外另行主张大额子女抚养费用的请求，法院应从以下方面综合考虑，最终确定是否准许：是否符合未成年人的利益以及是否有相应的法律依据；是否属于因未成年人合理需求产生的支出；夫妻的经济能力与实际负担义务。

【基本案情】

麻某 2 的法定代理人李某与麻某 1 原系夫妻关系，麻某 2 系双方婚生子。后双方于 2011 年 12 月 1 日离婚，离婚协议书中约定：双方婚生之子麻某 2 由女方抚养，男方每月 10 日前支付共计 1500 元人民币，抚养费每年根据情况酌情增加，麻某 2 在学习、医疗等各方面的开支双方共同承担。2013 年 2 月 15 日至 2 月 22 日，麻某 2 因间歇性外斜视、双眼屈光不正到北京儿童医院住院治疗，共支出医疗费 13422.02 元。2010 年、2012 年麻某 2 参加北京某少儿围棋培训，共支出教育费 11105 元，2010 年、2011 年、2013 年麻某 2 参加某学校学习辅导班，共支出教育费 11105 元。2013 年，李某起诉至北京市昌平区人民法院，请求增加每月应当支付的抚养费，请求判令麻某支付麻某 2 的医疗费和教育培训费用。

【裁判结果】

关于子女生活费和教育费的协议或判决，不妨碍子女在必要时向父母任何一方提出超过协议或判决原定数额的合理要求。根据《最高人民法院关于适用〈中华人民共和国婚姻法〉若干问题的解释（一）》第二十一条[《最高人民法院关于适用〈中华人民共和国民法典〉婚姻家庭编的解释（一）》第四十二条]的规定"抚养费包括子女生活费、教育费、医疗费等费用"。但不应就此一概认为每月支付固定数额抚养费后，无须再支付医疗费。而应考虑抚养费、教育费、医疗费的支出的原因与具体数额，同时兼顾夫妻双方的利益公平。因此，我国规定的抚养费包含教育费、医疗费，应理解为抚养费包含基本的教育费与医疗费，而不应包含为孩子利益客观必须支出的较大数额的医疗与教育费用。

同时，为保护未成年人利益，促进未成年人身心的全面发展，法律适当鼓励未成年人根据个人天赋与爱好参与一定的课外辅导课程。本案中麻某2长期参加围棋辅导班，从父母婚姻关系存续期间持续到离婚之后，麻某1在婚姻关系存续期间对此同意，离婚后知情但未明确表示反对。目前也缺乏证据证明围棋班与麻某2兴趣不符，并不属于过分地报班的情形，因而依法应予支持。

北京市昌平区人民法院作出（2013）昌民初字第8252号民事判决：一、麻某1自二〇一三年八月起每月十日前支付麻某2抚养费人民币二千五百元，至麻某2年满十八周岁止；二、麻某1支付麻某2医疗费六千七百一十一元零一分，教育费五千五百五十二元五角，于本判决生效后十日内支付；三、驳回麻某2的其他诉讼请求。宣判后麻某1提出上诉。北京市第一中级人民法院于2013年作出（2013）一中少民终字第13395号判决：驳回上诉，维持一审判决。

【典型意义】

本案例案情简单、诉讼标的不大，但却涉及未成年人最基本的利益需求，体现了近年来物价上涨与未成年人抚养费理念、立法相对滞后之间的冲突。审判实践中，应着眼于未成年人的合理需求，既排斥奢侈性的抚养费请求，也避免过低的抚养费给付，遵循未成年人最大利益原则。因此，在每月支付的固定数额抚养费之外另行主张的大额子女抚养费用请求是否应予准许，首先应当考虑该请求是否符合未成年人的利益以及是否有相应的法律依据；其次，该请求是否属于因未成年人合理需求产生的支出，法律不鼓励超前的或者奢侈的抚养费需求；最后应考虑夫妻的经济能力与实际负担义务，相应费用若由一方负担是否会导致夫妻双方义务负担的不平衡。

⊙**无论婚内还是婚外，未成年子女均有权向不履行抚养义务的父母双方或一方主张抚养费——付某2诉付某1抚养费纠纷案**［2015年11月19日最高人民法院公布的30起婚姻家庭纠纷典型案例（河南）］

【案例要旨】

父母对子女有抚养教育的义务。婚姻关系存续期间，父母双方或者一方拒不履行抚养子女义务，未成年或者不能独立生活的子女请求支付抚养费的，人民法院应予支持。

【基本案情】

原告付某2的母亲韩某与被告付某1于2012年12月7日结婚，于2013年9月18日生育一子付某2。韩某住院生育原告付某2的医疗费用由被告付某1支付。自原告付某2出生后，其母亲韩某即带其离开单独居住至今，被告付某1亦未支付过原告付某2抚养费。被告付某1现无固定收入。原告诉至法院，要求被告每月支付抚养费。

【裁判结果】

郑州市惠济区人民法院认为，父母对子女有抚养教育的义务。婚姻关系存续期间，父母双方或者一方不履行抚养子女义务，未成年或者不能独立生活的子女请求支付抚养费的，人民法院应予支持。本案中，原告出生后，原告母亲即与被告分开居住，原告母亲带原告单独生活，被告未支付过原告的抚养费，故原告要求被告支付抚养费的请求，符合法律规定，遂判决被告付某1于判决生效后十日内按照每月人民币400元的标准一次性支付原告付某2自2013年10月份至判决生效之日的抚养费；被告付某1于判决生效后按每月人民币400元的标准支付原告付某2的抚养费至其满十八周岁；驳回原告付某2过高部分的诉讼请求。

【典型意义】

未成年子女要求支付抚养费，基本上都是在夫妻双方离婚时或离婚后才产生的，而在婚姻存续期间，由于夫妻双方财产为共有财产，是否能要求不尽抚养义务的一方支付抚养费，这是本案争议的要点。在《最高人民法院关于适用〈中华人民共和国婚姻法〉若干问题的解释（三）》出台之前，对此一直存在争议。而《最高人民法院关于适用〈中华人民共和国婚姻法〉若干问题的解释（三）》第三条［《最高人民法院关于适用〈中华人民共和国民法典〉婚姻家庭编的解释（一）》第四十三条］则对此作出了明确规定：婚姻关系存续期间，父母双方或者一方拒不履行抚养子女义务，未成年或者不能独立生活的子女请求支付抚养费的，人民法院应予支持。抚养子女是父母应尽的法定义务，不管是婚内还是婚外、婚生子女抑或非婚生子女，父母的抚养义务是不变的，只要一方不履行该抚养义务，未成年子女有权利向其主张抚养费。同时，在子女抚育费数额的具体确定上，还要根据子女正常生活的实际需要，应能维持其衣、食、住、行、学、医的正常需求，并需要综合考虑父母双方的经济收入、费用支出、现有生活负担、履行义务的可能性和社会地位等因素，最终作出公平合理的判决。

⊙ 父母不得以没有能力抚养为由拒绝履行抚养义务——何某2诉周某某抚养纠纷案（最高人民法院2015年12月4日公布的婚姻家庭纠纷典型案例）

【案例要旨】

父母对未成年子女有抚养、教育和保护的义务，父母不履行抚养义务时，未成年或不能独立生活的子女，有要求父母给付抚养费的权利，父母以没有能力抚养为由拒绝履行抚养义务的，法院不予支持。

【基本案情】

何某2诉称，原告的父亲何某1与被告周某某于2005年8月经人介绍认识，2006年12月按农村习俗举行了婚礼，以夫妻名义同居生活。2007年8月1日生育了原告，取名何某2。2008年8月，被告与原告的父亲何某1闹矛盾离家出走未归，没有尽到母亲的责任。现知晓被告周某某回归原籍另成了家，经济条件比较好，请求判令支付18年的抚养费90000元。

被告周某某辩称现以打工为生，没有能力支付抚养费。

【裁判结果】

会泽县人民法院审理后认为，被告周某某作为何某2的亲生母亲，在何某2未成年或不能独立生活期间，有抚养何某2的法定义务。何某2要求作为亲生母亲的周某某支付抚养费的诉讼请求，法院予以支持。结合原告何某2的现有生活状况，判决自2015年起至2025年止，由被告周某某每年12月31日前一次性支付原告何某2抚养费1800元。

【典型意义】

本案的争议焦点是以没有能力抚养为由拒绝履行抚养义务是否应得到支持。父母对子女有抚养教育的义务,父母不履行抚养义务时,未成年或不能独立生活的子女,有要求父母给付抚养费的权利,这是法律赋予的权利和义务,也是中华民族的优良传统。无论以任何理由,均不能拒绝履行抚养义务,都不会得到支持。

⊙ 子女对于不在一起生活的父母,应给付一定的赡养费用,同时应当定期探望——陈某某赡养费纠纷案(2021年2月24日最高人民法院发布的老年人权益保护十大典型案例)

【关键词】

"常回家看看" 精神赡养

【基本案情】

陈某某与妻子1952年结婚,婚后育有二子、三女,妻子及两个儿子均已去世。现陈某某同小女儿生活。陈某某年事已高且体弱多病,希望女儿常回家探望照顾自己,因女儿不同意负担陈某某的医药费及赡养费,故诉请判令长女和次女每月探望其不少于一次,患病期间三女儿必须轮流看护;三女儿共同给付陈某某医疗费、赡养费。

【裁判结果】

黑龙江省佳木斯市前进区人民法院认为,子女对父母有赡养扶助的义务,子女不履行赡养义务时,无劳动能力或生活困难的父母,有要求子女给付赡养费的权利。子女不能因为父母有退休收入或者有一定的经济来源就完全将父母置之不顾,这不仅违反法律规定,也不符合中华民族"百善孝为先"的传统美德。子女对于不在一起生活的父母,应根据其实际生活需要、实际负担能力、当地一般生活水平,给付一定的赡养费用。本案陈某某年事已高且身患疾病,三个女儿作为赡养人,应当履行对其经济上供养、生活上照料和精神上慰藉的义务,故判决长女和次女每月探望陈某某不少于一次,并给付陈某某赡养费,三女儿共同负担陈某某医疗费用。

【典型意义】

近年来,随着生活水平的不断提高,老人对子女经济供养方面的要求越来越少,越来越多的老人更加注重精神层面的需求,涉及"精神赡养"的案件数量也有所上升,该类案件执行情况远比给付金钱的案件要难得多,且强制执行远不及主动履行效果好,希望"常回家看看"是子女们发自内心的行为,而不是强制执行的结果。"精神赡养"和"物质赡养"同样重要。老人要求子女定期探望的诉求,是希望子女能够承欢膝下,符合法律规定,体现中华民族传统的孝道,应当得到支持。"百善孝为先",对老人的赡养绝不是一纸冷冰冰的判决就可以完成的,希望所有子女能够常回家看看,多关注老年人的精神需求。

⊙赡养父母是法定义务,子女应当对老年人经济上供养、生活上照料、精神上慰藉,以及为经济困难的父母承担医疗费用等,不得以任何理由和借口拒绝履行赡养义务——刘某1赡养纠纷案(2021年2月24日最高人民法院发布的老年人权益保护十大典型案例)

【关键词】

子女赡养义务 检察院支持起诉

【基本案情】

刘某1与妻子共生育四子女,均已成年并结婚。刘某2系其子,与刘某1相邻而居。2010年,刘某2意外受伤,认为父母在其受伤休养期间未对其进行照料,产生矛盾,此后矛盾日益加剧,刘某2长期不支付父母的生活费,亦未照顾父母生活起居。2019年,母亲因病去世,刘某2拒绝操办丧葬事宜,亦未支付相关费用,有关丧葬事宜由刘某1与其他三子女共同操办。经村干部调解,刘某2仍拒绝支付赡养费及照顾刘某1的生活起居。因刘某1年迈且患有心脏病,行动不便,新干县检察院指派检察员出庭支持起诉,认为刘某1现年80岁,已无劳动能力,生活来源仅靠其他子女接济,尚不足以负担生活及医疗费用,子女有赡养老人的义务,刘某1要求刘某2支付赡养费及丧葬费的诉请应得到支持。

【裁判结果】

江西省新干县人民法院认为,孝敬父母是中华民族的优良传统,子女应当履行赡养义务,不应附加任何条件。刘某1年事已高,身患疾病,无生活来源、无劳动能力,刘某2应依法对其承担赡养义务。同时,赡养父母的义务不仅包含给予父母经济供养及生活照料,还应给予父母精神上的慰藉,也应当在父母百年之后及时妥善地办理丧葬事宜,刘某2拒绝支付丧葬费,不符合法律规定,亦违背伦理道德。故判决刘某2每年支付刘某1赡养费,并支付其母亲办理丧葬事宜的费用。

【典型意义】

子女赡养父母不仅是德之根本,也是法律明确规定的义务。在家庭生活中,家庭成员之间虽有矛盾,但赡养父母是法定义务,子女应当对老年人经济上供养、生活上照料、精神上慰藉,以及为经济困难的父母承担医疗费用等,不得以任何理由和借口拒绝履行赡养义务。关心关爱老年人,让老年人感受到司法的温暖是司法义不容辞的责任。民事诉讼在一般情况下只能由民事权益受到侵害或者发生争议的主体提出,无须其他组织或个人干预。在特殊情况下,受到损害的单位或个人不敢或不能独立保护自己的合法权益,需要有关组织给予支持,运用社会力量帮助弱势群体实现诉讼权利。支持起诉原则打破了民事主体之间的相对性,允许无利害关系的人民检察院介入到诉讼中,能够在弱势群体的利益受到侵害时切实为其维护权益。

⊙ 子女应当履行对父母经济上供养、生活上照料和精神上慰藉的义务——狄某某诉被告李某1、李某2、李某3、李某4赡养纠纷案

(最高人民法院2015年12月4日公布的婚姻家庭纠纷典型案例)

【案例要旨】

子女对父母有赡养扶助的义务,赡养人应当履行对老年人经济上供养、生活上照料和精神上慰藉的义务。

【基本案情】

原告与四被告系母子、母女关系。原告丈夫于2012年去世,2013年11月21日前原告一直与长子李某1一起生活,后与女儿李某4一起生活。由于原告丧失了劳动能力,生活需要照料,原告要求四被告每人每月支付150元赡养费。2014年4月至2014年5月原告就医共花医疗费5985.73元,除去医保报销的费用,剩余2985.73元四被告每人应承担746元。另查明,原告狄某某在桦川县桦树村民委员会有承包田0.27垧,每月有农村低保工资55元。还查明,被告李某3在原告狄某某住院期间

支付了医药费500元。

【裁判结果】

桦川县人民法院经审理认为，赡养老人是每个子女应尽的义务，四被告对其母亲均有赡养义务，原告要求四被告每人每月给付赡养费150元，符合农村居民的年生活费支出的标准，法院应予支持。原告要求四被告共同承担前期治疗除去医疗保险报销后剩余的医药费亦符合法律规定，法院应予支持。对于原告主张其今后发生的医疗费用，应由四被告按份负担的请求，因原告主张的医疗费用尚未发生，法院对原告的这一请求不予支持。原告可在治疗实际发生医疗费用后另行主张权利。判决如下：被告李某1、李某2、李某3、李某4自2014年7月1日起每人每月给付原告狄某某赡养费150元，此款于每月的30日给付；被告李某1、李某2、李某3、李某4于本判决生效后十日内立即给付原告狄某某医药费2985.73元，由被告李某1、李某2、李某4各自承担746元，被告李某3承担246元（746元–500元）。

【典型意义】

尊老敬老是中华民族的传统美德，我国《婚姻法》也明确规定，子女对父母有赡养扶助的义务，《老年人权益保障法》也规定，赡养人应当履行对老年人经济上供养、生活上照料和精神上慰藉的义务。农村中部分赡养人的法治意识和道德观念较差，无视甚至不履行对老人的赡养义务。因此，有必要对这一传统美德大力弘扬，形成敬老养老的良好道德风尚，彻底铲除滋生不赡养老人现象的土壤。

⊙**子女对父母均有赡养义务且是强制性的法定义务，不因任何原因而免除——张某诉郭甲、郭乙、郭丙赡养纠纷案**［2015年11月19日最高人民法院公布的30起婚姻家庭纠纷典型案例（北京）］

【案例要旨】

赡养义务是强制性的法定义务，父母丧失了劳动能力，确实需要子女赡养，其子女均有赡养父母的义务。经老年人同意，赡养人之间可以就赡养费的数额和医药费负担比例问题达成协议。赡养协议的内容不得违反法律的规定和老年人的意愿。

【基本案情】

张某与其丈夫郭某共育有三个子女,即:长子郭甲,次子郭乙,小女儿郭丙。1985年4月25日,郭某与长子郭甲、次子郭乙签订了分家协议,就赡养问题做了如下约定:"1.长子郭甲扶养母亲,次子郭乙扶养父亲。2.父母在60岁以前,哥俩每人每月给零花钱5元,60岁以后每人每月给10元。"郭某于2010年8月去世后,次子郭乙对郭某进行了安葬,此后母亲张某独自生活。2014年10月14日,张某将三名子女起诉至北京市怀柔区人民法院,要求随次子郭乙生活,长子郭甲给付赡养费1000元,其他二子女给付赡养费各500元。医药费由三子女共同承担。

法庭审理过程中,长子郭甲称自己一直以来赡养母亲,并承担过高赡养费;次子郭乙称分家时约定母亲由长子郭甲扶养,父亲由自己扶养,自己已经按照约定赡养了父亲,并对父亲进行了安葬,无法接受再与长子郭甲承担同样的责任;小女儿郭丙称自己并未在赡养协议里载明有责任。

【裁判结果】

法院经审理认为,张某的长子郭甲和次子郭乙虽然于1985年签订了分家协议,两人也按照分家协议履行着各自的义务,但是并不能完全免除次子郭乙、小女儿郭丙对母亲的赡养义务。原告张某自己每月有1200元收入,并愿意由次子郭乙照顾,故判决原告张某随次子郭乙生活,长子郭甲每月给付赡养费300元,长子郭甲承担原告张某医药费的二分之一,次子郭乙、小女儿郭丙各负担医药费的四分之一。

【典型意义】

我国《婚姻法》第二十一条第三款(《民法典》第一千零六十七条)规定:"子女不履行赡养义务时,无劳动能力的或生活困难的父母,有要求子女给付赡养费的权利。"原告现已年迈,且体弱多病,丧失了劳动能力,确实需要子女赡养,其子女均有赡养原告的义务。

诚然,在多子女的家庭,在父母不反对的情况下,签订赡养协议分工赡养父母是合理合法的,法律上也是允许的。我国《老年人权益保障法》第二十条规定:"经老年人同意,赡养人之间可以就履行赡养义务签订协议。赡养协议的内容不得违反法律的规定和老年人的意愿。"但是,如果客观情况发生变化,比如某位子女明显没有能力赡养好父或母,如果父或母提出赡养要求，其他子女无法免除。这也是《婚姻法》第二十一条第三款(《民法典》第一千零六十七）规定的题中之义，因为赡养义务是强制性的法定义务。

现实中，很多子女之间签订赡养协议时，仍然有陈旧思想，如"嫁出去的女，泼出去的水""出嫁女无赡养父母的义务"，女儿对父母的赡养义务被人为地免除。但从法律上讲，子女对父母均有赡养义务，女儿不论出嫁与否都与父母存在法律上的赡养关系，不因任何原因而免除。而对于赡养协议中免除次子郭乙对母亲的赡养义务，属于约定免除了次子郭乙对母亲的法定义务，应属无效约定。故对原告要求三子女均需履行赡养义务的诉讼请求应当支持。

就张某的居住和日常照料问题，张某表示愿意随次子郭乙生活，而次子郭乙也表示同意，尊重当事人的意见。就赡养费的数额和医药费负担比例问题，考虑到次子郭乙已经履行了对父亲全部的赡养义务，长子郭甲应当多承担赡养费，体现法律与人情兼顾，也能更好促进家庭关系的和谐。

⊙赡养父母是子女应尽的义务，赡养费用应与被赡养人的日常生活水平相适应并应考虑子女的收入情况——刘某诉刘甲、刘乙赡养费纠纷案[2015年11月19日最高人民法院公布的30起婚姻家庭纠纷典型案例（北京）]

【案例要旨】

赡养父母是子女应尽的义务，在父母年老时，子女应当履行对老年人经济上供养、生活上照料和精神上慰藉的义务，子女不履行赡养义务时，无劳动能力的或生活困难的父母，有要求子女付给赡养费的权利。被赡养人的赡养费用应与其日常生活水平相适应并应考虑子女的收入情况。

【基本案情】

2014年6月23日，77岁的刘某以自己身患多种疾病，经济困难，两名子女不履行赡养义务为由，诉至北京市西城区人民法院，要求法院判令两名子女每人每月向其支付赡养费900元。在诉讼中，刘某的两名子女认可刘某医疗费支出的事实，但认为刘某有医疗保险，且其退休金足够支付医疗及生活费用，不同意刘某的诉讼请求。刘某自认其每月收入4000余元，刘某长子刘甲自认其每月税后工资收入为6500元，刘某长女刘乙主张自己无收入。

【裁判结果】

北京市西城区人民法院经审理认为，赡养父母是子女应尽的义务，在父母年老时，子女应当履行对老年人经济上供养、生活上照料和精神上慰藉的义务，子女不履行赡养义务时，无劳动能力的或生活困难的父母，有要求子女付给赡养费的权利。原告刘某起诉要求二子女负担赡养费的诉讼请求并无不当，但同时，刘某的赡养费用应与其日常生活水平相适应并应考虑子女的收入情况。

根据庭审中查明的事实，刘某长子刘甲有收入来源，刘某长女刘乙虽主张自己没有工作，但结合其年龄适合工作的事实，其没有工作并不能成为其拒绝履行赡养义务的抗辩理由，最终判决两名子女每人每月分别支付刘某赡养费800元、500元。

【典型意义】

不少子女面对老人赡养诉讼请求提出各种各样的理由，但多数拒绝理由没有法律依据，如有的子女以父母有足够的收入、享受有医疗保险为理由不支付赡养费；有的子女以父母离异后长期未与一方父母共同生活为由不愿意履行赡养义务；有的多子女家庭中子女之间因经济条件差异或老年人在处分财产时偏心相互推诿。这些理由都将难以被法院认可。此外，法院在审理赡养纠纷时将酌情考量被赡养人的身体情况、日常生活水平、当地消费水平、赡养人是否可以正常工作等情况对赡养费数额予以酌定。尤其在存在多名赡养人的情况，因为经济条件不同，将可能承担不同金额的赡养费。

⊙子女不能以自己对父母的亲疏好恶等看法来选择是否赡养父母——周某与肖某、倪甲等赡养纠纷案［2015年11月19日最高人民法院公布的30起婚姻家庭纠纷典型案例（山东）］

【案例要旨】

子女应当尊重、关心和照料老年人，履行对老年人经济上供养、生活上照料和精神上慰藉的义务。赡养人还应当使患病的老年人及时得到治疗和护理,对经济困难的老年人,应当提供医疗费用。子女不履行赡养义务时,无劳动能力或生活困难的父母,有要求子女付给赡养费的权利。子女不能以自己对父母的亲疏好恶等看法来选择是否赡养父母,也不能以要赡养亲生父母为由而拒绝赡养养父母。

【基本案情】

原告周某(女)于 1960 年携其子被告肖某与倪某(2013 年去世)再婚,婚后与其生育二男一女,即被告倪甲、倪乙、倪丙。周某年迈体弱、无劳动能力、生活困难,于 2007 年起诉肖某要求其支付赡养费,后经法院调解商定被告肖某每年付给原告及倪某生活费 350 元、小麦 100 公斤、花生油 7.5 公斤;被告倪乙及倪丙通过庭外调解确定每年付给原告及倪某生活费 500 元、小麦 250 斤、花生油 20 斤。倪某去世后,随着原告年龄增大、疾病缠身,物价水平的不断提高,上述赡养费根本不足以维持原告的日常所需。原告周某与肖某等四被告协商未果,诉至法院,要求判令四被告自 2015 年起每人每年支付赡养费 2192 元。

【裁判结果】

威海荣成市人民法院经审理认为,尊重和赡养老人是中华民族的传统美德,依照我国相关法律规定,赡养父母亦是每个子女应尽的义务。子女不履行赡养义务时,无劳动能力或生活困难的父母,有要求子女付给赡养费的权利。子女应当尊重、关心和照料老年人,履行对老年人经济上供养、生活上照料和精神上慰藉的义务。赡养人还应当使患病的老年人及时得到治疗和护理,对经济困难的老年人,应当提供医疗费用。本案中,原告已年满 78 周岁,年老多病,没有劳动能力,生活困难,要求其四名亲生子女支付赡养费,并负担日后住院所需费用,符合法律规定,法院予以支持。对于赡养费的金额,根据 2014 年山东省农民家庭人均生活消费支出 7962 元、赡养人为四人计算,原告要求每人每年 2192 元数额略高,应以每人每年 1990 元为宜(7962 元 /4 人)。原告要求其日后因病住院所产生费用由四被告平均承担,于法有据,法院予以支持。被告肖某辩称,相对于其他三被告而言,其还需赡养亲生父亲,赡养人数较多,不应当与其余三人平摊原告赡养费用,要求按照原来调解的方案,只负担 17.5%。对于被告肖某的上述要求,现原告不予认可,且原告主张的赡养费是根据原告一人生活需求计算的,被告肖某需赡养其亲生父亲,但不能以此来影响对其母亲的赡养,其辩解无法律依据,法院不予支持。遂判决:一是四被告自判决生效之日起十日内,分别支付原告2015年赡养费1990元;二是自2016年起,四被告于每年12月30日前分别支付原告赡养费1990元;三是原告日后如因病住院所支出费用,由四被告凭单据各承担四分之一。

【典型意义】

赡养扶助义务是子女对父母应尽的法律义务,这里所指的"子女"包括亲生子女和养子女以及形成抚养关系的继子女。婚生子女和非婚生子女在法律地位上是相同的,子女不能以自己对父母的亲疏好恶等看法来选择是否赡养父母,也不能以要赡养亲生父母为由而拒绝赡养养父母。随着城市化的发展,因拆迁引起的赡养纠纷也逐渐增多,有不少再婚的老人,各自的子女为获得拆迁款,不仅不赡养老人,而且把老人拒之门外,这种行为既会受到道德的谴责,也要受到法律的制裁。当子女与继父母形成抚养关系后,无论是不是亲生子女,都具有赡养义务。《婚姻法》第二十一条(《民法典》第一千零六十七条)也明确规定"父母对子女有抚养教育的义务;子女对父母有赡养扶助的义务"。因此,当子女不履行赡养义务时,无劳动能力的或生活困难的父母,有要求子女付给赡养费的权利。

⊙子女不履行赡养义务时,无劳动能力的或生活困难的父母有权要求子女给付赡养费——丁某与蒋甲、蒋乙等赡养纠纷案〔2015年11月19日最高人民法院公布的30起婚姻家庭纠纷典型案例(山东)〕

【案例要旨】

赡养人应当使患病的老年人及时得到治疗和护理,对经济困难的老年人,应当提供医疗费用。对于以不耕种老人土地等理由拒绝支付抚养费的,老年人有权将其诉至法院。

【基本案情】

原告丁某生育被告蒋甲、蒋乙、蒋丙三人。现丁某已年迈力衰,身患疾病,长期卧床,生活不能自理,丧失了劳动能力,又无经济来源,生活窘迫。2014年8月至2015年1月,丁某因患疾病住院治疗,住院期间共计花费医疗费 7042.35 元。现丁某跟随被告蒋甲生活，被告蒋乙以未耕种原告土地为由，未对丁某履行赡养义务。2015 年 1 月 27 日，原告诉至法院，要求三被告履行赡养义务，按月支付赡养费，对于已支付的医疗费及以后的医疗费由三被告均摊。

【裁判结果】

济宁市泗水县人民法院一审认为，赡养老人不仅是成年子女应尽的法律义务，也是中华民族的传统美德。现原告丁某已年迈力衰，身患疾病，长期卧床，生活不能自理，丧失了劳动能力，无经济来源，生活窘迫。三被告对原告负有最基本的赡养义务。被告蒋甲、蒋丙对原告履行了部分的赡养义务，值得肯定，但三被告还未完全尽到对其母亲的赡养、照顾义务。三被告理应照顾好原告的晚年生活，在物质上提供保障，精神上给予安慰，故三被告履行赡养义务，按月支付赡养费，对于已支付的医疗费及以后医疗费由三被告均摊的诉讼请求，于法有据，法院予以支持。遂判决被告蒋甲、蒋乙、蒋丙自 2015 年于每年 4 月 30 日前分别向原告丁某支付当年的赡养费 2464.33 元；被告蒋乙、蒋丙于 2015 年 4 月 30 日前分别向原告支付其已实际花费的医疗费 2347.45 元；原告丁某自 2015 年 3 月起产生的医疗费，凭正式票据由被告蒋甲、蒋乙、蒋丙各承担三分之一，该项费用由被告蒋甲、蒋乙、蒋丙于每年 6 月 30 日前支付。一审宣判后，双方当事人均未上诉。

【典型意义】

本案系赡养纠纷案件。当前农村地区的赡养纠纷案件时有发生，如何更好地维护老年人权益，增进社会对老年人的关爱，给予老年人更好的物质与精神照顾，已成为全社会的责任，也是法院审理赡养类案件的出发点和落脚点。《婚姻法》(《民法典》第一千零六十七条) 规定：子女不履行赡养义务时，无劳动能力的或生活困难的父母，有要求子女给付赡养费的权利。《老年人权益保障法》规定：赡养人应当履行对老年人经济上供养、生活上照料和精神上慰藉的义务，照顾老年人的特殊需要；赡养人应当使患病的老年人及时得到治疗和护理；对经济困难的老年人，应当提供医疗费用。对生活不能自理的老年人，赡养人应当承担照料责任；不能亲自照料的，可以按照老年人的意愿委托他人或者养老机构等照料。赡养老人不仅是成年子女应尽的法律义务，也是中华民族的传统美德。随着社会法治的不断进步，老年人依法运用法律手段维护自身合法权益，显得尤为重要和迫切。

⊙赡养人不履行赡养义务，老年人有要求赡养人付给赡养费等权利——贾某诉刘某赡养纠纷案〔2015年11月19日最高人民法院公布的30起婚姻家庭纠纷典型案例（河南）〕

【案例要旨】

赡养人应当使患病的老年人及时得到治疗和护理，赡养人不得以放弃继承权或者其他理由，拒绝履行赡养义务；对经济困难的老年人，应当提供医疗费用。

【基本案情】

原告贾某76岁，年事已高，体弱多病，且生活不能自理。2012年至2013年间，贾某因病住院仅治疗费就花了30多万元。贾某一生生育四子三女，其中三个儿子和三个女儿都比较孝顺，但三子刘某多年来未尽任何赡养义务。贾某某住医院期间，三个儿子和三个女儿都积极筹钱，一起分担医疗费。而三子刘某不仅对母亲病情不管不问，还不愿分担任何医疗费用。虽经村干部多次调解，但刘某均躲避不见。贾某无奈之下，走上法庭提起诉讼，请求判令其子刘某支付赡养费、承担已花去的医疗费，并分摊以后每年的医疗和护理费用。

【裁判结果】

商丘市虞城县人民法院公开开庭审理了本案，并依照《婚姻法》第二十一条第三款（《民法典》第一千零六十七条）"子女不履行赡养义务时，无劳动能力的或生活困难的父母，有要求子女付给赡养费的权利"、《老年人权益保障法》第十四条"赡养人应当履行对老年人经济上供养、生活上照料和精神上慰藉的义务，照顾老年人的特殊需要。赡养人是指老年人的子女以及其他依法负有赡养义务的人。赡养人的配偶应当协助赡养人履行赡养义务"、第十五条第一款"赡养人应当使患病的老年人及时得到治疗和护理；对经济困难的老年人，应当提供医疗费用"、第十九条第二款"赡养人不履行赡养义务，老年人有要求赡养人付给赡养费等权利"的规定判决支持贾某的诉讼请求。

【典型意义】

赡养老人、回报养育之恩是中华民族的传统美德，更是子女对父母应尽的法定义务。子女不仅要赡养父母，而且要尊敬父母，关心父母，在家庭生活中的各方面给予积极扶助。不得以放弃继承权或者其他理由，拒绝履行赡养义务。子女不履行赡养义务，父母有要求子女付给赡养费、医疗费的权利。当父母年老、体弱、病残时，子女更应妥善加以照顾，使他们在感情上、精神上得到慰藉，安度晚年。本案的被告刘某作为原告七个子女中的赡养义务人之一，无论从道义上、伦理上还是从法律上都应对母亲履行赡养义务，在老母亲年老体弱且患有疾病的情况下，被告应当与其他兄弟姊妹一起共同承担赡养义务，使老母亲能够安度晚年、幸福生活，而被告有能力履行赡养义务却三番五次推诿履行，并公开放言不管不顾老母亲，在当地造成恶劣影响，引起民愤。法院在确认双方关系和事实前提下，依法判令被告履行赡养义务，彰显了法治权威，同时也维护了道德风尚。

⊙**子女拒绝履行赡养义务的，无劳动能力或生活困难的父母有权要求子女履行赡养义务——耿某、赵某与耿甲、耿乙、耿丙赡养纠纷案**［2015年11月19日最高人民法院公布的30起婚姻家庭纠纷典型案例（山东）］

【案例要旨】

子女赡养父母是中华民族的传统美德，也是法律规定的义务。子女不能以任何理由拒绝承担赡养义务，子女不履行赡养义务时，无劳动能力或生活困难的父母，有权要求子女履行赡养义务。

【基本案情】

原告耿某、赵某生育三个儿子，分别是长子耿甲、次子耿乙、三子耿丙。现在原告二人年龄已大，无劳动能力，需要赡养。为此，二原告诉至法院，要求三被告每人每月支付赡养费200元。

【裁判结果】

聊城市阳谷县人民法院经审理认为，子女赡养父母是中华民族的传统美德，也是法律规定的义务。子女不能以任何理由拒绝承担赡养义务，子女不履行赡养义务时，无劳动能力的或生活困难的父母，有权要求子女履行赡养义务。二原告均年事已高，丧失劳动能力。被告耿甲、耿乙、耿丙系二原告的儿子，二原告现在被告耿乙家居住。被告耿甲在二原告年事已高并丧失劳动能力的情况下，不履行赡养义务，显系无理。二原告要求三被告每人每月支付赡养费200元，符合当地农村居民的生活水平，也符合法律规定，法院予以支持。遂判决被告耿甲、耿乙、耿丙于2014年10月起每人每月给付原告耿某、赵某赡养费200元，限每年的12月31日前付清当年的赡养费。

【典型意义】

本案是一起典型的赡养纠纷案件。之所以发生，究其原因，在于法律意识的淡薄。我们不仅要提倡道德规范对人们行为的约束，更要注重法律的最终保障力。当道德约束失效时，应当有完善的法律规定予以保护。同时，法律也需要有人去维护，否则只是白纸一张。特别是面对弱势群体权益被侵害时，法院发挥公正审判职能显得尤为重要。该案告诉我们，赡养老人是中华民族的传统美德，做好农村老人赡养工作是个长期而艰巨的任务。

⊙子女不得以财产分配不公为由拒绝尽赡养义务——吕某某等二人诉李某2等四人赡养纠纷案（最高人民法院2015年12月4日公布的婚姻家庭纠纷典型案例）

【案例要旨】

父母对未成年子女有抚养、教育和保护的义务，成年子女对父母有赡养、扶助和保护的义务。子女不履行赡养义务时，无劳动能力或生活困难的父母，有要求子女付给赡养费的权利。子女以财产分配不公为由拒绝尽赡养义务的，法院不予支持。

【基本案情】

原告李某1、吕某某诉称，被告李某2等均是原告夫妇的儿子，两原告与四被告于2008年经五星乡石龙村委会调解，每年由四被告各支付500元的赡养费，李某2三人每年都按期支付给两原告赡养费，李某3一直未支付给二原告赡养费，现起诉判令四被告每年各承担赡养费500元，并共同承担原告生病住院的费用；判令被告李某3补齐从2008年至2015年共8年以来未履行赡养二原告的费用4000元。

被告李某3辩称，二原告在家庭财产的分配上不公，明显偏向其他三被告，并且唆使他们把其东西拿走，干扰其一家人的生产、生活，只有二原告不对其家人的生产、生活横加阻碍，才能赡养二原告，不同意补出以前的赡养费。

【裁判结果】

会泽县人民法院审理认为，父母对子女有抚养教育的义务；子女对父母有赡养扶助的义务。子女不履行赡养义务时，无劳动能力的或生活困难的父母，有要求子女付给赡养费的权利。二原告主张要求四被告承担生病住院的费用，因二原告未提交证据证实其生病住院，所需的住院费用为多少不确定，法院对其主张不予支持。二原告主张要求被告李某 3 补出从 2008 年至 2015 年的赡养费，因二原告 2015 年才向法院主张赡养费，法院对其主张部分支持。据此，判决由被告李某 2 四人每人每年支付给原告李某 1、吕某某赡养费 500 元。驳回二原告的其他诉讼请求。

【典型意义】

本案的争议焦点是以财产分配不公为由拒绝尽赡养义务是否应得到支持。"养儿防老，积谷防饥"，子女对父母有赡养扶助的义务。子女不履行赡养义务时，无劳动能力的或生活困难的父母，有要求子女付给赡养费的权利。这是法律赋予的权利和义务，也是中华民族的优良传统。无论以任何理由，均不能拒绝尽赡养义务，都不会得到支持。

适用要点

⊙监护人资格被撤销不免除支付抚养费的义务

父母是未成年子女的监护人，对未成年子女的监护，既是父母的权利，也是父母的义务。若监护人实施了严重损害被监护人身心健康的行为或者怠于履行监护职责，有关个人或者组织可向人民法院申请撤销其监护资格。在监护人被撤销监护资格后，其不再享有监护的权利，但其义务并不因此而免除。父母对需要被抚养子女的抚养是无条件的，这种抚养义务是法定的。若其监护资格因其不当行为被撤销，其更应履行给付抚养费的义务，任何人均不得因其违法行为而获益或免除自己的法定义务。

⊙ **父母对有配偶但不能独立生活的成年子女是否有抚养义务**

夫妻之间相互扶养是婚姻和家庭得以存在和维系的基础。在男女双方缔结婚姻关系后，父母对成年子女的扶养义务即被夫妻之间相互扶养的义务所取代。不能对父母课以负担过重、期限过长的责任。在缔结婚姻关系后，若夫妻一方需要扶养，则夫妻另一方就是承担这种供养、扶助义务的责任主体，此时，父母不再对不能独立生活的子女负有法定的抚养义务。当然，如果承担扶养义务的配偶一方经济能力确实有限，也是可以请求父母提供帮助的。

第一千零六十八条 【父母教育、保护未成年子女的权利和义务】 父母有教育、保护未成年子女的权利和义务。未成年子女造成他人损害的，父母应当依法承担民事责任。

【法 律】

⊙《民法典》（总则编）（2020年5月28日）

第十七条 十八周岁以上的自然人为成年人。不满十八周岁的自然人为未成年人。

第十八条 成年人为完全民事行为能力人，可以独立实施民事法律行为。

十六周岁以上的未成年人，以自己的劳动收入为主要生活来源的，视为完全民事行为能力人。

第二十六条 父母对未成年子女负有抚养、教育和保护的义务。

成年子女对父母负有赡养、扶助和保护的义务。

第二十七条 父母是未成年子女的监护人。

未成年人的父母已经死亡或者没有监护能力的，由下列有监护能力的人按顺序担任监护人：

（一）祖父母、外祖父母；

（二）兄、姐；

（三）其他愿意担任监护人的个人或者组织，但是须经未成年人住所地的居民委员会、村民委员会或者民政部门同意。

第三十四条　监护人的职责是代理被监护人实施民事法律行为，保护被监护人的人身权利、财产权利以及其他合法权益等。

监护人依法履行监护职责产生的权利，受法律保护。

监护人不履行监护职责或者侵害被监护人合法权益的，应当承担法律责任。

因发生突发事件等紧急情况，监护人暂时无法履行监护职责，被监护人的生活处于无人照料状态的，被监护人住所地的居民委员会、村民委员会或者民政部门应当为被监护人安排必要的临时生活照料措施。

第三十五条　监护人应当按照最有利于被监护人的原则履行监护职责。监护人除为维护被监护人利益外，不得处分被监护人的财产。

未成年人的监护人履行监护职责，在作出与被监护人利益有关的决定时，应当根据被监护人的年龄和智力状况，尊重被监护人的真实意愿。

成年人的监护人履行监护职责，应当最大程度地尊重被监护人的真实意愿，保障并协助被监护人实施与其智力、精神健康状况相适应的民事法律行为。对被监护人有能力独立处理的事务，监护人不得干涉。

第三十六条　监护人有下列情形之一的，人民法院根据有关个人或者组织的申请，撤销其监护人资格，安排必要的临时监护措施，并按照最有利于被监护人的原则依法指定监护人：

（一）实施严重损害被监护人身心健康的行为；

（二）怠于履行监护职责，或者无法履行监护职责且拒绝将监护职责部分或者全部委托给他人，导致被监护人处于危困状态；

（三）实施严重侵害被监护人合法权益的其他行为。

本条规定的有关个人、组织包括：其他依法具有监护资格的人，居民委员会、村民委员会、学校、医疗机构、妇女联合会、残疾人联合会、未成年人保护组织、依法设立的老年人组织、民政部门等。

前款规定的个人和民政部门以外的组织未及时向人民法院申请撤销监护人资格的，民政部门应当向人民法院申请。

⊙《民法典》(侵权责任编)(2020年5月28日)

第一千一百六十九条　教唆、帮助他人实施侵权行为的，应当与行为人承担连带责任。

教唆、帮助无民事行为能力人、限制民事行为能力人实施侵权行为的，应当承担侵权责任；该无民事行为能力人、限制民事行为能力人的监护人未尽到监护职责的，应当承担相应的责任。

第一千一百八十八条　无民事行为能力人、限制民事行为能力人造成他人损害的，由监护人承担侵权责任。监护人尽到监护职责的，可以减轻其侵权责任。

有财产的无民事行为能力人、限制民事行为能力人造成他人损害的，从本人财产中支付赔偿费用；不足部分，由监护人赔偿。

第一千一百八十九条　无民事行为能力人、限制民事行为能力人造成他人损害，监护人将监护职责委托给他人的，监护人应当承担侵权责任；受托人有过错的，承担相应的责任。

⊙《未成年人保护法》(2020年10月17日修订)

第二章　家庭保护

第十五条　未成年人的父母或者其他监护人应当学习家庭教育知识，接受家庭教育指导，创造良好、和睦、文明的家庭环境。

共同生活的其他成年家庭成员应当协助未成年人的父母或者其他监护人抚养、教育和保护未成年人。

第十六条　未成年人的父母或者其他监护人应当履行下列监护职责：

（一）为未成年人提供生活、健康、安全等方面的保障；

（二）关注未成年人的生理、心理状况和情感需求；

（三）教育和引导未成年人遵纪守法、勤俭节约，养成良好的思想品德和行为习惯；

（四）对未成年人进行安全教育，提高未成年人的自我保护意识和能力；

（五）尊重未成年人受教育的权利，保障适龄未成年人依法接受并完成义务教育；

（六）保障未成年人休息、娱乐和体育锻炼的时间，引导未成年人进行有益身心健康的活动；

（七）妥善管理和保护未成年人的财产；

（八）依法代理未成年人实施民事法律行为；

（九）预防和制止未成年人的不良行为和违法犯罪行为，并进行合理管教；

（十）其他应当履行的监护职责。

第十七条 未成年人的父母或者其他监护人不得实施下列行为：

（一）虐待、遗弃、非法送养未成年人或者对未成年人实施家庭暴力；

（二）放任、教唆或者利用未成年人实施违法犯罪行为；

（三）放任、唆使未成年人参与邪教、迷信活动或者接受恐怖主义、分裂主义、极端主义等侵害；

（四）放任、唆使未成年人吸烟（含电子烟，下同）、饮酒、赌博、流浪乞讨或者欺凌他人；

（五）放任或者迫使应当接受义务教育的未成年人失学、辍学；

（六）放任未成年人沉迷网络，接触危害或者可能影响其身心健康的图书、报刊、电影、广播电视节目、音像制品、电子出版物和网络信息等；

（七）放任未成年人进入营业性娱乐场所、酒吧、互联网上网服务营业场所等不适宜未成年人活动的场所；

（八）允许或者迫使未成年人从事国家规定以外的劳动；

（九）允许、迫使未成年人结婚或者为未成年人订立婚约；

（十）违法处分、侵吞未成年人的财产或者利用未成年人牟取不正当利益；

（十一）其他侵犯未成年人身心健康、财产权益或者不依法履行未成年人保护义务的行为。

第十八条 未成年人的父母或者其他监护人应当为未成年人提供安全的家庭生活环境，及时排除引发触电、烫伤、跌落等伤害的安全隐患；采取配备儿童安全座椅、教育未成年人遵守交通规则等措施，防止未成年人受到交通事故的伤害；提高户外安全保护意识，避免未成年人发生溺水、动物伤害等事故。

第十九条 未成年人的父母或者其他监护人应当根据未成年人的年龄和智力发展状况，在作出与未成年人权益有关的决定前，听取未成年人的意见，充分考虑其真实意愿。

第二十条 未成年人的父母或者其他监护人发现未成年人身心健康受到侵害、疑似受到侵害或者其他合法权益受到侵犯的，应当及时了解情况并采取保护措施；情况严重的，应当立即向公安、民政、教育等部门报告。

第二十一条 未成年人的父母或者其他监护人不得使未满八周岁或者由于身体、心理原因需要特别照顾的未成年人处于无人看护状态，或者将其交由无民事行为能力、限制民事行为能力、患有严重传染性疾病或者其他不适宜的人员临时照护。

未成年人的父母或者其他监护人不得使未满十六周岁的未成年人脱离监护单独生活。

第二十二条 未成年人的父母或者其他监护人因外出务工等原因在一定期限内不能完全履行监护职责的，应当委托具有照护能力的完全民事行为能力人代为照护；无正当理由的，不得委托他人代为照护。

未成年人的父母或者其他监护人在确定被委托人时，应当综合考虑其道德品质、家庭状况、身心健康状况、与未成年人生活情感上的联系等情况，并听取有表达意愿能力未成年人的意见。

具有下列情形之一的，不得作为被委托人：

（一）曾实施性侵害、虐待、遗弃、拐卖、暴力伤害等违法犯罪行为；

（二）有吸毒、酗酒、赌博等恶习；

（三）曾拒不履行或者长期怠于履行监护、照护职责的；

（四）其他不适宜担任被委托人的情形。

第二十三条 未成年人的父母或者其他监护人应当及时将委托照护情况书面告知未成年人所在学校、幼儿园和实际居住地的居民委员会、村民委员会，加强和未成年人所在学校、幼儿园的沟通；与未成年人、被委托人至少每周联系和交流一次，了解未成年人的生活、学习、心理等情况，并给予未成年人亲情关爱。

未成年人的父母或者其他监护人接到被委托人、居民委员会、村民委员会、学校、幼儿园等关于未成年人心理、行为异常的通知后,应当及时采取干预措施。

第二十四条　未成年人的父母离婚时,应当妥善处理未成年子女的抚养、教育、探望、财产等事宜,听取有表达意愿能力未成年人的意见。不得以抢夺、藏匿未成年子女等方式争夺抚养权。

未成年人的父母离婚后,不直接抚养未成年子女的一方应当依照协议、人民法院判决或者调解确定的时间和方式,在不影响未成年人学习、生活的情况下探望未成年子女,直接抚养的一方应当配合,但被人民法院依法中止探望权的除外。

⊙《**预防未成年人犯罪法**》(2020年12月26日修订)

第十五条　国家、社会、学校和家庭应当对未成年人加强社会主义核心价值观教育,开展预防犯罪教育,增强未成年人的法治观念,使未成年人树立遵纪守法和防范违法犯罪的意识,提高自我管控能力。

第十六条　未成年人的父母或者其他监护人对未成年人的预防犯罪教育负有直接责任,应当依法履行监护职责,树立优良家风,培养未成年人良好品行;发现未成年人心理或者行为异常的,应当及时了解情况并进行教育、引导和劝诫,不得拒绝或者怠于履行监护职责。

第二十二条　教育行政部门、学校应当通过举办讲座、座谈、培训等活动,介绍科学合理的教育方法,指导教职员工、未成年学生的父母或者其他监护人有效预防未成年人犯罪。

学校应当将预防犯罪教育计划告知未成年学生的父母或者其他监护人。未成年学生的父母或者其他监护人应当配合学校对未成年学生进行有针对性的预防犯罪教育。

第二十九条　未成年人的父母或者其他监护人发现未成年人有不良行为的,应当及时制止并加强管教。

第三十二条　学校和家庭应当加强沟通,建立家校合作机制。学校决定对未成年学生采取管理教育措施的,应当及时告知其父母或者其他监护人;

未成年学生的父母或者其他监护人应当支持、配合学校进行管理教育。

第三十四条 未成年学生旷课、逃学的，学校应当及时联系其父母或者其他监护人，了解有关情况；无正当理由的，学校和未成年学生的父母或者其他监护人应当督促其返校学习。

第三十五条 未成年人无故夜不归宿、离家出走的，父母或者其他监护人、所在的寄宿制学校应当及时查找，必要时向公安机关报告。

收留夜不归宿、离家出走未成年人的，应当及时联系其父母或者其他监护人、所在学校；无法取得联系的，应当及时向公安机关报告。

第三十七条 未成年人的父母或者其他监护人、学校发现未成年人组织或者参加实施不良行为的团伙，应当及时制止；发现该团伙有违法犯罪嫌疑的，应当立即向公安机关报告。

第三十九条 未成年人的父母或者其他监护人、学校、居民委员会、村民委员会发现有人教唆、胁迫、引诱未成年人实施严重不良行为的，应当立即向公安机关报告。公安机关接到报告或者发现有上述情形的，应当及时依法查处；对人身安全受到威胁的未成年人，应当立即采取有效保护措施。

第四十二条 公安机关在对未成年人进行矫治教育时，可以根据需要邀请学校、居民委员会、村民委员会以及社会工作服务机构等社会组织参与。

未成年人的父母或者其他监护人应当积极配合矫治教育措施的实施，不得妨碍阻挠或者放任不管。

第五十七条 未成年人的父母或者其他监护人和学校、居民委员会、村民委员会对接受社区矫正、刑满释放的未成年人，应当采取有效的帮教措施，协助司法机关以及有关部门做好安置帮教工作。

居民委员会、村民委员会可以聘请思想品德优秀，作风正派，热心未成年人工作的离退休人员、志愿者或其他人员协助做好前款规定的安置帮教工作。

第六十一条 公安机关、人民检察院、人民法院在办理案件过程中发现实施严重不良行为的未成年人的父母或者其他监护人不依法履行监护职责的，应当予以训诫，并可以责令其接受家庭教育指导。

⊙《教育法》(2021年4月29日修正)

第十九条　国家实行九年制义务教育制度。

各级人民政府采取各种措施保障适龄儿童、少年就学。

适龄儿童、少年的父母或者其他监护人以及有关社会组织和个人有义务使适龄儿童、少年接受并完成规定年限的义务教育。

第五十条　未成年人的父母或者其他监护人应当为其未成年子女或者其他被监护人受教育提供必要条件。

未成年人的父母或者其他监护人应当配合学校及其他教育机构，对其未成年子女或者其他被监护人进行教育。

学校、教师可以对学生家长提供家庭教育指导。

⊙《家庭教育促进法》(2021年10月23日)

第二条　本法所称家庭教育，是指父母或者其他监护人为促进未成年人全面健康成长，对其实施的道德品质、身体素质、生活技能、文化修养、行为习惯等方面的培育、引导和影响。

第四条　未成年人的父母或者其他监护人负责实施家庭教育。

国家和社会为家庭教育提供指导、支持和服务。

国家工作人员应当带头树立良好家风，履行家庭教育责任。

第十四条　父母或者其他监护人应当树立家庭是第一个课堂、家长是第一任老师的责任意识，承担对未成年人实施家庭教育的主体责任，用正确思想、方法和行为教育未成年人养成良好思想、品行和习惯。

共同生活的具有完全民事行为能力的其他家庭成员应当协助和配合未成年人的父母或者其他监护人实施家庭教育。

第二十条　未成年人的父母分居或者离异的，应当相互配合履行家庭教育责任，任何一方不得拒绝或者怠于履行；除法律另有规定外，不得阻碍另一方实施家庭教育。

⊙《义务教育法》(2018年12月29日修正)

第五条　各级人民政府及其有关部门应当履行本法规定的各项职责，保障适龄儿童、少年接受义务教育的权利。

适龄儿童、少年的父母或者其他法定监护人应当依法保证其按时入学接受并完成义务教育。

依法实施义务教育的学校应当按照规定标准完成教育教学任务，保证教育教学质量。

社会组织和个人应当为适龄儿童、少年接受义务教育创造良好的环境。

司法解释及文件

⊙《**最高人民法院关于适用〈中华人民共和国民法典〉婚姻家庭编的解释（一）**》（2020年12月29日 法释〔2020〕22号）

第四十条 婚姻关系存续期间，夫妻双方一致同意进行人工授精，所生子女应视为婚生子女，父母子女间的权利义务关系适用民法典的有关规定。

⊙《**最高人民法院、最高人民检察院、公安部、民政部关于依法处理监护人侵害未成年人权益行为若干问题的意见**》（2014年12月18日 法发〔2014〕24号）

一、一般规定

1.本意见所称监护侵害行为，是指父母或者其他监护人（以下简称监护人）性侵害、出卖、遗弃、虐待、暴力伤害未成年人，教唆、利用未成年人实施违法犯罪行为，胁迫、诱骗、利用未成年人乞讨，以及不履行监护职责严重危害未成年人身心健康等行为。

2.处理监护侵害行为，应当遵循未成年人最大利益原则，充分考虑未成年人身心特点和人格尊严，给予未成年人特殊、优先保护。

3.对于监护侵害行为，任何组织和个人都有权劝阻、制止或者举报。

公安机关应当采取措施，及时制止在工作中发现以及单位、个人举报的监护侵害行为，情况紧急时将未成年人带离监护人。

民政部门应当设立未成年人救助保护机构（包括救助管理站、未成年人救助保护中心），对因受到监护侵害进入机构的未成年人承担临时监护责任，必要时向人民法院申请撤销监护人资格。

人民法院应当依法受理人身安全保护裁定申请和撤销监护人资格案件

并作出裁判。

人民检察院对公安机关、人民法院处理监护侵害行为的工作依法实行法律监督。

人民法院、人民检察院、公安机关设有办理未成年人案件专门工作机构的，应当优先由专门工作机构办理监护侵害案件。

4. 人民法院、人民检察院、公安机关、民政部门应当充分履行职责，加强指导和培训，提高保护未成年人的能力和水平；加强沟通协作，建立信息共享机制，实现未成年人行政保护和司法保护的有效衔接。

5. 人民法院、人民检察院、公安机关、民政部门应当加强与妇儿工委、教育部门、卫生部门、共青团、妇联、关工委、未成年人住所地村（居）民委员会等的联系和协作，积极引导、鼓励、支持法律服务机构、社会工作服务机构、公益慈善组织和志愿者等社会力量，共同做好受监护侵害的未成年人的保护工作。

……

三、临时安置和人身安全保护裁定

……

23. 人民法院接受人身安全保护裁定申请后，应当按照民事诉讼法第一百条、第一百零一条、第一百零二条的规定作出裁定。经审查认为存在侵害未成年人人身安全危险的，应当作出人身安全保护裁定。

人民法院接受诉讼前人身安全保护裁定申请后，应当在四十八小时内作出裁定。接受诉讼中人身安全保护裁定申请，情况紧急的，也应当在四十八小时内作出裁定。人身安全保护裁定应当立即执行。

24. 人身安全保护裁定可以包括下列内容中的一项或者多项：

（一）禁止被申请人暴力伤害、威胁未成年人及其临时照料人；

（二）禁止被申请人跟踪、骚扰、接触未成年人及其临时照料人；

（三）责令被申请人迁出未成年人住所；

（四）保护未成年人及其临时照料人人身安全的其他措施。

25. 被申请人拒不履行人身安全保护裁定，危及未成年人及其临时照料人人身安全或者扰乱未成年人救助保护机构工作秩序的，未成年人、未成年人救助保护机构或者其他临时照料人有权向公安机关报告，由公安机关依法处理。

被申请人有其他拒不履行人身安全保护裁定行为的，未成年人、未成年人救助保护机构或者其他临时照料人有权向人民法院报告，人民法院根据民事诉讼法第一百一十一条、第一百一十五条、第一百一十六条的规定，视情节轻重处以罚款、拘留；构成犯罪的，依法追究刑事责任。

26. 当事人对人身安全保护裁定不服的，可以申请复议一次。复议期间不停止裁定的执行。

四、申请撤销监护人资格诉讼

27. 下列单位和人员（以下简称有关单位和人员）有权向人民法院申请撤销监护人资格：

（一）未成年人的其他监护人，祖父母、外祖父母、兄、姐，关系密切的其他亲属、朋友；

（二）未成年人住所地的村（居）民委员会，未成年人父、母所在单位；

（三）民政部门及其设立的未成年人救助保护机构；

（四）共青团、妇联、关工委、学校等团体和单位。

申请撤销监护人资格，一般由前款中负责临时照料未成年人的单位和人员提出，也可以由前款中其他单位和人员提出。

28. 有关单位和人员向人民法院申请撤销监护人资格的，应当提交相关证据。

有包含未成年人基本情况、监护存在问题、监护人悔过情况、监护人接受教育辅导情况、未成年人身心健康状况以及未成年人意愿等内容的调查评估报告的，应当一并提交。

29. 有关单位和人员向公安机关、人民检察院申请出具相关案件证明材料的，公安机关、人民检察院应当提供证明案件事实的基本材料或者书面说明。

30. 监护人因监护侵害行为被提起公诉的案件，人民检察院应当书面告知未成年人及其临时照料人有权依法申请撤销监护人资格。

对于监护侵害行为符合本意见第35条规定情形而相关单位和人员没有提起诉讼的，人民检察院应当书面建议当地民政部门或者未成年人救助保护机构向人民法院申请撤销监护人资格。

31. 申请撤销监护人资格案件，由未成年人住所地、监护人住所地或者侵害行为地基层人民法院管辖。

人民法院受理撤销监护人资格案件，不收取诉讼费用。

五、撤销监护人资格案件审理和判后安置

32. 人民法院审理撤销监护人资格案件，比照民事诉讼法规定的特别程序进行，在一个月内审理结案。有特殊情况需要延长的，由本院院长批准。

33. 人民法院应当全面审查调查评估报告等证据材料，听取被申请人、有表达能力的未成年人以及村（居）民委员会、学校、邻居等的意见。

34. 人民法院根据案件需要可以聘请适当的社会人士对未成年人进行社会观护，并可以引入心理疏导和测评机制，组织专业社会工作者、儿童心理问题专家等专业人员参与诉讼，为未成年人和被申请人提供心理辅导和测评服务。

35. 被申请人有下列情形之一的，人民法院可以判决撤销其监护人资格：

（一）性侵害、出卖、遗弃、虐待、暴力伤害未成年人，严重损害未成年人身心健康的；

（二）将未成年人置于无人监管和照看的状态，导致未成年人面临死亡或者严重伤害危险，经教育不改的；

（三）拒不履行监护职责长达六个月以上，导致未成年人流离失所或者生活无着的；

（四）有吸毒、赌博、长期酗酒等恶习无法正确履行监护职责或者因服刑等原因无法履行监护职责，且拒绝将监护职责部分或者全部委托给他人，致使未成年人处于困境或者危险状态的；

（五）胁迫、诱骗、利用未成年人乞讨，经公安机关和未成年人救助保护机构等部门三次以上批评教育拒不改正，严重影响未成年人正常生活和学习的；

（六）教唆、利用未成年人实施违法犯罪行为，情节恶劣的；

（七）有其他严重侵害未成年人合法权益行为的。

36. 判决撤销监护人资格，未成年人有其他监护人的，应当由其他监护人承担监护职责。其他监护人应当采取措施避免未成年人继续受到侵害。

没有其他监护人的，人民法院根据最有利于未成年人的原则，在民法通则第十六条第二款、第四款规定的人员和单位中指定监护人。指定个人担任监护人的，应当综合考虑其意愿、品行、身体状况、经济条件、与未成年人的生活情感联系以及有表达能力的未成年人的意愿等。

没有合适人员和其他单位担任监护人的，人民法院应当指定民政部门担任监护人，由其所属儿童福利机构收留抚养。

37. 判决不撤销监护人资格的，人民法院可以根据需要走访未成年人及其家庭，也可以向当地民政部门、辖区公安派出所、村（居）民委员会、共青团、妇联、未成年人所在学校、监护人所在单位等发出司法建议，加强对未成年人的保护和对监护人的监督指导。

38. 被撤销监护人资格的侵害人，自监护人资格被撤销之日起三个月至一年内，可以书面向人民法院申请恢复监护人资格，并应当提交相关证据。

人民法院应当将前款内容书面告知侵害人和其他监护人、指定监护人。

39. 人民法院审理申请恢复监护人资格案件，按照变更监护关系的案件审理程序进行。

人民法院应当征求未成年人现任监护人和有表达能力的未成年人的意见，并可以委托申请人住所地的未成年人救助保护机构或者其他未成年人保护组织，对申请人监护意愿、悔改表现、监护能力、身心状况、工作生活情况等进行调查，形成调查评估报告。

申请人正在服刑或者接受社区矫正的，人民法院应当征求刑罚执行机关或者社区矫正机构的意见。

40. 人民法院经审理认为申请人确有悔改表现并且适宜担任监护人的，可以判决恢复其监护人资格，原指定监护人的监护人资格终止。

申请人具有下列情形之一的，一般不得判决恢复其监护人资格：

（一）性侵害、出卖未成年人的；

（二）虐待、遗弃未成年人六个月以上、多次遗弃未成年人，并且造成重伤以上严重后果的；

（三）因监护侵害行为被判处五年有期徒刑以上刑罚的。

41. 撤销监护人资格诉讼终结后六个月内，未成年人及其现任监护人可以向人民法院申请人身安全保护裁定。

42. 被撤销监护人资格的父、母应当继续负担未成年人的抚养费用和因监护侵害行为产生的各项费用。相关单位和人员起诉的，人民法院应予支持。

43. 民政部门应当根据有关规定，将符合条件的受监护侵害的未成年人纳入社会救助和相关保障范围。

44. 民政部门担任监护人的，承担抚养职责的儿童福利机构可以送养未成年人。

送养未成年人应当在人民法院作出撤销监护人资格判决一年后进行。侵害人有本意见第 40 条第 2 款规定情形的，不受一年后送养的限制。

适用要点

⊙ 父母离婚后侵权责任的承担问题

应区分外部关系和内部关系，外部关系指的是未成年子女及其父母与受害方的关系，内部关系指的是未成年子女父母之间的关系。在外部关系上，父母对未成年子女教育、保护的义务并不因离婚而消除。且受害方合法权益的弥补也不应受未成年子女父母是否离婚的影响，故即使父母双方已经离婚，其仍应就未成年子女损害他人权益的行为共同承担民事责任。在内部关系上，考虑到与未成年子女共同生活的一方对未成年子女的教育和保护更为直接和具体，未与子女共同生活的一方在客观上很难直接履行监护职责，故从公平角度出发，在父母之间的内部关系上，有区分责任大小的必要。实践中，应在综合考虑父母双方履行监护职责的情况、各自的过错程度、侵权行为的具体情形等因素的基础上，公平确定内部各方责任的大小。

第一千零六十九条 【子女应尊重父母的婚姻】 子女应当尊重父母的婚姻权利,不得干涉父母离婚、再婚以及婚后的生活。子女对父母的赡养义务,不因父母的婚姻关系变化而终止。

法 律

⊙《民法典》(总则编)(2020年5月28日)

第二十六条 父母对未成年子女负有抚养、教育和保护的义务。

成年子女对父母负有赡养、扶助和保护的义务。

第一百一十条 自然人享有生命权、身体权、健康权、姓名权、肖像权、名誉权、荣誉权、隐私权、婚姻自主权等权利。

法人、非法人组织享有名称权、名誉权和荣誉权。

第一百一十二条 自然人因婚姻家庭关系等产生的人身权利受法律保护。

⊙《民法典》(婚姻家庭编)(2020年5月28日)

第一千零四十一条 婚姻家庭受国家保护。

实行婚姻自由、一夫一妻、男女平等的婚姻制度。

保护妇女、未成年人、老年人、残疾人的合法权益。

第一千零四十二条 禁止包办、买卖婚姻和其他干涉婚姻自由的行为。禁止借婚姻索取财物。

禁止重婚。禁止有配偶者与他人同居。

禁止家庭暴力。禁止家庭成员间的虐待和遗弃。

第一千零六十七条 父母不履行抚养义务的,未成年子女或者不能独立生活的成年子女,有要求父母给付抚养费的权利。

成年子女不履行赡养义务的,缺乏劳动能力或者生活困难的父母,有要求成年子女给付赡养费的权利。

⊙《刑法》(2023年12月29日修正)

第二百五十七条【暴力干涉婚姻自由罪】 以暴力干涉他人婚姻自由

的，处二年以下有期徒刑或者拘役。

犯前款罪，致使被害人死亡的，处二年以上七年以下有期徒刑。

第一款罪，告诉的才处理。

第二百六十一条【遗弃罪】 对于年老、年幼、患病或者其他没有独立生活能力的人，负有扶养义务而拒绝扶养，情节恶劣的，处五年以下有期徒刑、拘役或者管制。

⊙《老年人权益保障法》(2018年12月29日修正)

第二十一条 老年人的婚姻自由受法律保护。子女或者其他亲属不得干涉老年人离婚、再婚及婚后的生活。

赡养人的赡养义务不因老年人的婚姻关系变化而消除。

第七十六条 干涉老年人婚姻自由，对老年人负有赡养义务、扶养义务而拒绝赡养、扶养，虐待老年人或者对老年人实施家庭暴力的，由有关单位给予批评教育；构成违反治安管理行为的，依法给予治安管理处罚；构成犯罪的，依法追究刑事责任。

典型案例

⊙**庞某某诉张某某等二人赡养费纠纷案**（2022年4月8日最高人民法院公布的人民法院老年人权益保护第二批典型案例）

【关键词】

老年人婚姻自由 赡养义务

【基本案情】

原告庞某某，女，现年78岁，先后有两次婚姻，共育有被告张某某等六名子女，其中一名已故。子女中除张某外均已成家。庞某某诉称其现居住于地瓜中学宿舍，一人独居生活，基本生活来源于拾荒及领取低保金，现年老多病、无经济来源，请求人民法院判令被告张某某等二人每月支付赡养费。

【裁判结果】

贵州省普安县人民法院认为，成年子女应履行对父母的赡养义务，赡养包括经济上的供养、生活上照料和精神上慰藉。原、被告之间系母子

（女）关系，被告应在日常生活中多关心、照顾老人，考虑老人的情感需求，善待老人。考虑到原告共有五个成年子女、部分子女还需赡养原告前夫等现实状况，结合被告张某某等二人的年龄、收入情况及原告实际生活需求，判决张某某等二人于判决生效之日起每月向原告庞某某支付赡养费。

【典型意义】

百善孝为先，赡养父母是中华民族的传统美德，也是子女对父母应尽的义务。《民法典》第1069条规定，子女应当尊重父母的婚姻权利，不得干涉父母离婚、再婚以及婚后的生活，子女对父母的赡养义务，不因父母的婚姻关系变化而终止。近年来，再婚老人的赡养问题引起社会广泛关注。当前，父母干涉子女婚姻自由现象越来越少，而子女干涉父母婚姻自由的现象却屡见不鲜，许多子女在父母再婚时设置重重障碍，无情干涉，迫使许多父母牺牲了自己的婚姻自由。有的子女以父母再婚为由，拒绝履行赡养义务。但是，赡养人的赡养义务不因老年人的婚姻关系变化而消除。经过法院的多次调解工作，子女能按时支付老年人的赡养费用，多年的母子情得以重续。

适用要点

⊙要看到某些民事纠纷下所掩盖的干涉父母婚姻自由的实质

实践中，子女干涉父母婚姻自由的行为一般是通过其他类型的民事纠纷的形象出现的。子女对父母再婚婚姻不满而又无法让父母按照子女的意愿行事时，子女一般会疏离父母，对父母不闻不问，不加照顾和赡养。此时，父母会以赡养纠纷为由起诉子女，要求其履行赡养义务。如果仅仅按照赡养纠纷进行处理，往往会因为抓不住问题的关键而达不到良好的处理效果。在这种情况下，应该全面了解纠纷产生的原因，透过现象看到本质。此外，实践中也曾出现过子女因为对父母的再婚婚姻不满而起诉父母，要求腾房、还钱或者返还财产等类型的案件，这些案件都是因父母婚姻状况发生变化而引起，在处理相关具体案件时应予注意。

第一千零七十条 【父母与子女间遗产继承】父母和子女有相互继承遗产的权利。

法　律

○《**宪法**》(2018 年 3 月 11 日修正)

第十三条　公民的合法的私有财产不受侵犯。

国家依照法律规定保护公民的私有财产权和继承权。

国家为了公共利益的需要,可以依照法律规定对公民的私有财产实行征收或者征用并给予补偿。

○《**民法典**》(**总则编**)(2020 年 5 月 28 日)

第一百二十四条　自然人依法享有继承权。

自然人合法的私有财产,可以依法继承。

○《**民法典**》(**继承编**)(2020 年 5 月 28 日)

第一千一百二十条　国家保护自然人的继承权。

第一千一百二十二条　遗产是自然人死亡时遗留的个人合法财产。

依照法律规定或者根据其性质不得继承的遗产,不得继承。

第一千一百二十七条　遗产按照下列顺序继承:

(一)第一顺序:配偶、子女、父母;

(二)第二顺序:兄弟姐妹、祖父母、外祖父母。

继承开始后,由第一顺序继承人继承,第二顺序继承人不继承;没有第一顺序继承人继承的,由第二顺序继承人继承。

本编所称子女,包括婚生子女、非婚生子女、养子女和有扶养关系的继子女。

本编所称父母,包括生父母、养父母和有扶养关系的继父母。

本编所称兄弟姐妹,包括同父母的兄弟姐妹、同父异母或者同母异父的兄弟姐妹、养兄弟姐妹、有扶养关系的继兄弟姐妹。

第一千一百二十八条　被继承人的子女先于被继承人死亡的,由被继承人的子女的直系晚辈血亲代位继承。

被继承人的兄弟姐妹先于被继承人死亡的,由被继承人的兄弟姐妹的子女代位继承。

代位继承人一般只能继承被代位继承人有权继承的遗产份额。

第一千一百三十条 同一顺序继承人继承遗产的份额,一般应当均等。

对生活有特殊困难又缺乏劳动能力的继承人,分配遗产时,应当予以照顾。

对被继承人尽了主要扶养义务或者与被继承人共同生活的继承人,分配遗产时,可以多分。

有扶养能力和有扶养条件的继承人,不尽扶养义务的,分配遗产时,应当不分或者少分。

继承人协商同意的,也可以不均等。

第一千一百五十五条 遗产分割时,应当保留胎儿的继承份额。胎儿娩出时是死体的,保留的份额按照法定继承办理。

司法解释及文件

⊙**《最高人民法院关于适用〈中华人民共和国民法典〉婚姻家庭编的解释(一)》**(2020年12月29日 法释〔2020〕22号)

第四十条 婚姻关系存续期间,夫妻双方一致同意进行人工授精,所生子女应视为婚生子女,父母子女间的权利义务关系适用民法典的有关规定。

适用要点

⊙**确定有无继承权的时间点**

继承从被继承人死亡时开始,确定自然人是否有权继承遗产,应以被继承人死亡时双方之间的身份关系状况为准。这一点,对养父母、养子女相互之间是否享有继承权以及继父母、继子女之间是否相互享有继承权尤为重要。如果在被继承人死亡时,养父母、养子女之间的收养关系已经解除，那么双方之间即不再相互享有继承权。如果截至被继承人死亡时，继父母、继子女之间没有形成扶养关系，那么双方之间也不能再享有继承权。

⊙夫妻一致同意人工授精所生子女视为婚生子女

人工授精所生子女视为婚生子女需要同时满足以下两个条件：（1）在夫妻婚姻关系存续期间授精。只要子女是在婚姻关系存续期间授精的，无论子女是否在父母婚姻关系存续期间出生，都应视为满足了本条件。（2）需要夫妻双方一致同意人工授精。需要注意的是，这里所述需要夫妻双方一致同意，指的是在异质人工授精的情况下需要夫妻双方一致同意；在同质人工授精的情况下，不需要夫妻一致同意，无论是否一致同意，所生子女均应视为婚生子女。

第一千零七十一条 【非婚生子女的权利】 非婚生子女享有与婚生子女同等的权利，任何组织或者个人不得加以危害和歧视。

不直接抚养非婚生子女的生父或者生母，应当负担未成年子女或者不能独立生活的成年子女的抚养费。

法 律

⊙《民法典》（婚姻家庭编）（2020年5月28日）

第一千零六十七条 父母不履行抚养义务的，未成年子女或者不能独立生活的成年子女，有要求父母给付抚养费的权利。

成年子女不履行赡养义务的，缺乏劳动能力或者生活困难的父母，有要求成年子女给付赡养费的权利。

⊙《民法典》（继承编）（2020年5月28日）

第一千一百二十七条 遗产按照下列顺序继承：

（一）第一顺序：配偶、子女、父母；

（二）第二顺序：兄弟姐妹、祖父母、外祖父母。

继承开始后，由第一顺序继承人继承，第二顺序继承人不继承；没有第一顺序继承人继承的，由第二顺序继承人继承。

本编所称子女，包括婚生子女、非婚生子女、养子女和有扶养关系的继子女。

本编所称父母，包括生父母、养父母和有扶养关系的继父母。

本编所称兄弟姐妹，包括同父母的兄弟姐妹、同父异母或者同母异父的兄弟姐妹、养兄弟姐妹、有扶养关系的继兄弟姐妹。

司法解释及文件

⊙《最高人民法院关于夫妻关系存续期间男方受欺骗抚养非亲生子女离婚后可否向女方追索抚养费的复函》（1992年4月2日 〔1991〕民他字第63号）

四川省高级人民法院：

你院"关于夫妻关系存续期间男方受欺骗抚养非亲生子女离婚后可否向女方追索抚养费的请示"收悉。经研究，我们认为，在夫妻关系存续期间，一方与他人通奸生育了子女，隐瞒真情，另一方受欺骗而抚养了非亲生子女，其中离婚后给付的抚育费，受欺骗方要求返还的，可酌情返还；至于在夫妻关系存续期间受欺骗方支出的抚育费用应否返还，因涉及的问题比较复杂，尚需进一步研究，就你院请示所述具体案件而言，因双方在离婚时，其共同财产已由男方一人分得，故可不予返还，以上意见供参考。

公报案例

⊙给予非婚生子女抚养费没有明显超过再婚父或母的负担能力，不能因与现任配偶未商议一致而认定为侵犯夫妻共同财产——刘某某诉徐某、尹某某抚养费纠纷案（《最高人民法院公报》2016年第7期）

【案例要旨】

抚养费案件中第三人撤销权的认定，需明确父母基于对子女的抚养义务支付抚养费是否会侵犯父或母再婚后的夫妻共同财产权。虽然夫妻对共同所有财产享有平等处理的权利，但夫或妻也有合理处分个人收入的权利。除非一方支付的抚养费明显超过其负担能力或者有转移夫妻共同财产的行为，否则不能因未与现任配偶达成一致意见即认定属于侵犯夫妻共同财产权。

民事审判指导与参考案例

⊙未成年非婚生子女追索抚养费是否应适用诉讼时效制度——顾某与周某抚养费纠纷上诉案［《民事审判指导与参考》2012年第1辑（总第49辑）］

【案例要旨】

未成年非婚生子女追索抚养费案件中，由于未成年非婚生子女尚未具有完全行为能力与生活能力，尚不能对社会作出准确的认知与判断，更无法妥当地处理自己的权利，而法定代理人往往即抚养义务人，如果适用诉讼时效的规定，则无法保护未成年非婚生子女的合法权益。所以，未成年非婚生子女追索抚养费不应适用诉讼时效制度。

适用要点

⊙受欺诈抚养问题

受欺诈抚养包括两种情形：一是婚外生子的夫妻一方故意告知夫妻另一方，子女是其亲生子女；二是婚外生子夫妻一方故意隐瞒真相，不告知夫妻另一方子女非其亲生。这两种情况均可构成欺诈抚养。在处理具体的纠纷案件时，应根据具体的情况来确定是否应返还受欺骗方支出的抚养费；如果应返还，则亦应根据具体的案件情况、各方的过错程度等来决定返还的数额。此外，还应注意，除了物质损失外，受欺骗方还有权获得精神方面的赔偿，具体赔偿的金额可按照实际情况酌情予以确定。

第一千零七十二条 【继父母与继子女间的权利义务关系】 继父母与继子女间，不得虐待或者歧视。

继父或者继母和受其抚养教育的继子女间的权利义务关系，适用本法关于父母子女关系的规定。

法 律

⊙《**民法典**》(总则编)(2020年5月28日)

第二十六条　父母对未成年子女负有抚养、教育和保护的义务。

成年子女对父母负有赡养、扶助和保护的义务。

⊙《**民法典**》(婚姻家庭编)(2020年5月28日)

第一千零六十七条　父母不履行抚养义务的，未成年子女或者不能独立生活的成年子女，有要求父母给付抚养费的权利。

成年子女不履行赡养义务的，缺乏劳动能力或者生活困难的父母，有要求成年子女给付赡养费的权利。

第一千一百零三条　继父或者继母经继子女的生父母同意，可以收养继子女，并可以不受本法第一千零九十三条第三项、第一千零九十四条第三项、第一千零九十八条和第一千一百条第一款规定的限制。

⊙《**民法典**》(继承编)(2020年5月28日)

第一千一百二十七条　遗产按照下列顺序继承：

（一）第一顺序：配偶、子女、父母；

（二）第二顺序：兄弟姐妹、祖父母、外祖父母。

继承开始后，由第一顺序继承人继承，第二顺序继承人不继承；没有第一顺序继承人继承的，由第二顺序继承人继承。

本编所称子女，包括婚生子女、非婚生子女、养子女和有扶养关系的继子女。

本编所称父母，包括生父母、养父母和有扶养关系的继父母。

本编所称兄弟姐妹，包括同父母的兄弟姐妹、同父异母或者同母异父的兄弟姐妹、养兄弟姐妹、有扶养关系的继兄弟姐妹。

⊙《**反家庭暴力法**》(2015年12月27日)

第二条 本法所称家庭暴力，是指家庭成员之间以殴打、捆绑、残害、限制人身自由以及经常性谩骂、恐吓等方式实施的身体、精神等侵害行为。

第三条 家庭成员之间应当互相帮助，互相关爱，和睦相处，履行家庭义务。

反家庭暴力是国家、社会和每个家庭的共同责任。

国家禁止任何形式的家庭暴力。

第二十一条 监护人实施家庭暴力严重侵害被监护人合法权益的，人民法院可以根据被监护人的近亲属、居民委员会、村民委员会、县级人民政府民政部门等有关人员或者单位的申请，依法撤销其监护人资格，另行指定监护人。

被撤销监护人资格的加害人，应当继续负担相应的赡养、扶养、抚养费用。

第二十三条 当事人因遭受家庭暴力或者面临家庭暴力的现实危险，向人民法院申请人身安全保护令的，人民法院应当受理。

当事人是无民事行为能力人、限制民事行为能力人，或者因受到强制、威吓等原因无法申请人身安全保护令的，其近亲属、公安机关、妇女联合会、居民委员会、村民委员会、救助管理机构可以代为申请。

第三十三条 加害人实施家庭暴力，构成违反治安管理行为的，依法给予治安管理处罚；构成犯罪的，依法追究刑事责任。

第三十四条 被申请人违反人身安全保护令，构成犯罪的，依法追究刑事责任；尚不构成犯罪的，人民法院应当给予训诫，可以根据情节轻重处以一千元以下罚款、十五日以下拘留。

⊙《**刑法**》(2023年12月29日修正)

第二百六十条 【**虐待罪**】虐待家庭成员，情节恶劣的，处二年以下有期徒刑、拘役或者管制。

犯前款罪，致使被害人重伤、死亡的，处二年以上七年以下有期徒刑。

第一款罪，告诉的才处理，但被害人没有能力告诉，或者因受到强制、威吓无法告诉的除外。

第二百六十条之一　【虐待被监护、看护人罪】 对未成年人、老年人、患病的人、残疾人等负有监护、看护职责的人虐待被监护、看护的人，情节恶劣的，处三年以下有期徒刑或者拘役。

单位犯前款罪的，对单位判处罚金，并对其直接负责的主管人员和其他直接责任人员，依照前款的规定处罚。

有第一款行为，同时构成其他犯罪的，依照处罚较重的规定定罪处罚。

第二百六十一条　【遗弃罪】 对于年老、年幼、患病或者其他没有独立生活能力的人，负有扶养义务而拒绝扶养，情节恶劣的，处五年以下有期徒刑、拘役或者管制。

司法解释及文件

⊙《最高人民法院关于适用〈中华人民共和国民法典〉继承编的解释（一）》（2020年12月29日　法释〔2020〕23号）

第十一条　继子女继承了继父母遗产的，不影响其继承生父母的遗产。

继父母继承了继子女遗产的，不影响其继承生子女的遗产。

第十五条　被继承人的养子女、已形成扶养关系的继子女的生子女可以代位继承；被继承人亲生子女的养子女可以代位继承；被继承人养子女的养子女可以代位继承；与被继承人已形成扶养关系的继子女的养子女也可以代位继承。

⊙《最高人民法院关于适用〈中华人民共和国民法典〉婚姻家庭编的解释（一）》（2020年12月29日　法释〔2020〕22号）

第一条　持续性、经常性的家庭暴力，可以认定为民法典第一千零四十二条、第一千零七十九条、第一千零九十一条所称的"虐待"。

第五十四条　生父与继母离婚或者生母与继父离婚时，对曾受其抚养教育的继子女，继父或者继母不同意继续抚养的，仍应由生父或者生母抚养。

⊙**《最高人民法院关于办理人身安全保护令案件适用法律若干问题的规定》**（2022年7月14日　法释〔2022〕17号）

第一条　当事人因遭受家庭暴力或者面临家庭暴力的现实危险，依照反家庭暴力法向人民法院申请人身安全保护令的，人民法院应当受理。

向人民法院申请人身安全保护令，不以提起离婚等民事诉讼为条件。

第三条　家庭成员之间以冻饿或者经常性侮辱、诽谤、威胁、跟踪、骚扰等方式实施的身体或者精神侵害行为，应当认定为反家庭暴力法第二条规定的"家庭暴力"。

公报案例

⊙**继父母去世时，已经解除抚养关系的继子女主张对继父母遗产进行法定继承的，不予支持——邹某1诉高某某、孙某1、陈某1法定继承纠纷案**（《最高人民法院公报》2020年第6期）

【案例要旨】

离婚中，作为继父母的一方对受其抚养教育的继子女，明确表示不继续抚养的，应视为继父母与继子女关系自此协议解除。继父母去世时，已经解除关系的继子女以符合继承法中规定的"具有抚养关系的继子女"情形为由，主张对继父母遗产进行法定继承的，人民法院不予支持。

⊙**无扶养关系继子女不能成为法定继承人——王某5等五人诉王某10继承纠纷案**（《最高人民法院公报》1993年第2期）

【案例要旨】

继承开始后，由第一顺序继承人继承，没有第一顺序继承人的，由第二顺序继承人继承，有扶养关系的继子女可以成为第一顺序继承人。

> 【典型案例】

⊙受继父母抚养教育的继子女须承担赡养义务——陈某与陈甲、徐乙、徐丙赡养费纠纷案〔2015年11月19日最高人民法院公布的30起婚姻家庭纠纷典型案例（山东）〕

【案例要旨】

根据我国法律规定，子女对父母有赡养扶助的义务，继父母和受其抚养教育的继子女之间的权利义务与亲生父母子女关系一致，继子女必须对继父母承担赡养义务。

【基本案情】

原告陈某与朱某于1986年登记结婚，朱某系再婚。1987年，朱某带徐乙（1975年6月8日出生）、徐丙（1978年2月10日出生）到临沂市莒南县文疃镇大草岭后村与原告陈某共同生活。1990年5月13日，陈某、朱某生育一子陈甲。1991年被告徐乙离家外出打工，1993年被告徐丙离家外出打工。2012年2月，朱某去世。原告陈某由于年事已高，且没有生活来源，基本生活困难。因三被告拒不履行赡养义务，原告陈某诉至法院，请求处理。

【裁判结果】

临沂市莒南县人民法院经审理认为，根据我国法律规定，子女对父母有赡养扶助的义务，继父母和受其抚养教育的继子女之间的权利义务与亲生父母子女关系一致。被告徐乙、徐丙随其母朱某与原告陈某长期共同生活，接受原告的抚养教育，与原告之间形成继父母子女关系，对原告陈某负有赡养义务。现原告身患疾病、生活困难，且三被告均已成年，具有赡养能力，原告的诉讼请求事实清楚，证据充分，法院予以支持。本案原告的赡养费标准应以统计部门发布的上年度当地农民年均生活消费支出为基准，考虑被告徐乙、徐丙与原告陈某的共同生活时间、感情因素及二被告目前的经济状况，法院酌定被告徐乙、徐丙负担的赡养费数额以每人每年1500元为宜。被告陈甲系原告陈某的亲生儿子，其对原告陈某负有当然的赡养义务，其自愿按照原告的请求以每年3600元的标准负担赡养费，法院予以确认。最后，法院判决被告陈甲自2014年起，于每年的 6 月 1 日前支付给原告陈某当年度赡养费 3600 元。被告徐乙、徐丙自 2014 年起，于每年的 6 月 1 日前分别支付给原告陈某当年度赡养费 1500 元。

【典型意义】

赡养老人是中华民族的传统美德，做好农村老人赡养工作是长期而艰巨的任务，而继父母的赡养问题更加复杂。当前农村存在很多继父母与继子女之间的关系，而这种关系问题是一个较为敏感的社会问题。正确认识继父母子女的关系性质，适用有关法律对继父母子女关系进行全面调整，具有重要的社会意义。法律规定，继父母与继子女之间有抚养关系的，继子女必须对继父母承担赡养义务。针对赡养继父母这一特殊群体，需在农村加大宣传力度，引导社会形成正确认识，及时维护农村老人合法权益，确保老人安度晚年，真正做到案结事了人和。

适用要点

⊙ 如何理解本条第 2 款规定的"受其抚养教育"

关于"受其抚养教育"的认定标准，我国法律未有规定。司法实践中对于"受其抚养教育"的理解和掌握，要结合具体案情综合分析，具体可按照以下原则进行处理：第一，尊重当事人的意思自治。继父母子女间是否成立拟制血亲关系，是否适用法律关于自然血亲父母子女权利义务的规定，应当首先遵从继父母子女本人的真实意愿。如果继父母和继子女之间，尤其是继父或者继母一方明确表示了不愿意与继子女形成抚养教育关系的，应当尊重其意思表示。第二，继父母对继子女进行抚养教育的方式可以是多样的。那些未与继父母共同居住生活的继子女，如果继父母对其进行了持续的经济供养并在心理上将其作为自己子女对待，原则上也可以认为继父母在抚养教育继子女。第三，继父母对继子女的抚养教育应当持续一定的时间。第四，继父母子女间应形成一定的身份情感联系，在情感上相互接纳对方。第五，父母再婚时子女的年龄也应是考虑因素之一，受抚养教育的子女只能是未成年或虽成年但不能独立生活的子女，否则不宜认定为形成抚养教育关系。

第一千零七十三条 【亲子关系异议之诉】 对亲子关系有异议且有正当理由的,父或者母可以向人民法院提起诉讼,请求确认或者否认亲子关系。

对亲子关系有异议且有正当理由的,成年子女可以向人民法院提起诉讼,请求确认亲子关系。

法　律

⊙《**民事诉讼法**》(2023年9月1日修正)

第六十七条 当事人对自己提出的主张,有责任提供证据。

当事人及其诉讼代理人因客观原因不能自行收集的证据,或者人民法院认为审理案件需要的证据,人民法院应当调查收集。

人民法院应当按照法定程序,全面地、客观地审查核实证据。

第六十八条 当事人对自己提出的主张应当及时提供证据。

人民法院根据当事人的主张和案件审理情况,确定当事人应当提供的证据及其期限。当事人在该期限内提供证据确有困难的,可以向人民法院申请延长期限,人民法院根据当事人的申请适当延长。当事人逾期提供证据的,人民法院应当责令其说明理由;拒不说明理由或者理由不成立的,人民法院根据不同情形可以不予采纳该证据,或者采纳该证据但予以训诫、罚款。

第七十九条 当事人可以就查明事实的专门性问题向人民法院申请鉴定。当事人申请鉴定的,由双方当事人协商确定具备资格的鉴定人;协商不成的,由人民法院指定。

当事人未申请鉴定,人民法院对专门性问题认为需要鉴定的,应当委托具备资格的鉴定人进行鉴定。

第八十一条 当事人对鉴定意见有异议或者人民法院认为鉴定人有必要出庭的,鉴定人应当出庭作证。经人民法院通知,鉴定人拒不出庭作证的,鉴定意见不得作为认定事实的根据;支付鉴定费用的当事人可以要求返还鉴定费用。

司法解释及文件

⊙《**最高人民法院关于适用〈中华人民共和国民法典〉婚姻家庭编的解释（一）**》（2020年12月29日 法释〔2020〕22号）

第三十九条 父或者母向人民法院起诉请求否认亲子关系，并已提供必要证据予以证明，另一方没有相反证据又拒绝做亲子鉴定的，人民法院可以认定否认亲子关系一方的主张成立。

父或者母以及成年子女起诉请求确认亲子关系，并提供必要证据予以证明，另一方没有相反证据又拒绝做亲子鉴定的，人民法院可以认定确认亲子关系一方的主张成立。

第四十条 婚姻关系存续期间，夫妻双方一致同意进行人工授精，所生子女应视为婚生子女，父母子女间的权利义务关系适用民法典的有关规定。

⊙《**最高人民法院关于适用〈中华人民共和国民事诉讼法〉的解释**》（2022年4月1日修正）

第九十条 当事人对自己提出的诉讼请求所依据的事实或者反驳对方诉讼请求所依据的事实，应当提供证据加以证明，但法律另有规定的除外。

在作出判决前，当事人未能提供证据或者证据不足以证明其事实主张的，由负有举证证明责任的当事人承担不利的后果。

第九十一条 人民法院应当依照下列原则确定举证证明责任的承担，但法律另有规定的除外：

（一）主张法律关系存在的当事人，应当对产生该法律关系的基本事实承担举证证明责任；

（二）主张法律关系变更、消灭或者权利受到妨害的当事人，应当对该法律关系变更、消灭或者权利受到妨害的基本事实承担举证证明责任。

第九十二条 一方当事人在法庭审理中，或者在起诉状、答辩状、代理词等书面材料中，对于己不利的事实明确表示承认的，另一方当事人无需举证证明。

对于涉及身份关系、国家利益、社会公共利益等应当由人民法院依职权调查的事实,不适用前款自认的规定。

自认的事实与查明的事实不符的,人民法院不予确认。

第一百一十二条 书证在对方当事人控制之下的,承担举证证明责任的当事人可以在举证期限届满前书面申请人民法院责令对方当事人提交。

申请理由成立的,人民法院应当责令对方当事人提交,因提交书证所产生的费用,由申请人负担。对方当事人无正当理由拒不提交的,人民法院可以认定申请人所主张的书证内容为真实。

⊙《最高人民法院关于民事诉讼证据的若干规定》(2019年12月25日修正)

第一条 原告向人民法院起诉或者被告提出反诉,应当提供符合起诉条件的相应的证据。

第八条 《最高人民法院关于适用〈中华人民共和国民事诉讼法〉的解释》第九十六条第一款规定的事实,不适用有关自认的规定。

自认的事实与已经查明的事实不符的,人民法院不予确认。

第十六条 当事人提供的公文书证系在中华人民共和国领域外形成的,该证据应当经所在国公证机关证明,或者履行中华人民共和国与该所在国订立的有关条约中规定的证明手续。

中华人民共和国领域外形成的涉及身份关系的证据,应当经所在国公证机关证明并经中华人民共和国驻该国使领馆认证,或者履行中华人民共和国与该所在国订立的有关条约中规定的证明手续。

当事人向人民法院提供的证据是在香港、澳门、台湾地区形成的,应当履行相关的证明手续。

第三十一条 当事人申请鉴定,应当在人民法院指定期间内提出,并预交鉴定费用。逾期不提出申请或者不预交鉴定费用的,视为放弃申请。

对需要鉴定的待证事实负有举证责任的当事人,在人民法院指定期间内无正当理由不提出鉴定申请或者不预交鉴定费用,或者拒不提供相关材料，致使待证事实无法查明的，应当承担举证不能的法律后果。

第三十七条 人民法院收到鉴定书后，应当及时将副本送交当事人。

当事人对鉴定书的内容有异议的，应当在人民法院指定期间内以书面方式提出。

对于当事人的异议，人民法院应当要求鉴定人作出解释、说明或者补充。人民法院认为有必要的，可以要求鉴定人对当事人未提出异议的内容进行解释、说明或者补充。

第四十条 当事人申请重新鉴定，存在下列情形之一的，人民法院应当准许：

（一）鉴定人不具备相应资格的；

（二）鉴定程序严重违法的；

（三）鉴定意见明显依据不足的；

（四）鉴定意见不能作为证据使用的其他情形。

存在前款第一项至第三项情形的，鉴定人已经收取的鉴定费用应当退还。拒不退还的，依照本规定第八十一条第二款的规定处理。

对鉴定意见的瑕疵，可以通过补正、补充鉴定或者补充质证、重新质证等方法解决的，人民法院不予准许重新鉴定的申请。

重新鉴定的，原鉴定意见不得作为认定案件事实的根据。

第四十一条 对于一方当事人就专门性问题自行委托有关机构或者人员出具的意见，另一方当事人有证据或者理由足以反驳并申请鉴定的，人民法院应予准许。

第九十五条 一方当事人控制证据无正当理由拒不提交，对待证事实负有举证责任的当事人主张该证据的内容不利于控制人的，人民法院可以认定该主张成立。

人民法院案例选案例

⊙被继承人死亡后,一方起诉要求确认与被继承人存在亲子关系但无充分证据,另一方拒绝接受半同胞关系鉴定的,人民法院不能推定半同胞关系存在——许小某诉周一某、周二某继承纠纷案[《人民法院案例选》2019年第6辑(总第136辑)]

【案例要旨】

1.被继承人死亡后,原告方向人民法院起诉请求确认与被继承人存在亲子关系并要求继承被继承人财产的,应当提供必要证据予以证明;原告方要求与被告方做同胞或半同胞关系鉴定,被告方明确予以拒绝的,人民法院不得直接推定原告方与被继承人亲子关系存在。

2.原告方已经提供必要且充分的证据予以证明,被告方要求与其做同胞或半同胞关系鉴定的,原告方拒绝做同胞或半同胞关系鉴定的,人民法院可以推定原告方主张不成立。

适用要点

⊙亲子关系确认之诉与否认之诉提起主体的不同

父、母以及成年子女均可以请求人民法院确认亲子关系存在,但只有父、母可以请求人民法院否认亲子关系存在,成年子女不可以提起亲子关系否认之诉。如此规定,主要是基于以下考虑:第一,法律上的亲子关系应尽量以真实的血缘关系为基础,故应允许子女法律意义上的父亲或母亲提起诉讼,以确定子女的生父和生母。第二,应兼顾亲子关系的安定性,在当事人之间已发生了亲情和亲子关系的社会事实的情况下,从保护未成年人最大利益原则出发,应限制当事人以外的人否定亲子关系,故不允许子女法律意义上的父或母之外的第三人作为原告提起诉讼。第三,父母抚养子女成年后,子女应当有赡养义务,为防止出现成年子女否认亲子关系后不再对原法律意义上的父母承担赡养义务的情形,成年子女不可作为原告提起亲子关系否认之诉。

⊙ 亲子关系被否认后，能否请求返还抚养费

亲子关系被否认后，子女就丧失了婚生资格，原法律意义上的父亲对该子女无法律上的抚养义务，其与该子女在否认前的抚养关系，即属欺诈性抚养关系。对于欺诈性抚养关系，因受欺诈人原无抚养义务，其已经支付的抚养费对子女的生父母而言，构成不当得利，故其可以行使不当得利请求权，请求返还已经支出的抚养费用。同时，符合精神损害赔偿要件的，可以支持。在确定抚养费返还数额时，原告应当对抚养费用给付情况承担举证责任。确实无法举证证明的，可以根据子女的实际需要、婚姻关系存续期间双方的经济收入、离婚时共同财产的分割情况、当地的实际生活水平等酌情判定。

> **第一千零七十四条 【祖孙之间的抚养赡养义务】** 有负担能力的祖父母、外祖父母，对于父母已经死亡或者父母无力抚养的未成年孙子女、外孙子女，有抚养的义务。
>
> 有负担能力的孙子女、外孙子女，对于子女已经死亡或者子女无力赡养的祖父母、外祖父母，有赡养的义务。

法 律

⊙《**民法典**》(**总则编**)(2020年5月28日)

第十七条 十八周岁以上的自然人为成年人。不满十八周岁的自然人为未成年人。

第十八条 成年人为完全民事行为能力人，可以独立实施民事法律行为。

十六周岁以上的未成年人，以自己的劳动收入为主要生活来源的，视为完全民事行为能力人。

第二十七条 父母是未成年子女的监护人。

未成年人的父母已经死亡或者没有监护能力的，由下列有监护能力的人按顺序担任监护人：

（一）祖父母、外祖父母；

（二）兄、姐；

（三）其他愿意担任监护人的个人或者组织，但是须经未成年人住所地的居民委员会、村民委员会或者民政部门同意。

⊙《**老年人权益保障法**》(2018年12月29日修正)

第十四条 赡养人应当履行对老年人经济上供养、生活上照料和精神上慰藉的义务，照顾老年人的特殊需要。

赡养人是指老年人的子女以及其他依法负有赡养义务的人。

赡养人的配偶应当协助赡养人履行赡养义务。

第十九条 赡养人不得以放弃继承权或者其他理由，拒绝履行赡养义务。

赡养人不履行赡养义务，老年人有要求赡养人付给赡养费等权利。

赡养人不得要求老年人承担力不能及的劳动。

⊙《**刑法**》(2023年12月29日修正)

第二百六十一条 【遗弃罪】 对于年老、年幼、患病或者其他没有独立生活能力的人，负有扶养义务而拒绝扶养，情节恶劣的，处五年以下有期徒刑、拘役或者管制。

司法解释及文件

⊙《**最高人民法院关于印发〈第八次全国法院民事商事审判工作会议（民事部分）纪要〉的通知**》(2016年11月21日 法〔2016〕399号)

3.祖父母、外祖父母对父母已经死亡或父母无力抚养的未成年孙子女、外孙子女尽了抚养义务，其定期探望孙子女、外孙子女的权利应当得到尊重，并有权通过诉讼方式获得司法保护。

> **人民法院案例选案例**

⊙ 有负担能力的孙子女对于有子女赡养的祖父母无赡养义务——周某某在其子去世后诉儿媳袁某某、孙女梁某某赡养案 [《人民法院案例选》2004 年民事专辑（总第 48 辑）]

【案例要旨】

作为孙子女，在其父去世后有赡养祖父母的义务，但是是有条件的：一是被赡养人子女均死亡；二是子女无力赡养；三是赡养人有负担能力。若祖父母有儿女，又有负担能力，则孙子女没有赡养祖父母的义务。

> **适用要点**

⊙ 父母均在外打工，是否属于无力抚养

扶老育幼是我们中华民族的优良传统，现实生活中普遍存在祖父母、外祖父母帮着带孩子的情形。尤其在农村地区，有大量父母外出打工，孩子留给祖父母、外祖父母照顾，即媒体常说的"留守儿童"。应注意的是，祖父母、外祖父母照顾孙子女、外孙子女往往出于亲情。如果不存在其他的特殊情况，仅"父母外出打工"不属于父母无力抚养的情形，在这种情形下，祖父母、外祖父母对孙子女、外孙子女进行照顾，是出于道义和亲情，并没有抚养的法定义务。父母仍应依照法律规定，对子女履行抚养、教育和保护义务，不能以在外打工为由推卸自己的责任。

第一千零七十五条【兄弟姐妹间的扶养义务】有负担能力的兄、姐，对于父母已经死亡或者父母无力抚养的未成年弟、妹，有扶养的义务。

由兄、姐扶养长大的有负担能力的弟、妹，对于缺乏劳动能力又缺乏生活来源的兄、姐，有扶养的义务。

法　律

⊙《民法典》(总则编)(2020年5月28日)

第二十七条　父母是未成年子女的监护人。

未成年人的父母已经死亡或者没有监护能力的，由下列有监护能力的人按顺序担任监护人：

（一）祖父母、外祖父母；

（二）兄、姐；

（三）其他愿意担任监护人的个人或者组织，但是须经未成年人住所地的居民委员会、村民委员会或者民政部门同意。

⊙《老年人权益保障法》(2018年12月29日修正)

第二十三条　老年人与配偶有相互扶养的义务。

由兄、姐扶养的弟、妹成年后，有负担能力的，对年老无赡养人的兄、姐有扶养的义务。

⊙《刑法》(2023年12月29日修正)

第二百六十一条【遗弃罪】 对于年老、年幼、患病或者其他没有独立生活能力的人，负有扶养义务而拒绝扶养，情节恶劣的，处五年以下有期徒刑、拘役或者管制。

司法解释及文件

⊙《最高人民法院关于适用〈中华人民共和国民法典〉婚姻家庭编的解释(一)》(2020年12月29日　法释〔2020〕22号)

第五十三条　抚养费的给付期限，一般至子女十八周岁为止。

十六周岁以上不满十八周岁，以其劳动收入为主要生活来源，并能维持当地一般生活水平的，父母可以停止给付抚养费。

⊙《最高人民法院关于审理人身损害赔偿案件适用法律若干问题的解释》(2022年4月24日修正)

第十六条　被扶养人生活费计入残疾赔偿金或者死亡赔偿金。

第十七条 被扶养人生活费根据扶养人丧失劳动能力程度，按照受诉法院所在地上一年度城镇居民人均消费支出标准计算。被扶养人为未成年人的，计算至十八周岁；被扶养人无劳动能力又无其他生活来源的，计算二十年。但六十周岁以上的，年龄每增加一岁减少一年；七十五周岁以上的，按五年计算。

被扶养人是指受害人依法应当承担扶养义务的未成年人或者丧失劳动能力又无其他生活来源的成年近亲属。被扶养人还有其他扶养人的，赔偿义务人只赔偿受害人依法应当负担的部分。被扶养人有数人的，年赔偿总额累计不超过上一年度城镇居民人均消费支出额。

> [适用要点]

⊙ **祖孙之间扶养义务与兄弟姐妹之间扶养义务的顺位问题**

相对于父母对子女、子女对父母以及夫妻之间的扶养义务来说，祖孙之间的扶养义务与兄弟姐妹之间的扶养义务都是第二顺位的扶养义务。当某未成年人的父母已经死亡或者无抚养能力时，如果该未成年人既有有负担能力的祖父母、外祖父母，又有有负担能力的兄、姐，就会产生两个扶养义务。这两个扶养义务性质相同、顺位一样，没有区分履行义务先后顺序的必要，从未成年人利益最大化原则出发，为了确保未成年人健康成长，应当责成他们根据自己的经济情况共同负担扶养的义务。但要注意的是，具体还是应当按照扶养义务人自身的经济状况、家庭情况以及扶养权利人的实际需求等因素来合理确定各自应当承担责任的大小。

第四章 离婚

第一千零七十六条 【协议离婚】 夫妻双方自愿离婚的，应当签订书面离婚协议，并亲自到婚姻登记机关申请离婚登记。

离婚协议应当载明双方自愿离婚的意思表示和对子女抚养、财产以及债务处理等事项协商一致的意见。

法　律

⊙《**涉外民事关系法律适用法**》(2010年10月28日)

第二十六条　协议离婚，当事人可以协议选择适用一方当事人经常居所地法律或者国籍国法律。当事人没有选择的，适用共同经常居所地法律；没有共同经常居所地的，适用共同国籍国法律；没有共同国籍的，适用办理离婚手续机构所在地法律。

行政法规

⊙《**婚姻登记条例**》(2003年8月8日　国务院令第387号)

第十条　内地居民自愿离婚的，男女双方应当共同到一方当事人常住户口所在地的婚姻登记机关办理离婚登记。

中国公民同外国人在中国内地自愿离婚的，内地居民同香港居民、澳门居民、台湾居民、华侨在中国内地自愿离婚的，男女双方应当共同到内地居民常住户口所在地的婚姻登记机关办理离婚登记。

第十一条　办理离婚登记的内地居民应当出具下列证件和证明材料：

（一）本人的户口簿、身份证；

（二）本人的结婚证；

（三）双方当事人共同签署的离婚协议书。

办理离婚登记的香港居民、澳门居民、台湾居民、华侨、外国人除应当出具前款第（二）项、第（三）项规定的证件、证明材料外，香港居民、澳门居民、台湾居民还应当出具本人的有效通行证、身份证，华侨、外国人还应当出具本人的有效护照或者其他有效国际旅行证件。

离婚协议书应当载明双方当事人自愿离婚的意思表示以及对子女抚养、财产及债务处理等事项协商一致的意见。

第十二条　办理离婚登记的当事人有下列情形之一的，婚姻登记机关不予受理：

（一）未达成离婚协议的；

（二）属于无民事行为能力人或者限制民事行为能力人的；

（三）其结婚登记不是在中国内地办理的。

司法解释及文件

⊙《最高人民法院关于适用〈中华人民共和国民法典〉婚姻家庭编的解释（一）》(2020年12月29日　法释〔2020〕22号)

第六十九条　当事人达成的以协议离婚或者到人民法院调解离婚为条件的财产以及债务处理协议，如果双方离婚未成，一方在离婚诉讼中反悔的，人民法院应当认定该财产以及债务处理协议没有生效，并根据实际情况依照民法典第一千零八十七条和第一千零八十九条的规定判决。

当事人依照民法典第一千零七十六条签订的离婚协议中关于财产以及债务处理的条款，对男女双方具有法律约束力。登记离婚后当事人因履行上述协议发生纠纷提起诉讼的，人民法院应当受理。

第七十条 夫妻双方协议离婚后就财产分割问题反悔，请求撤销财产分割协议的，人民法院应当受理。

人民法院审理后，未发现订立财产分割协议时存在欺诈、胁迫等情形的，应当依法驳回当事人的诉讼请求。

第八十九条 当事人在婚姻登记机关办理离婚登记手续后，以民法典第一千零九十一条规定为由向人民法院提出损害赔偿请求的，人民法院应当受理。但当事人在协议离婚时已经明确表示放弃该项请求的，人民法院不予支持。

部门规章及规范性文件

⊙**《民政部关于印发〈婚姻登记工作规范〉的通知》**（2015年12月8日民发〔2015〕230号公布　根据2021年11月24日民发〔2020〕116号《民政部关于贯彻落实〈中华人民共和国民法典〉中有关婚姻登记规定的通知》修订）

第五条 婚姻登记管辖按照行政区域划分。

（一）县、不设区的市、市辖区人民政府民政部门办理双方或者一方常住户口在本行政区域内的内地居民之间的婚姻登记。

省级人民政府可以根据实际情况，规定乡（镇）人民政府办理双方或者一方常住户口在本乡（镇）的内地居民之间的婚姻登记。

（二）省级人民政府民政部门或者其确定的民政部门，办理一方常住户口在辖区内的涉外和涉香港、澳门、台湾居民以及华侨的婚姻登记。

办理经济技术开发区、高新技术开发区等特别区域内居民婚姻登记的机关由省级人民政府民政部门提出意见报同级人民政府确定。

（三）现役军人由部队驻地、入伍前常住户口所在地或另一方当事人常住户口所在地婚姻登记机关办理婚姻登记。

婚姻登记机关不得违反上述规定办理婚姻登记。

公报案例

⊙一方未签字的离婚协议无效——莫某某诉李某某离婚纠纷案(《最高人民法院公报》2011 年第 12 期)

【案例要旨】

婚姻当事人之间为离婚达成的协议是一种要式协议,即双方当事人达成离婚合意,并在协议上签名才能使离婚协议生效。双方当事人对财产的处理是以达成离婚为前提,虽然已经履行了财产权利的变更手续,但因离婚的前提条件不成立而没有生效,已经变更权利人的财产仍属于夫妻婚姻存续期间的共同财产。

适用要点

⊙恶意申请登记离婚引发诉讼问题的处理

恶意申请登记离婚包括不符合登记离婚条件而申请登记离婚的情形,也包括双方串通假离婚的情形。

不符合登记离婚条件的主要有:(1)违反自愿离婚条件的,如胁迫或欺诈对方登记离婚。(2)欠缺主体资格的,如夫妻一方为欠缺民事行为能力人,另一方为了达到离婚目的隐瞒了该事实,从而登记离婚。(3)违反亲自办理条件的,如当事人一方没有离婚意思,也没有被欺诈或者胁迫离婚,另一方为了实现离婚的目的,在一方当事人并不知情的情况下,请他人代为办理登记离婚。实践中,此类不符合登记离婚条件的离婚案件多发,当事人多以其欠缺真实意思表示或者民事行为能力不能办理离婚登记为由,请求婚姻登记机关撤销离婚证,或者提起行政诉讼要求婚姻登记机关撤销离婚证。

双方无实际解除婚姻关系意思的"假离婚"情形主要包括:(1)为了逃避债务而通谋离婚,主要表现为夫妻一方对外欠债难以清偿,为逃避债务,夫妻双方恶意离婚,通过协议将全部财产归属一方,全部债务归属另一方。(2)为了获得买房利益而通谋离婚,主要表现为夫妻双方为了特定的买房资格或者规避购房政策而串通虚假离婚的情形。(3)为了骗取更多拆迁款而通谋离婚,主要表现为通过离婚的方式来强行符合当地拆迁政策,以获得更多的拆迁赔款。除此之外,实践中还存在为骗取低保费用、为出国留学等而虚假登记离婚的现象。对于此类"假离婚"无论男女双方离婚是出于什么目的,一旦登记离婚,则夫妻身份关系已经解除,不得以通谋虚伪的行为无效为由否定离婚的效力。

⊙ 不履行离婚协议不能直接申请人民法院强制执行

由于离婚协议本质上是一份民事协议,不属于由法院直接强制执行的法律文书,故另一方当事人不能依据离婚协议直接向人民法院申请强制执行。实践中,对夫妻双方协议离婚后一年内就财产分割问题反悔的,离婚当事人可以向人民法院提起民事诉讼请求变更或者撤销财产分割协议。人民法院可根据离婚登记时对子女和财产问题的处理情况、发生纠纷的原因和理由给予审查处理。人民法院通常会因某些原因否定离婚协议关于财产处分内容的效力,主要裁判理由有:该内容未体现夫妻双方的真实意思,不具有约束当事人的效力;该内容损害了债权人的利益或违背了公平公正、权利义务相一致、诚信等原则。人民法院否定离婚协议关于财产处分内容的效力的,应对夫妻共同财产依法重新分配。

第一千零七十七条 【离婚冷静期】自婚姻登记机关收到离婚登记申请之日起三十日内,任何一方不愿意离婚的,可以向婚姻登记机关撤回离婚登记申请。

前款规定期限届满后三十日内,双方应当亲自到婚姻登记机关申请发给离婚证;未申请的,视为撤回离婚登记申请。

法 律

⊙《民法典》(总则编)(2020年5月28日)

第一百四十一条 行为人可以撤回意思表示。撤回意思表示的通知应当在意思表示到达相对人前或者与意思表示同时到达相对人。

司法解释及文件

⊙《最高人民法院关于进一步深化家事审判方式和工作机制改革的意见（试行）》（2021年3月24日修正）

40. 人民法院审理离婚案件，经双方当事人同意，可以设置不超过3个月的冷静期。

在冷静期内，人民法院可以根据案件情况开展调解、家事调查、心理疏导等工作。冷静期结束，人民法院应通知双方当事人。

部门规章及规范性文件

⊙《民政部关于贯彻落实〈中华人民共和国民法典〉中有关婚姻登记规定的通知》（2020年11月24日 民发〔2020〕116号）

编者注：该文件中关于离婚冷静期的规定参见本书第一千零七十八条内容。

适用要点

⊙**特殊情形下不适用离婚冷静期制度**

对于有家庭暴力等情形的，实践中当事人多向法院起诉离婚。家庭暴力属于危及生命健康安全的夫妻间冲突，如果认定存在严重的家暴情形，当事人因家暴而要求离婚的意思表示是真实的，则法院不再适用离婚冷静期制度，以避免受害人持续受到伤害。

第一千零七十八条 【自愿离婚登记】婚姻登记机关查明双方确实是自愿离婚，并已经对子女抚养、财产以及债务处理等事项协商一致的，予以登记，发给离婚证。

> 行政法规

⊙《**婚姻登记条例**》(2003 年 8 月 8 日　国务院令第 387 号)

第十条　内地居民自愿离婚的,男女双方应当共同到一方当事人常住户口所在地的婚姻登记机关办理离婚登记。

中国公民同外国人在中国内地自愿离婚的,内地居民同香港居民、澳门居民、台湾居民、华侨在中国内地自愿离婚的,男女双方应当共同到内地居民常住户口所在地的婚姻登记机关办理离婚登记。

第十一条　办理离婚登记的内地居民应当出具下列证件和证明材料:

(一) 本人的户口簿、身份证;

(二) 本人的结婚证;

(三) 双方当事人共同签署的离婚协议书。

办理离婚登记的香港居民、澳门居民、台湾居民、华侨、外国人除应当出具前款第 (二) 项、第 (三) 项规定的证件、证明材料外,香港居民、澳门居民、台湾居民还应当出具本人的有效通行证、身份证,华侨、外国人还应当出具本人的有效护照或者其他有效国际旅行证件。

离婚协议书应当载明双方当事人自愿离婚的意思表示以及对子女抚养、财产及债务处理等事项协商一致的意见。

第十二条　办理离婚登记的当事人有下列情形之一的,婚姻登记机关不予受理:

(一) 未达成离婚协议的;

(二) 属于无民事行为能力人或者限制民事行为能力人的;

(三) 其结婚登记不是在中国内地办理的。

第十三条　婚姻登记机关应当对离婚登记当事人出具的证件、证明材料进行审查并询问相关情况。对当事人确属自愿离婚,并已对子女抚养、财产、债务等问题达成一致处理意见的,应当当场予以登记,发给离婚证。

> 部门规章及规范性文件

⊙**《民政部关于贯彻落实〈中华人民共和国民法典〉中有关婚姻登记规定的通知》**(2020年11月24日　民发〔2020〕116号)

二、调整离婚登记程序

根据《民法典》第一千零七十六条、第一千零七十七条和第一千零七十八条规定，离婚登记按如下程序办理：

（一）申请。夫妻双方自愿离婚的，应当签订书面离婚协议，共同到有管辖权的婚姻登记机关提出申请，并提供以下证件和证明材料：

1. 内地婚姻登记机关或者中国驻外使（领）馆颁发的结婚证；

2. 符合《婚姻登记工作规范》第二十九条至第三十五条规定的有效身份证件；

3. 在婚姻登记机关现场填写的《离婚登记申请书》（附件1）。

（二）受理。婚姻登记员按照《婚姻登记工作规范》有关规定对当事人提交的上述材料进行初审。

申请办理离婚登记的当事人有一本结婚证丢失的，当事人应当书面声明遗失，婚姻登记员可以根据另一本结婚证受理离婚登记申请；申请办理离婚登记的当事人两本结婚证都丢失的，当事人应当书面声明结婚证遗失并提供加盖查档专用章的结婚登记档案复印件，婚姻登记员可根据当事人提供的上述材料受理离婚登记申请。

婚姻登记员对当事人提交的证件和证明材料初审无误后，发给《离婚登记申请受理回执单》（附件2）。不符合离婚登记申请条件的，不予受理。当事人要求出具《不予受理离婚登记申请告知书》（附件3）的，应当出具。

（三）冷静期。自婚姻登记机关收到离婚登记申请并向当事人发放《离婚登记申请受理回执单》之日起三十日内，任何一方不愿意离婚的，可以持本人有效身份证件和《离婚登记申请受理回执单》（遗失的可不提供，但需书面说明情况），向受理离婚登记申请的婚姻登记机关撤回离婚登记申请，并亲自填写《撤回离婚登记申请书》（附件4）。经婚姻登记机关核实无误后，发给《撤回离婚登记申请确认单》（附件5），并将《离婚登记申请书》、《撤回离婚登记申请书》与《撤回离婚登记申请确认单（存根联）》一并存档。

自离婚冷静期届满后三十日内，双方未共同到婚姻登记机关申请发给离婚证的，视为撤回离婚登记申请。

（四）审查。自离婚冷静期届满后三十日内（期间届满的最后一日是节假日的，以节假日后的第一日为期限届满的日期），双方当事人应当持《婚姻登记工作规范》第五十五条第（四）至（七）项规定的证件和材料，共同到婚姻登记机关申请发给离婚证。

婚姻登记机关按照《婚姻登记工作规范》第五十六条和第五十七条规定的程序和条件执行和审查。婚姻登记机关对不符合离婚登记条件的，不予办理。当事人要求出具《不予办理离婚登记告知书》（附件7）的，应当出具。

（五）登记（发证）。婚姻登记机关按照《婚姻登记工作规范》第五十八条至六十条规定，予以登记，发给离婚证。

离婚协议书一式三份，男女双方各一份并自行保存，婚姻登记处存档一份。婚姻登记员在当事人持有的两份离婚协议书上加盖"此件与存档件一致，涂改无效。××××婚姻登记处××××年××月××日"的长方形红色印章并填写日期。多页离婚协议书同时在骑缝处加盖此印章，骑缝处不填写日期。当事人亲自签订的离婚协议书原件存档。婚姻登记处在存档的离婚协议书加盖"×××登记处存档件××××年××月××日"的长方形红色印章并填写日期。

三、离婚登记档案归档

婚姻登记机关应当按照《婚姻登记档案管理办法》规定建立离婚登记档案、形成电子档案。

归档材料应当增加离婚登记申请环节所有材料（含附件1、4、5）。

⊙《**民政部关于印发〈婚姻登记工作规范〉的通知**》(2015年12月8日民发〔2015〕230号公布　根据2021年11月24日民发〔2020〕116号《民政部关于贯彻落实〈中华人民共和国民法典〉中有关婚姻登记规定的通知》修订）

第二十九条　内地居民办理结婚登记应当提交本人有效的居民身份证

和户口簿，因故不能提交身份证的可以出具有效的临时身份证。

居民身份证与户口簿上的姓名、性别、出生日期、公民身份号码应当一致；不一致的，当事人应当先到有关部门更正。

户口簿上的婚姻状况应当与当事人声明一致。不一致的，当事人应当向登记机关提供能够证明其声明真实性的法院生效司法文书、配偶居民死亡医学证明（推断）书等材料；不一致且无法提供相关材料的，当事人应当先到有关部门更正。

当事人声明的婚姻状况与婚姻登记档案记载不一致的，当事人应当向登记机关提供能够证明其声明真实性的法院生效司法文书、配偶居民死亡医学证明（推断）书等材料。

第三十条　现役军人办理结婚登记应当提交本人的居民身份证、军人证件和部队出具的军人婚姻登记证明。

居民身份证、军人证件和军人婚姻登记证明上的姓名、性别、出生日期、公民身份号码应当一致；不一致的，当事人应当先到有关部门更正。

第三十一条　香港居民办理结婚登记应当提交：

（一）港澳居民来往内地通行证或者港澳同胞回乡证；

（二）香港居民身份证；

（三）经香港委托公证人公证的本人无配偶以及与对方当事人没有直系血亲和三代以内旁系血亲关系的声明。

第三十二条　澳门居民办理结婚登记应当提交：

（一）港澳居民来往内地通行证或者港澳同胞回乡证；

（二）澳门居民身份证；

（三）经澳门公证机构公证的本人无配偶以及与对方当事人没有直系血亲和三代以内旁系血亲关系的声明。

第三十三条　台湾居民办理结婚登记应当提交：

（一）台湾居民来往大陆通行证或者其他有效旅行证件；

（二）本人在台湾地区居住的有效身份证；

（三）经台湾公证机构公证的本人无配偶以及与对方当事人没有直系血亲和三代以内旁系血亲关系的声明。

第三十四条　华侨办理结婚登记应当提交：

（一）本人的有效护照；

（二）居住国公证机构或者有权机关出具的、经中华人民共和国驻该国使（领）馆认证的本人无配偶以及与对方当事人没有直系血亲和三代以内旁系血亲关系的证明，或者中华人民共和国驻该国使（领）馆出具的本人无配偶以及与对方当事人没有直系血亲和三代以内旁系血亲关系的证明。

与中国无外交关系的国家出具的有关证明，应当经与该国及中国均有外交关系的第三国驻该国使（领）馆和中国驻第三国使（领）馆认证，或者经第三国驻华使（领）馆认证。

第三十五条 外国人办理结婚登记应当提交：

（一）本人的有效护照或者其他有效的国际旅行证件；

（二）所在国公证机构或者有权机关出具的、经中华人民共和国驻该国使（领）馆认证或者该国驻华使（领）馆认证的本人无配偶的证明，或者所在国驻华使（领）馆出具的本人无配偶证明。

与中国无外交关系的国家出具的有关证明，应当经与该国及中国均有外交关系的第三国驻该国使（领）馆和中国驻第三国使（领）馆认证，或者经第三国驻华使（领）馆认证。

第六章 离婚登记

第五十四条 离婚登记按照初审—受理—审查—登记（发证）的程序办理。

第五十五条 受理离婚登记申请的条件是：

（一）婚姻登记处具有管辖权；

（二）要求离婚的夫妻双方共同到婚姻登记处提出申请；

（三）双方均具有完全民事行为能力；

（四）当事人持有离婚协议书，协议书中载明双方自愿离婚的意思表示以及对子女抚养、财产及债务处理等事项协商一致的意见；

（五）当事人持有内地婚姻登记机关或者中国驻外使（领）馆颁发的结婚证；

（六）当事人各提交2张2寸单人近期半身免冠照片；

（七）当事人持有本规范第二十九条至第三十五条规定的有效身份证件。

第五十六条 婚姻登记员受理离婚登记申请，应当按照下列程序进行：

（一）分开询问当事人的离婚意愿，以及对离婚协议内容的意愿，并进行笔录，笔录当事人阅后签名。

（二）查验本规范第五十五条规定的证件和材料。申请办理离婚登记的当事人有一本结婚证丢失的，当事人应当书面声明遗失，婚姻登记机关可以根据另一本结婚证办理离婚登记；申请办理离婚登记的当事人两本结婚证都丢失的，当事人应当书面声明结婚证遗失并提供加盖查档专用章的结婚登记档案复印件，婚姻登记机关可根据当事人提供的上述材料办理离婚登记。

（三）双方自愿离婚且对子女抚养、财产及债务处理等事项协商一致的，双方填写《申请离婚登记声明书》；

《申请离婚登记声明书》中"声明人"一栏的签名必须由声明人在监誓人面前完成并按指纹；

婚姻登记员作监誓人并在监誓人一栏签名。

（四）夫妻双方应当在离婚协议上现场签名；婚姻登记员可以在离婚协议书上加盖"此件与存档件一致，涂改无效。××××婚姻登记处××年××月××日"的长方形印章。协议书夫妻双方各一份，婚姻登记处存档一份。当事人因离婚协议书遗失等原因，要求婚姻登记机关复印其离婚协议书的，按照《婚姻登记档案管理办法》的规定查阅婚姻登记档案。

离婚登记完成后，当事人要求更换离婚协议书或变更离婚协议内容的，婚姻登记机关不予受理。

第五十七条 婚姻登记员对当事人提交的证件、《申请离婚登记声明书》、离婚协议书进行审查，符合离婚条件的，填写《离婚登记审查处理表》和离婚证。

《离婚登记审查处理表》和离婚证分别参照本规范第三十八条、第三十九条规定填写。

第五十八条 婚姻登记员在完成离婚证填写后，应当进行认真核对、检查。对打印或者书写错误、证件被污染或者损坏的，应当将证件报废处理，重新填写。

第五十九条 颁发离婚证，应当在当事人双方均在场时按照下列步骤进行：

（一）向当事人双方询问核对姓名、出生日期、离婚意愿；

（二）见证当事人本人亲自在《离婚登记审查处理表》"当事人领证签名并按指纹"一栏中签名并按指纹；

"当事人领证签名并按指纹"一栏不得空白，不得由他人代为填写、代按指纹；

（三）在当事人的结婚证上加盖条型印章，其中注明"双方离婚，证件失效。××婚姻登记处"。注销后的结婚证复印存档，原件退还当事人。

（四）将离婚证颁发给离婚当事人。

第六十条 婚姻登记员每办完一对离婚登记，应当依照《婚姻登记档案管理办法》，对应当存档的材料进行整理、保存，不得出现原始材料丢失、损毁情况。

第六十一条 婚姻登记机关对不符合离婚登记条件的，不予受理。当事人要求出具《不予办理离婚登记告知书》的，应当出具。

人民法院案例选案例

⊙将财产给予子女的约定性质上为利益第三人条款，负有给付义务的一方不得基于赠与合同关系行使任意撤销权——倪陆某某与陆某某离婚后财产纠纷案[《人民法院案例选》2020年第1辑（总第143辑）]

【关键词】

离婚协议效力

【裁判摘要】

离婚协议通常系关于婚姻关系解除、子女抚养、共同财产分割等内容的一揽子协议，其中将财产给予子女的约定在性质上属于利益第三人条款，而非在父母与子女之间建立赠与合同关系，因此，负有给付义务的一方不得基于赠与合同关系行使任意撤销权。同时，基于《合同法》第64条（《民法典》第522条）的规定及利他合同的法理，子女享有直接请求给付的权利。

【基本案情】

倪陆某某系倪某某与陆某某的婚生儿子，出生于2008年11月。上海市松江区茸龙路房屋系陆某某于2005年购买,现登记在陆某某一人名下。倪某某与陆某某于2007年7月3日登记结婚,于2010年4月30日协议离婚。双方离婚时签订的离婚协议第3条财产处理约定:"双方有夫妻共同财产坐落在上海市松江区茸龙路××弄大江苑××室商品房一套,现协商归男方和儿子各半,男方须于离婚后一周内在房产证上加上儿子倪陆某某的名字……"2010年6月3日,倪陆某某诉至法院,后与陆某某达成人民调解协议书一份。该协议载明:"一、陆某某和倪陆某某于2010年8月3日之前一起去办理将倪陆某某名字加入产权证的手续;办理此手续产生的费用各半承担;二、倪陆某某自愿撤诉……"2012年5月11日,倪某某与陆某某重新登记结婚。2016年11月16日,倪某某与陆某某签订离婚协议,载明:"双方于2016年11月16日离婚,协商一致达成以下协议:1.男孩倪陆某某归女方抚养,由原告男方支付抚养费壹仟元。2.男方所拥有的房产证加上倪陆某某名字,双方于一个月内去办理。3.男方一次性补偿女方叁万元整,三个月内付清。"2016年11月17日,双方经上海市松江区人民法院调解离婚。民事调解书载明:"双方当事人自愿达成如下协议:一、原告陆某某与被告倪某某双方自愿离婚;二、原、被告婚生子倪陆某某随被告共同生活;三、原告陆某某自2016年11月起每月25日前给付被告倪某某孩子抚养费1000元,教育费、医疗费凭发票各半承担,至孩子十八周岁止;四、原告陆某某于2017年2月16日前给付被告倪某某房屋补偿款人民币30000元……"协议签署后陆某某并没有依约履行。故倪陆某某请求判令陆某某配合倪陆某某将上海市松江区茸龙路的房屋登记为双方共同所有,各占50%的份额。

⊙**婚姻登记机关对无民事行为能力人协议离婚颁发离婚证的,该离婚证无效——郭某某诉某县民政局对无民事行为能力人协议离婚核发离婚证案**[《人民法院案例选》1993年第4辑(总第6辑)]

【案例要旨】

婚姻登记机关对无民事行为能力人协议离婚准予离婚登记违反法定程序,属人民法院行政案件的受案范围,人民法院应撤销民政局准予离婚的决定,所颁发的离婚证无效。

适用要点

⊙ **当事人认为离婚登记存在错误的,只能通过行政诉讼来解决**

离婚登记作为一种行政确认具体行政行为,应纳入行政诉讼受案范围,在婚姻当事人认为离婚登记存在错误时,可提出行政诉讼,要求撤销该离婚登记。但是,若与离婚当事人有财产争议的人,认为婚姻登记机关对他人离婚登记侵犯了其财产权利而要求撤销离婚登记提起行政诉讼的,因其与离婚登记行政行为无行政法上的利害关系,人民法院可告知其以民事侵权提起诉讼。若坚持提起行政诉讼的,应以原告无主体资格而裁定驳回起诉。

第一千零七十九条 【诉讼离婚】 夫妻一方要求离婚的,可以由有关组织进行调解或者直接向人民法院提起离婚诉讼。

人民法院审理离婚案件,应当进行调解;如果感情确已破裂,调解无效的,应当准予离婚。

有下列情形之一,调解无效的,应当准予离婚:

(一)重婚或者与他人同居;

(二)实施家庭暴力或者虐待、遗弃家庭成员;

(三)有赌博、吸毒等恶习屡教不改;

(四)因感情不和分居满二年;

(五)其他导致夫妻感情破裂的情形。

一方被宣告失踪,另一方提起离婚诉讼的,应当准予离婚。

经人民法院判决不准离婚后,双方又分居满一年,一方再次提起离婚诉讼的,应当准予离婚。

法 律

⊙《**民事诉讼法**》(2023年9月1日修正)

第六十条 无诉讼行为能力人由他的监护人作为法定代理人代为诉

讼。法定代理人之间互相推诿代理责任的，由人民法院指定其中一人代为诉讼。

第六十五条　离婚案件有诉讼代理人的，本人除不能表达意思的以外，仍应出庭；确因特殊情况无法出庭的，必须向人民法院提交书面意见。

第一百零一条　下列案件调解达成协议，人民法院可以不制作调解书：

（一）调解和好的离婚案件；

（二）调解维持收养关系的案件；

（三）能够即时履行的案件；

（四）其他不需要制作调解书的案件。

对不需要制作调解书的协议，应当记入笔录，由双方当事人、审判人员、书记员签名或者盖章后，即具有法律效力。

第一百二十七条　人民法院对下列起诉，分别情形，予以处理：

（一）依照行政诉讼法的规定，属于行政诉讼受案范围的，告知原告提起行政诉讼；

（二）依照法律规定，双方当事人达成书面仲裁协议申请仲裁、不得向人民法院起诉的，告知原告向仲裁机构申请仲裁；

（三）依照法律规定，应当由其他机关处理的争议，告知原告向有关机关申请解决；

（四）对不属于本院管辖的案件，告知原告向有管辖权的人民法院起诉；

（五）对判决、裁定、调解书已经发生法律效力的案件，当事人又起诉的，告知原告申请再审，但人民法院准许撤诉的裁定除外；

（六）依照法律规定，在一定期限内不得起诉的案件，在不得起诉的期限内起诉的，不予受理；

（七）判决不准离婚和调解和好的离婚案件，判决、调解维持收养关系的案件，没有新情况、新理由，原告在六个月内又起诉的，不予受理。

第一百三十七条　人民法院审理民事案件，除涉及国家秘密、个人隐私或者法律另有规定的以外，应当公开进行。

离婚案件、涉及商业秘密的案件，当事人申请不公开审理的，可以不公开审理。

第一百五十一条 人民法院对公开审理或者不公开审理的案件，一律公开宣告判决。

当庭宣判的，应当在十日内发送判决书；定期宣判的，宣判后立即发给判决书。

宣告判决时，必须告知当事人上诉权利、上诉期限和上诉的法院。

宣告离婚判决，必须告知当事人在判决发生法律效力前不得另行结婚。

第一百五十四条 有下列情形之一的，终结诉讼：

（一）原告死亡，没有继承人，或者继承人放弃诉讼权利的；

（二）被告死亡，没有遗产，也没有应当承担义务的人的；

（三）离婚案件一方当事人死亡的；

（四）追索赡养费、扶养费、抚养费以及解除收养关系案件的一方当事人死亡的。

⊙《**涉外民事关系法律适用法**》（2010 年 10 月 28 日）

第二十七条 诉讼离婚，适用法院地法律。

司法解释及文件

⊙《**最高人民法院关于适用〈中华人民共和国民法典〉婚姻家庭编的解释（一）**》（2020 年 12 月 29 日 法释〔2020〕22 号）

第一条 持续性、经常性的家庭暴力，可以认定为民法典第一千零四十二条、第一千零七十九条、第一千零九十一条所称的"虐待"。

第二条 民法典第一千零四十二条、第一千零七十九条、第一千零九十一条规定的"与他人同居"的情形，是指有配偶者与婚外异性，不以夫妻名义，持续、稳定地共同居住。

第三条 当事人提起诉讼仅请求解除同居关系的，人民法院不予受理；已经受理的，裁定驳回起诉。

当事人因同居期间财产分割或者子女抚养纠纷提起诉讼的，人民法院应当受理。

第十三条 人民法院就同一婚姻关系分别受理了离婚和请求确认婚姻无效案件的，对于离婚案件的审理，应当待请求确认婚姻无效案件作出判决后进行。

第二十三条 夫以妻擅自中止妊娠侵犯其生育权为由请求损害赔偿的，人民法院不予支持；夫妻双方因是否生育发生纠纷，致使感情确已破裂，一方请求离婚的，人民法院经调解无效，应依照民法典第一千零七十九条第三款第五项的规定处理。

第六十二条 无民事行为能力人的配偶有民法典第三十六条第一款规定行为，其他有监护资格的人可以要求撤销其监护资格，并依法指定新的监护人；变更后的监护人代理无民事行为能力一方提起离婚诉讼的，人民法院应予受理。

第六十三条 人民法院审理离婚案件，符合民法典第一千零七十九条第三款规定"应当准予离婚"情形的，不应当因当事人有过错而判决不准离婚。

第六十四条 民法典第一千零八十一条所称的"军人一方有重大过错"，可以依据民法典第一千零七十九条第三款前三项规定及军人有其他重大过错导致夫妻感情破裂的情形予以判断。

第六十五条 人民法院作出的生效的离婚判决中未涉及探望权，当事人就探望权问题单独提起诉讼的，人民法院应予受理。

⊙ **《最高人民法院关于办理人身安全保护令案件适用法律若干问题的规定》**（2022 年 7 月 14 日　法释〔2022〕17 号）

第一条 当事人因遭受家庭暴力或者面临家庭暴力的现实危险，依照反家庭暴力法向人民法院申请人身安全保护令的，人民法院应当受理。

向人民法院申请人身安全保护令，不以提起离婚等民事诉讼为条件。

第三条 家庭成员之间以冻饿或者经常性侮辱、诽谤、威胁、跟踪、骚扰等方式实施的身体或者精神侵害行为，应当认定为反家庭暴力法第二条规定的"家庭暴力"。

第九条 离婚等案件中,当事人仅以人民法院曾作出人身安全保护令为由,主张存在家庭暴力事实的,人民法院应当根据《最高人民法院关于适用〈中华人民共和国民事诉讼法〉的解释》第一百零八条的规定,综合认定是否存在该事实。

第十一条 离婚案件中,判决不准离婚或者调解和好后,被申请人违反人身安全保护令实施家庭暴力的,可以认定为民事诉讼法第一百二十七条第七项规定的"新情况、新理由"。

⊙《最高人民法院关于进一步深化家事审判方式和工作机制改革的意见(试行)》(2021年3月24日修正)

11. 离婚案件的调解,双方当事人应亲自到场。当事人确因特殊情况无法到场参加调解的,除本人不能表达意志的以外,应当出具书面意见。

36. 涉及个人隐私的家事案件,人民法院应当不公开审理。涉及未成年人的家事案件,如果公开审理不利于保护未成年人利益的,人民法院应当不公开审理。

离婚案件,在开庭前,人民法院应当询问当事人是否申请不公开审理。当事人申请不公开的,可以不公开审理。

其他家事案件,当事人申请不公开审理的,人民法院经审查认为不宜公开审理的,可以不公开审理。

37. 身份关系确认案件以及离婚案件,除本人不能表达意志的以外,当事人应当亲自到庭参加诉讼。当事人为无民事行为能力人的,其法定代理人应当到庭。确因特殊情况无法出庭,必须向人民法院提交书面意见,并委托诉讼代理人到庭参加诉讼。

应当到庭参加诉讼的当事人经传票传唤无正当理由拒不到庭的,属于原告方的,依照民事诉讼法第一百四十三条的规定,可以按撤诉处理;属于被告方的,依照民事诉讼法第一百四十四条的规定,可以缺席判决。

无民事行为能力的当事人的法定代理人,经传票传唤无正当理由拒不到庭的,比照上述规定处理。必要时,人民法院可以拘传其到庭。

确因特殊情况无法出庭的当事人、证人和鉴定人,经人民法院准许后,可以声音或影像传输的形式,参加开庭审理及其他诉讼活动。

38.人民法院审理家事案件,涉及确定子女抚养权的,应当充分听取八周岁以上子女的意见。必要时,人民法院可以单独询问未成年子女的意见,并提供符合未成年人心理特点的询问环境。

39.人民法院审理离婚案件,应当对子女抚养、财产分割问题一并处理。对财产分割问题确实不宜一并处理的,可以告知当事人另行起诉。

当事人在离婚诉讼中未对子女抚养、财产分割问题提出诉讼请求的,人民法院应当向当事人释明,引导当事人明确诉讼请求。当事人就子女抚养问题未达成一致,又坚持不要求人民法院处理子女抚养问题的,可以判决不准离婚。

40.人民法院审理离婚案件,经双方当事人同意,可以设置不超过3个月的冷静期。

在冷静期内,人民法院可以根据案件情况开展调解、家事调查、心理疏导等工作。冷静期结束,人民法院应通知双方当事人。

41.人民法院判决或者调解离婚的案件,根据当事人的申请,人民法院可以为当事人出具离婚证明书。

⊙**《最高人民法院关于适用〈中华人民共和国民事诉讼法〉的解释》**(2022年4月1日修正)

第十二条 夫妻一方离开住所地超过一年,另一方起诉离婚的案件,可以由原告住所地人民法院管辖。

夫妻双方离开住所地超过一年,一方起诉离婚的案件,由被告经常居住地人民法院管辖;没有经常居住地的,由原告起诉时被告居住地人民法院管辖。

第十三条 在国内结婚并定居国外的华侨,如定居国法院以离婚诉讼须由婚姻缔结地法院管辖为由不予受理,当事人向人民法院提出离婚诉讼的,由婚姻缔结地或者一方在国内的最后居住地人民法院管辖。

第十四条 在国外结婚并定居国外的华侨,如定居国法院以离婚诉讼须由国籍所属国法院管辖为由不予受理,当事人向人民法院提出离婚诉讼的,由一方原住所地或者在国内的最后居住地人民法院管辖。

第十五条 中国公民一方居住在国外,一方居住在国内,不论哪一方向人民法院提起离婚诉讼,国内一方住所地人民法院都有权管辖。国外一方在居住国法院起诉,国内一方向人民法院起诉的,受诉人民法院有权管辖。

第十六条 中国公民双方在国外但未定居,一方向人民法院起诉离婚的,应由原告或者被告原住所地人民法院管辖。

第十七条 已经离婚的中国公民,双方均定居国外,仅就国内财产分割提起诉讼的,由主要财产所在地人民法院管辖。

第一百四十五条 人民法院审理民事案件,应当根据自愿、合法的原则进行调解。当事人一方或者双方坚持不愿调解的,应当及时裁判。

人民法院审理离婚案件,应当进行调解,但不应久调不决。

第一百四十七条 人民法院调解案件时,当事人不能出庭的,经其特别授权,可由其委托代理人参加调解,达成的调解协议,可由委托代理人签名。

离婚案件当事人确因特殊情况无法出庭参加调解的,除本人不能表达意志的以外,应当出具书面意见。

第一百四十八条 当事人自行和解或者调解达成协议后,请求人民法院按照和解协议或者调解协议的内容制作判决书的,人民法院不予准许。

无民事行为能力人的离婚案件,由其法定代理人进行诉讼。法定代理人与对方达成协议要求发给判决书的,可根据协议内容制作判决书。

第二百一十四条 原告撤诉或者人民法院按撤诉处理后,原告以同一诉讼请求再次起诉的,人民法院应予受理。

原告撤诉或者按撤诉处理的离婚案件,没有新情况、新理由,六个月内又起诉的,比照民事诉讼法第一百二十七条第七项的规定不予受理。

第二百一十七条 夫妻一方下落不明,另一方诉至人民法院,只要求离婚,不申请宣告下落不明人失踪或者死亡的案件,人民法院应当受理,对下落不明人公告送达诉讼文书。

第二百三十四条 无民事行为能力人的离婚诉讼,当事人的法定代理人应当到庭;法定代理人不能到庭的,人民法院应当在查清事实的基础上,依法作出判决。

第三百八十条 当事人就离婚案件中的财产分割问题申请再审,如涉及判决中已分割的财产,人民法院应当依照民事诉讼法第二百零七条的规定进行审查,符合再审条件的,应当裁定再审;如涉及判决中未作处理的夫妻共同财产,应当告知当事人另行起诉。

第五百四十二条 当事人向中华人民共和国有管辖权的中级人民法院申请承认和执行外国法院作出的发生法律效力的判决、裁定的,如果该法院所在国与中华人民共和国没有缔结或者共同参加国际条约,也没有互惠关系的,裁定驳回申请,但当事人向人民法院申请承认外国法院作出的发生法律效力的离婚判决的除外。

承认和执行申请被裁定驳回的,当事人可以向人民法院起诉。

⊙《最高人民法院关于适用〈中华人民共和国民法典〉时间效力的若干规定》(2020年12月29日　法释〔2020〕15号)

第二十二条 民法典施行前,经人民法院判决不准离婚后,双方又分居满一年,一方再次提起离婚诉讼的,适用民法典第一千零七十九条第五款的规定。

典型案例

⊙滥施"家规"构成家庭暴力——陈某诉张某离婚纠纷案(2014年2月27日最高人民法院公布的十起涉家庭暴力典型案例)

【案例要旨】

家庭暴力是婚姻关系中一方控制另一方的手段。一方通过殴打、捆绑、残害、强行限制人身自由或者其他手段,给家庭成员的身体、精神等方面造成一定伤害后果。家庭生活中不成文的家规严重的也构成家庭暴力。

【基本案情】

原告陈某、被告张某于1988年8月16日登记结婚,1989年7月9日生育女儿张某某(已成年)。因经常被张某打骂,陈某曾于1989年起诉离婚,张某当庭承认错误保证不再施暴后,陈某撤诉。此后,张某未有改变,依然要求陈某事事服从。稍不顺从,轻则辱骂威胁,重则拳脚相加。2012年5月14日,张某认为陈某未将其衣服洗净,辱骂陈某并命令其重洗。陈某不肯,张某即殴打陈某。女儿张某某在阻拦过程中也被打伤。

2012年5月17日,陈某起诉离婚。被告张某答辩称双方只是一般夫妻纠纷,保证以后不再殴打陈某。庭审中,张某仍态度粗暴,辱骂陈某,又坚决不同意离婚。

【裁判结果】

法院经审理认为,家庭暴力是婚姻关系中一方控制另一方的手段。法院查明事实说明,张某给陈某规定了很多不成文家规,如所洗衣服必须让张某满意、挨骂不许还嘴、挨打后不许告诉他人等。张某对陈某的控制还可见于其诉讼中的表现,如在答辩状中表示道歉并保证不再殴打陈某,但在庭审中却对陈某进行威胁、指责、贬损,显见其无诚意和不思悔改。遂判决准许陈某与张某离婚。一审宣判后,双方均未上诉。

一审宣判前,法院依陈某申请发出人身安全保护裁定,禁止张某殴打、威胁、跟踪、骚扰陈某及女儿张某某。裁定有效期六个月,经跟踪回访确认,张某未违反。

⊙**法院处理双方感情实际上并未完全破裂的离婚案件时,不应轻易判决离婚——邵某诉薛某离婚纠纷案**〔2015年11月19日最高人民法院公布的30起婚姻家庭纠纷典型案例(河南)〕

【案例要旨】

法院在审理年轻夫妻离婚案件时,应当注重引导当事人互相谅解、共同维护婚姻关系,不应轻易判决年轻夫妻离婚,应注意给双方留下缓冲和解的空间。

【基本案情】

2012年,80后青年邵某与薛某在一次网络聊天时结识,二人通过网络进行了长期的交流,逐渐开始约会见面,经过一年多的相知、相爱,终于在2013年9月正式结婚。婚后二人感情尚好,在第二年生育了一个孩子,然而双方之间的问题从此开始产生。由于生活习惯不同,加上当初网络交流时,彼此对对方家庭成员和性格特点了解并不深入,作为妻子的薛某在婚后同来家中照顾宝宝的公婆产生了矛盾,邵某与薛某也因此经常吵架拌嘴。在一次争吵过程中,薛某终于无法忍受,与公婆动了手。无奈之下,丈夫邵某在2015年4月以夫妻感情已破裂为由起诉离婚。

【裁判结果】

郑州市惠济区人民法院经审理认为：双方因产生一些家庭琐事就轻易提起离婚，着实不太严肃。家庭内部有摩擦在所难免，加上原被告是网恋而成的婚事，因此，彼此仍有进一步了解缓和的希望。成就一次完美的婚姻需要男女双方共同理解忍让，本案原被告仍有希望将婚姻关系修复重好，双方感情实际上并未完全破裂，因此判决驳回诉讼请求。原被告经法官判后释法，均未上诉。

【典型意义】

近年来，随着信息技术和交通事业的飞速发展，"网恋""闪婚"已不再罕见，"千里之外"的异地恋也逐渐盛行，但随之而来的大量离婚纠纷，尤其是子女出生后产生家庭矛盾而引发婚姻矛盾的案件呈上升趋势。年轻人本身感情经历少，心气过重，对待婚姻关系不太严肃，稍有矛盾就诉诸离婚并不是明智之举，法院在审理时亦应当以引导当事人互相谅解、共同维护婚姻关系，不应轻易判决年轻夫妻离婚，而更应注意给闹矛盾的双方留下缓冲和解的空间。法院判决不离婚时亦在强调夫妻双方在婚姻中要注重多沟通和磨合，增强责任意识，在面临冲突时多相互体谅和宽容。同时，也要引导上一辈老人注意不可过多干涉子女的婚姻生活，应摆正自己的位置，多放手让子女自行处理婚姻中的问题，为维护子女小家庭的和谐努力。

⊙**无民事行为能力人的离婚诉讼，应由除其配偶外的其他监护人代为提起——陈某某与吕某某离婚纠纷案**〔2015年11月19日最高人民法院公布的30起婚姻家庭纠纷典型案例（山东）〕

【案例要旨】

夫妻关系存续期间，夫或妻一方因疾病或外力损伤而出现无民事行为能力或限制民事行为能力状态时，离婚只能通过诉讼来解决，虽然其第一顺序监护人系配偶，但为了保护无民事行为能力人的权益，应由除其配偶外的其他监护人代为提起离婚诉讼。

【基本案情】

原告陈某某与被告吕某某于1980经人介绍相识，双方在未办理结婚登记手续的情况下开始同居生活。1983年6月4日生育长子吕甲，1986年5月30日生育次子吕乙，1988年12月28日生育三子吕丙，现三个孩子均已成年，并已独立生活。原告陈某某系重性精神分裂症患者，患病后无法独立生活，被告吕某某不履行夫妻间的扶养义务。因此，原告陈某某提起诉讼，请求判令与被告吕某某离婚，均分夫妻财产，并要求吕某某返还工资款33000元，并给予其经济帮助金60000元。本案中，陈某系原告陈某某的姐姐，并且是原告的监护人。

【裁判结果】

枣庄市山亭区人民法院经审理认为，原告陈某某系不能辨识自己行为的精神病人，是无民事行为能力人。原告陈某某的监护人陈某作为法定代理人代为诉讼，符合法律规定。原、被告虽未办理结婚登记手续，但1980年即开始同居生活，至1994年2月1日双方已符合结婚的实质要件，属事实婚姻。原告陈某某因患精神疾病生活无法自理，被告吕某某不履行夫妻间的扶养义务，现原告陈某某请求离婚，符合法律规定，应予以准许。原告陈某某要求均分共同财产，但未提供财产清单及相关证据证明，不予支持，待权利人有证据后，可另行主张。原告陈某某要求被告吕某某偿还其2005年至2013年的工资款33000元，证据不足，法院不予支持。原告陈某某要求被告吕某某给予其60000元经济帮助金，根据《婚姻法》第四十二条（《民法典》第一千零九十条）的规定，结合本案实际，法院认为被告吕某某给予原告陈某某20000元经济帮助金为宜。

【典型意义】

本案中的一个焦点问题是原告陈某某的姐姐陈某，是否能代为提起离婚诉讼。夫妻关系存续期间，夫或妻一方可能会因疾病或外力损伤而出现无民事行为能力或限制民事行为能力状态。一般人的离婚可以通过协商、诉讼等多种方式解决，但对于这一类特殊的人群，他们的离婚只能通过诉讼来解决。无民事行为能力人属于无法表达真实意思的人。在离婚案件中，无民事行为能力人无论是作为原告还是被告，其第一顺序监护人系配偶，如果纠结于《民事诉讼法》的规定，则会出现无民事行为能力人的合法权益受到配偶侵犯时，只要配偶不提出离婚，则其永远也离不了婚。为了保护无民事行为能力人的权益，应由除其配偶外的其他监护人代为提起离婚诉讼。本案中，原告陈某某因患精神疾病生活无法自理，被告吕某某不履行夫妻间的扶养义务，原告陈某某的姐姐作为监护人代为请求离婚，符合法律规定，应予以准许。

⊙ **法院应更加慎重地审核老年夫妻离婚案件，对于具有重归于好的可能的案件不予判离——刘某某诉李某某离婚纠纷案**（2015 年 12 月 4 日最高人民法院公布的 49 起婚姻家庭纠纷典型案例）

【案例要旨】

法院在审理老年离婚案件时，若夫妻感情确已破裂，可判离婚；但应更加慎重地审核老年夫妻离婚案件，若经过双方共同努力，还是具有重归于好的可能的，不予判离，从而更好地维护社会稳定、提高社会幸福指数。

【基本案情】

原告刘某某与被告李某某的父亲原在一个单位工作，二人关系很好。1976 年原、被告经人介绍相识，并于 1980 年登记结婚，于 1981 年 12 月生有一子（现已成年成家）。原、被告在三十多年的共同生活期间，曾为家庭生活琐事吵架生气，因双方沟通不畅，处理矛盾不当，为此影响了原告对被告的感情，特别是被告对原告及原告父母的冷淡，促使矛盾更加激化，原告为此曾于 2012 年 7 月 2 日向河南省焦作市解放区人民法院提起离婚诉讼，法院于 2013 年 8 月 8 日作出判决，不准原、被告离婚。2014 年 6 月 12 日原告第二次向法院提起离婚诉讼。

【裁判结果】

焦作市解放区人民法院认为，30 余年相识、相守实属不易，双方感情基础良好，应珍惜多年来建立起来的感情和家庭，在今后的生活中，各自克服和改正自身存在的问题，互相体谅和关心对方，多做有利于夫妻和好的事，少说不利于家庭和睦的话。尤其是被告如能克服待人冷淡、不善沟通、脾气冲动的问题，在生活上对原告多些关心和照顾、多些体贴和理解，原告如能念及与被告多年的夫妻情分，念及对已故老人们的承诺，念及对子孙后代的影响，共同努力，克服当前婚姻家庭中出现的困难，双方还是具有重归于好的可能的。据此，法院裁判不准原告刘某某与被告李某某离婚。一审宣判后，双方当事人均未上诉。

【典型意义】

本案是老年离婚的典型案件。近年来，老年离婚案件数量逐渐增多，若夫妻感情确已破裂、符合《婚姻法》第三十二条（《民法典》第一千零七十九条）的相关规定，可判离婚，但"少时夫妻老来伴"，在年轻的感情逐渐淡去之时，老年夫妻之间所谓的感情更多的是对一份承诺的信守和由此演变而来的符合公序良俗的家庭责任和社会担当。老年婚姻关系的解除，不能简单等同于一般离婚案件，其产生的影响牵涉至其子女、甚至于孙子女在内的多个家庭，人民法院依法裁判，具有积极的导向异议，在审理老年离婚案件时，应认识到老年夫妻之间已经过数十年的磨合，实属不易，双方如能念及多年的夫妻情分，念及对自身对家庭应有的责任，共同努力，双方还是具有重归于好的可能的，从而更加慎重地审核老年夫妻离婚案件，如此才能更好地维护社会稳定、提高社会幸福指数。

⊙ **无感情基础老年人再婚因子女沟通不畅请求离婚的，可认定为感情确已破裂——彭某某与李某某离婚纠纷案**（2015年12月4日最高人民法院公布的49起婚姻家庭纠纷典型案例）

【案例要旨】

老年人再婚后，因双方与子女沟通不够，加之感情基础薄弱，发生矛盾，请求离婚的，可认定为感情确已破裂，法院应予支持。

【基本案情】

1939年11月出生的彭某某与1957年5月出生的李某某均系再婚家庭，各自均有子女。2008年11月经媒人介绍相识，2009年1月15日在邵阳市双清区民政局办理了结婚登记，婚后未生育子女。因被告与原告方的家庭成员相处不融洽，夫妻双方经常发生争吵。2015年正月初二，双方发生矛盾后双方分居。原告以夫妻感情彻底破裂为由，向人民法院提起诉讼，请求人民法院判决离婚。

【裁判结果】

邵阳市双清区人民法院依法判决准予原告彭某某与被告李某某离婚。

【典型意义】

原、被告系再婚家庭，双方感情基础薄弱，婚后没有建立起真正的夫妻感情。双方因感情不和已分居至今，说明原、被告夫妻感情确已破裂，无和好可能。本案中，原、被告均有自己的各自的家庭，双方均没有很好地融入家庭中，矛盾时常发生。当然，双方离婚跟各自的子女沟通不够有关。法官提醒老年人，找老伴要多与自己的子女沟通。为人子女也要站在老年人的角度，多关心自己父母，不仅是物质上，更要有精神上的，让他们有一个幸福的晚年。

⊙**认定夫妻感情是否确已破裂，要根据离婚纠纷案件的客观事实来确定——赵某某与杨某某离婚纠纷案**（2015年12月4日最高人民法院公布的49起婚姻家庭纠纷典型案例）

【案例要旨】

夫妻感情确已破裂是准予离婚的唯一法定理由。认定夫妻感情是否确已破裂，应当从婚姻继承、婚后感情、离婚原因、夫妻关系的现状和有无和好的可能等方面综合分析。

【基本案情】

2009年8月份，原、被告相识并自由恋爱。2010年3月1日按当地习俗举行婚礼并同居生活。2010年3月31日，到婚姻登记机关补办结婚登记手续领取结婚证。婚后夫妻感情一般。2012年2月26日生有长女杨甲；2014年12月24日生有次女杨乙。原、被告婚后时因家务琐事吵闹。原告从2014年12月31日至今居住在原告父母家。被告多次到原告父母家喊原告，原告不跟随其回家。原告起诉要求与被告离婚；婚生子女杨甲、杨乙由原告抚养；夫妻共同财产一台电视机等归原告所有；共同债务由被告负责偿还。

【裁判结果】

本案中，原、被告系自由恋爱，婚姻基础较好，并生有两个小孩（尚幼），原、被告双方应加强沟通交流，克服生活中的各种困难，珍惜相互间的夫妻感情，正确处理好其婚姻家庭关系，共同营造和谐家庭关系，为小孩的健康成长提供有利条件。据此，依照《婚姻法》第三十二条（《民法典》第一千零七十九条）之规定，判决不准原告赵某某与被告杨某某离婚。

【典型意义】

夫妻感情确已破裂是准予离婚的唯一法定理由。认定夫妻感情是否确已破裂，要根据离婚纠纷案件的客观事实来确定。在本案中，原、被告双方系自由恋爱，婚姻基础较好，婚后双方虽因家务琐事发生吵闹，但只要双方加强沟通交流，克服生活中的各种困难，珍惜相互间的夫妻感情，另一方面双方所生两子女尚幼，从有利于小孩的健康成长出发，综合本案实际夫妻双方仍有和好可能，据此法院判决原、被告双方不准离婚。

⊙因感情不和已分居四年，且一方多次起诉离婚的，应判断为夫妻感情确已破裂——孙某某与王某某离婚纠纷案（最高人民法院2015年12月4日公布的婚姻家庭纠纷典型案例）

【案例要旨】

双方性格差异较大，在共同生活期间矛盾较多，感情生活受到很大影响，并逐年恶化，双方因感情不和已分居四年，且该期间很少接触，一方多次起诉离婚的，应判断为夫妻感情确已破裂。

【基本案情】

孙某某于2014年5月6日向辽宁省辽河人民法院起诉称：孙某某与王某某于1992年经人介绍相识，1993年8月15日登记结婚，1994年6月生育女儿孙小某。婚后由于双方性格不合，在共同生活中经常吵架，甚至相互动手。从2007年3月起双方分居至今。2011年女儿高考前夕，双方签订了离婚协议书和离婚协议书补充条款，但因种种原因没有办理离婚登记。之后王某某拖延办理离婚手续，无奈孙某某于2012年10月、2013年7月两次到法院诉讼要求离婚，后因需要搜集证据而撤诉。现孙某某第三次起诉要求与王某某离婚。王某某答辩称双方感情没有完全破裂，不同意离婚。经法院查明的事实为：孙某某与王某某经人介绍相识，于1993年8月15日登记结婚，婚后感情很好，1994年6月生育女儿孙小某。后因双方性格差异较大，在共同生活中产生矛盾，现因感情不和分居四年。孙某某与王某某于2011年5月29日就离婚问题达成"离婚协议书补充条款"。孙某某于2012年10月、2013年7月两次到法院诉讼要求离婚，后以夫妻感情破裂证据不足为由撤诉。2014年5月6日孙某某第三次起诉要求与王某某离婚。

【裁判结果】

辽宁省辽河人民法院审理认为：孙某某与王某某虽然结婚多年，但因性格差异较大，在共同生活期间产生矛盾，致使双方因感情不和分居四年之久，能够认定双方夫妻感情确已破裂。故孙某某要求与王某某离婚的诉讼请求，符合法律规定，予以支持。宣判后，王某某不服一审判决，提出上诉。辽宁省辽河中级人民法院经依法审理认为：孙某某与王某某依法登记并生育子女，但因性格差异较大，在共同生活期间逐渐产生矛盾。自2012年起孙某某多次起诉要求离婚，虽撤诉，但夫妻感情状况并未因此好转。通过孙某某给王某某留便条、发短信的行为，可以看出孙某某与王某某日常已经很少当面接触，结合双方曾协议离婚、孙小某的证言，可以确定双方因感情不和分居已达四年之久。二审期间法院试图调解双方和好，但孙某某坚持要求离婚，可以看出双方夫妻感情确已破裂，故判决驳回上诉，维持原判。

【典型意义】

离婚诉讼中如何判断"感情确已破裂"成为本案审理的关键。《婚姻法》第三十二条第二款（《民法典》第一千零七十九条第二款）将"感情确已破裂"作为离婚的法定理由，该条第三款（《民法典》第一千零七十九条第三款）列举应准予离婚的五种情形。可见《婚姻法》采用这种概括与列举相结合的立法模式，使离婚的法定理由具有可操作性。本案中，从婚后感情来看，双方性格差异较大，在共同生活期间矛盾较多，因此二人的感情生活受到很大影响，并逐年恶化。从夫妻关系的现状来看，双方因感情不和已分居四年，且该期间很少接触。这符合《婚姻法》第三十二条第三款（《民法典》第一千零七十九条第三款）列举的应准予离婚的五种情形中的"双方因感情不和分居两年"规定。从孙某某的离婚决心来看，孙某某已经是第三次向法院提出离婚诉讼，且一审、二审试图调解和好，均失败，可见其离婚决心。综合以上因素，可以认定孙某某与王某某感情确已破裂，已无和好可能，应当准予离婚。

适用要点

⊙ 过错方可否提起离婚诉讼

《最高人民法院关于适用〈中华人民共和国民法典〉婚姻家庭编的解释（一）》第63条规定："人民法院审理离婚案件，符合民法典第一千零七十九条第三款规定'应当准予离婚'情形的，不应当因当事人有过错而判决不准离婚。"如果实践中，有过错一方要求离婚，但是无过错方不同意的，人民法院应当判断是否已经感情破裂，如果确实已经感情破裂，那么就应当判决离婚，对于无过错方的保护可以通过《民法典》第1087条关于分割夫妻共同财产照顾无过错方原则和第1091条离婚损害赔偿制度来实现。

第一千零八十条 【婚姻关系解除】 完成离婚登记，或者离婚判决书、调解书生效，即解除婚姻关系。

法 律

⊙《民事诉讼法》（2023年9月1日修正）

第一百五十一条 人民法院对公开审理或者不公开审理的案件，一律公开宣告判决。

当庭宣判的，应当在十日内发送判决书；定期宣判的，宣判后立即发给判决书。

宣告判决时，必须告知当事人上诉权利、上诉期限和上诉的法院。

宣告离婚判决，必须告知当事人在判决发生法律效力前不得另行结婚。

第二百一十三条 当事人对已经发生法律效力的解除婚姻关系的判决、调解书，不得申请再审。

司法解释及文件

⊙《最高人民法院关于进一步深化家事审判方式和工作机制改革的意见（试行）》（2021年3月24日修正）

41. 人民法院判决或者调解离婚的案件，根据当事人的申请，人民法院可以为当事人出具离婚证明书。

法律适用

⊙关于离婚登记后又反悔的能否提起诉讼问题

夫妻双方在婚姻登记机关办理离婚登记后，一方反悔的，向人民法院提起诉讼，人民法院不予受理。男女双方自愿离婚，并对子女抚养和财产处理问题已有适当安排，在婚姻登记机关办理了离婚登记，领取了离婚证的，其婚姻关系即正式解除。一方对这种已发生法律效力的离婚登记反悔的，在原婚姻登记机关未撤销离婚登记的情况下，向人民法院提起诉讼的，人民法院不应受理。当然，当事人登记离婚后就子女抚养权变更提起诉讼，或者有新的事实证据证明应当重新分割共有财产而提起诉讼的，人民法院应当受理。

第一千零八十一条 【现役军人配偶要求离婚】 现役军人的配偶要求离婚，应当征得军人同意，但是军人一方有重大过错的除外。

法　律

⊙《民法典》（婚姻家庭编）（2020年5月28日）

第一千零七十九条　夫妻一方要求离婚的，可以由有关组织进行调解或者直接向人民法院提起离婚诉讼。

人民法院审理离婚案件，应当进行调解；如果感情确已破裂，调解无效的，应当准予离婚。

有下列情形之一，调解无效的，应当准予离婚：

（一）重婚或者与他人同居；
（二）实施家庭暴力或者虐待、遗弃家庭成员；
（三）有赌博、吸毒等恶习屡教不改；
（四）因感情不和分居满二年；
（五）其他导致夫妻感情破裂的情形。
一方被宣告失踪，另一方提起离婚诉讼的，应当准予离婚。
经人民法院判决不准离婚后，双方又分居满一年，一方再次提起离婚诉讼的，应当准予离婚。

⊙《刑法》(2023年12月29日修正)

第二百五十九条【破坏军婚罪】 明知是现役军人的配偶而与之同居或者结婚的，处三年以下有期徒刑或者拘役。

利用职权、从属关系，以胁迫手段奸淫现役军人的妻子的，依照本法第二百三十六条的规定定罪处罚。

⊙《国防法》(2020年12月26日)

第六十二条 军人应当受到全社会的尊崇。

国家建立军人功勋荣誉表彰制度。

国家采取有效措施保护军人的荣誉、人格尊严，依照法律规定对军人的婚姻实行特别保护。

军人依法履行职责的行为受法律保护。

⊙《兵役法》(2021年8月20日修订)

第六条 兵役分为现役和预备役。在中国人民解放军服现役的称军人；预编到现役部队或者编入预备役部队服预备役的，称预备役人员。

司法解释及文件

⊙《最高人民法院关于适用〈中华人民共和国民法典〉婚姻家庭编的解释（一）》(2020年12月29日 法释〔2020〕22号)

第三十条 军人的伤亡保险金、伤残补助金、医药生活补助费属于个人财产。

第三十四条　夫妻一方与第三人串通，虚构债务，第三人主张该债务为夫妻共同债务的，人民法院不予支持。

夫妻一方在从事赌博、吸毒等违法犯罪活动中所负债务，第三人主张该债务为夫妻共同债务的，人民法院不予支持。

第六十四条　民法典第一千零八十一条所称的"军人一方有重大过错"，可以依据民法典第一千零七十九条第三款前三项规定及军人有其他重大过错导致夫妻感情破裂的情形予以判断。

第七十一条　人民法院审理离婚案件，涉及分割发放到军人名下的复员费、自主择业费等一次性费用的，以夫妻婚姻关系存续年限乘以年平均值，所得数额为夫妻共同财产。

前款所称年平均值，是指将发放到军人名下的上述费用总额按具体年限均分得出的数额。其具体年限为人均寿命七十岁与军人入伍时实际年龄的差额。

⊙《最高人民法院关于适用〈中华人民共和国民事诉讼法〉的解释》
（2022年4月1日修正）

第十一条　双方当事人均为军人或者军队单位的民事案件由军事法院管辖。

⊙《最高人民法院关于军事法院管辖民事案件若干问题的规定》
（2020年12月29日修正）

第二条　下列民事案件，地方当事人向军事法院提起诉讼或者提出申请的，军事法院应当受理：

（一）军人或者军队单位执行职务过程中造成他人损害的侵权责任纠纷案件；

（二）当事人一方为军人或者军队单位，侵权行为发生在营区内的侵权责任纠纷案件；

（三）当事人一方为军人的婚姻家庭纠纷案件；

（四）民事诉讼法第三十三条规定的不动产所在地、港口所在地、被继承人死亡时住所地或者主要遗产所在地在营区内，且当事人一方为军人

或者军队单位的案件;

（五）申请宣告军人失踪或者死亡的案件;

（六）申请认定军人无民事行为能力或者限制民事行为能力的案件。

> 适用要点

⊙ **审理现役军人离婚案件应注意的事项**

现役军人的配偶提出离婚，法院经审查认为军人一方有重大过错的，可以不必征得军人同意而判决准予离婚。如果系双方性格不合、非军人一方感情转移等原因提出离婚的，当军人一方不同意离婚时，应尽量调解和好或判决不准离婚。对夫妻感情确已破裂的，应通过军人所在部队团以上的政治机关，做好军人的思想工作后准予离婚。对军婚进行特殊保护不是可以随意变动的弹性规定，除外的情况只能是军人一方有重大过错时，不能随便放宽限制。

第一千零八十二条　【男方不得提出离婚的情形】 女方在怀孕期间、分娩后一年内或者终止妊娠后六个月内，男方不得提出离婚；但是，女方提出离婚或者人民法院认为确有必要受理男方离婚请求的除外。

> 法　律

⊙《宪法》（2018 年 3 月 11 日修正）

第四十九条　婚姻、家庭、母亲和儿童受国家的保护。

夫妻双方有实行计划生育的义务。

父母有抚养教育未成年子女的义务，成年子女有赡养扶助父母的义务。

禁止破坏婚姻自由，禁止虐待老人、妇女和儿童。

⊙《民法典》（婚姻家庭编）（2020 年 5 月 28 日）

第一千零四十一条　婚姻家庭受国家保护。

实行婚姻自由、一夫一妻、男女平等的婚姻制度。

保护妇女、未成年人、老年人、残疾人的合法权益。

⊙《妇女权益保障法》(2022 年 10 月 30 日修订)

第六十四条 女方在怀孕期间、分娩后一年内或者终止妊娠后六个月内，男方不得提出离婚；但是，女方提出离婚或者人民法院认为确有必要受理男方离婚请求的除外。

⊙《未成年人保护法》(2020 年 10 月 17 日修订)

第四条 保护未成年人，应当坚持最有利于未成年人的原则。处理涉及未成年人事项，应当符合下列要求：

（一）给予未成年人特殊、优先保护；

（二）尊重未成年人人格尊严；

（三）保护未成年人隐私权和个人信息；

（四）适应未成年人身心健康发展的规律和特点；

（五）听取未成年人的意见；

（六）保护与教育相结合。

司法解释及文件

⊙《最高人民法院民事审判庭关于贯彻执行〈最高人民法院关于人民法院审理未办结婚登记而以夫妻名义同居生活案件的若干意见〉有关问题的电话答复》(1990 年 10 月 11 日 〔90〕法民字 11 号)

三、关于女方在非法同居期间怀孕，男方提出解除非法同居关系人民法院是否受理婚姻法第二十七条的限制是否受理的问题，我们认为婚姻法二十七条保护的前提是合法的婚姻关系，女方在非法同居期间怀孕，违反了婚姻法的有关规定，为了严肃执法，对男方诉到法院要求解除非法同居关系的，应予受理。受理后即应作出解除非法同居关系的判决。女方分娩后，再处理子女抚养问题。

> 【人民法院案例选案例】

⊙**男方在女方分娩之后一年内提出离婚且不属于法律规定的"确有必要"情形的，人民法院应当不予受理——刘某某诉王某某分娩后一年内离婚纠纷案**［《人民法院案例选》1994年第1辑（总第7辑）］

【案例要旨】

男方在女方分娩之后一年内提出离婚且不属于法律规定的"确有必要"情形的，人民法院应当不予受理。人民法院受理且作出离婚判决的，二审或再审法院应当撤销判决、驳回起诉。

> 【适用要点】

⊙**如法院未发现女方怀孕而判决离婚，如何处理**

如法院未发现女方怀孕而判决离婚，宣判后女方发现怀孕而上诉的，经查明属实后，如没有本条规定的"确有必要受理男方离婚请求"情形，二审法院应撤销原判决，驳回原告的起诉，不必发回原审法院重新审判。

第一千零八十三条 【复婚登记】 离婚后，男女双方自愿恢复婚姻关系的，应当到婚姻登记机关重新进行结婚登记。

> 【行政法规】

⊙**《婚姻登记条例》**（2003年8月8日　国务院令第387号）

第十四条 离婚的男女双方自愿恢复夫妻关系的，应当到婚姻登记机关办理复婚登记。复婚登记适用本条例结婚登记的规定。

> 部门规章及规范性文件

⊙《中国边民与毗邻国边民婚姻登记办法》(2012年8月8日 民政部令第45号)

第十六条 离婚的男女双方自愿恢复夫妻关系的,应当到婚姻登记机关办理复婚登记。复婚登记适用本办法关于结婚登记的规定。

> 人民法院案例选案例

⊙**离婚后未进行复婚登记的不形成事实婚姻关系——林某1、杨某某等诉林某2继承权纠纷案** [《人民法院案例选》2018年第11辑(总第129辑)]

【案例要旨】

男女双方离婚后必须进行复婚登记才能恢复夫妻关系,离婚后未进行复婚登记的不形成事实婚姻关系。

> 适用要点

⊙**婚姻登记是可诉的行政行为**

当事人认为符合婚姻登记条件而婚姻登记机关不予登记的,或者当事人对行政处罚不服的,可以依照《行政复议法》的规定申请复议,也可以依照《行政诉讼法》的规定提起诉讼。

第一千零八十四条 【离婚后的父母子女间关系】父母与子女间的关系,不因父母离婚而消除。离婚后,子女无论由父或者母直接抚养,仍是父母双方的子女。

离婚后,父母对于子女仍有抚养、教育、保护的权利和义务。

离婚后,不满两周岁的子女,以由母亲直接抚养为原则。已满两周岁的子女,父母双方对抚养问题协议不成的,由人民法院根据双方的具体情况,按照最有利于未成年子女的原则判决。子女已满八周岁的,应当尊重其真实意愿。

法　律

⊙ **《民法典》（总则编）**（2020年5月28日）

第二十六条　父母对未成年子女负有抚养、教育和保护的义务。

成年子女对父母负有赡养、扶助和保护的义务。

第三十五条　监护人应当按照最有利于被监护人的原则履行监护职责。监护人除为维护被监护人利益外，不得处分被监护人的财产。

未成年人的监护人履行监护职责，在作出与被监护人利益有关的决定时，应当根据被监护人的年龄和智力状况，尊重被监护人的真实意愿。

成年人的监护人履行监护职责，应当最大程度地尊重被监护人的真实意愿，保障并协助被监护人实施与其智力、精神健康状况相适应的民事法律行为。对被监护人有能力独立处理的事务，监护人不得干涉。

第三十七条　依法负担被监护人抚养费、赡养费、扶养费的父母、子女、配偶等，被人民法院撤销监护人资格后，应当继续履行负担的义务。

⊙ **《妇女权益保障法》**（2022年10月30日修订）

第七十一条　女方丧失生育能力的，在离婚处理子女抚养问题时，应当在最有利于未成年子女的条件下，优先考虑女方的抚养要求。

⊙ **《未成年人保护法》**（2020年10月17日修订）

第十九条　未成年人的父母或者其他监护人应当根据未成年人的年龄和智力发展状况，在作出与未成年人权益有关的决定前，听取未成年人的意见，充分考虑其真实意愿。

第二十四条　未成年人的父母离婚时，应当妥善处理未成年子女的抚养、教育、探望、财产等事宜，听取有表达意愿能力未成年人的意见。不得以抢夺、藏匿未成年子女等方式争夺抚养权。

未成年人的父母离婚后，不直接抚养未成年子女的一方应当依照协议、人民法院判决或者调解确定的时间和方式，在不影响未成年人学习、生活的情况下探望未成年子女，直接抚养的一方应当配合，但被人民法院依法中止探望权的除外。

第一百零七条　人民法院审理继承案件，应当依法保护未成年人的继承权和受遗赠权。

人民法院审理离婚案件，涉及未成年子女抚养问题的，应当尊重已满八周岁未成年子女的真实意愿，根据双方具体情况，按照最有利于未成年子女的原则依法处理。

⊙《家庭教育促进法》（2021年10月23日）

第二十条 未成年人的父母分居或者离异的，应当相互配合履行家庭教育责任，任何一方不得拒绝或者怠于履行；除法律另有规定外，不得阻碍另一方实施家庭教育。

第三十四条 人民法院在审理离婚案件时，应当对有未成年子女的夫妻双方提供家庭教育指导。

司法解释及文件

⊙《最高人民法院关于适用〈中华人民共和国民法典〉婚姻家庭编的解释（一）》（2020年12月29日 法释〔2020〕22号）

第四十四条 离婚案件涉及未成年子女抚养的，对不满两周岁的子女，按照民法典第一千零八十四条第三款规定的原则处理。母亲有下列情形之一，父亲请求直接抚养的，人民法院应予支持：

（一）患有久治不愈的传染性疾病或者其他严重疾病，子女不宜与其共同生活；

（二）有抚养条件不尽抚养义务，而父亲要求子女随其生活；

（三）因其他原因，子女确不宜随母亲生活。

第四十五条 父母双方协议不满两周岁子女由父亲直接抚养，并对子女健康成长无不利影响的，人民法院应予支持。

第四十六条 对已满两周岁的未成年子女，父母均要求直接抚养，一方有下列情形之一的，可予优先考虑：

（一）已做绝育手术或者因其他原因丧失生育能力的；

（二）子女随其生活时间较长，改变生活环境对子女健康成长明显不利的；

（三）无其他子女，而另一方有其他子女；

（四）子女随其生活，对子女成长有利，而另一方患有久治不愈的传染性疾病或者其他严重疾病，或者有其他不利于子女身心健康的情形，不宜与子女共同生活。

第四十七条　父母抚养子女的条件基本相同，双方均要求直接抚养子女，但子女单独随祖父母或者外祖父母共同生活多年，且祖父母或者外祖父母要求并且有能力帮助子女照顾孙子女或者外孙子女的，可以作为父或者母直接抚养子女的优先条件予以考虑。

第四十八条　在有利于保护子女利益的前提下，父母双方协议轮流直接抚养子女的，人民法院应予支持。

第五十四条　生父与继母离婚或者生母与继父离婚时，对曾受其抚养教育的继子女，继父或者继母不同意继续抚养的，仍应由生父或者生母抚养。

第五十五条　离婚后，父母一方要求变更子女抚养关系的，或者子女要求增加抚养费的，应当另行提起诉讼。

第五十六条　具有下列情形之一，父母一方要求变更子女抚养关系的，人民法院应予支持：

（一）与子女共同生活的一方因患严重疾病或者因伤残无力继续抚养子女的；

（二）与子女共同生活的一方不尽抚养义务或有虐待子女行为，或者其与子女共同生活对子女身心健康确有不利影响的；

（三）已满八周岁的子女，愿随另一方生活，该方又有抚养能力的；

（四）有其他正当理由需要变更。

第五十七条　父母双方协议变更子女抚养关系的，人民法院应予支持。

第六十条　在离婚诉讼期间，双方均拒绝抚养子女的，可以先行裁定暂由一方抚养。

第六十一条　对拒不履行或者妨害他人履行生效判决、裁定、调解书中有关子女抚养义务的当事人或者其他人，人民法院可依照民事诉讼法第一百一十一条的规定采取强制措施。

⊙《最高人民法院、全国妇联关于进一步加强合作建立健全妇女儿童权益保护工作机制的通知》(2019年8月16日 法发〔2019〕21号)

5.对涉及未成年人的离婚、抚养费、抚养权、探望权等亲权关系诉讼，人民法院和妇联组织应当加强对家长亲职教育的合作。诉讼中，人民法院应对家长给予诉讼指导，引导其从儿童利益最大化角度考虑亲权诉讼，解决家庭矛盾。人民法院也可以委托妇联组织推荐专业力量对家长开展亲职教育，积极引导家长正确处理亲子关系和家庭矛盾。

⊙《最高人民法院关于进一步深化家事审判方式和工作机制改革的意见（试行）》(2021年3月24日修正)

38.人民法院审理家事案件，涉及确定子女抚养权的，应当充分听取八周岁以上子女的意见。必要时，人民法院可以单独询问未成年子女的意见，并提供符合未成年人心理特点的询问环境。

典型案例

⊙综合考虑未成年子女本人意愿的基础上依法作出判决，发出全国首份家庭教育令——胡某诉陈某变更抚养权纠纷案（2021年3月2日最高人民法院发布的未成年人司法保护典型案例）

【基本案情】

2020年8月，原告胡某和被告陈某协议离婚，约定女儿胡小某由其母即被告陈某抚养，原告每月支付抚养费。一个月后，因被告再婚，有两三个星期未送胡小某去上学。自2020年12月10日起，原告为胡小某找来全托保姆单独居住，原告自己住在距胡小某住处20公里的乡下别墅内，由保姆单独照护胡小某，被告每周末去接孩子。原告胡某认为离婚后，被告陈某未能按约定履行抚养女儿的义务，遂将陈某诉至法院，请求法院判令将女儿胡小某的抚养权变更给原告。经法庭询问，胡小某表示更愿意和妈妈陈某在一起生活。

【裁判结果】

法院经审理认为，原告胡某与被告陈某协议离婚后，对未成年女儿胡小某仍负有抚养、教育和保护的义务。本案原、被告双方都存在怠于履行抚养义务和承担监护职责的行为，忽视了胡小某的生理、心理与情感需求。鉴于胡小某表达出更愿意和其母亲即被告一起共同生活的主观意愿，法院判决驳回原告的诉讼请求。同时，法院认为，被告陈某在无正当理由的情况下由原告委托保姆单独照护年幼的女儿，属于怠于履行家庭教育责任的行为，根据家庭教育促进法的相关规定，应予以纠正。裁定要求陈某多关注胡小某的生理、心理状况和情感需求，与学校老师多联系、多沟通，了解胡小某的详细状况，并要求陈某与胡小某同住，由自己或近亲属亲自养育与陪伴胡小某，切实履行监护职责，承担起家庭教育的主体责任，不得让胡小某单独与保姆居住生活。

【典型意义】

家庭教育促进法作为我国家庭教育领域的第一部专门立法，将家庭教育由传统的"家事"，上升为新时代的"国事"，开启了父母"依法带娃"的时代，对于全面保护未成年人健康成长具有重大而深远的意义。家庭教育促进法规定，父母应当加强亲子陪伴，即使未成年人的父母分居或者离异，也应当相互配合履行家庭教育责任，任何一方不得拒绝或者怠于履行。鉴于本案被告未能按照协议切实履行抚养义务、承担监护职责，人民法院在综合考虑胡小某本人意愿的基础上依法作出判决，并依照家庭教育促进法，向被告发出了全国第一份家庭教育令，责令家长切实履行监护职责。家庭教育令发出后，取得了良好的社会反响。发布本案例，旨在提醒广大家长，家庭教育促进法明确规定："父母或者其他监护人应当树立家庭是第一个课堂、家长是第一任老师的责任意识，承担对未成年人实施家庭教育的主体责任，用正确思想、方法和行为教育未成年人养成良好思想、品行和习惯"。希望广大家长认真学习这部重要法律，认真履行为人父母的重大责任，加强家庭家教家风建设，努力为未成年人健康成长营造良好的家庭环境。

⊙直接抚养人对未成年子女实施家庭暴力，人民法院可暂时变更直接抚养人——韩某某、张某申请人身安全保护令案［2023年11月27日最高人民法院发布的人民法院反家庭暴力典型案例（第二批）］

【关键词】

未成年人　直接抚养人　暂时变更

【基本案情】

申请人韩某某在父母离婚后跟随父亲韩某生活。韩某在直接抚养期间，以韩某某违反品德等为由采取木棍击打其手部、臀部、罚跪等方式多次进行体罚，造成韩某某身体出现多处软组织挫伤。韩某还存在因韩某某无法完成其布置的国学作业而不准许韩某某前往学校上课的行为。2022年9月，某派出所向韩某出具《家庭暴力告诫书》。2022年11月，因韩某实施家暴行为，公安机关依法将韩某某交由其母亲张某临时照料。2022年12月，原告张某将被告韩某诉至人民法院，请求变更抚养关系。为保障韩某某人身安全，韩某某、张某于2022年12月向人民法院申请人身安全保护令。

【裁判理由及结果】

人民法院经审查认为，父母要学会运用恰当的教育方式开展子女教育，而非采取对未成年人进行体罚等简单粗暴的错误教育方式。人民法院在处理涉未成年人案件中，应当遵循最有利于未成年人原则，充分考虑未成年人身心健康发展的规律和特点，尊重其人格尊严，给予未成年人特殊、优先保护。韩某作为韩某某的直接抚养人，在抚养期间存在严重侵犯未成年人身心健康、不利于未成年人健康成长的行为，故依法裁定：一、中止被申请人韩某对申请人韩某某的直接抚养；申请人韩某某暂由申请人张某直接抚养；二、禁止被申请人韩某暴力伤害、威胁申请人韩某某；三、禁止被申请人韩某跟踪、骚扰、接触申请人韩某某。

【典型意义】

一般人身安全保护令案件中，申请人的请求多为禁止实施家暴行为。但对被单亲抚养的未成年人而言，其在学习、生活上对直接抚养人具有高度依赖性，一旦直接抚养人实施家暴，未成年人可能迫于压力不愿也不敢向有关部门寻求帮助。即使人民法院作出人身安全保护令，受限于未成年人与直接抚养人共同生活的紧密关系，法律实施效果也会打折扣。本案中，考虑到未成年人的生活环境，人民法院在裁定禁止实施家庭暴力措施的基础上，特别增加了一项措施，即暂时变更直接抚养人，将未成年人与原直接抚养人进行空间隔离。这不仅可以使人身安全保护令发挥应有功效，也能保障未成年人的基本生活，更有利于未成年人的健康成长。

⊙离婚后与未成年子女共同生活的监护人在共同生活期间曾多次有家暴行为的，未与未成年子女生活的监护人可以申请法院变更抚养关系。该案为全国第一道未成年人"人身安全保护令"案——胡某诉张某变更抚养关系案（2019年5月31日最高人民法院公布的保护未成年人权益十大优秀案例）

【基本案情】

原告胡某、被告张某于2000年经法院判决离婚，女儿张某某（1996年出生）由父亲张某抚养。离婚后，张某经常酗酒、酒后打骂女儿张某某。2005年，张某因犯抢劫罪被判处有期徒刑三年。刑满释放后，张某酗酒恶习未有改变，长期对女儿张某某实施殴打、谩骂，并限制张某某人身自由，不允许其与外界接触，严重影响了张某某的身心健康。2011年3月19日深夜，张某酒后将睡眠中的张某某叫醒实施殴打，张某某左脸受伤，自此不敢回家。同月26日，不堪忍受家庭暴力的张某某选择不再沉默，向司法部门写求救信，揭露其父家暴恶行，态度坚决地表示再不愿意跟随父亲生活，要求跟随母亲胡某生活。胡某遂向法院起诉，请求变更抚养关系。鉴于被告长期存在严重家暴行为，为防止危害后果进一步扩大，经法官释明后，原告胡某向法院提出了保护张某人身安全的申请。

【裁判结果】

法院经审理认为，被告张某与其女张某某共同生活期间曾多次殴打、威胁张某某，限制张某某人身自由的情况属实，原告的申请符合法律规定。依法裁定：一、禁止张某威胁、殴打张某某；二、禁止张某限制张某某的人身自由。裁定作出后，该院向市妇联、区派出所、被告所在村委会下达了协助执行通知书，委托上述单位监督被告履行裁定书确定的义务。后本案以调解方式结案，张某自2011年4月28日起由胡某抚养。

【典型意义】

本案中，湖南某法院发出了全国第一道针对未成年人的"人身安全保护令"，为加强对未成年人的保护做了有益探索，为推动"人身安全保护令"写入其后的《反家庭暴力法》积累了实践素材，为少年司法事业做出了巨大贡献。数十家媒体和电视台对该案进行了宣传报道，产生了良好的社会效果。该案还引起联合国官员及全国妇联相关领导的关注，他们对这份"人身安全保护令"做出了高度评价。

本案调解过程中,人民法院还邀请当地妇联干部、公安民警、村委会干部、村调解员共同参与对被告的批评教育,促使被告真诚悔悟并当庭保证不再实施家暴行为。本案是多元化解纠纷机制、社会联动机制在未成年人司法中的恰当运用,同时也为充分发扬"枫桥经验"处理未成年人保护案件做出了良好示范。

⊙与未成年子女共同生活的一方监护人,剥夺未成年子女的受教育权,严重影响了孩子的身心健康发展,侵犯了未成年人的合法权益的,经另一方监护人的申请,法院应依法变更抚养关系——江某诉钟某变更抚养关系案(2019年5月31日最高人民法院公布的保护未成年人权益十大优秀案例)

【基本案情】

原告人江某与被告人钟某于2009年3月10日登记结婚,婚后育有一子,取名江某俊。2011年9月20日,双方因感情不和,经法院调解协议离婚,约定儿子江某俊由母亲钟某抚养,江某每月支付抚养费600元,直到孩子独立生活为止。

离婚后,钟某将婚姻的不幸转嫁到孩子身上,以种种理由拒绝让父子相见。更为严重的是,钟某无工作,租住在廉租房内靠亲人接济为生,常年闭门不出,也不让江某俊上学读书。江某曾于2015年6月8日向法院起诉要求变更抚养权,后撤回起诉。为了孩子的成长,2016年10月11日江某再次向法院提起诉讼要求变更江某俊抚养关系,后经法院主持调解,江某与钟某达成和解协议,江某俊抚养权依然归钟某,江某俊的生活、教育所需费用均由江某承担。江某按约履行了调解书约定的义务,但是钟某拒不履行调解书约定义务。江某俊年满8周岁,已达到适学年龄,经法院多次执行,钟某仍拒绝送孩子上学,严重影响了孩子的健康成长,而江某俊爷爷奶奶为了孩子上学,频繁越级上访,导致矛盾激化。

2018年3月,原告江某再次向法院起诉,要求变更儿子抚养关系。为了化解矛盾,法院联合该市未成年保护办公室、妇联、团委、家调委、社区、教育等部门工作人员积极配合,多次上门调解,钟某仍拒绝送孩子上学。经与孩子沟通，孩子表示愿意上学读书上，未成年人保护办公室和市妇联联合取证，并作为未成年人保护组织出庭支持诉讼。

【裁判结果】

法院经审理认为，适龄儿童接受义务教育是家长的义务，根据市团委、妇联作为未成年人保护组织为江某俊调取的大量证据材料，证明钟某作为法定监护人，剥夺江某俊的受教育权，严重影响了孩子的身心健康发展，侵犯了未成年人的合法权益。为保护江某俊的受教育权，保障其健康成长，法院在事实证据充分的情况下，依法变更江某俊的抚养关系。

【典型意义】

父母或者其他监护人应当尊重未成年人受教育的权利，必须使适龄未成年人依法入学接受并完成义务教育，不得使接受义务教育的未成年人辍学。与子女共同生活的一方不尽抚养义务，另一方要求变更子女抚养关系的，人民法院应予支持。本案中，江某俊随钟某生活期间，钟某不履行监护义务，拒绝送江某俊上学，不让孩子接受义务教育，严重侵犯了孩子受教育权利。钟某无工作，无住房，无经济来源，无法保障孩子生活、学习所需，且侵犯孩子受教育权，本着儿童利益最大化原则，法官判决支持江某变更抚养关系的诉求。

子女的成长是一个长期的动态过程，随着时间的推移，离婚时协商或判决所依据的父母双方的抚养能力和抚养条件可能会在子女成长过程中产生很大的变化，所以法律出于保证子女的健康成长考虑，允许离婚夫妇以协议或诉讼的方式变更与子女的抚养关系。在抚养的过程中，不光要给予生活保障，学习教育权利更应当保障，如果一方怠于履行义务，人民法院将依法进行抚养关系变更。

【适用要点】

⊙可以要求变更直接抚养权的特殊情况

根据相关法律和司法解释规定，离婚时一旦确定了直接抚养权，如果没有特殊情况，要求变更直接抚养权不会得到法院的支持。所谓特殊情况，主要是指以下三种：一是双方自行协商变更，法律通常不干涉；二是抚养孩子一方有对孩子成长不利的行为、严重侵犯孩子合法权益的行为等，另一方可主张变更直接抚养权；三是由于其他原因，孩子随原抚养人生活确实对孩子成长不利，另一方可主张变更直接抚养权。

> **第一千零八十五条　【离婚后子女抚养费的负担】** 离婚后，子女由一方直接抚养的，另一方应当负担部分或者全部抚养费。负担费用的多少和期限的长短，由双方协议；协议不成的，由人民法院判决。
>
> 前款规定的协议或者判决，不妨碍子女在必要时向父母任何一方提出超过协议或者判决原定数额的合理要求。

法　律

◎《民法典》(总则编)(2020年5月28日)

第二十六条　父母对未成年子女负有抚养、教育和保护的义务。

成年子女对父母负有赡养、扶助和保护的义务。

第三十七条　依法负担被监护人抚养费、赡养费、扶养费的父母、子女、配偶等，被人民法院撤销监护人资格后，应当继续履行负担的义务。

◎《民法典》(婚姻家庭编)(2020年5月28日)

第一千零六十七条　父母不履行抚养义务的，未成年子女或者不能独立生活的成年子女，有要求父母给付抚养费的权利。

成年子女不履行赡养义务的，缺乏劳动能力或者生活困难的父母，有要求成年子女给付赡养费的权利。

司法解释及文件

◎《最高人民法院关于适用〈中华人民共和国民事诉讼法〉的解释》(2022年4月1日修正)

第二百一十八条　赡养费、扶养费、抚养费案件，裁判发生法律效力后，因新情况、新理由，一方当事人再行起诉要求增加或者减少费用的，人民法院应作为新案受理。

⊙《最高人民法院关于适用〈中华人民共和国民法典〉婚姻家庭编的解释（一）》（2020年12月29日　法释〔2020〕22号）

第四十一条　尚在校接受高中及其以下学历教育，或者丧失、部分丧失劳动能力等非因主观原因而无法维持正常生活的成年子女，可以认定为民法典第一千零六十七条规定的"不能独立生活的成年子女"。

第四十二条　民法典第一千零六十七条所称"抚养费"，包括子女生活费、教育费、医疗费等费用。

第四十九条　抚养费的数额，可以根据子女的实际需要、父母双方的负担能力和当地的实际生活水平确定。

有固定收入的，抚养费一般可以按其月总收入的百分之二十至三十的比例给付。负担两个以上子女抚养费的，比例可以适当提高，但一般不得超过月总收入的百分之五十。

无固定收入的，抚养费的数额可以依据当年总收入或者同行业平均收入，参照上述比例确定。

有特殊情况的，可以适当提高或者降低上述比例。

第五十条　抚养费应当定期给付，有条件的可以一次性给付。

第五十一条　父母一方无经济收入或者下落不明的，可以用其财物折抵抚养费。

第五十二条　父母双方可以协议由一方直接抚养子女并由直接抚养方负担子女全部抚养费。但是，直接抚养方的抚养能力明显不能保障子女所需费用，影响子女健康成长的，人民法院不予支持。

第五十三条　抚养费的给付期限，一般至子女十八周岁为止。

十六周岁以上不满十八周岁，以其劳动收入为主要生活来源，并能维持当地一般生活水平的，父母可以停止给付抚养费。

第五十八条　具有下列情形之一，子女要求有负担能力的父或者母增加抚养费的，人民法院应予支持：

（一）原定抚养费数额不足以维持当地实际生活水平；

（二）因子女患病、上学，实际需要已超过原定数额；

（三）有其他正当理由应当增加。

第五十九条 父母不得因子女变更姓氏而拒付子女抚养费。父或者母擅自将子女姓氏改为继母或继父姓氏而引起纠纷的，应当责令恢复原姓氏。

[典型案例]

⊙子女户口在农村实际生活在城镇的，应按照城镇标准支付抚养费——王某某与王甲抚养费案［2015年11月19日最高人民法院公布的30起婚姻家庭纠纷典型案例（山东）］

【案例要旨】

对未成年子女的抚养费双方协议不成时，应由人民法院从保护子女合法权益、有利于子女健康成长出发，根据子女的实际需要、父母的负担能力和当地的实际生活水平依法作出判决。子女户口在农村实际生活在城镇的，应按照城镇居民人均纯收入的标准支付抚养费。

【基本案情】

原告王某某的母亲郭某与被告王甲于2011年9月27日登记结婚，原告王某某出生于2012年7月14日。2014年11月20日，郭某与被告王甲在泰安市宁阳县民政局协议离婚，并签订离婚协议书一份。协议约定婚生之子王某某由其母亲郭某抚养，被告不支付抚养费。由于原告母亲婚后一直照顾原告和家庭，没有稳定的工作收入，离婚后仅靠打零工勉强维持母子两人的生活，现原告需上幼儿园要缴纳学费、生活费等费用，而被告长期工作稳定，还曾到国外务工，一直有较高经济收入，且于2013年在宁阳县城购买楼房一处。原告父母离婚后，被告没有给付原告抚养费。为维护合法权益，原告于2015年3月20日诉至法院，要求被告从2015年1月1日起每年给付原告生活费7200元，至原告独立生活为止。

【裁判结果】

泰安市宁阳县人民法院经审理认为，原告王某某系其母郭某与被告王甲的婚生孩子，双方都有抚养孩子的义务。现原告已达到入幼儿园年龄，原告的母亲无固定工作收入。被告王甲曾在新加坡务工，且于2013年在宁阳县城购买房产。被告主张原、被告均是农村户口，应按农村居民人均纯收入从起诉之日起支付抚养费，但原告现居住宁阳县城，被告也有较好的经济能力，因此，对于被告要求按农村人均纯收入的该项主张，法院不予采信。对于被告要求从起诉之日支付抚养费的主张，符合法律规定，法院予以采信。遂判决被告自 2015 年 4 月 1 日起开始支付原告抚养费。判决后，双方当事人均未上诉。

【典型意义】

本案是子女抚养纠纷，在这类案件中，双方当事人关系特殊。因此，在处理此类案件时，应考虑到这一特殊性，尽量协调调解结案。如果确实无法调解，对这类案件应尽快依法判决。另外，也应考虑到原告的生活环境，有时原告户口与经常居住地不一致，这时就应该考虑如何最大程度保护孩子的权益。本案中，原告虽是农村户口，但原告从出生起就生活在县城，并在县城居住上学，而且被告也在县城购买住房，考虑到这些情况，法院最终判决被告按照城镇居民人均纯收入的标准支付原告抚养费。

⊙**拒不执行具有金钱给付义务的生效判决，法院有权将其纳入失信被执行人名单，并冻结银行账户——孙某某申请执行彭某某抚养费案**

[2015 年 11 月 19 日最高人民法院公布的 30 起婚姻家庭纠纷典型案例（北京）]

【案例要旨】

离婚后，父母对于子女仍有抚养和教育的权利和义务。法院立案执行后，应支付子女抚养费一方虽有履行能力却拒不履行给付抚养费的义务的，法院有权对被执行人进行信用惩戒，可依法采取将其纳入失信被执行人名单，并冻结银行账户等措施。

【基本案情】

申请人孙某某与被执行人彭某某经人介绍于 2001 年 9 月登记结婚，婚后于 2007 年 8 月生育一子彭小某。后因生活琐事及性格差异导致双方发生矛盾，夫妻感情破裂。2013 年彭某某起诉要求离婚，婚生子由其抚养。后经通州法院判决准许二人离婚，婚生子由孙某某抚养，自 2013 年 12 月起彭某某每月给付孩子抚养费 1000 元，于每月 25 日前付清，至彭小某满十八周岁止。判决生效后，被执行人彭某某未按照判决指定的期间履行给付抚养费的义务。2015年6月通州法院受理孙某某申请执行彭某某抚养费纠纷一案，申请人孙某某申请法院执行2014年11月至2015年5月的抚养费共计7000元。

【执行情况】

通州法院立案后，电话联系被执行人彭某某，告知孙某某申请执行孩子抚养费一事，并要求被执行人彭某某给付孩子的抚养费。但是，被执行人彭某某坚称其是彭某某的弟弟，执行法官遂请求其转告彭某某履行给付抚养费的义务，其表示可以尝试联系彭某某。其后，执行法官又多次联系彭某某，但彭某某仍声称不是本人，而是彭某某的弟弟。执行法官询问为何彭某某的电话一直在其弟弟身上，彭某某声称那是单位的业务电话，彭某某不在北京回老家了，由其负责彭某某的业务。彭某某何时回京自己并不清楚，执行法官又询问彭某某有无其他联系方式，彭某某告知没有其他联系方式。经查，彭某某当时银行账户无存款。

后来，执行法官通知申请人到法院并告知了上述情况。申请人孙某某表示对方就是彭某某，彭某某也有工作，只是其不愿意给付抚养费。执行法官又当即联系了彭某某，但其仍声称其并非彭某某。听到电话声音后，孙某某当即表示对方即是被执行人彭某某，彭小某也表示对方即是其父亲彭某某。并且指出彭某某的弟弟住在农村，不会说普通话，当即拆穿了彭某某的谎言。执行法官告知彭某某，如拒不履行生效判决，给付抚养费，法院将依法将其纳入失信被执行人名单，并视情将追究其刑事责任。但是，被执行人仍未主动履行给付抚养费的义务。通州法院遂依法将被执行人彭某某纳入失信被执行人名单，并将其银行账户全部冻结。后经执行法官查询，被执行人又在工商银行信用卡中心开设一张信用卡，执行法官又将该账户冻结。后来，被执行人彭某某在信用卡中存入现金，执行法官依法强制扣划了案款，该案现已执行完毕。

【典型意义】

本案是被执行人有给付孩子抚养费的能力而拒不履行法院生效判决，拒不给付未成年子女抚养费的案件。并且被执行人还采取编造谎言欺骗法官的方式拒不履行生效判决所确定的义务，严重缺乏社会诚信。《婚姻法》

第二十一条(《民法典》第一千零六十七条)规定:父母对子女有抚养教育的义务;父母不履行抚养义务时,未成年的或不能独立生活的子女,有要求父母给付抚养费的权利。彭某某作为彭小某的生父,对彭小某有抚养的义务,此种义务并不会因父母离婚而受影响。离婚后,父母对于子女仍有抚养和教育的权利和义务。根据《婚姻法》第三十七条第一款(《民法典》第一千零八十五条第一款)的规定,离婚后,一方抚养的子女,另一方应负担必要的生活费和教育费的一部或全部。就本案来说,法院作出的生效判决也明确彭某某每月二十五日前应给付彭小某抚养费一千元,直至彭小某满十八周岁时止。但是,彭某某并未主动履行法院生效判决所确定的义务,不仅对其亲生儿子彭小某不闻不问,还拒绝给付孩子抚养费,未能尽到一个父亲应尽的义务。在法院立案执行后,彭某某虽有履行能力却拒不履行给付抚养费的义务,还编造谎言逃避法院的执行。这种行为不仅没有尽到一个父亲应尽的法律义务,也背离了中华民族尊老爱幼的传统美德。被执行人不仅未主动履行给付孩子抚养费的义务,还编造谎言逃避法院执行的行为是严重缺乏社会诚信的表现。人无信不立,诚信是为人处世的基本准则,也是中华民族的传统美德。现代社会是一个讲究诚信的社会,一个缺乏诚信的人不可能得到他人的尊重和社会的认同。目前,我国正大力推进社会信用体系建设,加大对被执行人的信用惩戒。未来,诚信可走遍天下,失信将会寸步难行。

⊙**未成年子女有权基于法定情形向抚养义务人要求增加抚养费——余某2诉余某1抚养费纠纷案**[2015年11月19日最高人民法院公布的30起婚姻家庭纠纷典型案例(河南)]

【案例要旨】

夫妻离婚时关于子女生活费和教育费的协议或判决,不妨碍子女在必要时向父母任何一方提出超过协议或判决原定的数额的合理要求。原定抚育费数额不足以维持当地实际生活水平的,子女可以要求增加抚育费。

【基本案情】

原告余某2的母亲和父亲2008年经调解离婚,双方达成调解协议,余某2由母亲抚养,其父亲余某1当庭一次性给付抚养费23000元。2013

年余某 2 在某双语实验学校上小学二年级，年学费 3600 元，其母亲无固定收入，主要收入来源为打工。后余某 2 诉至法院请求其父余某 1 每月给付抚养费 1000 元，到 2023 年 6 月 30 日其满 18 岁止。

【裁判结果】

根据《婚姻法》第三十七条（《民法典》第一千零八十五条）规定，关于子女生活费和教育费的协议或判决，不妨碍子女在必要时向父母任何一方提出超过协议或判决原定的数额的合理要求。《最高人民法院关于人民法院审理离婚案件处理子女抚养问题的若干具体意见》第十八条[①]规定，原定抚育费数额不足以维持当地实际生活水平的，子女可以要求增加抚育费。本案中原告余某 2 父母离婚时间是 2008 年，当时双方协议余某 2 父亲当庭一次性给子女付抚养费 23000 元，平均每月 62.5 元。而 2012 年度河南省农村居民人均生活消费支出为 5032.14 元，平均每月 419 元。根据上述情况，余某 2 父亲原来给付的抚养费目前显然不足以维持当地实际生活水平，因此驻马店市确山县人民法院判决支持了原告余某 2 要求增加抚养费的请求。

【典型意义】

世界许多国家和地区的婚姻家庭法立法时都遵循"儿童利益优先原则"和"儿童最大利益原则"，目前，我国的《婚姻法》和《未成年人保护法》也明确规定了保护妇女、儿童合法权益的原则。"未成年人利益优先原则"和"未成年人最大利益原则"应当成为我国婚姻家事立法的基本原则，尽可能预防和减少由于父母的离婚，给未成年子女带来的生活环境上的影响及未成年子女性格养成、思想变化、学习成长等不利因素。

在婚姻家庭类案件中，人民法院在对未成年子女的抚养费进行判决、调解时，抚养费标准一般是依据当时当地的社会平均生活水平而确定。但随着经济的发展，生活水平的提高及物价上涨等因素，法院原先所判决、调解的抚养费的基础已经不存在或发生很大改变，再依据当时的条件和标准支付抚养费，已经不能满足未成年人基本的生活要求，不能保障未成年

---

① 编者注：该司法解释已于 2020 年 12 月 29 日被《最高人民法院关于废止部分司法解释及相关规范性文件的决定》废止，该条规定被《最高人民法院关于适用〈中华人民共和国民法典〉婚姻家庭编的解释（一）》第五十八条继受。

子女正常的生活和学习。因此，法律和司法解释规定未成年子女有权基于法定情形，向抚养义务人要求增加抚养费。本案正是基于最大限度保障未成年子女利益的考量，在原审调解书已经发生法律效力的情况下，准予未成年子女余某向人民法院提起新的诉讼，依法支持其请求其父增加抚养费的主张。该判决契合了我们中华民族尊老爱幼的传统家庭美德教育，符合社会主义核心价值观的要求。

适用要点

⊙子女可在必要时向父母任何一方提出超过协议或者判决原定抚养费数额的合理要求，直接抚养子女的一方可以代为提出该种请求

根据《民事诉讼法》第 122 条规定，原告是与本案有直接利害关系的公民、法人和其他组织。而直接抚养子女一方只与子女所主张的抚养费有间接利害关系，不能作为原告主张子女抚养费，而只能以代理人身份提出主张。

第一千零八十六条【离婚后父母对子女的探望权】离婚后，不直接抚养子女的父或者母，有探望子女的权利，另一方有协助的义务。

行使探望权利的方式、时间由当事人协议；协议不成的，由人民法院判决。

父或者母探望子女，不利于子女身心健康的，由人民法院依法中止探望；中止的事由消失后，应当恢复探望。

法　律

⊙《未成年人保护法》（2020 年 10 月 17 日修订）

第二十四条　未成年人的父母离婚时，应当妥善处理未成年子女的抚养、教育、探望、财产等事宜，听取有表达意愿能力未成年人的意见。不得以抢夺、藏匿未成年子女等方式争夺抚养权。

未成年人的父母离婚后，不直接抚养未成年子女的一方应当依照协议、人民法院判决或者调解确定的时间和方式，在不影响未成年人学习、生活的情况下探望未成年子女，直接抚养的一方应当配合，但被人民法院依法中止探望权的除外。

司法解释及文件

⊙ **《最高人民法院关于适用〈中华人民共和国民法典〉婚姻家庭编的解释（一）》**（2020年12月29日　法释〔2020〕22号）

　　第六十五条　人民法院作出的生效的离婚判决中未涉及探望权，当事人就探望权问题单独提起诉讼的，人民法院应予受理。

　　第六十六条　当事人在履行生效判决、裁定或者调解书的过程中，一方请求中止探望的，人民法院在征询双方当事人意见后，认为需要中止探望的，依法作出裁定；中止探望的情形消失后，人民法院应当根据当事人的请求书面通知其恢复探望。

　　第六十七条　未成年子女、直接抚养子女的父或者母以及其他对未成年子女负担抚养、教育、保护义务的法定监护人，有权向人民法院提出中止探望的请求。

　　第六十八条　对于拒不协助另一方行使探望权的有关个人或者组织，可以由人民法院依法采取拘留、罚款等强制措施，但是不能对子女的人身、探望行为进行强制执行。

⊙ **《最高人民法院关于进一步深化家事审判方式和工作机制改革的意见（试行）》**（2021年3月24日修正）

　　42. 监护权纠纷、探望权纠纷、抚养纠纷等涉及未成年人的案件，对于与未成年人利益保护相关的事实，人民法院应当根据当事人的申请或者依职权进行调查取证。

⊙ **《最高人民法院关于印发〈第八次全国法院民事商事审判工作会议（民事部分）纪要〉的通知》**（2016年11月21日　法〔2016〕399号）

　　2. 离婚后，不直接抚养未成年子女的父母一方提出探望未成年子女诉讼请求的,应当向双方当事人释明探望权的适当行使对未成年子女健康成长、人格塑造的重要意义,并根据未成年子女的年龄、智力和认知水平,在有利于未成年子女成长和尊重其意愿的前提下,保障当事人依法行使探望权。

3. 祖父母、外祖父母对父母已经死亡或父母无力抚养的未成年孙子女、外孙子女尽了抚养义务,其定期探望孙子女、外孙子女的权利应当得到尊重,并有权通过诉讼方式获得司法保护。

典型案例

⊙法院应从有利于子女的身心健康、正常生活和学习的角度确定行使探望权的时间和方式——王某1诉柴某探望权纠纷案〔2015年11月19日最高人民法院公布的30起婚姻家庭纠纷典型案例(河南)〕

【案例要旨】

法院审理探望权纠纷案件时,应从有利于子女的身心健康且不影响子女的正常生活和学习的角度考虑,确定探望的时间和方式,探望方式亦应灵活多样,简便易行,具有可操作性,便于当事人行使权利和法院的有效执行。

【基本案情】

原告王某1与被告柴某经人介绍相识后于2012年10月6日按照农村习俗举行典礼仪式后开始同居生活,2013年9月12日生育女儿王某2,后双方解除同居关系。王某1与柴某曾因非婚生女王某2的抚养权纠纷诉至法院,2015年6月2日,鹤壁市浚县人民法院判决非婚生女王某2暂随原告柴某生活,待其成年后随父随母由其自择。2015年7月20日,原告王某1因探望权纠纷到法院起诉。

【裁判结果】

浚县人民法院认为,本案中原被告的非婚生女儿王某2与被告共同生活,原告作为父亲,有权探望王某2。现双方对原告探望权的具体时间和方式有不同意见,法院本着既要考虑不影响子女的正常生活,又要增加女儿同父亲的沟通交流、减轻子女因父母解除同居关系而带来的家庭破碎感以及既有利于子女今后身心健康成长,又能维护原告合法权利的原则,依照《婚姻法》第三十八条第一款、第二款(《民法典》第一千零八十六条第一款、第二款)的规定,判决原告王某 1 自判决生效之日起,可于每月第一周周日 9 时至 17 时探望女儿王某 2 一次,被告柴某应予以协助。

【典型意义】

探望权是基于父母子女身份关系不直接抚养方享有的与未成年子女探望、联系、会面、交往、短期共同生活的法定权利。离婚后不直接抚养子女方探视子女产生纠纷的原因较多,问题很复杂,其产生的根源往往是由于双方"草率"离婚时对处理子女抚养及对方探望子女考虑不周,以至于产生矛盾隔阂。我国婚姻法(《民法典》第一千零八十六条)对探望权的规定为"离婚后,不直接抚养子女的父或母,有探望子女的权利,另一方有协助的义务。行使探望权利的方式、时间由当事人协议;协议不成时,由人民法院判决。父或母探望子女,不利于子女身心健康的,由人民法院依法中止探望的权利;中止的事由消失后,应当恢复探望的权利。"此类案件在审理时,法院在确定探望的时间和方式上,应从有利于子女的身心健康且不影响子女的正常生活和学习的角度考虑,探望的方式亦应灵活多样,简便易行,具有可操作性,便于当事人行使权利和法院的有效执行。

⊙夫妻离婚后,不直接抚养子女的一方,有探望子女的权利,另一方应予协助配合——何某某与蒋某某探望权纠纷案(2015 年 12 月 4 日最高人民法院公布 49 起婚姻家庭纠纷典型案例)

【案例要旨】

夫妻离婚后,不直接抚养子女的一方,有探望子女的权利,另一方应予协助配合,直接抚养子女一方因子女住院期间另一方探望但未买东西、未马上给付医疗费而不让探望子女的,不利于子女身心健康成长,法院不予支持。

【基本案情】

2010 年 8 月 24 日,原告何某某、被告蒋某某经法院判决离婚,婚生小孩何某珈由被告蒋某某抚养,原告何某某每月给付小孩抚养费 450 元,直至小孩十八周岁止。判决生效后,原告每月现金支付小孩抚养费。后来因为原告未给付小孩抚养费被告申请法院强制执行,华容县人民法院执行局作出裁定要求原告每月打款进被告账户给付抚养费,从 2010 年 11 月份至起诉时止共计 47 张银行存款凭证。2013 年 10 月 2 日被告把小孩住院医药发票给原告，要求给付相应费用而没有给付后，被告就没有让原告探望小孩至今。另外，原告于2012年2月29日和2013年3月30日分别支付900元和310元小孩医疗费用。另查明，何某珈于2010年3月9日生，现在校读书。

【裁判结果】

湖南省华容县人民法院依法判决原告何某某每月最后一个周末探望婚生儿子何某珈一次直至成年，被告蒋某某应予协助。

【典型意义】

夫妻离婚后，不直接抚养子女的一方，有探望子女的权利，另一方应予协助配合。本案中被告因小孩住院期间原告父亲去医院探望小孩没有买东西，以及原告没有马上给付小孩医疗费用而不给原告探望小孩，是不利于小孩身心健康成长的。原、被告虽已离婚，但是无法隔断父母双方与子女之间的血缘关系和情感纽带，父亲在儿子的成长过程中有着无可替代的重要地位和作用，被告不能因为原、被告双方家庭之间的矛盾影响到原告的合法权益和小孩的健康成长。法院希望双方在今后探望小孩问题上本着互谅互让、有利于小孩身心健康成长为准则，遇事多克制、协商。法院考虑从既不影响小孩现有正常生活和学习，又增加儿子与父亲的沟通交流，既维护原告的合法权益又有利于小孩身心健康成长的目的出发，酌情作出上述判决。

⊙**离婚后不直接抚养孩子的一方有探望的权利，另一方不应以先行给付抚养费等理由加以阻挠——韩某诉杨某1探望权纠纷案**（最高人民法院2015年12月4日公布的婚姻家庭纠纷典型案例）

【案例要旨】

离婚后，不直接抚养子女的父或母，有探望子女的权利，另一方有协助的义务。行使探望权利的方式、时间由当事人协议；协议不成时，由人民法院判决。离婚后不直接抚养孩子的一方具有探望孩子的法定的权利，另一方不应以先行给付抚养费等理由加以干涉、阻挠。

【基本案情】

韩某与杨某1于2014年12月1日离婚，婚生女孩杨某2（2011年12月1日出生）归杨某1抚养，韩某每月支付抚养费1000元。现韩某以杨某1不让看望孩子为由，于2015年3月11日起诉到法院。

【裁判结果】

原审法院判决韩某每周探视婚生女儿杨某2一次。每次探视的时间限于周五17时韩某亲自将孩子从杨某1处接走，次日17时前韩某将孩子送回，杨某1应予以协助。杨某1诉要求改判每个月探视两次，且不能过夜。沈阳中院经审理认为：韩某作为杨某2的母亲，有探望孩子的权利，杨某1具有协助的义务，原审确认的韩某探望子女时间，符合法律规定，予以维持。关于杨某1提出因民族信仰不适宜被接走、韩某不能保证孩子安全、韩某工作性质不能保证陪孩子时间等上诉理由，因未能提供证据加以证明，缺乏事实及法律依据，不予支持。杨某1提出必须按时给付抚养费才能探望孩子的上诉理由，因抚养费已经生效判决认定，与本案并非同一法律关系，本案不予处理。杨某1的该项上诉理由，不能得到支持。判决驳回上诉，维持原判。

【典型意义】

《婚姻法》第三十八条（《民法典》第一千零八十六条）规定，离婚后，不直接抚养子女的父或母，有探望子女的权利，另一方有协助的义务。行使探望权利的方式、时间由当事人协议；协议不成时，由人民法院判决。父或母探望子女，不利于子女身心健康的，由人民法院依法中止探望的权利；中止的事由消失后，应当恢复探望的权利。离婚后不直接抚养孩子的一方具有探望孩子的法定的权利，另一方不应以先行给付抚养费等理由加以干涉、阻挠。离婚后的双方应当本着有利于孩子身心健康的原则，对子女探望、教育等事项进行协商解决，为孩子营造和谐的成长环境。

⊙丧子老人可对孙子女"隔代探望"——沙某某诉袁某某探望权纠纷案

（2023年3月1日最高人民法院发布的第三批人民法院大力弘扬社会主义核心价值观典型民事案例）

【核心价值】

尊老爱幼

【基本案情】

沙某某之子丁某甲与袁某某系夫妻关系，丁某甲与袁某某于2018年1月3日生育双胞胎男孩丁某乙、丁某丙。同年7月28日，丁某甲去世。丁某乙、丁某丙一直与袁某某共同生活。沙某某多次联系袁某某想见孙子,均被袁某某拒绝。沙某某向人民法院起诉请求每月探望孙子两次。

【裁判结果】

审理法院认为,《民法典》第一千零八十六条规定了不直接抚养子女的父亲或者母亲享有探望权,对祖父母或者外祖父母等其他近亲属是否享有探望权未作出规定。祖父母与孙子女的近亲属身份关系,不因子女离婚或去世而消灭。本案中,沙某某老年丧子,其探望孙子是寄托个人情感的需要,是保障未成年孙子健康成长的需要,是祖孙之间亲情连接和延续的重要方式,袁某某应予配合。鉴于沙某某长时间不能探望孙子,审理法院从有利于未成年人成长、不影响未成年人正常生活、促进家庭和谐的原则出发,判决沙某某每月第一个星期探望丁某乙、丁某丙一次,每次不超过两小时,双方探望前做好沟通,袁某某应予配合。

【典型意义】

习近平总书记指出,中华民族自古以来就重视家庭、重视亲情。家和万事兴、天伦之乐、尊老爱幼、贤妻良母、相夫教子、勤俭持家等,都体现了中国人的这种观念。法律规定虽然未明确将探望权的外延延伸至祖父母和外祖父母,但在子女健在的情况下,祖父母和外祖父母可以通过子女的探望权实现"探望"孙子女和外孙子女的目的;在子女死亡的情况下,允许丧子老人进行隔代探望,符合社会主义核心价值观和我国传统家庭伦理、社会道德,有益于慰藉老人情感和促进孩子健康成长,体现了司法的温度,实现了良法善治。

民事审判指导与参考案例

⊙ **当事人就探望权纠纷再次起诉的,人民法院应当受理**[《民事审判指导与参考》2015年第2辑(总第62辑)]

【案例要旨】

当事人就探望权纠纷再次提起诉讼,人民法院应当受理,不适用"一事不再理"原则。

【基本案情】

杨某与陈某于2009年11月30日登记结婚,2010年8月22日生育儿子陈某某。2013年5月15日经法院调解，双方协议离婚，约定：陈某某归陈某抚养，杨某享有探望权，探望时间为每月一次，每次一天，逢端午、中秋、春节，杨某可在中午饭前接陈某某外出吃饭（以5小时为界），逢寒、暑假，杨某可分别享有一天的探望时间（不含在每月一次中）；杨某于探望权行使过程中，可享有五天的喜、丧探望权时间。后杨某认为每年19天半的探望时间过短，不足以满足孩子的实际需要及自己情感需求，阻碍了母子之间的情感交流，遂于2014年1月22日向法院起诉，请求其随时有权探望陈某某。

【裁判结果】

一审法院经审理认为，从孩子的利益出发，在考虑孩子成长需要的同时，结合双方在同市居住等客观因素，对杨某探望孩子的时间，可酌情增加。故判决将杨某对孩子的探望时间由原来的19天半增加到了49天。

陈某不服一审判决，提起上诉，要求二审法院改判驳回杨某的起诉。

二审法院经审理，维持了一审判决。

适用要点

⊙探望权纠纷的处理

探望权是父母基于对子女的亲权而享有的法定权利。探望的中止，并非探望权的权利本身发生了变化，只是其行使在特定情形发生时受到限制。有关中止或恢复探望的诉讼，与一般的独立诉讼不同，是由探望权有关的生效裁判衍生而来的后续问题。人民法院在处理此类纠纷时，要注意采用的诉讼文书类型，严格按照相关法律和司法解释规定，对需要中止探望的，依法作出裁定；对中止事由消失的，通知恢复探望。

第一千零八十七条 【离婚时夫妻共同财产的处理】 离婚时，夫妻的共同财产由双方协议处理；协议不成的，由人民法院根据财产的具体情况，按照照顾子女、女方和无过错方权益的原则判决。

对夫或者妻在家庭土地承包经营中享有的权益等，应当依法予以保护。

法　律

⊙《**民法典**》（**婚姻家庭编**）（2020年5月28日）

第一千零六十二条　夫妻在婚姻关系存续期间所得的下列财产，为夫妻的共同财产，归夫妻共同所有：

（一）工资、奖金、劳务报酬；

（二）生产、经营、投资的收益；

（三）知识产权的收益；

（四）继承或者受赠的财产，但是本法第一千零六十三条第三项规定的除外；

（五）其他应当归共同所有的财产。

夫妻对共同财产，有平等的处理权。

第一千零六十三条　下列财产为夫妻一方的个人财产：

（一）一方的婚前财产；

（二）一方因受到人身损害获得的赔偿或者补偿；

（三）遗嘱或者赠与合同中确定只归一方的财产；

（四）一方专用的生活用品；

（五）其他应当归一方的财产。

第一千零九十一条　有下列情形之一，导致离婚的，无过错方有权请求损害赔偿：

（一）重婚；

（二）与他人同居；

（三）实施家庭暴力；

（四）虐待、遗弃家庭成员；

（五）有其他重大过错。

⊙《**妇女权益保障法**》（2022年10月30日修订）

第五十五条　妇女在农村集体经济组织成员身份确认、土地承包经营、集体经济组织收益分配、土地征收补偿安置或者征用补偿以及宅基地使用等方面，享有与男子平等的权利。

申请农村土地承包经营权、宅基地使用权等不动产登记,应当在不动产登记簿和权属证书上将享有权利的妇女等家庭成员全部列明。征收补偿安置或者征用补偿协议应当将享有相关权益的妇女列入,并记载权益内容。

第五十六条 村民自治章程、村规民约、村民会议、村民代表会议的决定以及其他涉及村民利益事项的决定,不得以妇女未婚、结婚、离婚、丧偶、户无男性等为由,侵害妇女在农村集体经济组织中的各项权益。

因结婚男方到女方住所落户的,男方和子女享有与所在地农村集体经济组织成员平等的权益。

第六十九条 离婚时,分割夫妻共有的房屋或者处理夫妻共同租住的房屋,由双方协议解决;协议不成的,可以向人民法院提起诉讼。

⊙ **《农村土地承包法》**(2018 年 12 月 29 日修正)

第十六条 家庭承包的承包方是本集体经济组织的农户。

农户内家庭成员依法平等享有承包土地的各项权益。

第三十一条 承包期内,妇女结婚,在新居住地未取得承包地的,发包方不得收回其原承包地;妇女离婚或者丧偶,仍在原居住地生活或者不在原居住地生活但在新居住地未取得承包地的,发包方不得收回其原承包地。

司法解释及文件

⊙ **《最高人民法院关于适用〈中华人民共和国民法典〉婚姻家庭编的解释(一)》**(2020 年 12 月 29 日 法释〔2020〕22 号)

第五条 当事人请求返还按照习俗给付的彩礼的,如果查明属于以下情形,人民法院应当予以支持:

(一)双方未办理结婚登记手续;

(二)双方办理结婚登记手续但确未共同生活;

(三)婚前给付并导致给付人生活困难。

适用前款第二项、第三项的规定,应当以双方离婚为条件。

第二十四条 民法典第一千零六十二条第一款第三项规定的"知识产权的收益",是指婚姻关系存续期间,实际取得或者已经明确可以取得的财产性收益。

第二十五条 婚姻关系存续期间,下列财产属于民法典第一千零六十二条规定的"其他应当归共同所有的财产":

(一)一方以个人财产投资取得的收益;

(二)男女双方实际取得或者应当取得的住房补贴、住房公积金;

(三)男女双方实际取得或者应当取得的基本养老金、破产安置补偿费。

第二十六条 夫妻一方个人财产在婚后产生的收益,除孳息和自然增值外,应认定为夫妻共同财产。

第二十七条 由一方婚前承租、婚后用共同财产购买的房屋,登记在一方名下的,应当认定为夫妻共同财产。

第二十八条 一方未经另一方同意出售夫妻共同所有的房屋,第三人善意购买、支付合理对价并已办理不动产登记,另一方主张追回该房屋的,人民法院不予支持。

夫妻一方擅自处分共同所有的房屋造成另一方损失,离婚时另一方请求赔偿损失的,人民法院应予支持。

第二十九条 当事人结婚前,父母为双方购置房屋出资的,该出资应当认定为对自己子女个人的赠与,但父母明确表示赠与双方的除外。

当事人结婚后,父母为双方购置房屋出资的,依照约定处理;没有约定或者约定不明确的,按照民法典第一千零六十二条第一款第四项规定的原则处理。

第三十条 军人的伤亡保险金、伤残补助金、医药生活补助费属于个人财产。

第三十一条 民法典第一千零六十三条规定为夫妻一方的个人财产,不因婚姻关系的延续而转化为夫妻共同财产。但当事人另有约定的除外。

第六十九条 当事人达成的以协议离婚或者到人民法院调解离婚为条件的财产以及债务处理协议,如果双方离婚未成,一方在离婚诉讼中反悔的,人民法院应当认定该财产以及债务处理协议没有生效,并根据实际情况依照民法典第一千零八十七条和第一千零八十九条的规定判决。

当事人依照民法典第一千零七十六条签订的离婚协议中关于财产以及债务处理的条款，对男女双方具有法律约束力。登记离婚后当事人因履行上述协议发生纠纷提起诉讼的，人民法院应当受理。

第七十条　夫妻双方协议离婚后就财产分割问题反悔，请求撤销财产分割协议的，人民法院应当受理。

人民法院审理后，未发现订立财产分割协议时存在欺诈、胁迫等情形的，应当依法驳回当事人的诉讼请求。

第七十一条　人民法院审理离婚案件，涉及分割发放到军人名下的复员费、自主择业费等一次性费用的，以夫妻婚姻关系存续年限乘以年平均值，所得数额为夫妻共同财产。

前款所称年平均值，是指将发放到军人名下的上述费用总额按具体年限均分得出的数额。其具体年限为人均寿命七十岁与军人入伍时实际年龄的差额。

第七十二条　夫妻双方分割共同财产中的股票、债券、投资基金份额等有价证券以及未上市股份有限公司股份时，协商不成或者按市价分配有困难的，人民法院可以根据数量按比例分配。

第七十三条　人民法院审理离婚案件，涉及分割夫妻共同财产中以一方名义在有限责任公司的出资额，另一方不是该公司股东的，按以下情形分别处理：

（一）夫妻双方协商一致将出资额部分或者全部转让给该股东的配偶，其他股东过半数同意，并且其他股东均明确表示放弃优先购买权的，该股东的配偶可以成为该公司股东；

（二）夫妻双方就出资额转让份额和转让价格等事项协商一致后，其他股东半数以上不同意转让，但愿意以同等条件购买该出资额的，人民法院可以对转让出资所得财产进行分割。其他股东半数以上不同意转让，也不愿意以同等条件购买该出资额的，视为其同意转让，该股东的配偶可以成为该公司股东。

用于证明前款规定的股东同意的证据，可以是股东会议材料，也可以是当事人通过其他合法途径取得的股东的书面声明材料。

第七十四条　人民法院审理离婚案件，涉及分割夫妻共同财产中以一方名义在合伙企业中的出资，另一方不是该企业合伙人的，当夫妻双方协商一致，将其合伙企业中的财产份额全部或者部分转让给对方时，按以下情形分别处理：

（一）其他合伙人一致同意的，该配偶依法取得合伙人地位；

（二）其他合伙人不同意转让，在同等条件下行使优先购买权的，可以对转让所得的财产进行分割；

（三）其他合伙人不同意转让，也不行使优先购买权，但同意该合伙人退伙或者削减部分财产份额的，可以对结算后的财产进行分割；

（四）其他合伙人既不同意转让，也不行使优先购买权，又不同意该合伙人退伙或者削减部分财产份额的，视为全体合伙人同意转让，该配偶依法取得合伙人地位。

第七十五条　夫妻以一方名义投资设立个人独资企业的，人民法院分割夫妻在该个人独资企业中的共同财产时，应当按照以下情形分别处理：

（一）一方主张经营该企业的，对企业资产进行评估后，由取得企业资产所有权一方给予另一方相应的补偿；

（二）双方均主张经营该企业的，在双方竞价基础上，由取得企业资产所有权的一方给予另一方相应的补偿；

（三）双方均不愿意经营该企业的，按照《中华人民共和国个人独资企业法》等有关规定办理。

第七十六条　双方对夫妻共同财产中的房屋价值及归属无法达成协议时，人民法院按以下情形分别处理：

（一）双方均主张房屋所有权并且同意竞价取得的，应当准许；

（二）一方主张房屋所有权的，由评估机构按市场价格对房屋作出评估，取得房屋所有权的一方应当给予另一方相应的补偿；

（三）双方均不主张房屋所有权的，根据当事人的申请拍卖、变卖房屋，就所得价款进行分割。

第七十七条　离婚时双方对尚未取得所有权或者尚未取得完全所有权的房屋有争议且协商不成的，人民法院不宜判决房屋所有权的归属，应当根据实际情况判决由当事人使用。

当事人就前款规定的房屋取得完全所有权后，有争议的，可以另行向人民法院提起诉讼。

第七十八条　夫妻一方婚前签订不动产买卖合同，以个人财产支付首付款并在银行贷款，婚后用夫妻共同财产还贷，不动产登记于首付款支付方名下的，离婚时该不动产由双方协议处理。

依前款规定不能达成协议的，人民法院可以判决该不动产归登记一方，尚未归还的贷款为不动产登记一方的个人债务。双方婚后共同还贷支付的款项及其相对应财产增值部分，离婚时应根据民法典第一千零八十七条第一款规定的原则，由不动产登记一方对另一方进行补偿。

第七十九条　婚姻关系存续期间，双方用夫妻共同财产出资购买以一方父母名义参加房改的房屋，登记在一方父母名下，离婚时另一方主张按照夫妻共同财产对该房屋进行分割的，人民法院不予支持。购买该房屋时的出资，可以作为债权处理。

第八十条　离婚时夫妻一方尚未退休、不符合领取基本养老金条件，另一方请求按照夫妻共同财产分割基本养老金的，人民法院不予支持；婚后以夫妻共同财产缴纳基本养老保险费，离婚时一方主张将养老金账户中婚姻关系存续期间个人实际缴纳部分及利息作为夫妻共同财产分割的，人民法院应予支持。

第八十一条　婚姻关系存续期间，夫妻一方作为继承人依法可以继承的遗产，在继承人之间尚未实际分割，起诉离婚时另一方请求分割的，人民法院应当告知当事人在继承人之间实际分割遗产后另行起诉。

第八十二条　夫妻之间订立借款协议，以夫妻共同财产出借给一方从事个人经营活动或者用于其他个人事务的，应视为双方约定处分夫妻共同财产的行为，离婚时可以按照借款协议的约定处理。

第八十三条　离婚后，一方以尚有夫妻共同财产未处理为由向人民法院起诉请求分割的，经审查该财产确属离婚时未涉及的夫妻共同财产，人民法院应当依法予以分割。

第八十四条　当事人依据民法典第一千零九十二条的规定向人民法院提起诉讼，请求再次分割夫妻共同财产的诉讼时效期间为三年，从当事人发现之日起计算。

第八十五条 夫妻一方申请对配偶的个人财产或者夫妻共同财产采取保全措施的，人民法院可以在采取保全措施可能造成损失的范围内，根据实际情况，确定合理的财产担保数额。

⊙《**最高人民法院关于印发〈第八次全国法院民事商事审判工作会议（民事部分）纪要〉的通知**》(2016年11月21日 法〔2016〕399号)

4. 婚姻关系存续期间以夫妻共同财产投保，投保人和被保险人同为夫妻一方，离婚时处于保险期内，投保人不愿意继续投保的，保险人退还的保险单现金价值部分应按照夫妻共同财产处理；离婚时投保人选择继续投保的，投保人应当支付保险单现金价值的一半给另一方。

5. 婚姻关系存续期间，夫妻一方作为被保险人依据意外伤害保险合同、健康保险合同获得的具有人身性质的保险金，或者夫妻一方作为受益人依据以死亡为给付条件的人寿保险合同获得的保险金，宜认定为个人财产，但双方另有约定的除外。

婚姻关系存续期间，夫妻一方依据以生存到一定年龄为给付条件的具有现金价值的保险合同获得的保险金，宜认定为夫妻共同财产，但双方另有约定的除外。

⊙《**最高人民法院关于进一步深化家事审判方式和工作机制改革的意见（试行）**》(2021年3月24日修正)

44. 对于涉及财产分割问题的离婚纠纷案件，人民法院在向当事人送达受理案件通知书和应诉通知书时，应当同时送达《家事案件当事人财产申报表》。

当事人应当在举证期限届满前填写《家事案件当事人财产申报表》，全面、准确地申报夫妻共同财产和个人财产的有关状况。

人民法院应当明确告知当事人不如实申报财产应承担的法律后果。对于拒不申报或故意不如实申报财产的当事人，除在分割夫妻共同财产时可依法对其少分或者不分外，还可对当事人予以训诫；情形严重者，可记入社会征信系统或从业诚信记录；构成妨碍民事诉讼的，可以采取罚款、拘留等强制措施。

【公报案例】

⊙**在婚姻关系存续期间一方所获得的具有人身性的物质奖励，不应作为夫妻共同财产予以分割——刘某某诉郑某某离婚及财产分割案**（《最高人民法院公报》1995年第2期）

【案例要旨】

在婚姻关系存续期间，一方参加国际、国内体育比赛所获奖牌、奖金，奖牌作为运动员一种荣誉的象征，有特定的人身性，不应作为夫妻共同财产予以分割。所得奖金已作为家庭共同支出用于运动员治伤、治病的，另一方不得再要求平分。

【民事审判指导与参考案例】

⊙**违章建筑不宜作为夫妻共同财产进行分割——黄某某诉沙某某离婚纠纷案**[《民事审判指导与参考》2016年第2辑（总第66辑）]

【案例要旨】

夫妻关系存续期间搭建的违章建筑，虽然被登记在房产证中，但是基于其破坏国家行政机关对于土地、规划、建设的管理秩序，违反《土地管理法》《城市规划法》等相关法律法规禁止性规定，不宜作为夫妻共同财产由人民法院以判决的方式予以分割。人民法院应该就此向双方当事人释明，只有当诉争违章建筑被政府依法拆迁补偿而其价值得以合法形式体现后，当事人才可以就拆迁补偿款的分割另行协商或提起诉讼。

⊙**同居期间所得财产的处理规则**[《民事审判指导与参考》2016年第3辑（总第67辑）]

【案例要旨】

在审理同居关系纠纷时，对当事人同居期间所得的工资、奖金和生产、经营的收益以及因继承、赠与等途径所得的合法收入，原则上归其本人所有；如果双方在同居期间有共同购置的财产或有共同经营所得的收入，应当按照双方的出资份额、所作贡献等公平合理地予以分割。

【基本案情】

郭甲、郭乙与郭丙三人为兄弟关系，郭丙与徐某某于2002年5月开始同居，生育一子一女。后因日常琐事发生纠纷、无法共同生活，徐某某遂起诉到法院要求分割双方同居期间购买的两套房产并对子女抚养问题作出处理。

案涉两套房产登记在郭丙名下，但郭甲与郭乙提供了转款凭证，证明郭丙名下两套房产的实际购买人系郭甲和郭乙，郭丙认可案涉房产为郭甲和郭乙所购买，徐某某主张房产系用家庭共同经营所得的利润购买，但没有提交任何证据予以证明。

【裁判结果】

一审法院经审理认为，郭丙与徐某某未办理结婚登记于2002年5月开始同居，双方虽然不是合法夫妻关系，但从保护妇女权益角度考虑，郭丙名下的房产应由郭丙和徐某某各享有一套。

一审法院在审理郭丙与徐某某同居关系纠纷时，郭甲、郭乙曾提出要求参加诉讼，一审法院未予准许。

郭丙不服提起上诉，二审法院判决：驳回上诉，维持原判。

郭甲、郭乙诉称，二审法院在审理郭丙与徐某某同居关系纠纷一案过程中，在没有调查清楚涉案房产的实际出资人、没有考虑案外第三人合法民事权益的情况下作出生效判决，侵犯了其财产权益，故请求予以撤销。

针对郭甲、郭乙提起的第三人撤销之诉，法院经审理认为，郭丙与徐某某并未办理结婚登记手续，双方不存在婚姻关系，不享有基于配偶身份而产生的权利和义务，对于双方同居期间的财产分割，不适用《婚姻法》关于夫妻财产分割的相关规定。本案中争议的两套房产，郭甲、郭乙主张系以郭丙的名义，由郭甲、郭乙实际出资购买，并提交了相关证据，郭丙对此也予以认可，徐某某未提交证据证明自己参与出资购买涉案房产。涉案房产不属于双方同居期间的共有财产，不应予以分割处分，原生效判决损害了郭甲、郭乙的合法权益，应当予以撤销。

⊙不动产婚内共同还贷及增值的计算——甲男诉乙女离婚纠纷案

[《民事审判指导与参考》2016年第1辑（总第65辑）]

【案例要旨】

在适用《最高人民法院关于适用〈中华人民共和国婚姻法〉若干问题的解释（三）》第十条［《最高人民法院关于适用〈中华人民共和国民法典〉婚姻家庭编的解释（一）》第七十八条］时，涉及夫妻共同还贷款项及其相对应增值部分的数额等于以夫妻共同还贷部分乘以不动产升值率。所称不动产升值率，是用不动产现价格除以不动产成本，不动产成本包括购买时不动产价格＋共同还贷的利息部分＋其他费用（比如契税、印花税、营业税、评估费等）。

【基本案情】

甲男2004年购房一套，当时价格18万元，甲男首付8万元，从银行贷款10万元，契税等其他费用1万元，婚前甲男还贷本息合计5万元。2008年甲男与乙女结婚，房屋价值41万元，产权登记在甲男名下。婚姻关系存续期间双方共同还贷10万元将贷款清偿完毕，其中本金7万元，利息3万元。2012年离婚时房屋现值90万元。

甲男与乙女双方对解除婚姻关系没有异议，但对房屋补偿款的数额有异议。甲男认为，其婚前已经与房地产公司签订购房合同并从银行贷款，虽然婚后还贷本息共计10万元，但每月银行都是从其工资卡中定期扣款，女方并没有参与还贷，离婚时无权获得任何补偿款。乙女认为，双方没有约定实行分别财产制，男方的工资收入应当属于夫妻共同财产，离婚时应按房产现值90万元减去男方购房时的价格18万元作为基数对其进行补偿，即乙女应获得的补偿款是40万元。

【裁判结果】

一审法院经审理认为，甲男和乙女结婚后还贷10万元，虽然系甲男每月用自己的工资卡归还银行贷款，但双方当事人并没有约定实行分别财产制，甲男的工资收入应当属于夫妻共同财产。根据《最高人民法院关于适用〈中华人民共和国婚姻法〉若干问题的解释（三）》第十条［《最高人民法院关于适用〈中华人民共和国民法典〉婚姻家庭编的解释（一）》

第七十八条]"夫妻一方婚前签订不动产买卖合同,以个人财产支付首付款并在银行贷款,婚后用夫妻共同财产还贷,不动产登记于首付款支付方名下的,离婚时该不动产由双方协议处理。依前款规定不能达成协议的,人民法院可以判决该不动产归产权登记一方,尚未归还的贷款为产权登记一方的个人债务,双方婚后共同还贷支付的款项及其相对应财产增值部分,离婚时应根据婚姻法第三十九条(《民法典》第一千零八十七条)第一款规定的原则,由产权登记一方对另一方进行补偿"的规定,第一步应先计算诉争房产的升值率,即诉争房产现价格除以(结婚时诉争房产价格+共同已还利息+其他费用)= 90/(41+3+1)= 200%;第二步计算非产权登记一方所得补偿款,即共同还贷部分乘以不动产升值率,该数额的一半即为应补偿的数额。10乘以200% = 20万元,非产权登记一方所得补偿款为10万元。一审法院判决诉争房产归甲男所有,甲男应支付给乙女10万元补偿款。

乙女不服提起上诉,二审法院判决:驳回上诉,维持原判。

适用要点

⊙ 离婚协议中关于财产分割的条款或者当事人因离婚就财产分割达成的协议,仅对男女双方具有法律约束力

人民法院在案件审理过程中应当留意,此处的法律约束力只是针对身为协议当事人的男女双方而言。该协议是双方之间的内部协议,并无对外效力。同时,该法律约束力不等于法律效力。在涉及协议效力的诉讼中,究竟协议是有效、无效还是可撤销,人民法院需依法进行审查。

⊙ 处理离婚财产分割问题时应遵循的原则

人民法院处理离婚财产分割问题时,除了遵守照顾子女、女方和无过错方利益的原则之外,还要根据待分割财产的具体状态、性质和用途等属性,尽量使财产在双方间的分配有利于当事人的生产、经营和生活,不损害财产的效用和经济价值。

> **第一千零八十八条　【离婚经济补偿】**夫妻一方因抚育子女、照料老年人、协助另一方工作等负担较多义务的，离婚时有权向另一方请求补偿，另一方应当给予补偿。具体办法由双方协议；协议不成的，由人民法院判决。

法　律

⊙《妇女权益保障法》(2022年10月30日修订)

第六十六条　妇女对夫妻共同财产享有与其配偶平等的占有、使用、收益和处分的权利，不受双方收入状况等情形的影响。

对夫妻共同所有的不动产以及可以联名登记的动产，女方有权要求在权属证书上记载其姓名；认为记载的权利人、标的物、权利比例等事项有错误的，有权依法申请更正登记或者异议登记，有关机构应当按照其申请依法办理相应登记手续。

第六十八条　夫妻双方应当共同负担家庭义务，共同照顾家庭生活。

女方因抚育子女、照料老人、协助男方工作等负担较多义务的，有权在离婚时要求男方予以补偿。补偿办法由双方协议确定；协议不成的，可以向人民法院提起诉讼。

人民法院案例选案例

⊙**夫妻一方承担家庭义务较多的，离婚时有权向另一方请求补偿——张某诉萧某离婚案**［《人民法院案例选》2007年第4辑（总第62辑）］

【案例要旨】

父母对子女的抚养义务，不仅包括金钱上的付出，也包括时间和精力的付出。本案中，原告多年来独自抚养孩子，承担了较多的家庭义务，而被告对家庭不仅金钱上付出较少，而且时间、精力几乎没有付出，原告有权请求被告予以补偿。

适用要点

⊙ 离婚经济补偿的确定

离婚经济补偿作为离婚三大救济制度之一，其主要功能在于在夫妻共同财产分割的基础上，对家庭义务承担较多一方的权利给予救济和平衡。经济补偿的确定，以夫妻共同财产分割的确定为基础，补偿金应当从承担支付义务一方的个人财产或分得的共同财产中支取。不能采取在夫妻共同财产分割前先扣除经济补偿，再对剩余共同财产进行分割的做法，否则，离婚经济补偿的救济功能将失去意义。

第一千零八十九条　【离婚时夫妻共同债务清偿】 离婚时，夫妻共同债务应当共同偿还。共同财产不足清偿或者财产归各自所有的，由双方协议清偿；协议不成的，由人民法院判决。

法　律

⊙《民法典》（总则编）（2020年5月28日）

第一百七十八条　二人以上依法承担连带责任的，权利人有权请求部分或者全部连带责任人承担责任。

连带责任人的责任份额根据各自责任大小确定；难以确定责任大小的，平均承担责任。实际承担责任超过自己责任份额的连带责任人，有权向其他连带责任人追偿。

连带责任，由法律规定或者当事人约定。

⊙《民法典》（物权编）（2020年5月28日）

第三百零七条　因共有的不动产或者动产产生的债权债务，在对外关系上，共有人享有连带债权、承担连带债务，但是法律另有规定或者第三人知道共有人不具有连带债权债务关系的除外；在共有人内部关系上，除共有人另有约定外，按份共有人按照份额享有债权、承担债务，共同共有人共同享有债权、承担债务。偿还债务超过自己应当承担份额的按份共有人，有权向其他共有人追偿。

⊙《民法典》(合同编)(2020年5月28日)

第五百二十条　部分连带债务人履行、抵销债务或者提存标的物的，其他债务人对债权人的债务在相应范围内消灭；该债务人可以依据前条规定向其他债务人追偿。

部分连带债务人的债务被债权人免除的，在该连带债务人应当承担的份额范围内，其他债务人对债权人的债务消灭。

部分连带债务人的债务与债权人的债权同归于一人的，在扣除该债务人应当承担的份额后，债权人对其他债务人的债权继续存在。

债权人对部分连带债务人的给付受领迟延的，对其他连带债务人发生效力。

⊙《民法典》(婚姻家庭编)(2020年5月28日)

第一千零六十四条　夫妻双方共同签名或者夫妻一方事后追认等共同意思表示所负的债务，以及夫妻一方在婚姻关系存续期间以个人名义为家庭日常生活需要所负的债务，属于夫妻共同债务。

夫妻一方在婚姻关系存续期间以个人名义超出家庭日常生活需要所负的债务，不属于夫妻共同债务；但是，债权人能够证明该债务用于夫妻共同生活、共同生产经营或者基于夫妻双方共同意思表示的除外。

司法解释及文件

⊙《最高人民法院关于适用〈中华人民共和国民法典〉婚姻家庭编的解释(一)》(2020年12月29日　法释〔2020〕22号)

第三十三条　债权人就一方婚前所负个人债务向债务人的配偶主张权利的，人民法院不予支持。但债权人能够证明所负债务用于婚后家庭共同生活的除外。

第三十四条　夫妻一方与第三人串通，虚构债务，第三人主张该债务为夫妻共同债务的，人民法院不予支持。

夫妻一方在从事赌博、吸毒等违法犯罪活动中所负债务，第三人主张该债务为夫妻共同债务的，人民法院不予支持。

第三十五条　当事人的离婚协议或者人民法院生效判决、裁定、调解书已经对夫妻财产分割问题作出处理的，债权人仍有权就夫妻共同债务向男女双方主张权利。

一方就夫妻共同债务承担清偿责任后，主张由另一方按照离婚协议或者人民法院的法律文书承担相应债务的，人民法院应予支持。

第三十六条　夫或者妻一方死亡的，生存一方应当对婚姻关系存续期间的夫妻共同债务承担清偿责任。

第六十九条　当事人达成的以协议离婚或者到人民法院调解离婚为条件的财产以及债务处理协议，如果双方离婚未成，一方在离婚诉讼中反悔的，人民法院应当认定该财产以及债务处理协议没有生效，并根据实际情况依照民法典第一千零八十七条和第一千零八十九条的规定判决。

当事人依照民法典第一千零七十六条签订的离婚协议中关于财产以及债务处理的条款，对男女双方具有法律约束力。登记离婚后当事人因履行上述协议发生纠纷提起诉讼的，人民法院应当受理。

适用要点

⊙债权人仅向男女双方中的一方请求履行夫妻共同债务偿还义务的处理

实践中，可能存在债权人基于某些特殊原因，仅向男女双方中的一方请求履行夫妻共同债务的偿还义务的情况。人民法院应当仔细审查债权人的请求内容，注意区分只向一方行使债权请求权和放弃要求另一方承担偿还责任的情况。前者，男女双方均有义务向债权人承担全部偿还责任；后者，根据《民法典》第520条第2款的规定，部分连带债务人的债务被债权人免除的，在该连带债务人应当承担的份额范围内，其他债务人对债权人的债务消灭，亦即另一方的偿还责任仅以协议或判决确定其应当承担的份额为限。

第一千零九十条 【离婚经济帮助】离婚时,如果一方生活困难,有负担能力的另一方应当给予适当帮助。具体办法由双方协议;协议不成的,由人民法院判决。

法 律

⊙《**妇女权益保障法**》(2022 年 10 月 30 日修订)

第六十九条 离婚时,分割夫妻共有的房屋或者处理夫妻共同租住的房屋,由双方协议解决;协议不成的,可以向人民法院提起诉讼。

典型案例

⊙**法院处理离婚案件时,对于为家庭付出较多义务的女方应判决给予一定的经济帮助——岳某诉曹某离婚纠纷案**〔2015 年 11 月 19 日最高人民法院公布的 30 起婚姻家庭纠纷典型案例(河南)〕

【案例要旨】

夫妻感情确已破裂的,人民法院应准许离婚。对于确实对家庭付出较多义务,没有固定收入来源,离婚后将导致生活困难的女方,应根据婚姻法有关规定,判决给予一定的经济帮助。

【基本案情】

岳某与曹某经人介绍于 1999 年登记结婚。婚后育有二子。婚后双方常因家庭琐事发生争吵,夫妻感情破裂。岳某要求与曹某离婚,曹某认可夫妻感情破裂,同意离婚。双方就子女抚养和部分共同财产的分配达成了一致意见。经调查,曹某系农村家庭主妇,平日里下地干活、照顾一家老小,但没有工作及固定的经济收入。

【裁判结果】

鹤壁市淇滨区法院和中级人民法院经审理认为,岳某与曹某感情破裂,应准许离婚。曹某作为家庭妇女,对家庭付出较多,没有固定收入来源,离婚后将导致生活困难,根据婚姻法有关规定,判决岳某给付曹某经济帮助两万元。

【典型意义】

在婚姻关系中，女方往往处于弱势地位。一方面她们出于照顾家庭的考虑，往往以牺牲自己的工作甚至事业为代价；另一方面，在出现婚姻纠纷时，女方往往由于没有为家庭带来直接经济收入导致其合法权益得不到保障。在审理此类案件时，要充分查明案件事实，对于确实对家庭付出较多义务的女方应判决给予一定的经济帮助，使其合法权益能够得到保障。本案中，考虑到曹某在夫妻共同生活期间，抚育子女、照顾老人，付出较多，对家庭做出了较大的贡献；离婚后没有固定的经济收入，还要抚养孩子，经济压力比较大，因此判决岳某给付曹某经济帮助两万元。

适用要点

⊙离婚经济帮助义务的承担

离婚经济帮助是对离婚时生活困难一方基本生存权益的救济，经济帮助不能被当作无限期的生存手段，否则将违背民法的公平原则。人民法院在审理离婚经济帮助案件时，应当根据个案实际情况，对经济帮助的时间附加一定的期限或条件，当期限届满或条件达成时，提供经济帮助的一方即不再承担经济帮助义务。此外，即使经济帮助的附加期限未满或条件尚未达成，当发生离婚时生活困难一方再婚或经济能力足以维持当地基本生活水平的情况，经济帮助的存在意义已经丧失，不论经济帮助的履行程度如何，提供经济帮助一方均可停止给付。

第一千零九十一条 【离婚损害赔偿】有下列情形之一，导致离婚的，无过错方有权请求损害赔偿：

（一）重婚；

（二）与他人同居；

（三）实施家庭暴力；

（四）虐待、遗弃家庭成员；

（五）有其他重大过错。

> 法 律

⊙《民法典》(总则编)(2020年5月28日)

第一百一十二条 自然人因婚姻家庭关系等产生的人身权利受法律保护。

⊙《民法典》(人格权编)(2020年5月28日)

第一千零一条 对自然人因婚姻家庭关系等产生的身份权利的保护,适用本法第一编、第五编和其他法律的相关规定;没有规定的,可以根据其性质参照适用本编人格权保护的有关规定。

⊙《民法典》(婚姻家庭编)(2020年5月28日)

第一千零四十一条 婚姻家庭受国家保护。

实行婚姻自由、一夫一妻、男女平等的婚姻制度。

保护妇女、未成年人、老年人、残疾人的合法权益。

第一千零四十二条 禁止包办、买卖婚姻和其他干涉婚姻自由的行为。禁止借婚姻索取财物。

禁止重婚。禁止有配偶者与他人同居。

禁止家庭暴力。禁止家庭成员间的虐待和遗弃。

第一千零四十三条 家庭应当树立优良家风,弘扬家庭美德,重视家庭文明建设。

夫妻应当互相忠实,互相尊重,互相关爱;家庭成员应当敬老爱幼,互相帮助,维护平等、和睦、文明的婚姻家庭关系。

⊙《反家庭暴力法》(2015年12月27日)

第二条 本法所称家庭暴力,是指家庭成员之间以殴打、捆绑、残害、限制人身自由以及经常性谩骂、恐吓等方式实施的身体、精神等侵害行为。

> 司法解释及文件

⊙《最高人民法院关于适用〈中华人民共和国民法典〉婚姻家庭编的解释(一)》(2020年12月29日 法释〔2020〕22号)

第一条 持续性、经常性的家庭暴力,可以认定为民法典第一千零四十二条、第一千零七十九条、第一千零九十一条所称的"虐待"。

第二条 民法典第一千零四十二条、第一千零七十九条、第一千零九十一条规定的"与他人同居"的情形，是指有配偶者与婚外异性，不以夫妻名义，持续、稳定地共同居住。

第二十三条 夫以妻擅自中止妊娠侵犯其生育权为由请求损害赔偿的，人民法院不予支持；夫妻双方因是否生育发生纠纷，致使感情确已破裂，一方请求离婚的，人民法院经调解无效，应依照民法典第一千零七十九条第三款第五项的规定处理。

第二十八条 一方未经另一方同意出售夫妻共同所有的房屋，第三人善意购买、支付合理对价并已办理不动产登记，另一方主张追回该房屋的，人民法院不予支持。

夫妻一方擅自处分共同所有的房屋造成另一方损失，离婚时另一方请求赔偿损失的，人民法院应予支持。

第八十六条 民法典第一千零九十一条规定的"损害赔偿"，包括物质损害赔偿和精神损害赔偿。涉及精神损害赔偿的，适用《最高人民法院关于确定民事侵权精神损害赔偿责任若干问题的解释》的有关规定。

第八十七条 承担民法典第一千零九十一条规定的损害赔偿责任的主体，为离婚诉讼当事人中无过错方的配偶。

人民法院判决不准离婚的案件，对于当事人基于民法典第一千零九十一条提出的损害赔偿请求，不予支持。

在婚姻关系存续期间，当事人不起诉离婚而单独依据民法典第一千零九十一条提起损害赔偿请求的，人民法院不予受理。

第八十八条 人民法院受理离婚案件时，应当将民法典第一千零九十一条等规定中当事人的有关权利义务，书面告知当事人。在适用民法典第一千零九十一条时，应当区分以下不同情况：

（一）符合民法典第一千零九十一条规定的无过错方作为原告基于该条规定向人民法院提起损害赔偿请求的，必须在离婚诉讼的同时提出。

（二）符合民法典第一千零九十一条规定的无过错方作为被告的离婚诉讼案件，如果被告不同意离婚也不基于该条规定提起损害赔偿请求的，可以就此单独提起诉讼。

（三）无过错方作为被告的离婚诉讼案件，一审时被告未基于民法典第一千零九十一条规定提出损害赔偿请求，二审期间提出的，人民法院应当进行调解；调解不成的，告知当事人另行起诉。双方当事人同意由第二审人民法院一并审理的，第二审人民法院可以一并裁判。

第八十九条 当事人在婚姻登记机关办理离婚登记手续后，以民法典第一千零九十一条规定为由向人民法院提出损害赔偿请求的，人民法院应当受理。但当事人在协议离婚时已经明确表示放弃该项请求的，人民法院不予支持。

第九十条 夫妻双方均有民法典第一千零九十一条规定的过错情形，一方或者双方向对方提出离婚损害赔偿请求的，人民法院不予支持。

⊙《最高人民法院关于确定民事侵权精神损害赔偿责任若干问题的解释》（2020年12月29日修正）

第五条 精神损害的赔偿数额根据以下因素确定：
（一）侵权人的过错程度，但是法律另有规定的除外；
（二）侵权行为的目的、方式、场合等具体情节；
（三）侵权行为所造成的后果；
（四）侵权人的获利情况；
（五）侵权人承担责任的经济能力；
（六）受理诉讼法院所在地的平均生活水平。

典型案例

⊙夫妻一方发现与子女并无亲生血缘关系，离婚时要求另一方损害赔偿的，人民法院应予支持——张某与蒋某婚姻家庭纠纷案（2015年12月4日最高人民法院公布的49起婚姻家庭纠纷典型案例）

【案例要旨】

夫妻之间应互相忠实、互相尊重、互相关爱。在婚姻关系存续期间，夫妻一方经鉴定，发现与子女之间并无亲生血缘关系的，严重损害了配偶之间的感情。无过错方向人民法院请求离婚并支付精神损害赔偿的，人民法院应予支持，因与子女之间无血缘关系并不存在抚养义务，因此无过错方向法院提起返还相关抚养费的请求应予支持。

【基本案情】

蒋某与张某经人介绍相识恋爱后于 2004 年 3 月 4 日办理结婚登记手续。婚后于 2008 年 9 月 14 日生育一子张某某。后双方因生活琐事发生争吵，致使夫妻感情不睦。张某于 2014 年 4 月 25 日委托西南政法大学司法鉴定中心对张某和张某某进行亲子鉴定。该中心得出的鉴定意见为：不支持张某与张某某之间存在亲生血缘关系。张某遂向法院提起诉讼，请求依法判令原、被告离婚，由蒋某承担张某养育张某某的抚养费 41387.5 元并赔偿张某精神损害抚慰金 10 万元。同时查明，双方婚后于 2006 年共同购买位于大竹县某小区的门市一间，面积 $36.58m^2$，产权人登记为蒋某。

【裁判结果】

大竹法院一审审理认为：张某与蒋某婚后常为生活琐事争吵，现经鉴定张某某不是张某亲生子，严重伤害夫妻感情，故法院认定夫妻感情确已破裂。张某请求蒋某支付精神损害赔偿应当支持，根据本案案情，确定精神抚慰金 30000 元为宜；张某既非张某某的生父，又非养父继父，无法定扶养义务，故张某要求蒋某支付张某某抚养费 41387.5 元，理由正当，法院予以支持；双方婚后购买位于大竹县某小区的门市一间应认定为夫妻共同财产，双方各分得一半。蒋某称婚后共同翻修原告父母房屋，应当对增值部分平均分割，因涉及第三人产权，本案不作处理。据此判决：一、准予原告张某与被告蒋某离婚；二、非婚生子张某某由被告蒋某抚养，被告蒋某支付原告张某养育张某某的抚养费 41387.5 元，被告蒋某赔偿原告张某某精神抚慰金 30000 元；三、夫妻婚后购买登记于被告蒋某名下的位于大竹县某小区的门市一间，原、被告各占 50% 产权。

宣判后蒋某以"一审法院错误采信西南政法大学司法鉴定中心的检验报告书，判决上诉人向被上诉人返还抚养费 41387.5 元及赔偿精神抚慰金 3 万元没有事实依据，属适用法律不当"等为由向达州中院提起上诉。

达州中院审理认为：张某委托西南政法大学司法鉴定中心作出亲子鉴定检验报告书，该检验报告结论为：不支持张某与张某某之间存在亲生血缘关系。蒋某上诉称西南政法大学司法鉴定中心的鉴定检验报告书缺乏真实性，不应采信，但在一审审理中，经原审人民法院向蒋某释明，蒋某已明确表示自己不申请重新鉴定。蒋某又无其他证据证实作出该检验报告的鉴定机构或者鉴定人员不具备相关的鉴定资格、鉴定程序严重违法、或鉴定结论明显依据不足，故原审法院对该鉴定结论予以采信并无不当。蒋某上诉称自己系遭受不法侵害，但未提供证据证实，对其该项诉称理由不予采纳。张某某现经鉴定非张某的亲生子，蒋某的过错行为已严重伤害夫妻感情，蒋某上诉称与张某感情较好的理由不能成立，原审法院判决准予离婚正确。因蒋某在婚姻关系存续期间存在过错，故原审法院判决蒋某向张某赔偿精神损害抚慰金并无不当。张某某与张某并无血缘关系，对其并无法定抚养义务，故对其在婚姻关系存续期间为张某某所付出的抚养费应当由蒋某支付给张某。达州中院据此判决：驳回上诉，维持原判。

【典型意义】

《婚姻法》第四条（《民法典》第一千零四十条）规定了夫妻应当互相忠实、互相尊重的义务。违反忠实义务往往对配偶的情感和精神造成非常严重的伤害。这和我国社会一般大众因为习惯、传统等原因对婚姻家庭的认识有很大关系。故《最高人民法院关于适用〈中华人民共和国婚姻法〉若干问题的解释（一）》第二十八条［《最高人民法院关于适用〈中华人民共和国民法典〉婚姻家庭编的解释（一）》第八十六条］规定：婚姻法第四十六条规定的"损害赔偿"，包括物质损害赔偿和精神损害赔偿。涉及精神损害赔偿的，适用《最高人民法院关于确定民事侵权精神损害赔偿责任若干问题的解释》的有关规定。本案中张某在得知张某某并非自己的亲生子后，其精神受到伤害，要求蒋某赔偿精神损害抚慰金的理由正当合法，得到了法院的支持。而张某某因与张某并无血缘关系，张某对其并无法定抚养义务，故法院对张某要求蒋某返还自己已承担的张某某的抚养费的主张予以了支持。

⊙**对婚姻关系的无过错方在提起离婚诉讼的同时提起的请求损害赔偿，法院依法予以支持——陆某诉陈某离婚纠纷案**［2015年11月19日最高人民法院公布的30起婚姻家庭纠纷典型案例（北京）］

【案例要旨】

夫妻之间应当互相忠实，互相尊重。其中一方存在不正当男女关系则违背了夫妻间的忠实义务，双方均同意离婚，持续分居二年以上，应当认定夫妻感情破裂，准许离婚。婚姻关系的无过错方，有权提起离婚诉讼并同时请求损害赔偿，人民法院依法予以支持。

【基本案情】

陆某、陈某系自行相识登记结婚，育有一子陈某某。2011年陆某、陈某开始分居并持续至今。陈某某自双方分居后跟随陆某生活。陆某称陈某在此期间认识了其他女性，并已与其一起生活，陈某认可曾有此事。陆某诉至法院要求与陈某离婚；婚生子陈某某由其抚养，陈某每月支付抚育费3500元，至孩子满十八周岁；陈某每月给付其帮助费2000元；要求陈某支付精神损害赔偿15000元。

【裁判结果】

法院认为：婚姻关系的存续应以夫妻感情为基础。陆某认为夫妻感情已完全破裂诉至法院要求与陈某离婚，陈某亦同意离婚，且双方持续分居已近三年，应当认为双方夫妻感情无和好可能，对陆某之离婚诉请，法院予以准许。父母对子女的抚育系法定义务。关于陈某某之抚育问题，从孩子生活习惯、利于孩子成长等角度考虑，以陆某继续抚育为宜。关于子女抚育费的数额，本案中，结合双方陈述，参照双方收入情况、北京市实际生活水平等因素，法院酌定陈某每月应支付2000元。关于帮助费问题，双方均无证据证明对方收入状况，法院参考双方所述的收入水平、财产及居住情况，该项不予支持。关于精神损害抚慰金，鉴于陈某在双方婚姻关系存续期间确与其他婚外异性存在不正当关系，应认定在导致双方感情破裂问题上，陈某具有过错，对陆某要求陈某承担精神损害赔偿，法院予以支持，数额由法院酌定。依据《婚姻法》第三十二条、第三十七条、第四十六条（《民法典》第一千零七十九条、第一千零八十五条、第一千零九十一条）之规定，判决如下：一、准予陆某与陈某离婚。二、双方婚生之子陈某某由陆某自行抚育，陈某于二〇一四年二月起每月十日前支付孩子抚育费二千元，直至陈某某年满十八周岁止。三、陈某于本判决生效之日起七日内给付陆某精神损害抚慰金五千元。四、驳回陆某的其他诉讼请求。

【典型意义】

我国《婚姻法》第四条（《民法典》第一千零四十三条）规定了夫妻的

互相忠实义务。婚姻应当以感情为基础，夫妻之间应当互相忠实，互相尊重，以维护平等、和睦、文明的婚姻家庭关系。维护夫妻之间的相互忠诚，不仅仅是道德义务，更是法律义务。本案中，陈某与他人存在不正当男女关系，伤害了陆某的个人感情，损害了双方之间的婚姻关系，陈某的行为是不道德的，亦违反了我国婚姻法规定的夫妻之间的忠实义务。陆某作为无过错方，有权提起离婚诉讼并同时请求损害赔偿，人民法院依法予以支持。

民事审判指导与参考案例

⊙**当事人以人民法院作出的人身安全保护裁定为据主张其配偶实施家庭暴力并请求离婚损害赔偿的，人民法院不予支持——方某某诉楚某请求离婚损失赔偿案**［《民事审判指导与参考》2014年第3辑（总第55辑）］

【案例要旨】

当事人仅以人民法院发出的人身安全保护裁定为据，主张其配偶实施家庭暴力并请求离婚损害赔偿的，人民法院不予支持。

人民法院案例选案例

⊙**受暴方的反抗行为造成施暴方轻微伤害的，不属于过错方，施暴方仍应支付损害赔偿金——段某某诉尹某离婚纠纷案**［《人民法院案例选》2016年第9辑（总第103辑）］

【案例要旨】

1. 当事人双方均有受伤的情况下如何判断其行为是一方攻击另一方抵抗的家庭暴力还是双方互殴的普通暴力行为。

2. 受暴方的反抗行为造成施暴方轻微伤害的，不属于《婚姻法》第四十六条（《民法典》第一千零九十一条）规定的过错方，施暴方仍应支付损害赔偿金。

> 适用要点

⊙ **注意区分离婚损害赔偿的损害结果和家庭暴力的损害结果**

因家庭暴力导致离婚,无过错方请求离婚损害赔偿的,人民法院对家庭暴力行为的认定,不以该行为产生了伤害后果为条件,只要过错方作出了相关行为,就构成家庭暴力。但离婚损害赔偿必须以因家庭暴力导致离婚为条件。

⊙ **有权提起离婚损害赔偿请求的主体必须是无过错一方**

只有无过错方才有权利、有资格提起离婚损害赔偿请求。如果双方都有过错,比如一方与他人婚外同居,而另一方在家里实施家庭暴力;这种情形下谁也没有资格请求离婚损害赔偿。本条规定的离婚损害赔偿与一般的民事赔偿毕竟不能完全等同,不存在区分过错大小的问题。

⊙ **对于因实施家庭暴力或虐待、遗弃家庭成员而导致离婚的,由此受到损害的未成年子女或其他家庭成员是否可以作为离婚损害赔偿请求权的主体**

离婚损害赔偿请求权的主体只能是婚姻当事人中无过错的一方,不宜作扩大解释,将未成年子女或其他家庭成员也作为离婚损害赔偿请求权的主体是不妥的。至于未成年子女或其他家庭成员因家庭暴力或虐待、遗弃行为等受到损害的,可以按照《民法典》侵权责任编的有关规定寻求救济途径。

第一千零九十二条 【一方侵害夫妻共同财产的法律后果】 夫妻一方隐藏、转移、变卖、毁损、挥霍夫妻共同财产,或者伪造夫妻共同债务企图侵占另一方财产的,在离婚分割夫妻共同财产时,对该方可以少分或者不分。离婚后,另一方发现有上述行为的,可以向人民法院提起诉讼,请求再次分割夫妻共同财产。

> 法律

⊙《**民法典**》(**总则编**)(2020年5月28日)

第七条　民事主体从事民事活动，应当遵循诚信原则，秉持诚实，恪守承诺。

⊙《**民法典**》(**婚姻家庭编**)(2020年5月28日)

第一千零六十二条　夫妻在婚姻关系存续期间所得的下列财产，为夫妻的共同财产，归夫妻共同所有：

（一）工资、奖金、劳务报酬；

（二）生产、经营、投资的收益；

（三）知识产权的收益；

（四）继承或者受赠的财产，但是本法第一千零六十三条第三项规定的除外；

（五）其他应当归共同所有的财产。

夫妻对共同财产，有平等的处理权。

> 司法解释及文件

⊙《**最高人民法院关于适用〈中华人民共和国民法典〉婚姻家庭编的解释（一）**》(2020年12月29日　法释〔2020〕22号)

第三十四条　夫妻一方与第三人串通，虚构债务，第三人主张该债务为夫妻共同债务的，人民法院不予支持。

夫妻一方在从事赌博、吸毒等违法犯罪活动中所负债务，第三人主张该债务为夫妻共同债务的，人民法院不予支持。

第八十三条　离婚后，一方以尚有夫妻共同财产未处理为由向人民法院起诉请求分割的，经审查该财产确属离婚时未涉及的夫妻共同财产，人民法院应当依法予以分割。

第八十四条　当事人依据民法典第一千零九十二条的规定向人民法院提起诉讼，请求再次分割夫妻共同财产的诉讼时效期间为三年，从当事人发现之日起计算。

第八十五条 夫妻一方申请对配偶的个人财产或者夫妻共同财产采取保全措施的,人民法院可以在采取保全措施可能造成损失的范围内,根据实际情况,确定合理的财产担保数额。

指导案例

⊙**一方转移、隐藏、变卖、毁损、挥霍夫妻共同财产或企图侵占另一方财产的,分割夫妻共同财产时可少分或不分——雷某某诉宋某某离婚纠纷案**(指导案例66号,最高人民法院审判委员会讨论通过,2016年9月19日发布)

【关键词】

民事　离婚　离婚时　擅自处分共同财产

【裁判要点】

一方在离婚诉讼期间或离婚诉讼前,隐藏、转移、变卖、毁损夫妻共同财产,或伪造债务企图侵占另一方财产的,离婚分割夫妻共同财产时,依照《婚姻法》第四十七条(《民法典》第一千零九十二条)的规定可以少分或不分财产。

典型案例

⊙**离婚后一方当事人发现对方有隐藏夫妻共同财产的行为的,可以诉请再次分割夫妻共同财产——李某诉孙某离婚后财产纠纷案**[2015年11月19日最高人民法院公布的30起婚姻家庭纠纷典型案例(北京)]

【案例要旨】

婚姻关系存续期间用夫妻共同财产购买的房产属于夫妻共同财产,离婚后,一方当事人发现对方有隐藏、转移、变卖、毁损夫妻共同财产的行为的,可以向人民法院提起诉讼,请求再次分割夫妻共同财产。

【基本案情】

孙某和李某原本是夫妻,两人于2004年因感情不和协议离婚,双方在协议中约定：婚生子孙小某离婚后由女方抚养，孙某定期给付李某抚养费和教育费；现住公房及房屋内所有物品归女方所有；现金、存款上双方不存在共同财产，离婚时互不干涉，不需再分割；男方经营的公司、所有的汽车等财产，离婚后属男方。2014年，李某在作为孙小某的法定代理人依据"离婚协议"要求孙某付抚养费时，发现孙某现住房是其与李某婚姻关系存续期间购买，孙某在离婚时对该房屋进行了隐瞒。故李某以此为由起诉到法院要求判决涉案房屋全部归自己所有。

被告孙某辩称，李某的起诉期早已超过两年的诉讼时效，而且当时双方因为感情不和，从2001年便已经开始分居。涉案的房屋是其在分居期间完全用个人的财产购买的，应属于个人财产。同时，离婚协议中的公房在离婚时已经取得完全产权，与公房相比，现住房在离婚时价值较小，而且购买此房也告诉过李某，故对于该房屋完全没有隐藏的动机和必要。况且，双方在离婚协议中明确约定"所有的汽车等财产，离婚后属男方"，自己的现住房理应属于个人财产，因此不同意李某的诉讼请求。

【裁判结果】

北京市昌平区人民法院经过审理认为，涉案房屋系在双方婚姻关系期间购买，为夫妻共同财产，应当予以分割，判决房屋归孙某所有，孙某给付李某房屋折价款一百四十万。判决后，孙某、李某均不服，向北京市第一中级人民法院提起上诉。

北京市第一中人民法院经过审理认为，虽然双方在离婚协议中有"男方经营的公司，所有的汽车等财产，离婚后属男方"的约定，但在房产价值远大于汽车的常识背景下，以"等"字涵盖房屋，违背常理，故该房为双方婚姻关系存续期间购买，应属于双方共同财产。对于孙某所提的李某诉讼已过诉讼时效的上诉理由，因孙某未能提供证据证明李某在诉讼时效结束之前已经知道该套房屋的存在，故李某表示其作为孙小某的法定代理人在2014年起诉孙某给付抚养费的案件中才知道有该套房屋的解释较为合理。对于房屋的分割问题，原审法院参照李某提出的市场价格及周边地区房屋的市场价格酌情确定房屋的市场价格并无不妥，同时原审法院结合孙某隐匿财产存在过错、涉案房屋登记在孙某名下等因素，判决房屋归孙某所有，孙某给付李某折价款一百四十万，并无不当。综上，北京市第一中人民法院最终驳回了两人的上诉，维持了原判。

⊙ **离婚诉讼一方隐匿家庭财产的，对方可视情况采取财产保全措施——吕某某诉许某某离婚案**（最高人民法院2015年12月4日公布的婚姻家庭纠纷典型案例）

【基本案情】

原告吕某某与被告许某某于2003年经原告姑妈介绍认识后自由恋爱，2004年6月24日经登记结婚。婚后双方于2006年到云南省宣威市生活并于2009年经营一家餐馆。双方于2004年10月26日生育长子，现读四年级；于2009年3月6日生育次子，现读学前班，现二子均随原告父母生活。婚后共同生活期间，因被告许某某怀疑原告吕某某与他人存在不正当男女关系双方产生矛盾，2015年3月22日原被告发生吵打。2015年6月25日，原告吕某某向宣威市人民法院起诉，要求与被告离婚，原被告所生长子、次子由原告抚养，被告按月支付抚养费4000元直至孩子成年为止。双方有共同财产存款50多万元、经营餐馆价值55000元，由双方平均分割。另查明，2015年2月4日至3月9日，被告许某某从中国农业银行宣威板桥分理处销户定期一本通子账户七笔，支取金额合计553932.14元；双方婚后经营的餐馆已变卖均分。庭审中，原告吕某某坚持要求离婚，次子由原告负责抚养，长子由被告负责抚养，双方互不支付抚养费。双方有共同财产存款平均分割，由被告给付原告27万元，并由被告承担本案诉讼费。被告许某某同意离婚，但两个孩子要由被告抚养，不需原告支付抚养费，被告一次性补偿原告2万元。因双方就子女抚养问题、共同存款金额及分割意见分歧过大，调解未能达成协议。

【裁判结果】

法院认为，原告吕某某与被告许某某婚后共同生活期间，因家庭琐事发生争吵，致使双方相处不睦；原告吕某某起诉要求与被告许某某离婚，被告许某某亦同意离婚，应准予离婚。原被告双方对婚生子的抚养问题意见分歧，因长子现已年满10岁，经法院征求其意见，其表示愿意跟随原告生活，故双方婚生长子由原告负责抚养，次子由被告负责抚养为宜。关于双方的共同财产问题，根据中国农业银行宣威板桥分理处出具的被告许某某账号明细详单,能够证实被告许某某自2015年2月4日至3月9日共销户定期一本通子账户七笔,金额合计553932.14元。被告许某某辩称银行的查询结果有误,系被告重复存取后的金额,但银行的查询记录只有被告的支取记录,没有存现记录,被告许某某的辩解不能成立;另被告许某某主张双方只有共同存款27万余元,但已被取出用于双方的家庭开支、日常花费及被告购买彩票,被告未提交证据证实其所支取款项用于正常合理开支,被告的辩解不能成立。故被告许某某从中国农业银行宣威板桥分理处所支取的553932.14元,系原被告婚姻存续期内取得的合法收入,是原被告双方的夫妻共同财产应予以平均分割,即每人应得276966.07元,原告吕某某只主张由被告许某某给付其人民币27万元,依法予以准许。被告许某某主张原告吕某某的二哥尚欠双方4000元,但未提交证据加以证实,本案中对该笔债权不予认定。被告许某某主张双方有价值2万余元的火腿存放于原告吕某某的父母家中,因被告许某某没有提交证据加以证实,本案中不予认定。依照《婚姻法》第三十二条、第三十六条、第三十九条(《民法典》第一千零七十九条、第一千零八十四条、第一千零八十七条)之规定,判决:一、准予原告吕某某与被告许某某离婚;二、双方婚生长子由原告吕某某负责抚养,次子由被告许某某负责抚养;三、由被告许某某自本判决生效之日起五日内给付原告吕某某人民币270000元。一审宣判后双方均未上诉。

【典型意义】

离婚诉讼中,很多当事人担心对方开始隐匿家庭共同财产,其实这个担心并不是多余的,几乎60%以上的案件都会涉及一方涉嫌隐匿财产的情况。因此,防止对方隐匿财产,应当提前准备。比如,在起诉前,就将家庭共同财产的发票收集好,或请朋友做见证证言,兼采用影像取证技术。另外,对于银行存款、股票基金等,可以在起诉同时申请法院调查或律师出具调查令调查,一旦查出财产下落,可以视情况采取财产保全措施等。本案中,原告申请法院调查收集证据,法院向中国农业银行宣威板桥分理处调取被告许某某在该行的开户及账号交易明细情况,查明被告许某某从2月4日至3月9日共销户定期一本通子账户七笔,合计553932.14元。故法院作出前述判决。

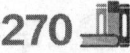

> 适用要点

⊙注意把握起诉再次分割夫妻共同财产的诉讼时效

本条规定,离婚后,另一方发现有隐藏、转移、变卖、毁损、挥霍夫妻共同财产或伪造夫妻共同债务侵占另一方财产的,可以向人民法院提起诉讼,请求再次分割夫妻共同财产。而对于另一方发现对方有上述行为的诉讼时效应结合《最高人民法院关于适用〈中华人民共和国民法典〉婚姻家庭编的解释(一)》第84条之规定,即当事人依据《民法典》第1092条的规定向人民法院提起诉讼,请求再次分割夫妻共同财产的诉讼时效期间为3年,从当事人发现之日起计算。该3年起算的时间起点为另一方"发现"对方有上述行为的情况下开始。一方当事人发现另一方存在损害夫妻财产权益的行为,应当在发现之日起3年内积极行使权利。如超出规定时间后,当事人再向人民法院请求要求保护其权利的,人民法院依法不予保护。

⊙注意把握适用本条的举证责任

夫妻一方要求在分割共同财产时对另一方少分或不分的,应当举证证明另一方存在隐藏、转移、变卖、毁损、挥霍夫妻共同财产或伪造夫妻共同债务侵占另一方财产的行为,不过,夫妻一方无须举证证明另一方的行为具体属于哪一类。对此,另一方应当举证证明自己的行为具有正当理由,如取款行为、转账行为用于家庭共同生活消费或正常经营需要。人民法院要根据事实查明的节点合理分配举证责任。

第五章　收养

第一节　收养关系的成立

> **第一千零九十三条　【被收养人的范围】** 下列未成年人，可以被收养：
> （一）丧失父母的孤儿；
> （二）查找不到生父母的未成年人；
> （三）生父母有特殊困难无力抚养的子女。

法　律

⊙《民法典》(总则编)(2020年5月28日)

第五十二条　被宣告死亡的人在被宣告死亡期间，其子女被他人依法收养的，在死亡宣告被撤销后，不得以未经本人同意为由主张收养行为无效。

⊙《民法典》(婚姻家庭编)(2020年5月28日)

第一千一百零三条　继父或者继母经继子女的生父母同意，可以收养继子女，并可以不受本法第一千零九十三条第三项、第一千零九十四条第三项、第一千零九十八条和第一千一百条第一款规定的限制。

⊙《未成年人保护法》(2020年10月17日修订)

第五十四条 禁止拐卖、绑架、虐待、非法收养未成年人，禁止对未成年人实施性侵害、性骚扰。

禁止胁迫、引诱、教唆未成年人参加黑社会性质组织或者从事违法犯罪活动。

禁止胁迫、诱骗、利用未成年人乞讨。

第一百零九条 人民法院审理离婚、抚养、收养、监护、探望等案件涉及未成年人的，可以自行或者委托社会组织对未成年人的相关情况进行社会调查。

行政法规

⊙《中国公民收养子女登记办法》(2023年7月20日修订)

第六条 收养人应当向收养登记机关提交收养申请书和下列证件、证明材料：

（一）收养人的居民户口簿和居民身份证；

（二）由收养人所在单位或者村民委员会、居民委员会出具的本人婚姻状况和抚养教育被收养人的能力等情况的证明，以及收养人出具的子女情况声明；

（三）县级以上医疗机构出具的未患有在医学上认为不应当收养子女的疾病的身体健康检查证明。

收养查找不到生父母的弃婴、儿童的，并应当提交收养人经常居住地卫生健康主管部门出具的收养人生育情况证明；其中收养非社会福利机构抚养的查找不到生父母的弃婴、儿童的，收养人应当提交下列证明材料：

（一）收养人经常居住地卫生健康主管部门出具的收养人生育情况证明；

（二）公安机关出具的捡拾弃婴、儿童报案的证明。

收养继子女的，可以只提交居民户口簿、居民身份证和收养人与被收养人生父或者生母结婚的证明。

对收养人出具的子女情况声明，登记机关可以进行调查核实。

第八条 收养登记机关收到收养登记申请书及有关材料后,应当自次日起 30 日内进行审查。对符合民法典规定条件的,为当事人办理收养登记,发给收养登记证,收养关系自登记之日起成立;对不符合民法典规定条件的,不予登记,并对当事人说明理由。

收养查找不到生父母的弃婴、儿童的,收养登记机关应当在登记前公告查找其生父母;自公告之日起满 60 日,弃婴、儿童的生父母或者其他监护人未认领的,视为查找不到生父母的弃婴、儿童。公告期间不计算在登记办理期限内。

国务院规范性文件

⊙《国务院办公厅关于加强孤儿保障工作的意见》(2010 年 11 月 16 日 国办发〔2010〕54 号）

一、拓展安置渠道,妥善安置孤儿

孤儿是指失去父母、查找不到生父母的未满 18 周岁的未成年人,由地方县级以上民政部门依据有关规定和条件认定。地方各级政府要按照有利于孤儿身心健康成长的原则,采取多种方式,拓展孤儿安置渠道,妥善安置孤儿。

部门规章及规范性文件

⊙《民政部、公安部关于开展查找不到生父母的打拐解救儿童收养工作的通知》(2015 年 8 月 20 日民发〔2015〕159 号公布 根据 2020 年 10 月 20 日民政部公告第 490 号《民政部关于修改部分规范性文件的公告》修订）

公安机关解救被拐卖儿童后,对于查找到生父母或其他监护人的,应当及时送还。对于暂时查找不到生父母及其他监护人的,应当送交社会福利机构或者救助保护机构抚养,并签发打拐解救儿童临时照料通知书（附件 1),由社会福利机构或者救助保护机构承担临时监护责任。同时,公安机关要一律采集打拐解救儿童血样,检验后录入全国打拐 DNA 信息库比对,寻找儿童的生父母。公安机关经查找,1 个月内未找到儿童生父母或其他监护人的,应当为社会福利机构或者救助保护机构出具暂时未查找到生父母或其他监护人的证明(附件2)。社会福利机构或者救助保护机构在接收打拐解救儿童后,应当在报纸和全国打拐解救儿童寻亲公告平台上发布儿童寻亲公告。公告满30日,儿童的生父母或者其他监护人未认领的,救助保护机构应当在7日内将儿童及相关材料移交当地社会福利机构。社会福利机构应当尽快为儿童办理入院手续并申报落户手续,公安机关应当积极办理落户手续。

从儿童被送交社会福利机构或者救助保护机构之日起满12个月,公安机关未能查找到儿童生父母或其他监护人的,应当向社会福利机构出具查找不到生父母或其他监护人的证明(附件3)。

⊙《儿童福利机构管理办法》(2018年10月30日 民政部令第63号)

第九条 儿童福利机构应当收留抚养下列儿童:

(一)无法查明父母或者其他监护人的儿童;

(二)父母死亡或者宣告失踪且没有其他依法具有监护资格的人的儿童;

(三)父母没有监护能力且没有其他依法具有监护资格的人的儿童;

(四)人民法院指定由民政部门担任监护人的儿童;

(五)法律规定应当由民政部门担任监护人的其他儿童。

[适用要点]

⊙排除本条适用的情形

根据《民法典》第1099条的规定,收养三代以内旁系同辈血亲的子女,可以不受本条第3项规定的限制。三代以内近亲属之间亲缘关系较近,容易建立起收养关系,也符合民间普遍存在的过继等习俗,故《民法典》中对三代以内旁系同辈血亲子女的收养放宽限制,无论生父母是否具有无力抚养子女的特殊困难,均可收养。

第一千零九十四条 【送养人的范围】下列个人、组织可以作送养人：

（一）孤儿的监护人；

（二）儿童福利机构；

（三）有特殊困难无力抚养子女的生父母。

法　律

⊙《**民法典**》(总则编)(2020 年 5 月 28 日)

第二十七条　父母是未成年子女的监护人。

未成年人的父母已经死亡或者没有监护能力的，由下列有监护能力的人按顺序担任监护人：

（一）祖父母、外祖父母；

（二）兄、姐；

（三）其他愿意担任监护人的个人或者组织，但是须经未成年人住所地的居民委员会、村民委员会或者民政部门同意。

第三十四条　监护人的职责是代理被监护人实施民事法律行为，保护被监护人的人身权利、财产权利以及其他合法权益等。

监护人依法履行监护职责产生的权利，受法律保护。

监护人不履行监护职责或者侵害被监护人合法权益的，应当承担法律责任。

因发生突发事件等紧急情况，监护人暂时无法履行监护职责，被监护人的生活处于无人照料状态的，被监护人住所地的居民委员会、村民委员会或者民政部门应当为被监护人安排必要的临时生活照料措施。

第三十五条　监护人应当按照最有利于被监护人的原则履行监护职责。监护人除为维护被监护人利益外，不得处分被监护人的财产。

未成年人的监护人履行监护职责，在作出与被监护人利益有关的决定时，应当根据被监护人的年龄和智力状况，尊重被监护人的真实意愿。

成年人的监护人履行监护职责，应当最大程度地尊重被监护人的真实意愿，保障并协助被监护人实施与其智力、精神健康状况相适应的民事法律行为。对被监护人有能力独立处理的事务，监护人不得干涉。

⊙《**民法典**》（婚姻家庭编）（2020年5月28日）

第一千零九十五条 未成年人的父母均不具备完全民事行为能力且可能严重危害该未成年人的，该未成年人的监护人可以将其送养。

第一千零九十九条 收养三代以内旁系同辈血亲的子女，可以不受本法第一千零九十三条第三项、第一千零九十四条第三项和第一千一百零二条规定的限制。

华侨收养三代以内旁系同辈血亲的子女，还可以不受本法第一千零九十八条第一项规定的限制。

第一千一百零三条 继父或者继母经继子女的生父母同意，可以收养继子女，并可以不受本法第一千零九十三条第三项、第一千零九十四条第三项、第一千零九十八条和第一千一百条第一款规定的限制。

⊙《**未成年人保护法**》（2020年10月17日修订）

第十七条 未成年人的父母或者其他监护人不得实施下列行为：

（一）虐待、遗弃、非法送养未成年人或者对未成年人实施家庭暴力；

……

第九十五条 民政部门进行收养评估后，可以依法将其长期监护的未成年人交由符合条件的申请人收养。收养关系成立后，民政部门与未成年人的监护关系终止。

行政法规

⊙《**中国公民收养子女登记办法**》（2023年7月20日修订）

第七条 第七条 送养人应当向收养登记机关提交下列证件和证明材料：

（一）送养人的居民户口簿和居民身份证（组织作监护人的，提交其负责人的身份证件）；

（二）民法典规定送养时应当征得其他有抚养义务的人同意的，并提交其他有抚养义务的人同意送养的书面意见。

社会福利机构为送养人的，并应当提交弃婴、儿童进入社会福利机构的原始记录，公安机关出具的捡拾弃婴、儿童报案的证明，或者孤儿的生父母死亡或者宣告死亡的证明。

监护人为送养人的，并应当提交实际承担监护责任的证明，孤儿的父母死亡或者宣告死亡的证明，或者被收养人生父母无完全民事行为能力并对被收养人有严重危害的证明。

生父母为送养人，有特殊困难无力抚养子女的，还应当提交送养人有特殊困难的声明；因丧偶或者一方下落不明由单方送养的，还应当提交配偶死亡或者下落不明的证明。对送养人有特殊困难的声明，登记机关可以进行调查核实；子女由三代以内同辈旁系血亲收养的，还应当提交公安机关出具的或者经过公证的与收养人有亲属关系的证明。

被收养人是残疾儿童的，并应当提交县级以上医疗机构出具的该儿童的残疾证明。

司法解释及文件

⊙《最高人民法院民事审判庭关于夫妻一方死亡另一方将子女送他人收养是否应当征得愿意并有能力抚养的祖父母或外祖父母同意的电话答复》(1989年1月9日〔1989〕法民字第21号)

山西省高级人民法院：

你院（1989）晋法民报字第1号"关于夫妻一方死亡，另一方将子女送他人收养是否应征得愿意并有能力抚养的祖父母或外祖父母同意的请示"报告收悉。经研究认为："收养"这类问题，情况复杂，应区别不同情况，依据有关政策法律妥善处理。

我们对下面几种情况的意见：

一、根据《民法通则》第十六条，及我院《关于贯彻执行民事政策法律若干问题的意见》第三十七条规定，收养关系是否成立，送养方主要由生父母决定。

二、我院《关于贯彻执行民法通则若干问题的意见》第二十三条规定,是针对夫妻一方死亡,另一方将子女送他人收养,收养关系已经成立,其他有监护资格的人能否以未经其同意而主张该收养关系无效问题规定的。

三、在审判实际中对不同情况的处理,需要具体研究。诸如你院报告中列举的具体问题,夫妻一方死亡,另一方有抚养子女的能力而不愿尽抚养义务,以及另一方无抚养能力,且子女已经由有抚养能力,又愿意抚养的祖父母、外祖父母抚养的,为送养子女发生争议时,从有利于子女健康成长考虑,子女由祖父母或外祖父母继续抚养较为合适。

部门规章及规范性文件

⊙《儿童福利机构管理办法》(2018年10月30日　民政部令第63号)

第二条　本办法所称儿童福利机构是指民政部门设立的,主要收留抚养由民政部门担任监护人的未满18周岁儿童的机构。

儿童福利机构包括按照事业单位法人登记的儿童福利院、设有儿童部的社会福利院等。

第二十六条　对于符合条件、适合送养的儿童,儿童福利机构依法安排送养。送养儿童前,儿童福利机构应当将儿童的智力、精神健康、患病及残疾状况等重要事项如实告知收养申请人。

对于符合家庭寄养条件的儿童,儿童福利机构按照《家庭寄养管理办法》的规定办理。

⊙《民政部办公厅关于收养人因生活困难不能继续抚养被收养人有关问题的复函》(2009年7月22日　民办函〔2009〕177号)

江苏省民政厅:

你厅《关于收养人因生活困难不能继续抚养被收养人应如何处置的请示》(苏民福〔2009〕19号)收悉。经研究,函复如下:

《中华人民共和国收养法》第二十三条规定:"自收养关系成立之日起,养父母与养子女间的权利义务关系,适用法律关于父母子女关系的规定",因此,已经建立了收养关系的养父母具有和被收养人原生父母同等的权利义务。《中华人民共和国收养法》第五条规定,有特殊困难无力抚养子女的生父母可以作为送养人，故有特殊困难无力抚养子女的养父母也可以作为送养人送养其子女。养父母送养子女应当严格按照生父母送养的登记程序办理。

> **第一千零九十五条　【监护人送养未成年人的特殊规定】** 未成年人的父母均不具备完全民事行为能力且可能严重危害该未成年人的，该未成年人的监护人可以将其送养。

法　律

⊙《**民法典**》（总则编）（2020年5月28日）

第二十七条　父母是未成年子女的监护人。

未成年人的父母已经死亡或者没有监护能力的，由下列有监护能力的人按顺序担任监护人：

（一）祖父母、外祖父母；

（二）兄、姐；

（三）其他愿意担任监护人的个人或者组织，但是须经未成年人住所地的居民委员会、村民委员会或者民政部门同意。

第三十四条　监护人的职责是代理被监护人实施民事法律行为，保护被监护人的人身权利、财产权利以及其他合法权益等。

监护人依法履行监护职责产生的权利，受法律保护。

监护人不履行监护职责或者侵害被监护人合法权益的，应当承担法律责任。

因发生突发事件等紧急情况，监护人暂时无法履行监护职责，被监护人的生活处于无人照料状态的，被监护人住所地的居民委员会、村民委员会或者民政部门应当为被监护人安排必要的临时生活照料措施。

第三十五条　监护人应当按照最有利于被监护人的原则履行监护职责。监护人除为维护被监护人利益外，不得处分被监护人的财产。

未成年人的监护人履行监护职责，在作出与被监护人利益有关的决定时，应当根据被监护人的年龄和智力状况，尊重被监护人的真实意愿。

成年人的监护人履行监护职责，应当最大程度地尊重被监护人的真实意愿，保障并协助被监护人实施与其智力、精神健康状况相适应的民事法律行为。对被监护人有能力独立处理的事务，监护人不得干涉。

⊙《**民法典**》(婚姻家庭编)(2020年5月28日)

第一千零九十四条　下列个人、组织可以作送养人：

（一）孤儿的监护人；

（二）儿童福利机构；

（三）有特殊困难无力抚养子女的生父母。

行政法规

⊙《**中国公民收养子女登记办法**》(2023年7月20日修订)

第七条　送养人应当向收养登记机关提交下列证件和证明材料：

（一）送养人的居民户口簿和居民身份证（组织作监护人的，提交其负责人的身份证件）；

（二）民法典规定送养时应当征得其他有抚养义务的人同意的，并提交其他有抚养义务的人同意送养的书面意见。

社会福利机构为送养人的，并应当提交弃婴、儿童进入社会福利机构的原始记录，公安机关出具的捡拾弃婴、儿童报案的证明，或者孤儿的生父母死亡或者宣告死亡的证明。

监护人为送养人的，并应当提交实际承担监护责任的证明，孤儿的父母死亡或者宣告死亡的证明，或者被收养人生父母无完全民事行为能力并对被收养人有严重危害的证明。

生父母为送养人，有特殊困难无力抚养子女的，还应当提交送养人有特殊困难的声明；因丧偶或者一方下落不明由单方送养的，还应当提交配偶死亡或者下落不明的证明。对送养人有特殊困难的声明，登记机关可以进行调查核实；子女由三代以内同辈旁系血亲收养的，还应当提交公安机关出具的或者经过公证的与收养人有亲属关系的证明。

被收养人是残疾儿童的,并应当提交县级以上医疗机构出具的该儿童的残疾证明。

> 适用要点

⊙关于监护人送养的两项条件

我国《民法典》对于父母在世时,监护人送养未成年子女规定的条件较为严格。实践中应从以下三个方面准确把握本条中规定的两项条件:第一,关于未成年人的父母均不具备完全民事行为能力。未成年人的养父母、继父母均不具备或丧失完全行为能力的,也符合此项条件。不具备完全行为能力,包括限制行为能力和无行为能力。如果未成年人的父母一方死亡,另一方不具备完全行为能力,也应通过准许监护人对其送养来保证其得到家庭的温暖和亲人的关怀。第二,关于父母可能严重危害该未成年人。本项条件并不要求父母已经对未成年子女造成现实的伤害,只要根据父母的认知能力和行为习惯推断父母有严重危害未成年人的可能性时即可认为符合本项条件,危害可以表现为对未成年人身体的侵害和精神上的伤害,并且危害需达到严重的程度。第三,未成年人需有明确的监护人。未成年人的父母均不具备完全行为能力时,根据《民法典》第27条的规定,应在有监护资格和监护能力的人或组织中确定监护人。

第一千零九十六条 【监护人送养孤儿的特殊规定】监护人送养孤儿的,应当征得有抚养义务的人同意。有抚养义务的人不同意送养、监护人不愿意继续履行监护职责的,应当依照本法第一编的规定另行确定监护人。

> 法 律

⊙《民法典》(总则编)(2020年5月28日)

第二十七条 父母是未成年子女的监护人。

未成年人的父母已经死亡或者没有监护能力的，由下列有监护能力的人按顺序担任监护人：

（一）祖父母、外祖父母；

（二）兄、姐；

（三）其他愿意担任监护人的个人或者组织，但是须经未成年人住所地的居民委员会、村民委员会或者民政部门同意。

第三十条 依法具有监护资格的人之间可以协议确定监护人。协议确定监护人应当尊重被监护人的真实意愿。

第三十一条 对监护人的确定有争议的，由被监护人住所地的居民委员会、村民委员会或者民政部门指定监护人，有关当事人对指定不服的，可以向人民法院申请指定监护人；有关当事人也可以直接向人民法院申请指定监护人。

居民委员会、村民委员会、民政部门或者人民法院应当尊重被监护人的真实意愿，按照最有利于被监护人的原则在依法具有监护资格的人中指定监护人。

依据本条第一款规定指定监护人前，被监护人的人身权利、财产权利以及其他合法权益处于无人保护状态的，由被监护人住所地的居民委员会、村民委员会、法律规定的有关组织或者民政部门担任临时监护人。

监护人被指定后，不得擅自变更；擅自变更的，不免除被指定的监护人的责任。

第三十二条 没有依法具有监护资格的人的，监护人由民政部门担任，也可以由具备履行监护职责条件的被监护人住所地的居民委员会、村民委员会担任。

第三十六条 监护人有下列情形之一的，人民法院根据有关个人或者组织的申请，撤销其监护人资格，安排必要的临时监护措施，并按照最有利于被监护人的原则依法指定监护人：

（一）实施严重损害被监护人身心健康的行为；

（二）怠于履行监护职责，或者无法履行监护职责且拒绝将监护职责部分或者全部委托给他人，导致被监护人处于危困状态；

（三）实施严重侵害被监护人合法权益的其他行为。

本条规定的有关个人、组织包括：其他依法具有监护资格的人，居民委员会、村民委员会、学校、医疗机构、妇女联合会、残疾人联合会、未成年人保护组织、依法设立的老年人组织、民政部门等。

前款规定的个人和民政部门以外的组织未及时向人民法院申请撤销监护人资格的，民政部门应当向人民法院申请。

⊙《**民法典**》（婚姻家庭编）（2020年5月28日）

第一千零七十四条　有负担能力的祖父母、外祖父母，对于父母已经死亡或者父母无力抚养的未成年孙子女、外孙子女，有抚养的义务。

有负担能力的孙子女、外孙子女，对于子女已经死亡或者子女无力赡养的祖父母、外祖父母，有赡养的义务。

第一千零七十五条　有负担能力的兄、姐，对于父母已经死亡或父母无力抚养的未成年弟、妹，有扶养的义务。

由兄、姐扶养长大的有负担能力的弟、妹，对于缺乏劳动能力又缺乏生活来源的兄、姐，有扶养的义务。

部门规章及规范性文件

⊙《民政部关于规范生父母有特殊困难无力抚养的子女和社会散居孤儿收养工作的意见》（2014年9月28日民发〔2014〕206号公布　根据2020年10月20日民政部公告第490号《民政部关于修改部分规范性文件的公告》修订）

二、明确送养人和送养意愿

生父母有特殊困难无力抚养的子女由生父母作为送养人。生父母均不具备完全民事行为能力且对被收养人有严重危害可能的，由被收养人的监护人作为送养人。社会散居孤儿由其监护人作为送养人。社会散居孤儿的监护人依法变更为社会福利机构的，可以由社会福利机构送养。送养人可以向民政部门提出送养意愿。民政部门可以委托社会福利机构代为接收送养意愿。

适用要点

⊙ **有抚养义务的人的范围**

《民法典》第 1074 条规定：有负担能力的祖父母、外祖父母，对于父母已经死亡或者父母无力抚养的未成年孙子女、外孙子女，有抚养的义务。《民法典》第 1075 条规定：有负担能力的兄、姐，对于父母已经死亡或者父母无力抚养的未成年弟、妹，有扶养的义务。该两条根据不同的语境分别使用了"抚养""扶养"的表述。本条中虽使用的为"抚养"一词，但理解为既包括有抚养义务的孤儿的祖父母、外祖父母，也包括有扶养义务的孤儿的兄、姐，更符合立法本意，且更有利于对孤儿合法权益的保护。这里的"有抚养义务的人"，是指孤儿的有负担能力的祖父母、外祖父母、兄、姐。

⊙ **监护人送养孤儿应当征得抚养义务人的一致同意**

孤儿存在多名抚养义务人时，各抚养义务人均享有收养同意权。监护人送养孤儿应当征得抚养义务人的一致同意。任一抚养义务人不同意送养的，监护人不得送养孤儿。

第一千零九十七条 【生父母送养】 生父母送养子女，应当双方共同送养。生父母一方不明或者查找不到的，可以单方送养。

法 律

⊙ 《民法典》（总则编）（2020 年 5 月 28 日）

第五十二条 被宣告死亡的人在被宣告死亡期间，其子女被他人依法收养的，在死亡宣告被撤销后，不得以未经本人同意为由主张收养行为无效。

⊙ 《民法典》（婚姻家庭编）（2020 年 5 月 28 日）

第一千零九十四条 下列个人、组织可以作送养人：

（一）孤儿的监护人；

（二）儿童福利机构；
（三）有特殊困难无力抚养子女的生父母。

第一千一百零八条 配偶一方死亡，另一方送养未成年子女的，死亡一方的父母有优先抚养的权利。

> 行政法规

⊙《**中国公民收养子女登记办法**》(2023年7月20日修订)

第七条 送养人应当向收养登记机关提交下列证件和证明材料：

（一）送养人的居民户口簿和居民身份证（组织作监护人的，提交其负责人的身份证件）；

（二）民法典规定送养时应当征得其他有抚养义务的人同意的，并提交其他有抚养义务的人同意送养的书面意见。

社会福利机构为送养人的，并应当提交弃婴、儿童进入社会福利机构的原始记录，公安机关出具的捡拾弃婴、儿童报案的证明，或者孤儿的生父母死亡或者宣告死亡的证明。

监护人为送养人的，并应当提交实际承担监护责任的证明，孤儿的父母死亡或者宣告死亡的证明，或者被收养人生父母无完全民事行为能力并对被收养人有严重危害的证明。

生父母为送养人，有特殊困难无力抚养子女的，还应当提交送养人有特殊困难的声明；因丧偶或者一方下落不明由单方送养的，还应当提交配偶死亡或者下落不明的证明。对送养人有特殊困难的声明，登记机关可以进行调查核实；子女由三代以内同辈旁系血亲收养的，还应当提交公安机关出具的或者经过公证的与收养人有亲属关系的证明。

被收养人是残疾儿童的，并应当提交县级以上医疗机构出具的该儿童的残疾证明。

部门规章及规范性文件

⊙《**民政部关于规范生父母有特殊困难无力抚养的子女和社会散居孤儿收养工作的意见**》(2014年9月28日民发〔2014〕206号公布 根据2020年10月20日民政部公告第490号《民政部关于修改部分规范性文件的公告》修订)

各省、自治区、直辖市民政厅(局):

为规范生父母有特殊困难无力抚养的子女和社会散居孤儿(以下简称两类儿童)的收养工作,切实维护被收养儿童的合法权益,根据《中华人民共和国民法典》及《中国公民收养子女登记办法》《外国人在中华人民共和国收养子女登记办法》及相关规定,现就两类儿童收养提出如下意见:

一、坚持两类儿童收养工作原则

收养应当有利于被收养未成年人的抚养、成长。要落实儿童利益最佳的原则,把"一切为了孩子"的要求贯穿于收养工作始终,让儿童回归家庭,得到父母的关爱和良好的教育。要坚持国内收养优先的原则,鼓励、支持符合条件的国内家庭收养,研究创制亲属收养的政策措施,积极引导国内家庭转变收养观念,帮助大龄和残疾儿童实现国内收养。同时,积极稳妥地开展涉外收养工作。要遵循平等自愿的原则,充分尊重被收养人和送养人的意愿,切实维护其合法权益。对送养年满八周岁以上未成年人的,要征得其本人同意。告知送养人送养的权利义务,让其知晓送养后的法律后果,方便其行使选择权利。他人不得诱使或强迫监护人送养。要坚持依法登记的原则,强化对收养登记工作人员的管理约束,不断增强法律意识,提高依法办事能力,严格依法依规办理收养登记。

二、明确送养人和送养意愿

生父母有特殊困难无力抚养的子女由生父母作为送养人。生父母均不具备完全民事行为能力且对被收养人有严重危害可能的,由被收养人的监护人作为送养人。社会散居孤儿由其监护人作为送养人。社会散居孤儿的监护人依法变更为社会福利机构的,可以由社会福利机构送养。送养人可以向民政部门提出送养意愿。民政部门可以委托社会福利机构代为接收送养意愿。

三、严格规范送养材料

提交送养材料时，送养人可以直接向县级以上人民政府民政部门提交，也可以由受委托的社会福利机构转交。受委托的社会福利机构应当协助送养人按照要求提交送养证明材料。

送养人应当提交下列证件和证明材料：本人及被收养人的居民身份证和居民户口簿或公安机关出具的户籍证明，《生父母或监护人同意送养的书面意见》（见附件1），并根据下列情况提交相关证明材料。

（一）生父母作为送养人的，应当提交下列证明材料：

1. 生父母有特殊困难无力抚养子女的证明；

2. 生父母与当地卫生和计划生育部门签订的计划生育协议。

生父母有特殊困难无力抚养的证明是指生父母所在单位或者村（居）委会根据下列证件、证明材料之一出具的能够确定生父母有特殊困难无力抚养的相关证明：

（1）县级以上医疗机构出具的重特大疾病证明；

（2）县级残疾人联合会出具的重度残疾证明；

（3）人民法院判处有期徒刑或无期徒刑、死刑的判决书。

生父母确因其他客观原因无力抚养子女的，乡镇人民政府、街道办事处出具的有关证明可以作为生父母有特殊困难无力抚养的证明使用。

（二）如生父母一方死亡或者下落不明的，送养人还应当提交下列证明：

1. 死亡证明、公安机关或者其他有关机关出具的下落不明的证明；

2. 经公证的死亡或者下落不明一方的父母不行使优先抚养权的书面声明（见附件2）。

（三）生父母以外的监护人作为送养人的，应当提交下列证明材料：

1. 生父母的死亡证明或者人民法院出具的能够证明生父母双方均不具备完全民事行为能力的文书；

2. 监护人所在单位或村（居）委会出具的监护人实际承担监护责任的证明；

3. 其他有抚养义务的人（祖父母、外祖父母、成年兄姐）出具的经公证的同意送养的书面意见（见附件3）。

生父母均不具备完全民事行为能力的，还应当提交生父母所在单位、村（居）委会、医疗机构、司法鉴定机构或者其他有权机关出具的生父母对被收养人有严重危害可能的证明。

（四）涉外送养的，送养人还应当提交下列材料：

1. 被收养人照片；

2. 县级以上医疗机构出具的被收养人体检报告；

3. 被收养人成长报告。

体检报告参照《关于社会福利机构涉外送养若干规定》（民发〔2003〕112号）办理。被收养人成长报告应全面、准确地反映儿童的情况，包括儿童生父母简要情况、儿童成长发育情况、生活习惯、性格爱好等。7岁以上儿童的成长报告应着重反映儿童心理发育、学习、与人交往、道德品行等方面的情况。

四、依法办理收养登记

（一）中国公民收养两类儿童登记。

中国公民收养两类儿童登记的办理，按照《中国公民收养子女登记办法》及相关规定执行。

（二）外国人收养两类儿童登记。

外国人收养两类儿童登记的办理，由省级人民政府民政部门对送养人提交的涉外送养材料进行审查，认为符合法律规定的，填写《生父母有特殊困难无力抚养的子女和社会散居孤儿涉外送养审查意见表》（见附件4），并向中国儿童福利和收养中心报送，同时附两套上述涉外送养材料的复制件以及被收养人照片。

中国儿童福利和收养中心为被收养人选择到外国收养人后，向省级人民政府民政部门发出《涉外送养通知》，由省级人民政府民政部门书面通知送养人，或者由受委托的社会福利机构代为转交送养人。

送养人接到书面通知后，省级人民政府民政部门和受委托的社会福利机构，应当积极协助送养人做好交接工作，并指导送养人将收养人的情况如实告诉7周岁以上被收养人，帮助送养人做好被收养人的心理辅导。

受委托的社会福利机构可在自身条件允许时，应当事人一方要求，指定人员陪同送养人和被收养人办理收养登记。

外国人收养两类儿童的其他事宜参照《关于社会福利机构涉外送养若干规定》(民发〔2003〕112号)执行。

五、做好两类儿童收养工作的相关要求

各级人民政府民政部门要加强对受托社会福利机构指导督促，做好宣传引导工作，依法保障两类儿童收养工作的健康开展。要切实加强对被收养人的身份审核。受委托的社会福利机构要对被收养人和送养人的情况进行实地调查走访，重点了解是否符合两类儿童的送养条件，注意做好调查笔录、材料保存等工作，严防弄虚作假。有条件的地方可通过政府购买服务、引入社会工作者等方式开展收养评估工作，对被收养人和送养人的情况进行了解把握。各级人民政府民政部门要加强对送养证明材料的审查，依法办理收养登记。

附件：

1. 生父母或监护人同意送养的书面意见

2. 死亡或下落不明一方的父母不行使优先抚养权的书面声明

3. 其他有抚养义务的人同意送养的书面意见

4. 生父母有特殊困难无力抚养的子女和社会散居孤儿涉外送养审查意见表

民政部

2014年9月28日

附件1

生父母或监护人同意送养的书面意见

本人　　　　，身份证号：　　　　　　　　，是(儿童姓名)　　(性别　　，　　年　　月　　日生,身份证号　　　　)的监护人，与该儿童是　　关系。按照《中华人民共和国民法典》第一千一百零四条的规定，我自愿将上述儿童送养(包括涉外送养)。并做出声明如下：本人自愿送养该儿童，并未受到任何威胁、强迫；本人知道此收养将建立养父母与被收养儿童间永久性的父母子女关系；本人知道出具该书面意见的后果，特别是收养将导致　　(儿童姓名)与本人的法律关系终止的后果。

下列内容由声明人亲笔抄录：本人保证已完全知晓、理解并同意上述声明，并永久性地放弃我作为监护人的所有权利。本人承诺严格遵守该书面意见规定的事项，绝不反悔。

声明人（签字）：

年　月　日

附件2
死亡或下落不明一方的父母
不行使优先抚养权的书面声明

本人　　　　，身份证号：　　　　　　，是（□死亡 □下落不明）一方　　　的父亲/母亲　　。本人知悉（孙子女/外孙子女姓名）　　　将被其父亲/母亲（姓名）　　　送养。按照《中华人民共和国民法典》第一千一百零八条的规定，本人不对（儿童姓名）　　　行使优先抚养权，同意将该儿童送养。

下列内容由声明人亲笔抄录：本人保证已完全知晓、理解并同意上述声明，并永久性放弃我优先抚养（儿童姓名）　　　的权利。本人承诺严格遵守该书面意见规定的事项，绝不反悔。

特此声明。

声明人（签字）：

年　月　日

附件3
其他有抚养义务的人同意送养的书面意见

本人　　　　，身份证号：　　　　　，是（儿童姓名）　　　（性别　，　年　月　日生，身份证号：　　　　　　）的（亲属关系）　　　。按照《中华人民共和国民法典》第一千零七十四条和第一千零七十五条的规定，本人是上述儿童的其他有抚养义务的人。按照《中华人民共和国民法典》第一千零九十六条"监护人送养孤儿的，应当征得有抚养义务的人同意"及《中国公民收养子女登记办法》第六条第一款第（二）项、《外国人在中华人民共和国收养子女登记办法》第五条第二款第（四）项的规定，同意将其送养。

下列内容由声明人亲笔抄录：本人保证已完全知晓、理解并同意上述声明，本人承诺严格遵守该书面意见规定的事项，绝不反悔。

特此声明。

声明人（签字）：

年　月　日

附件4

生父母有特殊困难无力抚养的子女和社会散居孤儿涉外送养审查意见表

省（自治区、直辖市）：

送养人姓名：

被收养人姓名：

填表日期：年　　月　　日

中华人民共和国民政部　制

被收养人情况	姓名		性别		照片
	姓名拼音		出生日期		
	身体状况				
	户籍住址				

续表

		姓名		性别		出生日期		照片
送养人情况	送养人	单位						
		身份证号			联系电话			
		与被收养人的关系						
		户籍住址						
		姓名		性别		出生日期		照片
	送养人	单位						
		身份证号			联系电话			
		与被收养人的关系						
		户籍住址						

送养人申请送养的意见	
	送养人签字： 年　月　日

续表

省级民政 部门审查意见	负责人签字： 盖　章 年　月　日

注："身体状况"栏填写"正常"或"病残诊断结论"。

人民法院案例选案例

⊙**生父母一方未经另一方同意擅自将子女送养的，收养关系无效——乔某某诉王某1变更子女抚养关系纠纷案**[《人民法院案例选》1994年第2辑（总第8辑）]

【案例要旨】

生父母送养子女的，须双方共同送养。生父母离婚后，一方未经另一方同意而将子女送交他人收养的，收养关系无效。对于收养方抚养孩子支出的费用，擅自送养一方应给予合理的经济补偿。

适用要点

⊙**生父母身份确定或重新出现对收养效力的影响**

收养关系一经登记确立即受法律保护，未经法定程序不得撤销和变更。收养产生的法律效果亦不因单方送养而有所区别，收养关系引起子女与生父母权利义务关系的消除、子女与养父母权利义务关系的建立。生父母一方不明或查找不到，并不表示其已经死亡。参照《民法典》第52条关于被宣告死亡的人在被宣告死亡期间，其子女被他人依法收养的，在死亡宣告被撤销后，不得以未经本人同意为由主张收养行为无效的规定，当生父母一方身份被查明或重新出现之后，该方不得以未经本人同意为由主张收养无效。

⊙ **生父母离婚后的收养同意权**

父母对未成年子女享有平等的监护权。《民法典》中并未排除不直接抚养子女一方的父或母的收养同意权，离婚也不是免除父母收养同意权的法定情形。离婚后，无论是否直接抚养子女，父或母仍然平等享有收养同意权。父母应从最有利于子女的角度考虑，协商确定子女的收养，协商不成，不能将子女送养。如果直接抚养子女的父或母一方有特殊困难希望将子女送养，而不直接抚养子女的另一方不同意送养的，双方可以协商或诉讼变更直接抚养人。

第一千零九十八条 【收养人的条件】 收养人应当同时具备下列条件：

（一）无子女或者只有一名子女；
（二）有抚养、教育和保护被收养人的能力；
（三）未患有在医学上认为不应当收养子女的疾病；
（四）无不利于被收养人健康成长的违法犯罪记录；
（五）年满三十周岁。

法 律

⊙ **《民法典》**（婚姻家庭编）(2020年5月28日)

第一千零九十九条 收养三代以内旁系同辈血亲的子女，可以不受本法第一千零九十三条第三项、第一千零九十四条第三项和第一千一百零二条规定的限制。

华侨收养三代以内旁系同辈血亲的子女，还可以不受本法第一千零九十八条第一项规定的限制。

第一千一百条 无子女的收养人可以收养两名子女；有子女的收养人只能收养一名子女。

收养孤儿、残疾未成年人或者儿童福利机构抚养的查找不到生父母的未成年人，可以不受前款和本法第一千零九十八条第一项规定的限制。

第一千一百零二条 无配偶者收养异性子女的,收养人与被收养人的年龄应当相差四十周岁以上。

第一千一百零三条 继父或者继母经继子女的生父母同意,可以收养继子女,并可以不受本法第一千零九十三条第三项、第一千零九十四条第三项、第一千零九十八条和第一千一百条第一款规定的限制。

> 行政法规

⊙《**中国公民收养子女登记办法**》(2023 年 7 月 20 日修订)

第六条 收养人应当向收养登记机关提交收养申请书和下列证件、证明材料:

(一)收养人的居民户口簿和居民身份证;

(二)由收养人所在单位或者村民委员会、居民委员会出具的本人婚姻状况和抚养教育被收养人的能力等情况的证明,以及收养人出具的子女情况声明;

(三)县级以上医疗机构出具的未患有在医学上认为不应当收养子女的疾病的身体健康检查证明。

收养查找不到生父母的弃婴、儿童的,并应当提交收养人经常居住地卫生健康主管部门出具的收养人生育情况证明;其中收养非社会福利机构抚养的查找不到生父母的弃婴、儿童的,收养人应当提交下列证明材料:

(一)收养人经常居住地卫生健康主管部门出具的收养人生育情况证明;

(二)公安机关出具的捡拾弃婴、儿童报案的证明。

收养继子女的,可以只提交居民户口簿、居民身份证和收养人与被收养人生父或者生母结婚的证明。

对收养人出具的子女情况声明,登记机关可以进行调查核实。

部门规章及规范性文件

⊙《**民政部、公安部、司法部、卫生部、人口计生委关于解决国内公民私自收养子女有关问题的通知**》(2008年9月5日 民发〔2008〕132号)

各省、自治区、直辖市民政厅(局)、公安厅(局)、司法厅(局)、卫生厅(局)、人口计生委,新疆生产建设兵团民政局、公安局、司法局、人口计生委:

《中华人民共和国收养法》(以下简称《收养法》)实施以来,国内公民依法收养意识不断增强,通过办理收养登记,有效地保障了收养关系当事人的合法权益。但目前依然存在国内公民未经登记私自收养子女的情况,因收养关系不能成立,导致已经被抚养的未成年人在落户、入学、继承等方面的合法权益无法得到有效保障。为全面贯彻落实科学发展观,体现以人为本,依法保护当事人的合法权益,进一步做好国内公民收养子女登记工作,现就解决国内公民私自收养子女问题通知如下:

一、区分不同情况,妥善解决现存私自收养子女问题

(一)1999年4月1日,《收养法》修改决定施行前国内公民私自收养子女的,依据司法部《关于办理收养法实施前建立的事实收养关系公证的通知》(司发通〔1993〕125号)、《关于贯彻执行〈中华人民共和国收养法〉若干问题的意见》(司发通〔2000〕33号)和公安部《关于国内公民收养弃婴等落户问题的通知》(公通字〔1997〕54号)的有关规定办理。

依据司法部《关于贯彻执行〈中华人民共和国收养法〉若干问题的意见》(司发通〔2000〕33号)的规定,对当事人之间抚养的事实已办理公证的,抚养人可持公证书、本人的合法有效身份证件及相关证明材料,向其常住户口所在地的户口登记机关提出落户申请,经县、市公安机关审批同意后,办理落户手续。

(二)1999年4月1日,《收养法》修改决定施行后国内公民私自收养子女的,按照下列情况办理:

1.收养人符合《收养法》规定的条件,私自收养非社会福利机构抚养的查找不到生父母的弃婴和儿童,捡拾证明不齐全的,由收养人提出申

请，到弃婴和儿童发现地的县（市）人民政府民政部门领取并填写《捡拾弃婴（儿童）情况证明》，经收养人常住户口所在地的村（居）民委员会确认，乡（镇）人民政府、街道办事处审核并出具《子女情况证明》，发现地公安部门对捡拾人进行询问并出具《捡拾弃婴（儿童）报案证明》，收养人持上述证明及《中国公民收养子女登记办法》（以下简称《登记办法》）规定的其他证明材料到弃婴和儿童发现地的县（市）人民政府民政部门办理收养登记。

2. 收养人具备抚养教育能力，身体健康，年满30周岁，先有子女，后又私自收养非社会福利机构抚养的查找不到生父母的弃婴和儿童，或者先私自收养非社会福利机构抚养的查找不到生父母的弃婴和儿童，后又生育子女的，由收养人提出申请，到弃婴和儿童发现地的县（市）人民政府民政部门领取并填写《捡拾弃婴（儿童）情况证明》，发现地公安部门出具《捡拾弃婴（儿童）报案证明》。弃婴和儿童发现地的县（市）人民政府民政部门应公告查找其生父母，并由发现地的社会福利机构办理入院登记手续，登记集体户口。对于查找不到生父母的弃婴、儿童，按照收养社会福利机构抚养的弃婴和儿童予以办理收养手续。由收养人常住户口所在地的村（居）民委员会确认，乡（镇）人民政府、街道办事处负责审核并出具收养前当事人《子女情况证明》。在公告期内或收养后有检举收养人政策外生育的，由人口计生部门予以调查处理。确属政策外生育的，由人口计生部门按有关规定处理。

捡拾地没有社会福利机构的，可到由上一级人民政府民政部门指定的机构办理。

3. 收养人不满30周岁，但符合收养人的其他条件，私自收养非社会福利机构抚养的查找不到生父母的弃婴和儿童且愿意继续抚养的，可向弃婴和儿童发现地的县（市）人民政府民政部门或社会福利机构提出助养申请，登记集体户口后签订义务助养协议，监护责任由民政部门或社会福利机构承担。待收养人年满30周岁后，仍符合收养人条件的，可以办理收养登记。

4. 单身男性私自收养非社会福利机构抚养的查找不到生父母的女性弃婴和儿童，年龄相差不到40周岁的，由当事人常住户口所在地的乡（镇）

人民政府、街道办事处，动员其将弃婴和儿童送交当地县（市）人民政府民政部门指定的社会福利机构抚养。

夫妻双方在婚姻关系存续期间私自收养女性弃婴和儿童，后因离婚或者丧偶，女婴由男方抚养，年龄相差不到40周岁，抚养事实满一年的，可凭公证机构出具的抚养事实公证书，以及人民法院离婚判决书、离婚调解书、离婚证或者其妻死亡证明等相关证明材料，到县（市）人民政府民政部门申请办理收养登记。

5.私自收养生父母有特殊困难无力抚养的子女、由监护人送养的孤儿，或者私自收养三代以内同辈旁系血亲的子女，符合《收养法》规定条件的，应当依法办理登记手续；不符合条件的，应当将私自收养的子女交由生父母或者监护人抚养。

（三）私自收养发生后，收养人因经济状况，身体健康等原因不具备抚养能力，或者收养人一方死亡、离异，另一方不愿意继续抚养，或者养父母双亡的，可由收养人或其亲属将被收养人送交社会福利机构抚养（被收养人具备完全民事行为能力的除外）。其亲属符合收养人条件且愿意收养的，应当依法办理收养登记。

（四）对于不符合上述规定的国内公民私自收养，依据《收养法》及相关法律法规的规定，由当事人常住户口所在地的乡（镇）人民政府、街道办事处，动员其将弃婴或儿童送交社会福利机构抚养。

二、综合治理，建立依法安置弃婴的长效机制

有关部门要高度重视，从构建社会主义和谐社会的高度出发，采取有力措施，加大《收养法》《登记办法》等法律、法规和政策的宣传贯彻力度，充分发挥乡（镇）人民政府、街道办事处，村（居）民委员会的作用，广泛深入地向群众宣传弃婴收养的有关规定，切实做到依法安置，依法登记和依法收养。

民政部门应协调、协助本辖区内弃婴的报案、临时安置、移送社会福利机构等工作。同时，要进一步加强、规范社会福利机构建设，提高养育水平，妥善接收、安置查找不到生父母的弃婴和儿童；对不按规定，拒绝接收的，要责令改正。

公安部门应依据有关规定及时为弃婴捡拾人出具捡拾报案证明，为查找不到生父母的弃婴和儿童办理社会福利机构集体户口，将已被收养的儿童户口迁至收养人家庭户口，并在登记与户主关系时注明子女关系；应积极查找弃婴和儿童的生父母或其他监护人，严厉打击查处借收养名义拐卖儿童、遗弃婴儿等违法犯罪行为。

司法行政部门应指导公证机构依法办理收养公证和当事人之间抚养事实公证。

卫生部门应加强对医疗保健机构的监督管理，配合民政、公安部门做好弃婴和儿童的收养登记工作。医疗保健机构发现弃婴和弃儿，应及时向所在地公安部门报案并移送福利机构，不得转送他人或私自收养。

人口计生部门应积极配合民政部门做好收养登记工作，掌握辖区内居民的家庭成员情况和育龄人员的生育情况，做好相关工作。

各地应广泛深入宣传通知精神，集中处理本行政区域内2009年4月1日之前发生的国内公民私自收养。自本通知下发之日起，公民捡拾弃婴的，一律到当地公安部门报案，查找不到生父母和其他监护人的一律由公安部门送交当地社会福利机构或者民政部门指定的抚养机构抚养。公民申请收养子女的，应到民政部门申请办理收养登记。对本通知下发之前已经处理且执行完结的私自收养子女的问题，不再重新处理；正在处理过程中，但按照通知规定不予处理的，终止有关程序；已经发生，尚未处理的，按本通知执行。

各级政府和有关部门应以科学发展观为统领，本着"以人为本、儿童至上、区别对待、依法办理"的原则，积极稳妥地解决已经形成的私自收养问题。各省、自治区、直辖市相关部门应根据通知精神，结合本地实际情况，制订相关实施意见。对已确立的收养关系的户口迁移，应按当地公安部门的现行规定执行。

[适用要点]

⊙ **排除本条适用的情形**

本条为收养人收养子女的一般性规定，《民法典》第1099条、第1100

条、第 1103 条关于近亲属间收养、收养孤残未成年人和查找不到生父母的未成年人、继父母收养继子女的规定，均排除了本条第 1 项关于收养人无子女或只有一名子女的限制。

⊙ 不利于被收养人健康成长的违法犯罪记录的范围

实践中应注意防止对"不利于被收养人健康成长的违法犯罪记录"作出扩大解释，将有任何类型和程度的违法犯罪记录均视为不符合收养人的条件，有与抚养教育子女无关的轻微、过失违法犯罪记录，不应一律视为收养人不适格。收养登记机关或法院应结合收养人的行为记录、日常表现、社会评价和与被收养人感情的亲密程度等指标全面评估收养人的适格性。

第一千零九十九条 【收养三代以内旁系同辈血亲子女的特殊规定】 收养三代以内旁系同辈血亲的子女，可以不受本法第一千零九十三条第三项、第一千零九十四条第三项和第一千一百零二条规定的限制。

华侨收养三代以内旁系同辈血亲的子女，还可以不受本法第一千零九十八条第一项规定的限制。

[法 律]

⊙《归侨侨眷权益保护法》（2009 年 8 月 27 日修正）

第二条 归侨是指回国定居的华侨。华侨是指定居在国外的中国公民。

侨眷是指华侨、归侨在国内的眷属。

本法所称侨眷包括：华侨、归侨的配偶，父母，子女及其配偶，兄弟姐妹，祖父母、外祖父母，孙子女、外孙子女，以及同华侨、归侨有长期扶养关系的其他亲属。

部门规章及规范性文件

⊙《**司法部公证司关于可以办理收养三代以内同辈旁系血亲的孙子女为养孙子女公证的复函**》(1995年4月8日 〔95〕司公函024号)
山东省司法厅公证管理处:

你处今年三月二十三日《关于能否办理收养孙子女公证的请示》函悉。经研究,对符合收养法规定条件、没有子女和孙子女的当事人,为收养三代以内同辈旁系血亲的孙子女申办收养公证的,公证处可以为其办理收养孙子女公证。关于养祖父母与养孙子女间的权利义务关系,可以比照养父母与养子女关系处理。

适用要点

⊙生父母是否可以收养非婚生子女

根据我国《民法典》第1071条的规定,非婚生子女享有与婚生子女同等的权利。实践中有生父母为保全名誉、掩人耳目及给予非婚生子女正式身份等目的,不表明身份要求收养非婚生子女。能够被生父母收养,摆脱非婚生子女标签的同时,还能享受生父母的关爱照顾,对子女大有裨益。因此对收养非婚生子女的行为不宜一概否定。在收养关系已经合法成立生效之后,不得以被收养人是收养人的非婚生子女为由,主张收养无效。但由于《民法典》并未对收养人收养非婚生子女作出特别规定,收养行为还需符合《民法典》规定的收养成立的其他条件。

⊙三代直系血亲是否可以收养

对于祖父母、外祖父母要求收养孙子女、外孙子女的,会导致孙子女、外孙子女与其生父母形成兄弟姐妹关系,各方身份错乱,有悖于传统伦理。我国《民法典》虽未直接规定直系血亲间不得收养,但在《民法典》第1108条中规定,配偶一方死亡,另一方送养未成年子女的,死亡一方的父母有优先抚养的权利。根据该条规定可见,生父母一方死亡,另一方送养子女时,死亡一方的父母(即祖父母或外祖父母)仅有优先抚养的权利,而非优先收养的权利。该条规定表明立法机关对于隔代直系血亲间收养持否定态度。

> **第一千一百条 【收养子女的人数】** 无子女的收养人可以收养两名子女；有子女的收养人只能收养一名子女。
>
> 收养孤儿、残疾未成年人或者儿童福利机构抚养的查找不到生父母的未成年人，可以不受前款和本法第一千零九十八条第一项规定的限制。

法　律

⊙《**民法典**》（婚姻家庭编）（2020年5月28日）

第一千零九十八条　收养人应当同时具备下列条件：

（一）无子女或者只有一名子女；

（二）有抚养、教育和保护被收养人的能力；

（三）未患有在医学上认为不应当收养子女的疾病；

（四）无不利于被收养人健康成长的违法犯罪记录；

（五）年满三十周岁。

第一千一百零三条　继父或者继母经继子女的生父母同意，可以收养继子女，并可以不受本法第一千零九十三条第三项、第一千零九十四条第三项、第一千零九十八条和第一千一百条第一款规定的限制。

行政法规

⊙《**中国公民收养子女登记办法**》（2023年7月20日修订）

第六条　收养人应当向收养登记机关提交收养申请书和下列证件、证明材料：

（一）收养人的居民户口簿和居民身份证；

（二）由收养人所在单位或者村民委员会、居民委员会出具的本人婚姻状况和抚养教育被收养人的能力等情况的证明，以及收养人出具的子女情况声明；

（三）县级以上医疗机构出具的未患有在医学上认为不应当收养子女的疾病的身体健康检查证明。

收养查找不到生父母的弃婴、儿童的，并应当提交收养人经常居住地卫生健康主管部门出具的收养人生育情况证明；其中收养非社会福利机构抚养的查找不到生父母的弃婴、儿童的，收养人应当提交下列证明材料：

（一）收养人经常居住地卫生健康主管部门出具的收养人生育情况证明；

（二）公安机关出具的捡拾弃婴、儿童报案的证明。

收养继子女的，可以只提交居民户口簿、居民身份证和收养人与被收养人生父或者生母结婚的证明。

对收养人出具的子女情况声明，登记机关可以进行调查核实。

第七条 送养人应当向收养登记机关提交下列证件和证明材料：

（一）送养人的居民户口簿和居民身份证（组织作监护人的，提交其负责人的身份证件）；

（二）民法典规定送养时应当征得其他有抚养义务的人同意的，并提交其他有抚养义务的人同意送养的书面意见。

社会福利机构为送养人的，并应当提交弃婴、儿童进入社会福利机构的原始记录，公安机关出具的捡拾弃婴、儿童报案的证明，或者孤儿的生父母死亡或者宣告死亡的证明。

监护人为送养人的，并应当提交实际承担监护责任的证明，孤儿的父母死亡或者宣告死亡的证明，或者被收养人生父母无完全民事行为能力并对被收养人有严重危害的证明。

生父母为送养人，有特殊困难无力抚养子女的，还应当提交送养人有特殊困难的声明；因丧偶或者一方下落不明由单方送养的，还应当提交配偶死亡或者下落不明的证明。对送养人有特殊困难的声明，登记机关可以进行调查核实；子女由三代以内同辈旁系血亲收养的，还应当提交公安机关出具的或者经过公证的与收养人有亲属关系的证明。

被收养人是残疾儿童的，并应当提交县级以上医疗机构出具的该儿童的残疾证明。

第八条 收养登记机关收到收养登记申请书及有关材料后,应当自次日起 30 日内进行审查。对符合民法典规定条件的,为当事人办理收养登记,发给收养登记证,收养关系自登记之日起成立;对不符合民法典规定条件的,不予登记,并对当事人说明理由。

收养查找不到生父母的弃婴、儿童的,收养登记机关应当在登记前公告查找其生父母;自公告之日起满 60 日,弃婴、儿童的生父母或者其他监护人未认领的,视为查找不到生父母的弃婴、儿童。公告期间不计算在登记办理期限内。

部门规章及规范性文件

⊙《民政部关于印发〈收养登记工作规范〉的通知》(2008 年 8 月 25 日民发〔2008〕118 号公布 根据 2020 年 10 月 20 日民政部公告第 490 号《民政部关于修改部分规范性文件的公告》修订)

第十七条 收养查找不到生父母的弃婴、弃儿的,收养登记机关应当根据《中国公民收养子女登记办法》第七条的规定,在登记前公告查找其生父母(附件 2)。

公告应当刊登在收养登记机关所在地设区的市(地区)级以上地方报纸上。公告要有查找不到生父母的弃婴、弃儿的照片。办理公告时收养登记员要保存捡拾证明和捡拾地派出所出具的报案证明。派出所出具的报案证明应当有出具该证明的警员签名和警号。

⊙《民政部关于在办理收养登记中严格区分孤儿与查找不到生父母的弃婴的通知》(1992 年 8 月 11 日 民婚函〔1992〕263 号)

各省、自治区、直辖市民政厅(局),各计划单列市民政局:

《中华人民共和国收养法》实施后,各地的收养登记工作已陆续开展起来。目前发现在办理收养登记的过程中,各地孤儿与查找不到生父母的弃婴的认定,政策掌握不统一,出现了一些偏差。为了严格执行《收养法》,维护当事人的合法权益,现就此问题,特作如下通知:

一、我国《收养法》中所称的孤儿是指其父母死亡或人民法院宣告其父母死亡的不满十四周岁[①]的未成年人。

二、送养孤儿的须提交有关部门出具的孤儿父母死亡证明书（正常死亡证明书由医疗卫生单位出具，非正常死亡证明书由县以上公安部门出具）或人民法院宣告死亡的判决书。

三、收养登记员对当事人提交的孤儿父母死亡的证明应严格审查和进行必要的调查，并将调查笔录归卷存档。对当事人弄虚作假的，收养登记机关应拒绝为其办理登记。若收养登记员审查不严，玩忽职守，应视情节轻重，由其主管机关撤销其收养登记员资格或给予其必要的行政处分。

以上各条在全国人大对如何认定孤儿和弃婴未作出新的解释前，望各地严格遵照执行。

适用要点

⊙关于收养孤、残和查找不到生父母的未成年人的人数

为鼓励人们收养孤残未成年人和查找不到生父母的未成年人，本条对收养上述三类未成年人未作人数上的限制，并且在收养人条件上也予以放宽。但收养上述三类未成年人，更加需要父母投入时间和精力。因此，收养孤残未成年人和查找不到生父母的未成年人的人数不宜过多，否则无法保证每名被收养人都能得到充分的关注和适宜的养育，影响收养效果。更需注意的是，实践中有些收养人收养目的不端正，以爱心为名，收养多名孤残儿童，骗取社会和他人同情，借机敛财，严重损害被收养人利益，属违法行为，应坚决予以杜绝。

第一千一百零一条 【共同收养】有配偶者收养子女，应当夫妻共同收养。

[①] 编者注：《民法典》中取消了被收养的未成年人年龄需在14周岁以下的限制，将14周岁以上的未成年人纳入被收养人的范围。

> 法　律

⊙《民法典》(婚姻家庭编)(2020年5月28日)

第一千一百零三条　继父或者继母经继子女的生父母同意,可以收养继子女,并可以不受本法第一千零九十三条第三项、第一千零九十四条第三项、第一千零九十八条和第一千一百条第一款规定的限制。

> 行政法规

⊙《中国公民收养子女登记办法》(2023年7月20日修订)

第五条　收养关系当事人应当亲自到收养登记机关办理成立收养关系的登记手续。

夫妻共同收养子女的,应当共同到收养登记机关办理登记手续;一方因故不能亲自前往的,应当书面委托另一方办理登记手续,委托书应当经过村民委员会或者居民委员会证明或者经过公证。

> 适用要点

⊙ **有配偶者收养配偶的子女**

该情形通常发生在再婚家庭中。有配偶者收养配偶的子女,属于夫妻一方单独收养,与子女共同生活的生父或生母一方与子女之间天然具有父母子女关系,无从收养,收养关系仅发生在继父母与继子女之间,不属于夫妻共同收养的范畴。此种收养并不改变子女同与其共同生活的生父或生母的自然血亲关系。《民法典》第1103条专门对继父母收养继子女作出规定,应视为夫妻共同收养的法定例外情形。

⊙ **夫妻一方无完全行为能力时能否单方收养**

如果配偶一方为限制行为能力或无行为能力人,另一方收养子女,被收养人与限制行为能力人或无行为能力人共同生活,既无法得到来自夫妻双方的共同抚养照顾,还存在遭受限制行为能力人或无行为能力人伤害的可能,并且配偶另一方如果收养子女,其既要监护照顾无完全行为能力的配偶，又要抚养教育养子女，无法兼顾，不能保证给予养子女适宜的生活和家庭环境，因此如果夫妻一方无完全行为能力，则另一方不适合单方收养子女。

⊙夫妻一方被宣告失踪时能否单方收养

配偶一方下落不明，被宣告失踪，如果允许另一方配偶单独收养子女，而失踪人重新出现，则会引起失踪人夫妻双方及养子女之间人身关系错综复杂，并可能与《民法典》关于夫妻共同收养的基本原则产生冲突，因此对被宣告失踪之人，如果配偶欲收养子女，可待经过法定期间，达到宣告死亡条件之后，通过宣告死亡消灭婚姻关系，再行收养。对于失踪时间很长，失踪人生存并重新出现的可能性很小，但无人提出对失踪人的宣告失踪申请或宣告死亡申请的，似可不一概否定配偶单方收养子女的权利。

> **第一千一百零二条 【无配偶者收养异性子女的年龄限制】**无配偶者收养异性子女的，收养人与被收养人的年龄应当相差四十周岁以上。

法 律

⊙《民法典》（侵权责任编）（2020年5月28日）

第一千二百五十九条 民法所称的"以上"、"以下"、"以内"、"届满"，包括本数；所称的"不满"、"超过"、"以外"，不包括本数。

⊙《刑法》（2023年12月29日修正）

第二百三十六条之一 【负有照护职责人员性侵罪】对已满十四周岁不满十六周岁的未成年女性负有监护、收养、看护、教育、医疗等特殊职责的人员，与该未成年女性发生性关系的，处三年以下有期徒刑；情节恶劣的，处三年以上十年以下有期徒刑。

有前款行为，同时又构成本法第二百三十六条规定之罪的，依照处罚较重的规定定罪处罚。

[适用要点]

⊙ **对无配偶者的理解**

无配偶者包括未婚单身、离婚以及配偶死亡或被宣告死亡的人。配偶下落不明、被宣告失踪或无行为能力的，均不能视为无配偶者。

> **第一千一百零三条 【收养继子女的特别规定】**继父或者继母经继子女的生父母同意，可以收养继子女，并可以不受本法第一千零九十三条第三项、第一千零九十四条第三项、第一千零九十八条和第一千一百条第一款规定的限制。

[法　律]

⊙《**民法典**》（婚姻家庭编）(2020 年 5 月 28 日)

第一千零九十三条　下列未成年人，可以被收养：
（一）丧失父母的孤儿；
（二）查找不到生父母的未成年人；
（三）生父母有特殊困难无力抚养的子女。

第一千零九十四条　下列个人、组织可以作送养人：
（一）孤儿的监护人；
（二）儿童福利机构；
（三）有特殊困难无力抚养子女的生父母。

第一千零九十八条　收养人应当同时具备下列条件：
（一）无子女或者只有一名子女；
（二）有抚养、教育和保护被收养人的能力；
（三）未患有在医学上认为不应当收养子女的疾病；
（四）无不利于被收养人健康成长的违法犯罪记录；

（五）年满三十周岁。

第一千一百条 无子女的收养人可以收养两名子女；有子女的收养人只能收养一名子女。

收养孤儿、残疾未成年人或者儿童福利机构抚养的查找不到生父母的未成年人，可以不受前款和本法第一千零九十八条第一项规定的限制。

「部门规章及规范性文件」

⊙《民政部办公厅关于外国人在中华人民共和国收养继子女当事人需要出具的证件和证明材料的通知》（2008年1月8日民办函〔2008〕4号公布 根据2020年10月20日民政部公告第490号《民政部关于修改部分规范性文件的公告》修订）

各省、自治区、直辖市民政厅（局），中国收养中心：

为规范外国人在中华人民共和国收养继子女行为，保障被收养人和收养人的合法权益，依据《中华人民共和国民法典》（以下简称《民法典》）和《外国人在中华人民共和国收养子女登记办法》（以下简称《登记办法》）的有关规定，对当事人需要出具的证件和证明材料通知如下：

一、收养人需要出具的证件和证明材料

依据《民法典》第一千一百零三条、《登记办法》第四条的规定，外国人在华收养继子女需要出具的证件和证明材料包括：

1.跨国收养申请书；

2.出生证明；

3.收养人与被收养人生父或者生母结婚的证明；

4.收养人所在国主管机关同意其跨国收养子女的证明或者主管机关同意被收养人入境入籍的证明；

5.收养人2寸免冠照片两张。

以上文件除第五项外，均需办理公证、认证手续，并按照《登记办法》第四条、第七条的规定由中国收养中心进行审核、办理。

二、送养人需要出具的证件和证明材料

依据《民法典》第一千一百零三条、《登记办法》第五条的规定，送养人需要向省、自治区、直辖市人民政府民政部门出具的证件和证明材料包括：

1. 被收养人生父或者生母同意送养的书面意见；
2. 送养人居民户口簿和居民身份证；
3. 被收养人居民身份证或者户籍证明；
4. 送养人与被收养人之间的亲子关系证明；
5. 被收养人2寸免冠照片两张。

如果送养人死亡或者被人民法院宣告死亡的，可以不提供第一、二、四项证明材料，但再婚一方应当提交送养人的死亡证明（正常死亡证明由医疗卫生单位出具，非正常死亡证明由县以上公安部门出具）或者人民法院宣告死亡的判决书，本人的居民户口簿和居民身份证以及与被收养人之间的亲子关系证明，死亡或者被宣告死亡一方的父母不行使优先抚养权的书面声明。收养登记员对当事人提交的送养人死亡证明应当严格审查和进行必要的调查，并将调查笔录归卷存档。在办理收养登记时，《收养登记证》上有关送养人的信息不填。

被收养人年满十周岁的，应当提交被收养人同意被收养的证明。

省、自治区、直辖市人民政府民政部门对上述证件和证明材料进行审查后，认为被收养人、送养人符合收养法规定条件的，应当依据《登记办法》第六条的规定，通知中国收养中心，同时转交上述证件和证明材料的复制件及照片。

请各地严格遵照执行，并做好建档归档工作。

> **第一千一百零四条 【收养、送养自愿】** 收养人收养与送养人送养，应当双方自愿。收养八周岁以上未成年人的，应当征得被收养人的同意。

法 律

⊙《民法典》（婚姻家庭编）(2020年5月28日)

第十九条 八周岁以上的未成年人为限制民事行为能力人，实施民事法律行为由其法定代理人代理或者经其法定代理人同意、追认；但是，可以独立实施纯获利益的民事法律行为或者与其年龄、智力相适应的民事法律行为。

部门规章及规范性文件

⊙《**民政部关于印发〈收养登记工作规范〉的通知**》（2008年8月25日民发〔2008〕118号公布 根据2020年10月20日民政部公告第490号《民政部关于修改部分规范性文件的公告》修订）

第十六条 收养登记员要分别询问或者调查收养人、送养人、8周岁以上的被收养人和其他应当询问或者调查的人。

询问或者调查的重点是被询问人或者被调查人的姓名、年龄、健康状况、经济和教育能力、收养人、送养人和被收养人之间的关系、收养的意愿和目的。特别是对年满8周岁以上的被收养人应当询问是否同意被收养和有关协议内容。

询问或者调查结束后，要将笔录给被询问人或者被调查人阅读。被询问人或者被调查人要写明"已阅读询问（或者调查）笔录，与本人所表示的意思一致（或者调查情况属实）"，并签名。被询问人或者被调查人没有书写能力的，可由收养登记员向被询问或者被调查人宣读所记录的内容，并注明"由收养登记员记录，并向当事人宣读，被询问人（被调查人）在确认所记录内容正确无误后按指纹。"然后请被询问人或者被调查人在注明处按指纹。

适用要点

⊙**收养同意权的主体和特别要件**

根据本条规定，收养须经收养人、送养人和8周岁以上的未成年人的同意，但收养并非仅上述三方同意即符合条件。《民法典》还对一些特殊情形规定了收养同意权的主体和特别的要件。例如《民法典》第1096条规定监护人送养孤儿，应当征得有抚养义务的人同意。如果送养人为孤儿的监护人，收养除经收养人、送养人、8周岁以上未成年人同意之外，还须经对孤儿有法定抚养义务的人同意。《民法典》第1108条规定配偶一方死亡，另一方送养未成年子女的，死亡一方的父母有优先抚养的权利。如果送养人送养子女时，未征得死亡一方的父母的同意，死亡一方的父母可以主张优先抚养权并要求撤销收养，进而影响收养的效力。

第一千一百零五条　【收养的形式要件】收养应当向县级以上人民政府民政部门登记。收养关系自登记之日起成立。

收养查找不到生父母的未成年人的，办理登记的民政部门应当在登记前予以公告。

收养关系当事人愿意签订收养协议的，可以签订收养协议。

收养关系当事人各方或者一方要求办理收养公证的，应当办理收养公证。

县级以上人民政府民政部门应当依法进行收养评估。

法　律

⊙《**未成年人保护法**》(2020年10月17日修订)

第九十九条　地方人民政府应当培育、引导和规范有关社会组织、社会工作者参与未成年人保护工作，开展家庭教育指导服务，为未成年人的心理辅导、康复救助、监护及收养评估等提供专业服务。

⊙《**家庭教育促进法**》(2021年10月23日)

第三十二条　婚姻登记机构和收养登记机构应当通过现场咨询辅导、播放宣传教育片等形式，向办理婚姻登记、收养登记的当事人宣传家庭教育知识，提供家庭教育指导。

⊙《**公证法**》(2017年9月1日修正)

第二十六条　自然人、法人或者其他组织可以委托他人办理公证，但遗嘱、生存、收养关系等应当由本人办理公证的除外。

行政法规

⊙《中国公民收养子女登记办法》(2023 年 7 月 20 日修订)

第二条 中国公民在中国境内收养子女或者协议解除收养关系的,应当依照本办法的规定办理登记。

办理收养登记的机关是县级人民政府民政部门。

第四条 收养社会福利机构抚养的查找不到生父母的弃婴、儿童和孤儿的,在社会福利机构所在地的收养登记机关办理登记。

收养非社会福利机构抚养的查找不到生父母的弃婴和儿童的,在弃婴和儿童发现地的收养登记机关办理登记。

收养生父母有特殊困难无力抚养的子女或者由监护人监护的孤儿的,在被收养人生父母或者监护人常住户口所在地(组织作监护人的,在该组织所在地)的收养登记机关办理登记。

收养三代以内同辈旁系血亲的子女,以及继父或者继母收养继子女的,在被收养人生父或者生母常住户口所在地的收养登记机关办理登记。

第五条 收养关系当事人应当亲自到收养登记机关办理成立收养关系的登记手续。

夫妻共同收养子女的,应当共同到收养登记机关办理登记手续;一方因故不能亲自前往的,应当书面委托另一方办理登记手续,委托书应当经过村民委员会或者居民委员会证明或者经过公证。

第六条 收养人应当向收养登记机关提交收养申请书和下列证件、证明材料:

(一)收养人的居民户口簿和居民身份证;

(二)由收养人所在单位或者村民委员会、居民委员会出具的本人婚姻状况和抚养教育被收养人的能力等情况的证明,以及收养人出具的子女情况声明;

(三)县级以上医疗机构出具的未患有在医学上认为不应当收养子女的疾病的身体健康检查证明。

收养查找不到生父母的弃婴、儿童的,并应当提交收养人经常居住地卫生健康主管部门出具的收养人生育情况证明;其中收养非社会福利机构抚养的查找不到生父母的弃婴、儿童的，收养人应当提交下列证明材料：

（一）收养人经常居住地卫生健康主管部门出具的收养人生育情况证明；

（二）公安机关出具的捡拾弃婴、儿童报案的证明。

收养继子女的，可以只提交居民户口簿、居民身份证和收养人与被收养人生父或者生母结婚的证明。

对收养人出具的子女情况声明，登记机关可以进行调查核实。

第七条 送养人应当向收养登记机关提交下列证件和证明材料：

（一）送养人的居民户口簿和居民身份证（组织作监护人的，提交其负责人的身份证件）；

（二）民法典规定送养时应当征得其他有抚养义务的人同意的，并提交其他有抚养义务的人同意送养的书面意见。

社会福利机构为送养人的，并应当提交弃婴、儿童进入社会福利机构的原始记录，公安机关出具的捡拾弃婴、儿童报案的证明，或者孤儿的生父母死亡或者宣告死亡的证明。

监护人为送养人的，并应当提交实际承担监护责任的证明，孤儿的父母死亡或者宣告死亡的证明，或者被收养人生父母无完全民事行为能力并对被收养人有严重危害的证明。

生父母为送养人，有特殊困难无力抚养子女的，还应当提交送养人有特殊困难的声明；因丧偶或者一方下落不明由单方送养的，还应当提交配偶死亡或者下落不明的证明。对送养人有特殊困难的声明，登记机关可以进行调查核实；子女由三代以内同辈旁系血亲收养的，还应当提交公安机关出具的或者经过公证的与收养人有亲属关系的证明。

被收养人是残疾儿童的，并应当提交县级以上医疗机构出具的该儿童的残疾证明。

第八条 收养登记机关收到收养登记申请书及有关材料后，应当自次日起30日内进行审查。对符合民法典规定条件的，为当事人办理收养登记，发给收养登记证，收养关系自登记之日起成立；对不符合民法典规定条件的，不予登记，并对当事人说明理由。

收养查找不到生父母的弃婴、儿童的，收养登记机关应当在登记前公告查找其生父母；自公告之日起满60日，弃婴、儿童的生父母或者其他监护人未认领的，视为查找不到生父母的弃婴、儿童。公告期间不计算在登记办理期限内。

第九条 收养关系成立后，需要为被收养人办理户口登记或者迁移手续的，由收养人持收养登记证到户口登记机关按照国家有关规定办理。

第十条 收养关系当事人协议解除收养关系的，应当持居民户口簿、居民身份证、收养登记证和解除收养关系的书面协议，共同到被收养人常住户口所在地的收养登记机关办理解除收养关系登记。

第十一条 收养登记机关收到解除收养关系登记申请书及有关材料后，应当自次日起30日内进行审查；对符合民法典规定的，为当事人办理解除收养关系的登记，收回收养登记证，发给解除收养关系证明。

第十二条 为收养关系当事人出具证明材料的组织，应当如实出具有关证明材料。出具虚假证明材料的，由收养登记机关没收虚假证明材料，并建议有关组织对直接责任人员给予批评教育，或者依法给予行政处分、纪律处分。

第十三条 收养关系当事人弄虚作假骗取收养登记的，收养关系无效，由收养登记机关撤销登记，收缴收养登记证。

第十四条 本办法规定的收养登记证、解除收养关系证明的式样，由国务院民政部门制订。

第十五条 华侨以及居住在香港、澳门、台湾地区的中国公民在内地收养子女的，申请办理收养登记的管辖以及所需要出具的证件和证明材料，按照国务院民政部门的有关规定执行。

部门规章及规范性文件

⊙《民政部、公安部关于开展查找不到生父母的打拐解救儿童收养工作的通知》(2015年8月20日民发〔2015〕159号公布 根据2020年10月20日民政部公告第490号《民政部关于修改部分规范性文件的公告》修订）

一、全力查找打拐解救儿童生父母

……

公安机关解救被拐卖儿童后，对于查找到生父母或其他监护人的，应当及时送还。对于暂时查找不到生父母及其他监护人的，应当送交社会福利机构或者救助保护机构抚养，并签发打拐解救儿童临时照料通知书（附件1），由社会福利机构或者救助保护机构承担临时监护责任。同时，公安机关要一律采集打拐解救儿童血样，检验后录入全国打拐DNA信息库比对，寻找儿童的生父母。公安机关经查找，1个月内未找到儿童生父母或其他监护人的，应当为社会福利机构或者救助保护机构出具暂时未查找到生父母或其他监护人的证明（附件2）。社会福利机构或者救助保护机构在接收打拐解救儿童后，应当在报纸和全国打拐解救儿童寻亲公告平台上发布儿童寻亲公告。公告满30日，儿童的生父母或者其他监护人未认领的，救助保护机构应当在7日内将儿童及相关材料移交当地社会福利机构。社会福利机构应当尽快为儿童办理入院手续并申报落户手续，公安机关应当积极办理落户手续。

从儿童被送交社会福利机构或者救助保护机构之日起满12个月，公安机关未能查找到儿童生父母或其他监护人的，应当向社会福利机构出具查找不到生父母或其他监护人的证明（附件3）。

……

二、依法开展收养登记工作

社会福利机构收到查找不到生父母或其他监护人的证明后，对于符合收养条件的儿童，应当及时进行国内送养，使儿童能够尽快回归正常的家庭生活。

办理收养登记前，社会福利机构应当与收养家庭签订收养协议（附件5）。

……

⊙《民政部、公安部、司法部、卫生部、人口计生委关于解决国内公民私自收养子女有关问题的通知》（2008年9月5日　民发〔2008〕132号）

一、区分不同情况，妥善解决现存私自收养子女问题

（一）1999年4月1日，《收养法》修改决定施行前国内公民私自收

养子女的，依据司法部《关于办理收养法实施前建立的事实收养关系公证的通知》（司发通〔1993〕125号）、《关于贯彻执行〈中华人民共和国收养法〉若干问题的意见》（司发通〔2000〕33号）和公安部《关于国内公民收养弃婴等落户问题的通知》（公通字〔1997〕54号）的有关规定办理。

依据司法部《关于贯彻执行〈中华人民共和国收养法〉若干问题的意见》（司发通〔2000〕33号）的规定，对当事人之间抚养的事实已办理公证的，抚养人可持公证书、本人的合法有效身份证件及相关证明材料，向其常住户口所在地的户口登记机关提出落户申请，经县、市公安机关审批同意后，办理落户手续。

（二）1999年4月1日，《收养法》修改决定施行后国内公民私自收养子女的，按照下列情况办理：

1.收养人符合《收养法》规定的条件，私自收养非社会福利机构抚养的查找不到生父母的弃婴和儿童，捡拾证明不齐全的，由收养人提出申请，到弃婴和儿童发现地的县（市）人民政府民政部门领取并填写《捡拾弃婴（儿童）情况证明》，经收养人常住户口所在地的村（居）民委员会确认，乡（镇）人民政府、街道办事处审核并出具《子女情况证明》，发现地公安部门对捡拾人进行询问并出具《捡拾弃婴（儿童）报案证明》，收养人持上述证明及《中国公民收养子女登记办法》（以下简称《登记办法》）规定的其他证明材料到弃婴和儿童发现地的县（市）人民政府民政部门办理收养登记。

2.收养人具备抚养教育能力，身体健康，年满30周岁，先有子女，后又私自收养非社会福利机构抚养的查找不到生父母的弃婴和儿童，或者先私自收养非社会福利机构抚养的查找不到生父母的弃婴和儿童，后又生育子女的，由收养人提出申请，到弃婴和儿童发现地的县（市）人民政府民政部门领取并填写《捡拾弃婴（儿童）情况证明》，发现地公安部门出具《捡拾弃婴（儿童）报案证明》。弃婴和儿童发现地的县（市）人民政府民政部门应公告查找其生父母，并由发现地的社会福利机构办理入院登记手续，登记集体户口。对于查找不到生父母的弃婴、儿童，按照收养社会福利机构抚养的弃婴和儿童予以办理收养手续。由收养人常住户口所在地的村（居）民委员会确认，乡（镇）人民政府、街道办事处负责审核并出具收养前当事人《子女情况证明》。在公告期内或收养后有检举收养人政策外生育的，由人口计生部门予以调查处理。确属政策外生育的，由人口计生部门按有关规定处理。

捡拾地没有社会福利机构的，可到由上一级人民政府民政部门指定的机构办理。

3. 收养人不满 30 周岁，但符合收养人的其他条件，私自收养非社会福利机构抚养的查找不到生父母的弃婴和儿童且愿意继续抚养的，可向弃婴和儿童发现地的县（市）人民政府民政部门或社会福利机构提出助养申请，登记集体户口后签订义务助养协议，监护责任由民政部门或社会福利机构承担。待收养人年满 30 周岁后，仍符合收养人条件的，可以办理收养登记。

4. 单身男性私自收养非社会福利机构抚养的查找不到生父母的女性弃婴和儿童，年龄相差不到 40 周岁的，由当事人常住户口所在地的乡（镇）人民政府、街道办事处，动员其将弃婴和儿童送交当地县（市）人民政府民政部门指定的社会福利机构抚养。

夫妻双方在婚姻关系存续期间私自收养女性弃婴和儿童，后因离婚或者丧偶，女婴由男方抚养，年龄相差不到 40 周岁，抚养事实满一年的，可凭公证机构出具的抚养事实公证书，以及人民法院离婚判决书、离婚调解书、离婚证或者其妻死亡证明等相关证明材料，到县（市）人民政府民政部门申请办理收养登记。

5. 私自收养生父母有特殊困难无力抚养的子女、由监护人送养的孤儿，或者私自收养三代以内同辈旁系血亲的子女，符合《收养法》规定条件的，应当依法办理登记手续；不符合条件的，应当将私自收养的子女交由生父母或者监护人抚养。

（三）私自收养发生后，收养人因经济状况，身体健康等原因不具备抚养能力，或者收养人一方死亡、离异，另一方不愿意继续抚养，或者养父母双亡的，可由收养人或其亲属将被收养人送交社会福利机构抚养（被收养人具备完全民事行为能力的除外）。其亲属符合收养人条件且愿意收养的，应当依法办理收养登记。

（四）对于不符合上述规定的国内公民私自收养，依据《收养法》及相关法律法规的规定，由当事人常住户口所在地的乡（镇）人民政府、街道办事处，动员其将弃婴或儿童送交社会福利机构抚养。

⊙**《民政部婚姻司谈收养登记的意义、范围和程序》**（1992年4月1日）

一、收养登记

（一）收养登记是国家通过主管部门对申请建立收养关系的当事人，依照收养法规定的收养条件进行审查，对符合法定收养条件的，准予登记，发给《收养证》，收养关系即成立的一项制度。它是中国公民收养查找不到生父母的弃婴、儿童以及社会福利机构抚养的孤儿和外国人收养中国儿童取得合法收养关系的必经程序。

收养登记是一项与婚姻管理相类似的行政管理工作，也是一项贯彻落实《收养法》的执法工作。从我国国情出发，建立收养登记管理制度是非常必要的。

（二）收养登记的意义

1.国家通过收养登记可以对收养关系的建立进行监督，及时发现和制止违反《收养法》的行为。

2.通过收养登记保护收养当事人的合法权益，尤其是保护被收养儿童的合法权益，促进家庭和睦和社会的安定。收养登记体现了国家对公民收养子女的关心。

3.通过收养登记国家可以直接对收养当事人及其亲属开展法制宣传，预防违反收养法的行为发生。

……

三、收养登记的机关

（一）中国公民收养子女办理收养登记的机关是县级以上人民政府的民政部门。这与婚姻登记不同，主要考虑收养登记数量比婚姻登记少，政策性强，收养登记机关设在县以上民政部门比较合适。

根据被收养人的种类，我们又规定收养查找不到生父母的弃婴和儿童，在弃婴和儿童发现地的县级以上民政部门办理收养登记。这样规定利于收养登记机关了解弃婴和儿童的情况。

收养社会福利机构抚养的孤儿，在社会福利机构所在地的县级以上民政部门的收养登记机关办理收养登记。

（二）外国人收养我国儿童，必须亲自到被收养儿童户籍所在地的省级人民政府的民政部门指定的收养登记机关办理收养手续。

⊙《**收养评估办法（试行）**》(2020 年 12 月 30 日　民发〔2020〕144 号)

第一条　为了加强收养登记管理，规范收养评估工作，保障被收养人的合法权益，根据《中华人民共和国民法典》，制定本办法。

第二条　中国内地居民在中国境内收养子女的，按照本办法进行收养评估。但是，收养继子女的除外。

第三条　本办法所称收养评估，是指民政部门对收养申请人是否具备抚养、教育和保护被收养人的能力进行调查、评估，并出具评估报告的专业服务行为。

第四条　收养评估应当遵循最有利于被收养人的原则，独立、客观、公正地对收养申请人进行评估，依法保护个人信息和隐私。

第五条　民政部门进行收养评估，可以自行组织，也可以委托第三方机构开展。

委托第三方机构开展收养评估的，民政部门应当与受委托的第三方机构签订委托协议。

第六条　民政部门自行组织开展收养评估的，应当组建收养评估小组。收养评估小组应有 2 名以上熟悉收养相关法律法规和政策的在编人员。

第七条　受委托的第三方机构应当同时具备下列条件：

（一）具有法人资格；

（二）组织机构健全，内部管理规范；

（三）业务范围包含社会调查或者评估，或者具备评估相关经验；

（四）有 5 名以上具有社会工作、医学、心理学等专业背景或者从事相关工作 2 年以上的专职工作人员；

（五）开展评估工作所需的其他条件。

第八条　收养评估内容包括收养申请人以下情况：收养动机、道德品行、受教育程度、健康状况、经济及住房条件、婚姻家庭关系、共同生活家庭成员意见、抚育计划、邻里关系、社区环境、与被收养人融合情况等。

收养申请人与被收养人融合的时间不少于 30 日。

第九条 收养评估流程包括书面告知、评估准备、实施评估、出具评估报告。

（一）书面告知。民政部门收到收养登记申请有关材料后，经初步审查收养申请人、送养人、被收养人符合《中华人民共和国民法典》《中国公民收养子女登记办法》要求的，应当书面告知收养申请人将对其进行收养评估。委托第三方机构开展评估的，民政部门应当同时书面告知受委托的第三方机构。

（二）评估准备。收养申请人确认同意进行收养评估的，第三方机构应当选派 2 名以上具有社会工作、医学、心理学等专业背景或者从事相关工作 2 年以上的专职工作人员开展评估活动。

民政部门自行组织收养评估的，由收养评估小组开展评估活动。

（三）实施评估。评估人员根据评估需要，可以采取面谈、查阅资料、实地走访等多种方式进行评估，全面了解收养申请人的情况。

（四）出具报告。收养评估小组和受委托的第三方机构应当根据评估情况制作书面收养评估报告。收养评估报告包括正文和附件两部分：正文部分包括评估工作的基本情况、评估内容分析、评估结论等；附件部分包括记载评估过程的文字、语音、照片、影像等资料。委托第三方机构评估的，收养评估报告应当由参与评估人员签名，并加盖机构公章。民政部门自行组织评估的，收养评估报告应当由收养评估小组成员共同签名。

第十条 收养评估报告应当在收养申请人确认同意进行收养评估之日起 60 日内作出。收养评估期间不计入收养登记办理期限。

收养评估报告应当作为民政部门办理收养登记的参考依据。

第十一条 收养评估期间，收养评估小组或者受委托的第三方机构发现收养申请人及其共同生活家庭成员有下列情形之一的，应当向民政部门报告：

（一）弄虚作假，伪造、变造相关材料或者隐瞒相关事实的；

（二）参加非法组织、邪教组织的；

（三）买卖、性侵、虐待或者遗弃、非法送养未成年人，及其他侵犯未成年人身心健康的；

（四）有持续性、经常性的家庭暴力的；

（五）有故意犯罪行为，判处或者可能判处有期徒刑以上刑罚的；

（六）患有精神类疾病、传染性疾病、重度残疾或者智力残疾、重大疾病的；

（七）存在吸毒、酗酒、赌博、嫖娼等恶习的；

（八）故意或者过失导致正与其进行融合的未成年人受到侵害或者面临其他危险情形的；

（九）有其他不利于未成年人身心健康行为的。

存在前款规定第（八）项规定情形的，民政部门应当立即向公安机关报案。

第十二条 评估人员、受委托的第三方机构与收养申请人、送养人有利害关系的，应当回避。

第十三条 民政部门应当加强对收养评估小组的监督和管理。

委托第三方机构开展收养评估的，民政部门应当对受委托第三方履行协议情况进行监督。

第十四条 开展收养评估不得收取任何费用。地方收养评估工作所需经费应当纳入同级民政部门预算。

第十五条 华侨以及居住在香港、澳门、台湾地区的中国公民申请收养的，当地有权机构已经作出收养评估报告的，民政部门可以不再重复开展收养评估。没有收养评估报告的，民政部门可以依据当地有权机构出具的相关证明材料，对收养申请人进行收养评估。

外国人申请收养的，收养评估按照有关法律法规规定执行。

第十六条 省级民政部门可以结合当地情况细化、补充收养评估内容、流程，并报民政部备案。

第十七条 本办法自2021年1月1日起施行，《民政部关于印发〈收养能力评估工作指引〉的通知》（民发〔2015〕168号）同时废止。

⊙《**民政部关于社会福利机构涉外送养工作的若干规定**》(2003年9月4日民发〔2003〕112号公布　根据2020年10月20日民政部公告第490号《民政部关于修改部分规范性文件的公告》修订）

九、收养登记前，省级人民政府民政部门应视具体情况确定适当的融和期，以便收养人与被送养儿童相互了解和融和。省级人民政府民政部门应当在法定工作日和指定的办公地点安排外国收养人与被送养儿童、送养人见面，在确认收养关系当事人的身份无误后，由送养人向收养人介绍被送养儿童的情况和有关事项，并向外国收养人交接被送养儿童。交接被送养儿童时，送养人和收养人应当签订融和期间委托监护协议（见附件7）。

融和期满后，收养关系当事人对收养事宜无疑义的，收养人和送养人应当订立书面收养协议（见附件8），协议一式三份。

⊙《**外国人在中华人民共和国收养子女登记办法**》(1999年5月25日　民政部令第15号）

第九条　外国人来华收养子女，应当与送养人订立书面收养协议。协议一式三份，收养人、送养人各执一份，办理收养登记手续时收养登记机关收存一份。

书面协议订立后，收养关系当事人应当共同到被收养人常住户口所在地的省、自治区、直辖市人民政府民政部门办理收养登记。

⊙《**民政部关于印发〈收养登记工作规范〉的通知**》(2008年8月25日民发〔2008〕118号公布　根据2020年10月20日民政部公告第490号《民政部关于修改部分规范性文件的公告》修订）

为了规范收养登记工作，根据《中华人民共和国民法典》《外国人在中华人民共和国收养子女登记办法》《中国公民收养子女登记办法》和《华侨以及居住在香港、澳门、台湾地区的中国公民办理收养登记的管辖以及所需出具的证件和证明材料的规定》，制定本规范。

第一章　收养登记机关和登记员

第一条　收养登记机关是依法履行收养登记行政职能的各级人民政府民政部门。

收养登记机关应当依照法律、法规及本规范，认真履行职责，做好收养登记工作。

第二条 收养登记机关的职责：

（一）办理收养登记；

（二）办理解除收养登记；

（三）撤销收养登记；

（四）补发收养登记证和解除收养关系证明；

（五）出具收养关系证明；

（六）办理寻找弃婴（弃儿）生父母公告；

（七）建立和保管收养登记档案；

（八）宣传收养法律法规。

第三条 收养登记的管辖按照《外国人在中华人民共和国收养子女登记办法》《中国公民收养子女登记办法》和《华侨以及居住在香港、澳门、台湾地区的中国公民办理收养登记的管辖以及所需要出具的证件和证明材料的规定》的有关规定确定。

第四条 收养登记机关办理收养登记应当使用民政厅或者民政局公章。

收养登记机关应当按照有关规定刻制收养登记专用章。

第五条 收养登记机关应当设置有专门的办公场所，并在醒目位置悬挂收养登记处（科）标识牌。

收养登记场所应当庄严、整洁，设有收养登记公告栏。

第六条 收养登记实行政务公开，应当在收养登记场所公开展示下列内容：

（一）本收养登记机关的管辖权及依据；

（二）收养法的基本原则以及父母和子女的权利、义务；

（三）办理收养登记、解除收养登记的条件与程序；

（四）补领收养登记证的条件与程序；

（五）无效收养及可撤销收养的规定；

（六）收费项目与收费标准、依据；

（七）收养登记员职责及其照片、编号；

（八）办公时间和服务电话（电话号码在当地114查询台登记）；

（九）监督电话。

收养登记场所应当备有《中华人民共和国民法典》《外国人在中华人民共和国收养子女登记办法》《中国公民收养子女登记办法》和《华侨以及居住在香港、澳门、台湾地区的中国公民办理收养登记的管辖以及所需要出具的证件和证明材料的规定》，及其他有关文件供收养当事人免费查阅。

收养登记机关对外办公时间应当为国家法定办公时间。

第七条 收养登记机关应当实行计算机管理。各级民政部门应当为本行政区域内收养登记管理信息化建设创造条件。

第八条 收养登记机关应当配备收养登记员。收养登记员由本级民政部门考核、任免。

第九条 收养登记员的主要职责：

（一）解答咨询；

（二）审查当事人是否具备收养登记、解除收养登记、补发收养登记证、撤销收养登记的条件；

（三）颁发收养登记证；

（四）出具收养登记证明；

（五）及时将办理完毕的收养登记材料收集、整理、归档。

第十条 收养登记员应当熟练掌握相关法律法规和计算机操作，依法行政，热情服务，讲求效率。

收养登记员应当尊重当事人的意愿，保守收养秘密。

第十一条 收养登记员办理收养登记及相关业务应当按照申请—受理—审查—报批—登记—颁证的程序办理。

第十二条 收养登记员在完成表格和证书、证明填写后，应当进行认真核对、检查，并复印存档。对打印或者书写错误、证件被污染或者损坏的，应当作废处理，重新填写。

第二章 收养登记

第十三条 受理收养登记申请的条件是：

（一）收养登记机关具有管辖权；

（二）收养登记当事人提出申请；

（三）当事人持有的证件、证明材料符合规定。

收养人和被收养人应当提交2张2寸近期半身免冠合影照片。送养人应当提交2张2寸近期半身免冠合影或者单人照片，社会福利机构送养的除外。

第十四条 收养登记员受理收养登记申请，应当按照下列程序进行：

（一）区分收养登记类型，查验当事人提交的证件和证明材料、照片是否符合此类型的要求。

（二）询问或者调查当事人的收养意愿、目的和条件，告知收养登记的条件和弄虚作假的后果。

（三）见证当事人在《收养登记申请书》（附件1）上签名。

（四）将当事人的信息输入计算机应当用程序，并进行核查。

（五）复印当事人的身份证件、户口簿。单身收养的应当复印无婚姻登记记录证明、离婚证或者配偶死亡证明；夫妻双方共同收养的应当复印结婚证。

第十五条 《收养登记申请书》的填写：

（一）当事人"姓名"：当事人是中国公民的，使用中文填写；当事人是外国人的，按照当事人护照上的姓名填写。

（二）"出生日期"：使用阿拉伯数字，按照身份证件上的出生日期填写为"××××年××月××日"。

（三）"身份证件号"：当事人是内地居民的，填写公民身份号码；当事人是香港、澳门、台湾居民中的中国公民的，填写香港、澳门、台湾居民身份证号，并在号码后加注"（香港）""（澳门）"或者"（台湾）"；当事人是华侨的，填写护照号；当事人是外国人的，填写护照号。

证件号码前面有字符的，应当一并填写。

（四）"国籍"：当事人是内地居民、华侨以及居住在香港、澳门、台湾地区的中国公民的，填写"中国"；当事人是外国人的，按照护照上的国籍填写。

（五）"民族""职业"和"文化程度"，按照《中华人民共和国国家标准》填写。

（六）"健康状况"填写"健康""良好""残疾"或者其他疾病。

（七）"婚姻状况"填写"未婚""已婚""离婚""丧偶"。

（八）"家庭收入"填写家庭年收入总和。

（九）"住址"填写户口簿上的家庭住址。

（十）送养人是社会福利机构的，填写"送养人情况（1）"，经办人应当是社会福利机构工作人员。送养人是非社会福利机构的，填写"送养人情况（2）"，"送养人和被收养人关系"是亲属关系的，应当写明具体亲属关系；不是亲属关系的，应当写明"非亲属"。

收养非社会福利机构抚养的查找不到生父母的儿童的，送养人有关内容不填。

（十一）"被收养后改名为"填写被收养人被收养后更改的姓名。未更改姓名的，此栏不填。

（十二）被收养人"身份类别"分别填写"孤儿""社会福利机构抚养的查找不到生父母的儿童""非社会福利机构抚养的查找不到生父母的儿童""生父母有特殊困难无力抚养的子女""继子女"。收养三代以内同辈旁系血亲的子女，应当写明具体亲属关系。

（十三）继父母收养继子女的，要同时填写收养人和送养人有关内容。单身收养后，收养人结婚，其配偶要求收养继子女的；送养人死亡或者被人民法院宣告死亡的，送养人有关内容不填。

（十四）《收养登记申请书》中收养人、被收养人和送养人（送养人是社会福利机构的经办人）的签名必须由当事人在收养登记员当面完成。

当事人没有书写能力的，由当事人口述，收养登记员代为填写。收养登记员代当事人填写完毕后，应当宣读，当事人认为填写内容无误，在当事人签名处按指纹。当事人签名一栏不得空白，也不得由他人代为填写、代按指纹。

第十六条 收养登记员要分别询问或者调查收养人、送养人、8周岁以上的被收养人和其他应当询问或者调查的人。

询问或者调查的重点是被询问人或者被调查人的姓名、年龄、健康状况、经济和教育能力、收养人、送养人和被收养人之间的关系、收养的意愿和目的。特别是对年满8周岁以上的被收养人应当询问是否同意被收养和有关协议内容。

询问或者调查结束后，要将笔录给被询问人或者被调查人阅读。被询问人或者被调查人要写明"已阅读询问（或者调查）笔录，与本人所表示的意思一致（或者调查情况属实）"，并签名。被询问人或者被调查人没有书写能力的，可由收养登记员向被询问人或者被调查人宣读所记录的内容，并注明"由收养登记员记录，并向当事人宣读，被询问人（被调查人）在确认所记录内容正确无误后按指纹。"然后请被询问人或者被调查人在注明处按指纹。

第十七条　收养查找不到生父母的弃婴、弃儿的，收养登记机关应当根据《中国公民收养子女登记办法》第七条的规定，在登记前公告查找其生父母（附件2）。

公告应当刊登在收养登记机关所在地设区的市（地区）级以上地方报纸上。公告要有查找不到生父母的弃婴、弃儿的照片。办理公告时收养登记员要保存捡拾证明和捡拾地派出所出具的报案证明。派出所出具的报案证明应当有出具该证明的警员签名和警号。

第十八条　办理内地居民收养登记和华侨收养登记，以及香港、澳门、台湾居民中的中国公民的收养登记，收养登记员收到当事人提交的申请书及有关材料后，应当自次日起30日内进行审查。对符合收养条件的，为当事人办理收养登记，填写《收养登记审查处理表》（附件3），报民政局主要领导或者分管领导批准，并填发收养登记证。

办理涉外收养登记，收养登记员收到当事人提交的申请书及有关材料后，应当自次日起7日内进行审查。对符合收养条件的，为当事人办理收养登记，填写《收养登记审查处理表》，报民政厅（局）主要领导或者分管领导批准，并填发收养登记证。

第十九条　《收养登记审查处理表》和收养登记证由计算机打印，未使用计算机进行收养登记的，应当使用蓝黑、黑色墨水的钢笔或者签字笔填写。

第二十条　《收养登记审查处理表》的填写：

（一）"提供证件情况"：应当对当事人提供的证件、证明材料核实后填写"齐全"；

（二）"审查意见"：填写"符合收养条件，准予登记"；

（三）"主要领导或者分管领导签名"：由批准该收养登记的民政厅

（局）主要领导或者分管领导亲笔签名，不得使用个人印章或者计算机打印；

（四）"收养登记员签名"：由办理该收养登记的收养登记员亲笔签名，不得使用个人印章或者计算机打印；

（五）"收养登记日期"：使用阿拉伯数字，填写为："××××年××月××日"。填写的日期应当与收养登记证上的登记日期一致；

（六）"承办机关名称"：填写承办单位名称；

（七）"收养登记证字号"填写式样为"（XXXX）AB 收字 YYYYY"（AB 为收养登记机关所在省级和县级或者市级和区级的行政区域简称，XXXX 为年号，YYYYY 为当年办理收养登记的序号）；

（八）"收养登记证印制号"填写颁发给当事人的收养登记证上印制的号码。

第二十一条　收养登记证的填写按照《民政部办公厅关于启用新式〈收养登记证〉的通知》（民办函〔2006〕203号）的要求填写。

收养登记证上收养登记字号、姓名、性别、国籍、出生日期、身份证件号、住址、被收养人身份、更改的姓名，以及登记日期应当与《收养登记申请书》和《收养登记审查处理表》中相应项目一致。

无送养人的，"送养人姓名（名称）"一栏不填。

第二十二条　颁发收养登记证，应当在当事人在场时按照下列步骤进行：

（一）核实当事人姓名和收养意愿。

（二）告知当事人领取收养登记证后的法律关系以及父母和子女的权利、义务。

（三）见证当事人本人亲自在附件3上的"当事人领证签名或者按指纹"一栏中签名；当事人没有书写能力的，应当按指纹。

"当事人领证签名或者按指纹"一栏不得空白，不得由他人代为填写、代按指纹。

（四）将收养登记证颁发给收养人，并向当事人宣布：取得收养登记证，确立收养关系。

第二十三条　收养登记机关对不符合收养登记条件的，不予受理，但应当向当事人出具《不予办理收养登记通知书》(附件4),并将当事人提交的证件和证明材料全部退还当事人。对于虚假证明材料,收养登记机关予以没收。

第三章 解除收养登记

第二十四条 受理解除收养关系登记申请的条件是：

(一)收养登记机关具有管辖权。

(二)收养人、送养人和被收养人共同到被收养人常住户口所在地的收养登记机关提出申请。

(三)收养人、送养人自愿解除收养关系并达成协议。被收养人年满8周岁的,已经征得其同意。

(四)持有收养登记机关颁发的收养登记证。经公证机构公证确立收养关系的,应当持有公证书。

(五)收养人、送养人和被收养人各提交2张2寸单人近期半身免冠照片,社会福利机构送养的除外。

(六)收养人、送养人和被收养人持有身份证件、户口簿。

送养人是社会福利机构的,要提交社会福利机构法定代表人居民身份证复印件。

养父母与成年养子女协议解除收养关系的,无需送养人参与。

第二十五条 收养登记员受理解除收养关系登记申请,应当按照下列程序进行：

(一)查验当事人提交的照片、证件和证明材料。

当事人提供的收养登记证上的姓名、出生日期、公民身份号码与身份证、户口簿不一致的,当事人应当书面说明不一致的原因。

(二)向当事人讲明收养法关于解除收养关系的条件。

(三)询问当事人的解除收养关系意愿以及对解除收养关系协议内容的意愿。

(四)收养人、送养人和被收养人参照本规范第十五条的相关内容填写《解除收养登记申请书》(附件5)。

(五)将当事人的信息输入计算机应用程序,并进行核查。

(六)复印当事人的身份证件、户口簿。

第二十六条 收养登记员要分别询问收养人、送养人、8周岁以上的被收养人和其他应当询问的人。

询问的重点是被询问人的姓名、年龄、健康状况、民事行为能力、收养人、送养人和被收养人之间的关系、解除收养登记的意愿。对8周岁以上的被收养人应当询问是否同意解除收养登记和有关协议内容。

对未成年的被收养人，要询问送养人同意解除收养登记后接纳被收养人和有关协议内容。

询问结束后，要将笔录给被询问人阅读。被询问人要写明"已阅读询问笔录，与本人所表示的意思一致"，并签名。被询问人没有书写能力的，可由收养登记员向被询问人宣读所记录的内容，并注明"由收养登记员记录，并向当事人宣读，被询问人在确认所记录内容正确无误后按指纹"。然后请被询问人在注明处按指纹。

第二十七条 收养登记员收到当事人提交的证件、申请解除收养关系登记申请书、解除收养关系协议书后，应当自次日起30日内进行审查。对符合解除收养条件的，为当事人办理解除收养关系登记，填写《解除收养登记审查处理表》(附件6)，报民政厅(局)主要领导或者分管领导批准，并填发《解除收养关系证明》。

"解除收养关系证明字号"填写式样为"(XXXX)AB解字YYYYY"(AB为收养登记机关所在省级和县级或者市级和区级的行政区域简称，XXXX为年号，YYYYY为当年办理解除收养登记的序号)。

第二十八条 颁发解除收养关系证明，应当在当事人均在场时按照下列步骤进行：

(一)核实当事人姓名和解除收养关系意愿。

(二)告知当事人领取解除收养关系证明后的法律关系。

(三)见证当事人本人亲自在《解除收养登记审查处理表》"领证人签名或者按指纹"一栏中签名；当事人没有书写能力的，应当按指纹。

"领证人签名或者按指纹"一栏不得空白，不得由他人代为填写、代按指纹。

(四)收回收养登记证，收养登记证遗失应当提交查档证明。

(五)将解除收养关系证明一式两份分别颁发给解除收养关系的收养

人和被收养人,并宣布:取得解除收养关系证明,收养关系解除。

第二十九条 收养登记机关对不符合解除收养关系登记条件的,不予受理,但应当向当事人出具《不予办理解除收养登记通知书》(附件7),将当事人提交的证件和证明材料全部退还当事人。对于虚假证明材料,收养登记机关予以没收。

第四章 撤销收养登记

第三十条 收养关系当事人弄虚作假骗取收养登记的,按照《中国公民收养子女登记办法》第十二条的规定,由利害关系人、有关单位或者组织向原收养登记机关提出,由收养登记机关撤销登记,收缴收养登记证。

第三十一条 收养登记员受理撤销收养登记申请,应当按照下列程序进行:

(一)查验申请人提交的证件和证明材料。

(二)申请人在收养登记员面前亲自填写《撤销收养登记申请书》(附件8),并签名。

申请人没有书写能力的,可由当事人口述,第三人代为填写,当事人在"申请人"一栏按指纹。

第三人应当在申请书上注明代写人的姓名、公民身份号码、住址、与申请人的关系。

收养登记机关工作人员不得作为第三人代申请人填写。

(三)申请人宣读本人的申请书,收养登记员作见证人并在见证人一栏签名。

(四)调查涉案当事人的收养登记情况。

第三十二条 符合撤销条件的,收养登记机关拟写《关于撤销×××与×××收养登记决定书》(附件9),报民政厅(局)主要领导或者分管领导批准,并印发撤销决定。

第三十三条 收养登记机关应当将《关于撤销×××与×××收养登记决定书》送达每位当事人,收缴收养登记证,并在收养登记机关的公告栏公告30日。

第三十四条 收养登记机关对不符合撤销收养条件的,应当告知当事人不予撤销的原因,并告知当事人可以向人民法院起诉。

第五章　补领收养登记证、解除收养关系证明

第三十五条　当事人遗失、损毁收养证件，可以向原收养登记机关申请补领。

第三十六条　受理补领收养登记证、解除收养关系证明申请的条件是：

（一）收养登记机关具有管辖权。

（二）依法登记收养或者解除收养关系，目前仍然维持该状况。

（三）收养人或者被收养人亲自到收养登记机关提出申请。

收养人或者被收养人因故不能到原收养登记机关申请补领收养登记的，可以委托他人办理。委托办理应当提交经公证机关公证的当事人的身份证件复印件和委托书。委托书应当写明当事人办理收养登记的时间及承办机关、目前的收养状况、委托事由、受委托人的姓名和身份证件号码。受委托人应当同时提交本人的身份证件。

夫妻双方共同收养子女的，应当共同到收养登记机关提出申请，一方不能亲自到场的，应当书面委托另一方，委托书应当经过村（居）民委员会证明或者经过公证。外国人的委托书应当经所在国公证和认证。夫妻双方一方死亡的，另一方应当出具配偶死亡的证明；离婚的出具离婚证件，可以一方提出申请。

被收养人未成年的，可由监护人提出申请。监护人要提交监护证明。

（四）申请人持有身份证件、户口簿。

（五）申请人持有查档证明。

收养登记档案遗失的，申请人应当提交能够证明其收养状况的证明。户口本上父母子女关系的记载，单位、村（居）民委员会或者近亲属出具的写明当事人收养状况的证明可以作为当事人收养状况证明使用。

（六）收养人和被收养人的2张2寸合影或者单人近期半身免冠照片。

监护人提出申请的，要提交监护人1张2寸合影或者单人近期半身免冠照片。监护人为单位的，要提交单位法定代表人身份证件复印件和经办人1张2寸单人近期半身免冠照片。

第三十七条　收养登记员受理补领收养登记证、解除收养关系证明，应当按照下列程序进行：

（一）查验申请人提交的照片、证件和证明材料。

申请人出具的身份证、户口簿上的姓名、年龄、公民身份号码与原登记档案不一致的，申请人应当书面说明不一致的原因，收养登记机关可根据申请人出具的身份证件补发收养登记证。

（二）向申请人讲明补领收养登记证、解除收养关系证明的条件。

（三）询问申请人当时办理登记的情况和现在的收养状况。

对于没有档案可查的，收养登记员要对申请人进行询问。询问结束后，要将笔录给被询问人阅读。被询问人要写明"已阅读询问笔录，与本人所表示的意思一致"，并签名。被询问人没有书写能力的，可由收养登记员向被询问人宣读所记录的内容，并注明"由收养登记员记录，并向被询问人宣读，被询问人在确认所记录内容正确无误后按指纹"。然后请被询问人在注明处按指纹。

（四）申请人参照本规范第十五条相关规定填写《补领收养登记证申请书》（附件10）。

（五）将申请人的信息输入计算机应当用程序，并进行核查。

（六）向出具查档证明的机关进行核查。

（七）复印当事人的身份证件、户口簿。

第三十八条 收养登记员收到申请人提交的证件、证明后，应当自次日起30日内进行审查，符合补发条件的，填写《补发收养登记证审查处理表》（附件11），报民政厅（局）主要领导或者分管领导批准，并填发收养登记证、解除收养关系证明。

《补发收养登记证审查处理表》和收养登记证按照《民政部办公厅关于启用新式〈收养登记证〉的通知》（民办函〔2006〕203号）和本规范相关规定填写。

第三十九条 补发收养登记证、解除收养关系证明，应当在申请人或者委托人在场时按照下列步骤进行：

（一）向申请人或者委托人核实姓名和原登记日期。

（二）见证申请人或者委托人在《补发收养登记证审查处理表》"领证人签名或者按指纹"一栏中签名；申请人或者委托人没有书写能力的，应当按指纹。

"领证人签名或者按指纹"一栏不得空白，不得由他人代为填写、代按指纹。

（三）将补发的收养登记证、解除收养登记证发给申请人或者委托人，并告知妥善保管。

第四十条 收养登记机关对不具备补发收养登记证、解除收养关系证明受理条件的，不予受理，并告知原因和依据。

第四十一条 当事人办理过收养或者解除收养关系登记，申请补领时的收养状况因解除收养关系或者收养关系当事人死亡发生改变的，不予补发收养登记证，可由收养登记机关出具收养登记证明。

收养登记证明不作为收养人和被收养人现在收养状况的证明。

第四十二条 出具收养登记证明的申请人范围和程序与补领收养登记证相同。申请人向原办理该收养登记的机关提出申请，并填写《出具收养登记证明申请书》（附件12）。收养登记员收到当事人提交的证件、证明后，应当自次日起30日内进行审查，符合出证条件的，填写《出具收养登记证明审查处理表》（附件13），报民政厅（局）主要领导或者分管领导批准，并填写《收养登记证明书》（附件14），发给申请人。

第四十三条 "收养登记证明字号"填写式样为"（XXXX）AB证字YYYYY"（AB为收养登记机关所在省级和县级或者市级和区级的行政区域简称，XXXX为年号，YYYYY为当年出具收养登记证明的序号）。

第六章 收养档案和证件管理

第四十四条 收养登记机关应当按照《收养登记档案管理暂行办法》（民发〔2003〕181号）的规定，制定立卷、归档、保管、移交和使用制度，建立和管理收养登记档案，不得出现原始材料丢失、损毁情况。

第四十五条 收养登记机关不得购买非上级民政部门提供的收养证件。各级民政部门发现本行政区域内有购买、使用非上级民政部门提供的收养证件的，应当予以没收，并追究相关责任人的法律责任和行政责任。

收养登记机关已将非法购制的收养证件颁发给收养当事人的，应当追回，并免费为当事人换发符合规定的收养登记证、解除收养关系证明。

报废的收养证件由收养登记机关登记造册，统一销毁。

收养登记机关发现收养证件有质量问题时，应当及时书面报告省（自治区、直辖市）人民政府民政部门。

第七章 监督与管理

第四十六条 各级民政部门应当建立监督检查制度，定期对本级民政部门设立的收养登记处（科）和下级收养登记机关进行监督检查，发现问题，及时纠正。

第四十七条 收养登记机关应当按规定到指定的物价部门办理收费许可证，按照国家规定的标准收取收养登记费，并使用财政部门统一制定的收费票据。

第四十八条 收养登记机关及其收养登记员有下列行为之一的，对直接负责的主管人员和其他直接责任人员依法给予行政处分：

（一）为不符合收养登记条件的当事人办理收养登记的；

（二）依法应当予以登记而不予登记的；

（三）违反程序规定办理收养登记、解除收养关系登记、撤销收养登记及其他证明的；

（四）要求当事人提交《中华人民共和国民法典》《中国公民收养子女登记办法》《华侨以及居住在香港、澳门、台湾地区的中国公民办理收养登记的管辖以及所需要出具的证件和证明材料的规定》《外国人在中华人民共和国收养子女登记办法》和本规范规定以外的证件和证明材料的；

（五）擅自提高收费标准、增加收费项目或者不使用规定收费票据的；

（六）玩忽职守造成收养登记档案损毁的；

（七）泄露当事人收养秘密并造成严重后果的；

（八）购买使用伪造收养证书的。

第四十九条 收养登记员违反规定办理收养登记，给当事人造成严重后果的，应当由收养登记机关承担对当事人的赔偿责任，并对承办人员进行追偿。

第八章 附则

第五十条 收养查找不到生父母的弃婴、儿童的公告费，由收养人缴纳。

第五十一条 收养登记当事人提交的居民身份证与常住户口簿上的

姓名、性别、出生日期应当一致；不一致的，当事人应当先到公安部门更正。

居民身份证或者常住户口簿丢失，当事人应当先到公安户籍管理部门补办证件。当事人无法提交居民身份证的，可提交有效临时身份证办理收养登记。当事人无法提交居民户口簿的，可提交公安部门或者有关户籍管理机构出具的加盖印章的户籍证明办理收养登记。

第五十二条 收养登记当事人提交的所在单位或者村民委员会、居民委员会、县级以上医疗机构、人口计生部门出具的证明，以及本人的申请，有效期6个月。

第五十三条 人民法院依法判决或者调解结案的收养案件，确认收养关系效力或者解除收养关系的，不再办理收养登记或者解除收养登记。

第五十四条 《中华人民共和国收养法》公布施行以前所形成的收养关系，收养关系当事人申请办理收养登记的，不予受理。

附件略。

⊙**《民政部办公厅关于生父母一方为非中国内地居民送养内地子女有关问题的意见》**(2009年9月24日　民办发〔2009〕26号)
各省、自治区、直辖市民政厅（局），计划单列市民政局，新疆生产建设兵团民政局：

《中华人民共和国收养法》实施十年来，随着我国对外交流的不断深入，收养领域出现了许多新情况和新问题，为深入贯彻落实科学发展观，充分体现儿童最佳利益原则，切实维护收养关系当事人的合法权益和合理诉求，根据《中华人民共和国收养法》的有关规定，现就解决生父母一方为中国内地居民，另一方为非中国内地居民（外国人、华侨以及港澳台居民，下同）送养中国内地户籍子女问题提出以下意见：

一、被收养人的生父母应当提供的材料

（一）被收养人的生父或者生母是中国内地居民的，应当提供下列材料：

1.本人居民身份证、户口簿以及2张2寸近期半身免冠照片；

2. 本人与被收养人的父母子女关系证明；

3. 本人签署的同意送养子女的书面意见；

4. 被收养人居民身份证、户口簿以及 2 张 2 寸近期半身免冠照片。

父母子女关系证明是指 DNA 鉴定证明或者公安机关、人民法院、公证机构以及其他有权机关出具的能够证明父母子女关系的文书。（下同）

（二）被收养人的生父或者生母是非中国内地居民的，应当提供下列材料：

1. 本人有效身份证件（外国人、华侨应当提供本人有效护照或者其他有效的国际旅行证件，港澳台居民应当提供有效通行证和身份证，下同）和 2 张 2 寸近期半身免冠照片；

2. 本人与被收养人的父母子女关系证明；

3. 本人签署的同意送养子女的书面意见；

4. 所在国或者所在地区有权机关出具的不反对此送养行为的证明。

若送养人所在国无法出具材料 4 中的证明，也可以提供所在国驻华使领馆出具的表明该国法律不反对此类送养行为的证明。华侨无需提供材料 4。

送养人有特殊困难无力抚养子女的，应当同时提交父母有特殊困难无力抚养子女的证明。"有特殊困难"是指生父母家庭人均收入处于当地居民最低生活保障水平的，或者生父母因病、因残导致家庭生活困难的，或者因其他客观原因导致家庭无力抚养子女的。送养人为中国内地居民的，提供本人声明及所在街道办事处、乡镇人民政府出具的当事人有特殊困难无力抚养的证明。送养人为非中国内地居民的，提供本人声明及所在国或所在地区有权机构出具的本人有特殊困难无力抚养子女的证明，当事人在中国内地居住满一年，无法提供所在国或者所在地区出具的有特殊困难无力抚养子女证明，也可以只出具本人声明。

被收养人父母一方死亡或者下落不明的，送养人应当提交死亡或者下落不明的证明以及死亡或者下落不明一方的父母不行使优先抚养权的书面证明。由非中国内地居民单方送养的，应当同时提交本部分（一）中第 2、4 项材料。

被收养人是残疾儿童的，应当提交县级或者二级以上医疗机构出具的该儿童的残疾证明。

被收养人年满10周岁的,应当提交被收养人同意被收养的证明。

外国人、华侨提交的声明、书面意见或者所在国出具的证明材料,应当经我国驻该国使领馆认证或者该国驻华使领馆公证或者认证。港澳台地区居民提交的声明、书面意见或者所在地区出具的证明材料应当经有权机关公证。

二、办理收养登记的程序

收养人应当按照其身份提供相应的证件和证明材料,并按照现行法律程序办理收养手续。收养登记机关应当根据收养关系当事人的身份对其证件及证明材料进行审查,符合《中华人民共和国收养法》及相关规定的,予以登记,发给收养登记证。不符合规定的,应当说明原因。

⊙《**公证程序规则**》(2020年10月20日司法部令第145号修正)

第十一条 当事人可以委托他人代理申办公证,但申办遗嘱、遗赠扶养协议、赠与、认领亲子、收养关系、解除收养关系、生存状况、委托、声明、保证及其他与自然人人身有密切关系的公证事项,应当由其本人亲自申办。

公证员、公证机构的其他工作人员不得代理当事人在本公证机构申办公证。

第十五条 二个以上当事人共同申办同一公证事项的,可以共同到行为地、事实发生地或者其中一名当事人住所地、经常居住地的公证机构申办。

第十六条 当事人向二个以上可以受理该公证事项的公证机构提出申请的,由最先受理申请的公证机构办理。

⊙《**司法部公证司关于涉港事实收养如何确认的批复**》(1992年4月18日 〔92〕司公函061号)

江苏省司法厅公证管理处:

你处司公〔1992〕第5号《关于涉港事实收养如何确认的请示》收悉。经研究认为:《中华人民共和国收养法》对本法施行前的收养如何确认没作出具体规定。根据最高人民法院《关于贯彻执行民事政策法律若干问题的意见》(1984年8月30日)和我司〔84〕公民字第123号《对请示关于收养公证方面几个问题的复函》(《公证工作手册》第五辑第76页)

的规定,事实收养应具备:双方以父母子女相待、有抚养和长期共同生活的事实、有契约、有档案记载及群众、亲友公认或有关组织证明。涉港的事实收养,除去历史的原因外,也应具备以上条件,并应有养子女与生父母权利义务关系已消除的证明。只要具备上述条件,公证处可以为当事人出具证明养父母子女关系的亲属关系公证书,或者事实收养公证书。

来函反映的两个当事人所提供的证据,均不足以证明他们的事实收养关系,公证处不应办理他们的事实收养公证。

⊙《**司法部关于可以办理恢复收养关系公证的复函**》(1993年1月11日 〔93〕司公函005号)
上海市司法局公证管理处:

你处沪司公管发字〔1992〕第45号《关于恢复收养关系可否申办公证的请示》收悉。经与有关部门研究认为,对于自幼收养的养子女,由养父母抚养成年后,因某种原因与养父母解除了收养关系,但又申请办理恢复收养关系公证的,经公证处审查,如果解除收养关系是经公证机关公证或人民法院调解或判决的,且恢复收养关系确实有利于对收养人的赡养的,可予以办理恢复收养关系公证。收养人可以不受收养法第六条第(二)、(三)项的限制;被收养人可以不受收养法第四条的限制。

为此,同意你市虹口区公证处为谢德兴、何立英夫妇与谢百涛办理恢复收养关系公证。

⊙《**司法部关于为赴日人员生父母办理同意送养公证应符合收养法规定的复函**》(1993年2月13日 〔93〕司公函014号)
北京市司法局公证管理处:

你处京司公〔1993〕4号《关于为赴日人员的生父母办理送养声明公证的请示》收悉。经研究认为,我国《收养法》规定,收养三代以内同辈旁系血亲的子女和收养继子女,被收养人可不受不满十四周岁的限制,其他十四周岁以上的人一般不能被收养。外国人在国外收养我国公民也不得违反我国《收养法》的规定。因此,公证处为赴日本人员的生父母办理同意送养声明书公证时,应符合《收养法》关于收养关系当事人条件的规定。以前,有关这方面的规定与本规定有冲突的,以本规定为准。

⊙《司法部公证司关于可以办理收养三代以内同辈旁系血亲的孙子女为养孙子女公证的复函》(1995年4月8日 〔95〕司公函024号)
山东省司法厅公证管理处：

你处今年三月二十三日《关于能否办理收养孙子女公证的请示》函悉。经研究，对符合收养法规定条件、没有子女和孙子女的当事人，为收养三代以内同辈旁系血亲的孙子女申办收养公证的，公证处可以为其办理收养孙子女公证。关于养祖父母与养孙子女间的权利义务关系，可以比照养父母与养子女关系处理。

⊙《司法部关于办理收养法实施前建立的事实收养关系公证的通知》
(1993年12月29日 司发通〔1993〕125号)
各省、自治区、直辖市司法厅（局）：

近来一些地方请示，收养法实施前建立的事实收养关系，能否办理公证。经与有关部门研究认为，对于收养法实施前已建立的事实收养关系，当事人可以申办事实收养公证。凡当事人能够证实双方确实共同生活多年，以父母子女相称，建立了事实上的父母子女关系，且被收养人与其生父母的权利义务关系确已消除的，可以为当事人办理收养公证。收养关系自当事人达成收养协议或因收养事实而共同生活时成立。办理事实收养公证由收养人住所地公证处受理。

适用要点

⊙应当签订收养协议的情形

对于一般国内收养，收养各方可以自愿选择是否签订收养协议，但对于某些特殊类型的收养，按法律法规或部门规章的要求，应当签订收养协议，包括以下几种：第一，儿童福利机构进行涉外送养的，按照《民政部关于社会福利机构涉外送养工作的若干规定》的要求，收养人和送养人应当订立书面收养协议；第二，收养被拐获救未成年人的，按《民政部、公安部关于开展查找不到生父母的打拐解救儿童收养工作的通知》的要求，办理收养登记前，儿童福利机构应当与收养家庭签订收养协议；第三，外国人来华收养子女的,按照《外国人在中华人民共和国收养子女登记办法》第 9 条的规定,应当与送养人订立书面收养协议。

> **第一千一百零六条　【被收养人户口登记】** 收养关系成立后,公安机关应当按照国家有关规定为被收养人办理户口登记。

法　律

⊙《**户口登记条例**》(1958 年 1 月 9 日)

　　第三条　户口登记工作,由各级公安机关主管。

　　城市和设有公安派出所的镇,以公安派出所管辖区为户口管辖区;乡和不设公安派出所的镇,以乡、镇管辖区为户口管辖区。乡、镇人民委员会和公安派出所为户口登记机关。

　　居住在机关、团体、学校、企业、事业等单位内部和公共宿舍的户口,由各单位指定专人,协助户口登记机关办理户口登记;分散居住的户口,由户口登记机关直接办理户口登记。

　　居住在军事机关和军人宿舍的非现役军人的户口,由各单位指定专人,协助户口登记机关办理户口登记。

　　农业、渔业、盐业、林业、牧畜业、手工业等生产合作社的户口,由合作社指定专人,协助户口登记机关办理户口登记。合作社以外的户口,由户口登记机关直接办理户口登记。

行政法规

⊙《**中国公民收养子女登记办法**》(2023 年 7 月 20 日修订)

　　第九条　收养关系成立后,需要为被收养人办理户口登记或者迁移手续的,由收养人持收养登记证到户口登记机关按照国家有关规定办理。

> 适用要点

⊙ **办理户口登记的条件**

收养人应当在依法办理收养登记手续之后,持登记机关发给的收养登记证,到公安机关为被收养人办理户口登记或户口迁移手续。一般情况下收养协议和收养公证不是收养成立的要件,不能凭收养协议和收养公证办理被收养人的户口登记。但对于原《收养法》修正施行之前成立的收养关系,依当时生效的法律、法规规定,以收养协议和收养公证为收养成立形式要件的,可持收养协议或收养公证证明办理被收养人的户口登记。

第一千一百零七条 【亲朋抚养例外】孤儿或者生父母无力抚养的子女,可以由生父母的亲属、朋友抚养;抚养人与被抚养人的关系不适用本章规定。

> 国务院规范性文件

⊙《**国务院办公厅关于加强孤儿保障工作的意见**》(2010年11月16日 国办发〔2010〕54号)

一、拓展安置渠道,妥善安置孤儿

孤儿是指失去父母、查找不到生父母的未满18周岁的未成年人,由地方县级以上民政部门依据有关规定和条件认定。地方各级政府要按照有利于孤儿身心健康成长的原则,采取多种方式,拓展孤儿安置渠道,妥善安置孤儿。

(一)亲属抚养。孤儿的监护人依照《中华人民共和国民法通则》等法律法规确定。孤儿的祖父母、外祖父母、兄、姐要依法承担抚养义务、履行监护职责;鼓励关系密切的其他亲属、朋友担任孤儿监护人;没有前述监护人的,未成年人的父、母的所在单位或者未成年人住所地的居民委员会、村民委员会或者民政部门担任监护人。监护人不履行监护职责或者侵害孤儿合法权益的,应承担相应的法律责任。

（二）机构养育。对没有亲属和其他监护人抚养的孤儿，经依法公告后由民政部门设立的儿童福利机构收留抚养。有条件的儿童福利机构可在社区购买、租赁房屋，或在机构内部建造单元式居所，为孤儿提供家庭式养育。公安部门应及时为孤儿办理儿童福利机构集体户口。

（三）家庭寄养。由孤儿父母生前所在单位或者孤儿住所地的村（居）民委员会或者民政部门担任监护人的，可由监护人对有抚养意愿和抚养能力的家庭进行评估，选择抚育条件较好的家庭开展委托监护或者家庭寄养，并给予养育费用补贴，当地政府可酌情给予劳务补贴。

（四）依法收养。鼓励收养孤儿。收养孤儿按照《中华人民共和国收养法》的规定办理。对中国公民依法收养的孤儿，需要为其办理户口登记或者迁移手续的，户口登记机关应及时予以办理，并在登记与户主关系时注明子女关系。对寄养的孤儿，寄养家庭有收养意愿的，应优先为其办理收养手续。继续稳妥开展涉外收养，进一步完善涉外收养办法。

适用要点

⊙关于抚养人的范围

本条规定的抚养人的范围非常广泛，并不限于法定抚养义务人。《民法典》第 1074 条规定了有负担能力的祖父母、外祖父母，对于父母已经死亡或者父母无力抚养的未成年孙子女、外孙子女，有抚养的义务。该条中规定的抚养义务为法定抚养义务。如果其他亲属、朋友有抚养能力和抚养意愿，并且更加适合抚养孤儿或生父母无力抚养的子女，也可以在各方当事人协商一致的情况下，由生父母的其他亲属、朋友抚养。此处的亲属并不限于《民法典》第 1045 条规定的近亲属，除近亲属外的其他与被抚养人的生父母有亲属或朋友关系的人均可以作为抚养人。抚养一般用于指代长辈对晚辈的扶助供养义务，故此处所指亲属应限于被抚养人的尊亲属，如被抚养人的叔、伯、姑、舅等。

⊙关于抚养的顺序

《民法典》对于抚养的顺序未作规定，但由于祖父母、外祖父母对生父母已经死亡或无力抚养的孙子女、外孙子女所承担的是法定抚养义务，可优先于生父母的其他亲属、朋友抚养自己的孙子女、外孙子女。对于生父母的多名亲属、朋友愿意抚养生父母死亡或无力抚养的子女的，未成年人的祖父母、外祖父母享有优先抚养权，如果未成年人的祖父母、外祖父母愿意抚养未成年人，且具有抚养能力，应优先由祖父母、外祖父母抚养。当祖父母、外祖父母不愿意抚养未成年人时，而生父母的其他亲属、朋友愿意抚养的，应按照最有利于未成年人的原则，结合亲疏关系的远近、抚养能力和抚养意愿等因素综合考察确定抚养人。

> **第一千一百零八条 【优先抚养权】**配偶一方死亡，另一方送养未成年子女的，死亡一方的父母有优先抚养的权利。

司法解释及文件

⊙《最高人民法院民事审判庭关于夫妻一方死亡另一方将子女送他人收养是否应当征得愿意并有能力抚养的祖父母或外祖父母同意的电话答复》(1989年8月26日〔1989〕法民字第21号)

夫妻一方死亡，另一方有抚养子女的能力而不愿尽抚养义务，以及另一方无抚养能力，且子女已经由有抚养能力，又愿意抚养的祖父母、外祖父母抚养的，为送养子女发生争议时，从有利于子女健康成长考虑，子女由祖父母或外祖父母继续抚养较为合适。

适用要点

⊙关于优先抚养权的主体

从本条规定的文义进行解释，享有法定优先抚养权的祖父母、外祖父母应当为死亡一方的父母，即未成年子女的父亲死亡，祖父母享有优先抚养权,未成年子女的母亲死亡,外祖父母享有优先抚养权。生存一方的父母,并不依照本条规定享有法定的优先抚养权,但可以作为确定抚养权时酌情考虑的因素。

> **第一千一百零九条 【涉外收养】** 外国人依法可以在中华人民共和国收养子女。
>
> 外国人在中华人民共和国收养子女,应当经其所在国主管机关依照该国法律审查同意。收养人应当提供由其所在国有权机构出具的有关其年龄、婚姻、职业、财产、健康、有无受过刑事处罚等状况的证明材料,并与送养人签订书面协议,亲自向省、自治区、直辖市人民政府民政部门登记。
>
> 前款规定的证明材料应当经收养人所在国外交机关或者外交机关授权的机构认证,并经中华人民共和国驻该国使领馆认证,但是国家另有规定的除外。

法 律

⊙《**涉外民事关系法律适用法**》(2010年10月28日)

第二十八条 收养的条件和手续,适用收养人和被收养人经常居所地法律。收养的效力,适用收养时收养人经常居所地法律。收养关系的解除,适用收养时被收养人经常居所地法律或者法院地法律。

行政法规

⊙《**外国人在中华人民共和国收养子女登记办法**》(1999年5月25日民政部令第15号)

第二条 外国人在中华人民共和国境内收养子女(以下简称外国人在华收养子女),应当依照本办法办理登记。

收养人夫妻一方为外国人,在华收养子女,也应当依照本办法办理登记。

第三条　外国人在华收养子女，应当符合中国有关收养法律的规定，并应当符合收养人所在国有关收养法律的规定；因收养人所在国法律的规定与中国法律的规定不一致而产生的问题，由两国政府有关部门协商处理。

第四条　外国人在华收养子女，应当通过所在国政府或者政府委托的收养组织（以下简称外国收养组织）向中国政府委托的收养组织（以下简称中国收养组织）转交收养申请并提交收养人的家庭情况报告和证明。

前款规定的收款人的收养申请、家庭情况报告和证明，是指由其所在国有权机构出具，经其所在国外交机关或者外交机关授权的机构认证，并经中华人民共和国驻该国使馆或者领馆认证的下列文件：

（一）跨国收养申请书；

（二）出生证明；

（三）婚姻状况证明；

（四）职业、经济收入和财产状况证明；

（五）身体健康检查证明；

（六）有无受过刑事处罚的证明；

（七）收养人所在国主管机关同意其跨国收养子女的证明；

（八）家庭情况报告，包括收养人的身份、收养的合格性和适当性、家庭状况和病史、收养动机以及适合于照顾儿童的特点等。

在华工作或者学习连续居住一年以上的外国人在华收养子女，应当提交前款规定的除身体健康检查证明以外的文件，并应当提交在华所在单位或者有关部门出具的婚姻状况证明，职业、经济收入或者财产状况证明，有无受过刑事处罚证明以及县级以上医疗机构出具的身体健康检查证明。

第五条　送养人应当向省、自治区、直辖市人民政府民政部门提交本人的居民户口簿和居民身份证（社会福利机构作送养人的，应当提交其负责人的身份证件）、被收养人的户簿证明等情况证明，并根据不同情况提交下列有关证明材料：

（一）被收养人的生父母（包括已经离婚的）为送养人的，应当提交生父母有特殊困难无力抚养的证明和生父母双方同意送养的书面意见；其中，被收养人的生父或者生母因丧偶或者一方下落不明，由单方送养的，并应当提交配偶死亡或者下落不明的证明以及死亡的或者下落不明的配偶的父母不行使优先抚养权的书面声明；

（二）被收养人的父母均不具备完全民事行为能力，由被收养人的其他监护人作送养人的，应当提交被收养人的父母不具备完全民事行为能力且对被收养人有严重危害的证明以及监护人有监护权的证明；

（三）被收养人的父母均已死亡，由被收养人的监护人作送养人的，应当提交其生父母的死亡证明、监护人实际承担监护责任的证明，以及其他有抚养义务的人同意送养的书面意见；

（四）由社会福利机构作送养人的，应当提交弃婴、儿童被遗弃和发现的情况证明以及查找其父母或者其他监护人的情况证明；被收养人是孤儿的，应当提交孤儿父母的死亡或者宣告死亡证明，以及有抚养孤儿义务的其他人同意送养的书面意见。

送养残疾儿童的，还应当提交县级以上医疗机构出具的该儿童的残疾证明。

第六条　省、自治区、直辖市人民政府民政部门应当对送养人提交的证件和证明材料进行审查，对查找不到生父母的弃婴和儿童公告查找其生父母；认为被收养人、送养人符合收养法规定条件的，将符合收养法规定的被收养人、送养人名单通知中国收养组织，同时转交下列证件和证明材料：

（一）送养人的居民户口簿和居民身份证（社会福利机构作送养人的，为其负责人的身份证明）复制件；

（二）被收养人是弃婴或者孤儿的证明、户籍证明、成长情况报告和身体健康检查证明的复制件及照片。

省、自治区、直辖市人民政府民政部门查找弃婴或者儿童生父母的公告应当在省级地方报纸上刊登。自公告刊登之日起满60日，弃婴和儿童的生父母或者其他监护人未认领的，视为查找不到生父母的弃婴和儿童。

第七条　中国收养组织对外国收养人的收养申请和有关证明进行审查后，应当在省、自治区、直辖市人民政府民政部门报送的符合收养法规定条件的被收养人中，参照外国收养人的意愿，选择适当的被收养人，并将该被收养人及其送养人的有关情况通过外国政府或者外国收养组织送交外国收养人。外国收养人同意收养的，中国收养组织向其发出来华收养子女通知书，同时通知有关的省、自治区、直辖市人民政府民政部门向送养人发出被收养人已被同意收养的通知。

第八条 外国人来华收养子女，应当亲自来华办理登记手续。夫妻共同收养的，应当共同来华办理收养手续；一方因故不能来华的，应当书面委托另一方。委托书应当经所在国公证和认证。

第九条 外国人来华收养子女，应当与送养人订立书面收养协议。协议一式三份，收养人、送养人各执一份，办理收养登记手续时收养登记机关收存一份。

书面协议订立后，收养关系当事人应当共同到被收养人常住户口所在地的省、自治区、直辖市人民政府民政部门办理收养登记。

第十条 收养关系当事人办理收养登记时，应当填写外国人来华收养子女登记申请书并提交收养协议，同时分别提供有关材料。

收养人应当提供下列材料：

（一）中国收养组织发出的来华收养子女通知书；

（二）收养人的身份证件和照片。

送养人应当提供下列材料：

（一）省、自治区、直辖市人民政府民政部门发出的被收养人已被同意收养的通知；

（二）送养人的居民户口簿和居民身份证（社会福利机构作送养人的，为其负责人的身份证件）、被收养人的照片。

第十一条 收养登记机关收到外国人来华收养子女登记申请书和收养人、被收养人及其送养人的有关材料后，应当自次日起7日内进行审查，对符合本办法第十条规定的，为当事人办理收养登记，发给收养登记证书。收养关系自登记之日起成立。

收养登记机关应当将登记结果通知中国收养组织。

第十二条 收养关系当事人办理收养登记后，各方或者一方要求办理收养公证的，应当到收养登记地的具有办理涉外公证资格的公证机构办理收养公证。

第十三条 被收养人出境前，收养人应当凭收养登记证书到收养登记地的公安机关为被收养人办理出境手续。

第十四条 外国人在华收养子女,应当向登记机关交纳登记费。登记费的收费标准按照国家有关规定执行。

中国收养组织是非营利性公益事业单位,为外国收养人提供收养服务,可以收取服务费。服务费的收费标准按照国家有关规定执行。

为抚养在社会福利机构生活的弃婴和儿童,国家鼓励外国收养人、外国收养组织向社会福利机构捐赠。受赠的社会福利机构必须将捐赠财物全部用于改善所抚养的弃婴和儿童的养育条件,不得挪作他用,并应当将捐赠财物的使用情况告知捐赠人。受赠的社会福利机构还应当接受有关部门的监督,并应当将捐赠的使用情况向社会公布。

第十五条 中国收养组织的活动受国务院民政部门监督。

部门规章及规范性文件

⊙《华侨以及居住在香港、澳门、台湾地区的中国公民办理收养登记的管辖以及所需要出具的证件和证明材料的规定》(1999年5月25日 民政部令第16号)

第二条 华侨以及居住在香港、澳门、台湾地区的中国公民在内地收养子女的,应当到被收养人常住户口所在地的直辖市、设区的市、自治州人民政府民政部门或者地区(盟)行政公署民政部门申请办理收养登记。

第三条 居住在已与中国建立外交关系国家的华侨申请办理成立收养关系的登记时,应当提交收养申请书和下列证件、证明材料:

(一)护照;

(二)收养人居住国有权机构出具的收养人的年龄、婚姻、有无子女、职业、财产、健康、有无受过刑事处罚等状况的证明材料,该证明材料应当经其居住国外交机关或者外交机关授权的机构认证,并经中国驻该国使领馆认证。

第四条 居住在未与中国建立外交关系国家的华侨申请办理成立收养关系的登记时,应当提交收养申请书和下列证件、证明材料:

（一）护照；

（二）收养人居住国有权机构出具的收养人的年龄、婚姻、有无子女、职业、财产、健康、有无受过刑事处罚等状况的证明材料，该证明材料应当经其居住外交机关或者外交机关授权的机构认证，并经已与中国建立外交关系的国家驻该国使领馆认证。

第五条 香港居民中的中国公民申请办理成立收养关系的登记时，应当提交收养申请书和下列证件、证明材料：

（一）香港居民身份证、香港居民来往内地通行证或者香港同胞回乡证；

（二）经国家主管机关委托的香港委托公证人证明的收养人的年龄、婚姻、有无子女、职业、财产、健康、有无受过刑事处罚等状况的证明材料。

第六条 澳门居民中的中国公民申请办理成立收养关系的登记时，应当提交收养申请书和下列证件、证明材料：

（一）澳门居民身份证、澳门居民来往内地通行证或者澳门同胞回乡证；

（二）澳门地区有权机构出具的收养人的年龄、婚姻、有无子女、职业、财产、健康、有无受过刑事处罚等状况的证明材料。

第七条 台湾居民申请办理成立收养关系的登记时，应当提交收养申请书和下列证件、证明材料：

（一）在台湾地区居住的有效证明；

（二）中华人民共和国主管机关签发或签注的在有效期内的旅行证件；

（三）经台湾地区公证机构公证的收养人的年龄、婚姻、有无子女、职业、财产、健康、有无受过刑事处罚等状况的证明材料。

⊙**《民政部办公厅关于外国人收养中国儿童有关问题的复函》**（1996年6月27日　民办函〔1996〕102号）

驻西班牙使馆：

你馆《关于外国人收养中国儿童问题的请示》（四领字函〔96〕47号）收悉。现就来函所提问题答复如下：

根据我国有关收养的法律规定，允许夫妻双方共同收养，也允许单身收养,但不允许其他身份关系的两个人共同收养一个孩子。

你馆来函中所提这对西班牙人不是法律意义上的夫妻关系,只是同居生活关系,所以不能共同收养中国儿童。

⊙《**国家税务总局关于中国收养中心收取涉外收养服务费征收营业税问题的复函**》(2006年1月22日　国税函〔2006〕86号)

民政部:

你部《关于申请对中国收养中心涉外收养服务费免征营业税的函》(民函〔2005〕699号)收悉。经研究,复函如下:

根据《中华人民共和国营业税暂行条例》规定的征税范围,你部所属中国收养中心办理涉外送养弃婴、孤儿的服务,不属于营业税应税劳务,对其办理涉外送养弃婴、孤儿收取的涉外收养服务费,不征收营业税。

第一千一百一十条　【收养保密义务】收养人、送养人要求保守收养秘密的,其他人应当尊重其意愿,不得泄露。

法　律

⊙《**民法典**》(**总则编**)(2020年5月28日)

第一百一十条　自然人享有生命权、身体权、健康权、姓名权、肖像权、名誉权、荣誉权、隐私权、婚姻自主权等权利。

法人、非法人组织享有名称权、名誉权和荣誉权。

⊙《**民法典**》(**人格权编**)(2020年5月28日)

第九百九十条　人格权是民事主体享有的生命权、身体权、健康权、姓名权、名称权、肖像权、名誉权、荣誉权、隐私权等权利。

除前款规定的人格权外,自然人享有基于人身自由、人格尊严产生的其他人格权益。

第九百九十五条　人格权受到侵害的,受害人有权依照本法和其他法律的规定请求行为人承担民事责任。受害人的停止侵害、排除妨碍、消除危险、消除影响、恢复名誉、赔礼道歉请求权，不适用诉讼时效的规定。

第一千零三十二条　自然人享有隐私权。任何组织或者个人不得以刺探、侵扰、泄露、公开等方式侵害他人的隐私权。

隐私是自然人的私人生活安宁和不愿为他人知晓的私密空间、私密活动、私密信息。

第一千零三十三条　除法律另有规定或者权利人明确同意外，任何组织或者个人不得实施下列行为：

（一）以电话、短信、即时通讯工具、电子邮件、传单等方式侵扰他人的私人生活安宁；

（二）进入、拍摄、窥视他人的住宅、宾馆房间等私密空间；

（三）拍摄、窥视、窃听、公开他人的私密活动；

（四）拍摄、窥视他人身体的私密部位；

（五）处理他人的私密信息；

（六）以其他方式侵害他人的隐私权。

第一千零三十四条　自然人的个人信息受法律保护。

个人信息是以电子或者其他方式记录的能够单独或者与其他信息结合识别特定自然人的各种信息，包括自然人的姓名、出生日期、身份证件号码、生物识别信息、住址、电话号码、电子邮箱、健康信息、行踪信息等。

个人信息中的私密信息，适用有关隐私权的规定；没有规定的，适用有关个人信息保护的规定。

第一千零三十八条　信息处理者不得泄露或者篡改其收集、存储的个人信息；未经自然人同意，不得向他人非法提供其个人信息，但是经过加工无法识别特定个人且不能复原的除外。

信息处理者应当采取技术措施和其他必要措施，确保其收集、存储的个人信息安全，防止信息泄露、篡改、丢失；发生或者可能发生个人信息泄露、篡改、丢失的，应当及时采取补救措施，按照规定告知自然人并向有关主管部门报告。

第一千零三十九条 国家机关、承担行政职能的法定机构及其工作人员对于履行职责过程中知悉的自然人的隐私和个人信息,应当予以保密,不得泄露或者向他人非法提供。

> [!NOTE] 适用要点

⊙**泄露收养秘密的精神损害赔偿**

收养秘密属于个人隐私,隐私权是民事主体所享有的一项人格权,民事主体的人格权受法律保护,任何组织或者个人不得侵害。侵害他人人格权,侵权行为人应当承担损害赔偿责任。泄露收养信息,既侵害了收养各方当事人的隐私权,又妨碍了收养人监护权的行使,还可能影响收养人与被收养人之间的亲子关系,给收养人的亲权造成损害,不仅可能给收养各方造成财产损失,更为常见的是造成收养各方当事人精神的痛苦。在符合其他侵权责任构成要件的条件下,收养各方当事人有权要求泄露收养秘密的人承担包括精神损害赔偿在内的侵权责任。

第二节 收养的效力

第一千一百一十一条 【收养效力】自收养关系成立之日起,养父母与养子女间的权利义务关系,适用本法关于父母子女关系的规定;养子女与养父母的近亲属间的权利义务关系,适用本法关于子女与父母的近亲属关系的规定。

养子女与生父母以及其他近亲属间的权利义务关系,因收养关系的成立而消除。

法 律

⊙《民法典》(总则编)(2020年5月28日)

第二十六条 父母对未成年子女负有抚养、教育和保护的义务。成年子女对父母负有赡养、扶助和保护的义务。

第二十七条 父母是未成年子女的监护人。

未成年人的父母已经死亡或者没有监护能力的,由下列有监护能力的人按顺序担任监护人:

(一)祖父母、外祖父母;

(二)兄、姐;

(三)其他愿意担任监护人的个人或者组织,但是须经未成年人住所地的居民委员会、村民委员会或者民政部门同意。

第五十二条 被宣告死亡的人在被宣告死亡期间,其子女被他人依法收养的,在死亡宣告被撤销后,不得以未经本人同意为由主张收养行为无效。

⊙《民法典》(婚姻家庭编)(2020年5月28日)

第一千零四十五条 亲属包括配偶、血亲和姻亲。

配偶、父母、子女、兄弟姐妹、祖父母、外祖父母、孙子女、外孙子女为近亲属。

配偶、父母、子女和其他共同生活的近亲属为家庭成员。

第一千零六十七条 父母不履行抚养义务的,未成年子女或者不能独立生活的成年子女,有要求父母给付抚养费的权利。

成年子女不履行赡养义务的,缺乏劳动能力或者生活困难的父母,有要求成年子女给付赡养费的权利。

第一千零六十八条 父母有教育、保护未成年子女的权利和义务。未成年子女造成他人损害的,父母应当依法承担民事责任。

第一千零六十九条 子女应当尊重父母的婚姻权利,不得干涉父母离婚、再婚以及婚后的生活。子女对父母的赡养义务,不因父母的婚姻关系变化而终止。

第一千零七十条 父母和子女有相互继承遗产的权利。

第一千零七十四条 有负担能力的祖父母、外祖父母，对于父母已经死亡或者父母无力抚养的未成年孙子女、外孙子女，有抚养的义务。

有负担能力的孙子女、外孙子女，对于子女已经死亡或者子女无力赡养的祖父母、外祖父母，有赡养的义务。

第一千零七十五条 有负担能力的兄、姐，对于父母已经死亡或者父母无力抚养的未成年弟、妹，有扶养的义务。

由兄、姐扶养长大的有负担能力的弟、妹，对于缺乏劳动能力又缺乏生活来源的兄、姐，有扶养的义务。

⊙ **《民法典》（继承编）**（2020 年 5 月 28 日）

第一千一百二十七条 遗产按照下列顺序继承：

（一）第一顺序：配偶、子女、父母；

（二）第二顺序：兄弟姐妹、祖父母、外祖父母。

继承开始后，由第一顺序继承人继承，第二顺序继承人不继承；没有第一顺序继承人继承的，由第二顺序继承人继承。

本编所称子女，包括婚生子女、非婚生子女、养子女和有扶养关系的继子女。

本编所称父母，包括生父母、养父母和有扶养关系的继父母。

本编所称兄弟姐妹，包括同父母的兄弟姐妹、同父异母或者同母异父的兄弟姐妹、养兄弟姐妹、有扶养关系的继兄弟姐妹。

第一千一百二十八条 被继承人的子女先于被继承人死亡的，由被继承人的子女的直系晚辈血亲代位继承。

被继承人的兄弟姐妹先于被继承人死亡的，由被继承人的兄弟姐妹的子女代位继承。

代位继承人一般只能继承被代位继承人有权继承的遗产份额。

第一千一百一十二条 【养子女的姓氏】养子女可以随养父或者养母的姓氏，经当事人协商一致，也可以保留原姓氏。

> 法　律

⊙《**民法典**》(**人格权编**)(2020 年 5 月 28 日)

第一千零一十二条　自然人享有姓名权，有权依法决定、使用、变更或者许可他人使用自己的姓名，但是不得违背公序良俗。

第一千零一十五条　自然人应当随父姓或者母姓，但是有下列情形之一的，可以在父姓和母姓之外选取姓氏：

（一）选取其他直系长辈血亲的姓氏；

（二）因由法定扶养人以外的人扶养而选取扶养人姓氏；

（三）有不违背公序良俗的其他正当理由。

少数民族自然人的姓氏可以遵从本民族的文化传统和风俗习惯。

> 适用要点

⊙ **未确定姓氏不影响收养登记的效力**

收养过程中，虽各方当事人未能就养子女姓氏达成一致意见，因养子女姓氏问题并非收养成立的条件，不影响收养登记手续的办理。收养人可在办理收养登记后，另行向公安机关申请更改姓名。

第一千一百一十三条　【**收养的无效**】有本法第一编关于民事法律行为无效规定情形或者违反本编规定的收养行为无效。

无效的收养行为自始没有法律约束力。

> 法　律

⊙《**民法典**》(**总则编**)(2020 年 5 月 28 日)

第五十二条　被宣告死亡的人在被宣告死亡期间，其子女被他人依法收养的，在死亡宣告被撤销后，不得以未经本人同意为由主张收养行为无效。

第一百四十三条　具备下列条件的民事法律行为有效：

（一）行为人具有相应的民事行为能力；

（二）意思表示真实；

（三）不违反法律、行政法规的强制性规定，不违背公序良俗。

第一百四十四条 无民事行为能力人实施的民事法律行为无效。

第一百四十五条 限制民事行为能力人实施的纯获利益的民事法律行为或者与其年龄、智力、精神健康状况相适应的民事法律行为有效；实施的其他民事法律行为经法定代理人同意或者追认后有效。

相对人可以催告法定代理人自收到通知之日起三十日内予以追认。法定代理人未作表示的，视为拒绝追认。民事法律行为被追认前，善意相对人有撤销的权利。撤销应当以通知的方式作出。

第一百四十六条 行为人与相对人以虚假的意思表示实施的民事法律行为无效。

以虚假的意思表示隐藏的民事法律行为的效力，依照有关法律规定处理。

第一百五十三条 违反法律、行政法规的强制性规定的民事法律行为无效。但是，该强制性规定不导致该民事法律行为无效的除外。

违背公序良俗的民事法律行为无效。

第一百五十四条 行为人与相对人恶意串通，损害他人合法权益的民事法律行为无效。

第一百五十七条 民事法律行为无效、被撤销或者确定不发生效力后，行为人因该行为取得的财产，应当予以返还；不能返还或者没有必要返还的，应当折价补偿。有过错的一方应当赔偿对方由此所受到的损失；各方都有过错的，应当各自承担相应的责任。法律另有规定的，依照其规定。

行政法规

⊙ **《中国公民收养子女登记办法》**（2023 年 7 月 20 日修订）

第十三条 收养关系当事人弄虚作假骗取收养登记的，收养关系无效，由收养登记机关撤销登记，收缴收养登记证。

> 适用要点

⊙收养无效应当通过诉讼方式确认

收养为事关被收养人身份地位的重要法律行为,为维护收养关系的稳定和被收养人的利益,不宜轻易宣告收养的无效。当收养确实违反法律行为的一般生效要件或收养的特别要件时,应当由主张收养无效的一方当事人提起确认收养关系无效之诉,由法院宣告收养关系无效,以示慎重。法院作出确认收养无效的判决后,由当事人持法院生效判决,到收养登记机关请求撤销收养登记,收养登记机关应当撤销收养登记,并收缴收养登记证。

第三节 收养关系的解除

第一千一百一十四条 【协议解除及因违法行为解除收养关系】
收养人在被收养人成年以前,不得解除收养关系,但是收养人、送养人双方协议解除的除外。养子女八周岁以上的,应当征得本人同意。

收养人不履行抚养义务,有虐待、遗弃等侵害未成年养子女合法权益行为的,送养人有权要求解除养父母与养子女间的收养关系。送养人、收养人不能达成解除收养关系协议的,可以向人民法院提起诉讼。

> 适用要点

⊙过错方不得要求解除收养关系

依本条第2款的规定,当收养人不履行抚养义务,或有遗弃、虐待被收养人的行为时,仅有送养人有权单方要求解除收养关系,而收养人作为过错方,无权以其存在上述侵权行为为由,要求解除收养关系,否则将会面临道德风险。收养人遗弃、虐待被收养人，侵害被收养人合法权益的，被收养人有权要求收养人承担侵权损害赔偿责任。

⊙ 收养的解除不具有溯及力

收养解除与收养无效的效力发生时间不同，对收养无效而言，因收养不符合法定要件而自始无效，收养人可以要求送养人返还收养人为抚养教育被收养人支出的费用。收养解除属于收养终止的一种情形，收养解除建立在收养有效的前提下，在收养关系存续期间发生的法律行为，不因收养解除而受到影响。收养解除向未来发生效力，自收养解除生效时起，收养关系消灭。收养人为抚养教育被收养人支出的费用，不得要求送养人返还，但可在符合法定条件时，要求被收养人或送养人予以补偿。

第一千一百一十五条 【关系恶化而协议解除收养关系】养父母与成年养子女关系恶化、无法共同生活的，可以协议解除收养关系。不能达成协议的，可以向人民法院提起诉讼。

法 律

⊙《民法典》（总则编）（2020 年 5 月 28 日）

第五条 民事主体从事民事活动，应当遵循自愿原则，按照自己的意思设立、变更、终止民事法律关系。

第一百三十三条 民事法律行为是民事主体通过意思表示设立、变更、终止民事法律关系的行为。

⊙《民事诉讼法》（2023 年 9 月 1 日修正）

第一百零一条 下列案件调解达成协议，人民法院可以不制作调解书：

（一）调解和好的离婚案件；

（二）调解维持收养关系的案件；

（三）能够即时履行的案件；

（四）其他不需要制作调解书的案件。

对不需要制作调解书的协议，应当记入笔录，由双方当事人、审判人员、书记员签名或者盖章后，即具有法律效力。

第一百二十七条 人民法院对下列起诉，分别情形，予以处理：

（一）依照行政诉讼法的规定，属于行政诉讼受案范围的，告知原告提起行政诉讼；

（二）依照法律规定，双方当事人达成书面仲裁协议申请仲裁、不得向人民法院起诉的，告知原告向仲裁机构申请仲裁；

（三）依照法律规定，应当由其他机关处理的争议，告知原告向有关机关申请解决；

（四）对不属于本院管辖的案件，告知原告向有管辖权的人民法院起诉；

（五）对判决、裁定、调解书已经发生法律效力的案件，当事人又起诉的，告知原告申请再审，但人民法院准许撤诉的裁定除外；

（六）依照法律规定，在一定期限内不得起诉的案件，在不得起诉的期限内起诉的，不予受理；

（七）判决不准离婚和调解和好的离婚案件，判决、调解维持收养关系的案件，没有新情况、新理由，原告在六个月内又起诉的，不予受理。

第一百五十四条 有下列情形之一的，终结诉讼：

（一）原告死亡，没有继承人，或者继承人放弃诉讼权利的；

（二）被告死亡，没有遗产，也没有应当承担义务的人的；

（三）离婚案件一方当事人死亡的；

（四）追索赡养费、扶养费、抚养费以及解除收养关系案件的一方当事人死亡的。

司法解释及文件

⊙《**最高人民法院关于适用〈中华人民共和国民事诉讼法〉的解释**》（2022年4月1日修正）

第三十四条 当事人因同居或者在解除婚姻、收养关系后发生财产争议，约定管辖的，可以适用民事诉讼法第三十五条规定确定管辖。

> 人民法院案例选案例

⊙关系没有恶化到无法共同生活的程度要求解除收养关系的，人民法院不予解除——陈某某诉曾某某解除养母子关系理由不成立被驳回案

[《人民法院案例选》1994年第2辑（总第8辑）]

【案例要旨】

要求解除收养关系的案件都是以"关系恶化，无法共同生活"为解除收养关系的实质条件，人民法院在审理此类案件时应该综合考量养父母与养子女的关系是否恶化到已无法再继续共同生活的程度，对于尚不符合解除条件的不予解除。

> 适用要点

⊙对涉及收养关系应否解除的重要事实不适用自认规则

身份关系涉及社会公序良俗，不能仅依当事人意思承认或否认。在解除收养关系案件中，对涉及收养关系应否解除的重要事实，不能仅凭当事人自认予以确认，人民法院应依职权调查取证。人民法院查明的事实与当事人自认的事实相符的，予以确认；人民法院查明的事实与当事人自认的事实不符的，不予确认，人民法院应在依职权查明的事实基础上作出判决。但对于解除收养关系案件中涉及的财产内容，不能排除自认规则的适用。

第一千一百一十六条 【解除收养关系的程序】 当事人协议解除收养关系的，应当到民政部门办理解除收养关系登记。

> 行政法规

⊙《中国公民收养子女登记办法》(2023年7月20日修订)

第十条 收养关系当事人协议解除收养关系的，应当持居民户口簿、

居民身份证、收养登记证和解除收养关系的书面协议，共同到被收养人常住户口所在地的收养登记机关办理解除收养关系登记。

第十一条 收养登记机关收到解除收养关系登记申请书及有关材料后，应当自次日起 30 日内进行审查；对符合民法典规定的，为当事人办理解除收养关系的登记，收回收养登记证，发给解除收养关系证明。

【典型案例】

⊙未办理收养手续的收养行为发生在《收养法》实施之前，结合相关证据能认定收养关系成立的应予认定——冯某 1、周某诉冯某 2 解除收养关系案［2015 年 11 月 19 日最高人民法院公布的 30 起婚姻家庭纠纷典型案例（河南）］

【基本案情】

1987 年 11 月份，原告冯某 1 骑三轮车出门卖菜，在村北河沟边捡到一名刚出生的弃婴，遂将其抱回家中抚养，原告冯某 1 与妻子张某在 1987 年 11 月 27 日为该弃婴申报了户口，登记在二人户籍名下，关系为"长子"，取名冯某 2。一晃 20 年过去了，被告冯某 2 在二原告抚育下长大成人，并在原告夫妇帮助下结婚育孩。然而，被告婚后一改往态，不仅不对年老体衰的原告夫妇尽赡养扶助义务，更纵容妻子打骂原告，引起了乡里乡亲的公愤，致使二原告身心受损，长期生活在外，不敢回家。无奈之下，老两口到法院起诉，要求解除与被告的收养关系，并支付生活费、教育费补偿金。

【裁判结果】

郑州市惠济区人民法院认为，本案的两位原告收养被告发生在 1987 年，即在 1992 年 4 月 1 日《中华人民共和国收养法》施行之前，虽然原告事后并未办理合法手续，但鉴于原告已抚养被告长达 20 多年，且有村委会出具的证明和邻居、亲友公认二原告与被告系养父母子女关系的证言，理应按照收养关系来对待。被告冯某 2 在成年成家后，未能正确处理家庭关系，纵容其妻打骂原告夫妇，经过当地村委会及家族长辈调解仍然未果，导致二原告与被告关系恶化，无法共同生活。原告夫妇含辛茹苦把作为养子的被告抚育长大，而被告却不善待已经年迈的二原告，更给他们的身心造成伤害，法院本着尊重原告诉求、维护老人合法权益的考虑，对原告提出的诉讼请求予以支持，依据《中华人民共和国收养法》第二十七条（《民法典》第一千一百一十五条）、第三十条（《民法典》第一千一百一十八条）,《最高人民法院关于贯彻执行民事政策法律若干问题的意见》（已废止）第28条、第31条之规定，判决解除原告冯某1、张某与被告冯某2的收养关系；被告冯某2于判决生效后一个月内支付原告冯某1、张某生活费和教育费补偿金20万元。

【典型意义】

赡养老人是中华民族的传统美德，更是子女对父母应尽的义务，无论是亲生子女，还是养子女，均不得以任何理由推脱责任。本案原告夫妇收养被告的时间在1987年，虽然未按法律规定办理任何收养手续，但法院裁判时应充分考虑到原告夫妇的文化水平和邻里乡亲的证言，如果仅因原告未能办理收养手续便否定收养关系，不但会让群众不信服，也不利于保护做出善行的原告夫妇。被告冯某2作为原告夫妇在河边捡回的弃婴，能够健康成长并结婚育子，完全受原告夫妇养育恩赐，原告夫妇含辛茹苦供养子上学接受教育，为其操办婚姻，帮其照顾孩子，但被告及其妻子的种种行为，不仅伤害了原告夫妇的感情与合法权益，更在社会上造成了不良影响，法院的公正裁判不仅是对忘恩负义行为的惩戒，更是民意所向。

适用要点

⊙**亲自到场办理解除登记**

收养具有身份行为的属性，根据身份行为不得代理的原则和《中国公民收养子女登记办法》第10条的规定，办理解除收养登记时应由收养各方当事人亲自到登记机关，当场办理解除登记手续，不得由他人代替或委托他人办理。

⊙**事实解除收养**

实践中有些收养当事人双方因关系不睦，实际上已不再以父母子女关系相称和共同生活，但未签订解除收养关系的协议，或者虽然签订解除收养关系的协议，但未到登记机关办理解除收养关系登记，形成事实上解除收养关系。如果双方收养关系成立于1998年修正的原《收养法》施行之后，双方收养关系的成立应以办理收养登记为要件，则收养解除也应通过登记为之。未办理登记的，解除收养无效。如果双方收养关系成立于1998年修正的原《收养法》施行之前，则根据收养关系成立时有效的法律法规规定，收养可以通过事实收养、签订协议和办理公证而取得法律认可与保护的，则收养的解除也可以通过事实上不再承认父母子女关系、签订解除收养关系协议或办理解除收养的公证等方式予以解除。

> **第一千一百一十七条 【解除收养关系的法律后果】** 收养关系解除后，养子女与养父母以及其他近亲属间的权利义务关系即行消除，与生父母以及其他近亲属间的权利义务关系自行恢复。但是，成年养子女与生父母以及其他近亲属间的权利义务关系是否恢复，可以协商确定。

行政法规

⊙《**中国公民收养子女登记办法**》(2023年7月20日修订)

第十条 收养关系当事人协议解除收养关系的，应当持居民户口簿、居民身份证、收养登记证和解除收养关系的书面协议，共同到被收养人常住户口所在地的收养登记机关办理解除收养关系登记。

适用要点

⊙ **关于收养解除法律效力的溯及力**

收养解除对收养各方当事人身份和财产的法律效果不具有溯及力，自收养解除生效时产生解除的法律效果。对于收养期间基于收养人和被收养人的父母子女关系而从事的法律行为和取得的财产，不受收养解除法律效果的影响。例如，养父母为养子女生活、教育支出的各项费用，养父母不得以收养关系已解除为由，要求第三人返还。在收养解除之前，生父或生母死亡，并发生遗产继承事实，收养关系解除后，养子女不得以收养关系已解除，其与生父母的血亲关系已恢复为由，要求生父或生母的继承人返还其应当分得的份额。

⊙收养解除对养子女的直系卑亲属的效力

收养关系解除后，养子女的子女与养父母之间的祖孙关系一并解除，养子女与生父母恢复父母子女关系的，生父母与养子女的子女具有祖父母、外祖父母与孙子女、外孙子女的关系。

第一千一百一十八条 【解除收养关系后生活费或抚养费的给付】 收养关系解除后，经养父母抚养的成年养子女，对缺乏劳动能力又缺乏生活来源的养父母，应当给付生活费。因养子女成年后虐待、遗弃养父母而解除收养关系的，养父母可以要求养子女补偿收养期间支出的抚养费。

生父母要求解除收养关系的，养父母可以要求生父母适当补偿收养期间支出的抚养费；但是，因养父母虐待、遗弃养子女而解除收养关系的除外。

法 律

⊙《**老年人权益保障法**》（2018年12月29日修正）

第十三条 老年人养老以居家为基础，家庭成员应当尊重、关心和照料老年人。

第十五条 赡养人应当使患病的老年人及时得到治疗和护理；对经济困难的老年人，应当提供医疗费用。

对生活不能自理的老年人，赡养人应当承担照料责任；不能亲自照料的，可以按照老年人的意愿委托他人或者养老机构等照料。

第七十五条 老年人与家庭成员因赡养、扶养或者住房、财产等发生纠纷，可以申请人民调解委员会或者其他有关组织进行调解，也可以直接向人民法院提起诉讼。

人民调解委员会或者其他有关组织调解前款纠纷时，应当通过说服、疏导等方式化解矛盾和纠纷；对有过错的家庭成员，应当给予批评教育。

人民法院对老年人追索赡养费或者扶养费的申请，可以依法裁定先予执行。

人民法院案例选案例

⊙解除收养关系的养子女对缺乏劳动能力又缺乏生活来源的养父母仍负有给付生活费的义务——王某某在解除收养关系十余年后丧失劳动能力又无生活来源诉葛某某经济帮助案［《人民法院案例选》2000年第2辑（总第32辑）］

【案例要旨】

收养关系解除时，养父母尚能自食其力，但以后随着岁月的推移，出现了既缺乏劳动能力又缺乏生活来源的情形，则经养父母抚养的成年养子女，仍然负有给付养父母生活费的义务。

适用要点

⊙**养父母的经济补偿权**

在被收养人成年之前，养父母要求解除收养关系，其原因并不一定是养父母主观过错造成，不能一概认为养父母不享有经济补偿权。例如，因生父母在送养时故意隐瞒养子女存在的重大疾病或残疾，养父母发现后要求解除收养关系，此种情况下收养的解除是因生父母刻意隐瞒与收养有关的重要事实，导致养父母在意思不自由的情况下作出收养的决定和意思表示，生父母对于收养的解除有明显过错，此种情形下养父母享有经济补偿权，有权要求生父母适当补偿收养期间支出的生活、教育和医疗费用。

继承编

第一章 一般规定

第一千一百一十九条 【继承编的调整范围】本编调整因继承产生的民事关系。

法　律

⊙《民法典》(总则编)(2020年5月28日)

第二条　民法调整平等主体的自然人、法人和非法人组织之间的人身关系和财产关系。

适用要点

⊙继承与分家析产的区别

分家析产并非法律概念，其含义包含两个要素：一是"分家"；二是"析产"。分家析产纠纷主要表现为两种形式：一是某一子女以自己夫妻家庭为单位起诉父母及其他子女家庭要求析产；二是某一子女的配偶在离婚后，起诉其配偶及配偶父母要求析产。前者析产分割后共同财产分属各个独立家庭所有，后者析产分割后共同财产分属个人所有。分家必然会涉及析产，但是析产并不是分家的唯一内容，它还包含赡养的负担、债务的承担等，但是析产是分家中最为重要的内容。分家析产是我国的特有传统，相关纠纷主要发生于农村地区以及城乡接合部地带，析产的内容主要涉及农村宅基地、承包地、农村房屋以及房屋拆迁补偿分配等问题。法律对分家析产的性质没有明确规定，对家庭财产也无明确的规定。实践中，法官对于分家析产纠纷一般依据民事法律有关共有的规定进行处理。

第一千一百二十条　【继承权受国家保护】国家保护自然人的继承权。

法　律

⊙《宪法》(2018年3月11日修正)

第十三条　公民的合法的私有财产不受侵犯。

国家依照法律规定保护公民的私有财产权和继承权。

国家为了公共利益的需要，可以依照法律规定对公民的私有财产实行征收或者征用并给予补偿。

⊙《民法典》(总则编)(2020年5月28日)

第一百二十四条　自然人依法享有继承权。

自然人合法的私有财产，可以依法继承。

⊙《民事诉讼法》(2023年9月1日修正)

第三十四条　下列案件，由本条规定的人民法院专属管辖：

（一）因不动产纠纷提起的诉讼，由不动产所在地人民法院管辖；

（二）因港口作业中发生纠纷提起的诉讼，由港口所在地人民法院管辖；

（三）因继承遗产纠纷提起的诉讼，由被继承人死亡时住所地或者主要遗产所在地人民法院管辖。

> 【典型案例】

⊙ **依法切实维护残疾人的继承权——陈某 1、陈某 2 与陈某 3 等遗嘱继承纠纷案**（2016 年 5 月 14 日最高人民法院公布的 10 起残疾人权益保障典型案例）

【典型意义】

依法切实维护残疾人的继承权。残疾人的继承权依法不受侵犯。本案中陈某 1 虽身体有严重残疾，但作为出嫁女，其父母在处分遗产时，并未坚持当地民间传统中将房产只传男不传女的习惯，将案涉部分房产以遗嘱的形式明确由身体有残疾的陈某 1 继承。人民法院通过判决的形式依法确认了遗嘱的效力，切实保护了陈某 1 的财产继承权，为陈某 1 日后的生活所需提供了坚实的物质保障。

【基本案情】

陈某 1 系双下肢瘫痪的残疾人，因其大嫂陈某 3 意图占有陈某 1 父母遗嘱留给陈某 1 及其弟陈某 2 的房产，陈某 1、陈某 2 向人民法院起诉，请求确认某楼房第一层归陈某 1 所有；判决确认某楼房第二层至第六层东边全部归陈某 2 占有、使用。人民法院在依法确认遗嘱效力的基础上，根据查明的案涉房屋还未取得房屋管理部门颁发的房屋所有权证书的事实，判决案涉房屋的占有、使用的权益依照遗嘱内容分别由陈某 1、陈某 2 继承。

第一千一百二十一条【继承开始的时间及死亡先后的推定】
继承从被继承人死亡时开始。
相互有继承关系的数人在同一事件中死亡，难以确定死亡时间的，推定没有其他继承人的人先死亡。都有其他继承人，辈份不同的，推定长辈先死亡；辈份相同的，推定同时死亡，相互不发生继承。

法 律

⊙《**民法典**》(总则编)(2020年5月28日)

第十五条 自然人的出生时间和死亡时间,以出生证明、死亡证明记载的时间为准;没有出生证明、死亡证明的,以户籍登记或者其他有效身份登记记载的时间为准。有其他证据足以推翻以上记载时间的,以该证据证明的时间为准。

第四十六条 自然人有下列情形之一的,利害关系人可以向人民法院申请宣告该自然人死亡:

(一)下落不明满四年;

(二)因意外事件,下落不明满二年。

因意外事件下落不明,经有关机关证明该自然人不可能生存的,申请宣告死亡不受二年时间的限制。

第四十八条 被宣告死亡的人,人民法院宣告死亡的判决作出之日视为其死亡的日期;因意外事件下落不明宣告死亡的,意外事件发生之日视为其死亡的日期。

第五十条 被宣告死亡的人重新出现,经本人或者利害关系人申请,人民法院应当撤销死亡宣告。

第五十三条 被撤销死亡宣告的人有权请求依照本法第六编取得其财产的民事主体返还财产;无法返还的,应当给予适当补偿。

利害关系人隐瞒真实情况,致使他人被宣告死亡而取得其财产的,除应当返还财产外,还应当对由此造成的损失承担赔偿责任。

⊙《**保险法**》(2015年4月24日修正)

第四十二条 被保险人死亡后,有下列情形之一的,保险金作为被保险人的遗产,由保险人依照《中华人民共和国继承法》的规定履行给付保险金的义务:

(一)没有指定受益人,或者受益人指定不明无法确定的;

(二)受益人先于被保险人死亡,没有其他受益人的;

(三)受益人依法丧失受益权或者放弃受益权,没有其他受益人的。

受益人与被保险人在同一事件中死亡，且不能确定死亡先后顺序的，推定受益人死亡在先。

司法解释及文件

⊙《最高人民法院关于适用〈中华人民共和国民法典〉继承编的解释（一）》（2020年12月29日　法释〔2020〕23号）

第一条　继承从被继承人生理死亡或者被宣告死亡时开始。

宣告死亡的，根据民法典第四十八条规定确定的死亡日期，为继承开始的时间。

适用要点

⊙**继承编的死亡时间推定与保险法的死亡时间推定不同**

前者推定无其他继承人的人死亡在先，均有其他继承人的，推定长辈死亡在先，辈分相同的，推定同时死亡，彼此之间不发生继承；后者推定受益人死亡在先，如果没有其他受益人的，保险金作为被保险人的遗产。可见，当被保险人与受益人之间存在继承关系时，就两者死亡时间的推定，《民法典》继承编第1121条第2款与《保险法》第42条第2款规定之间存在法律规范适用上的重合，在法律适用上以适用《保险法》第42条第2款的规定更为恰当，主要理由是基于特别法优于一般法的原则。《保险法》第42条第2款有关死亡时间推定的规定是仅针对保险金作为遗产继承的情况，应优先适用。

⊙**被宣告死亡的人重新出现，其已经被继承的财产如何处理**

被宣告死亡的人重新出现，本人或其利害关系人可以要求法院撤销死亡宣告，被撤销死亡宣告的人有权请求返还财产，其原物已被第三人合法取得的，第三人可不予返还，但依继承编取得原物的自然人或组织，应当返还原物，原物不存在的，应当给予适当补偿。

> **第一千一百二十二条 【遗产范围】**遗产是自然人死亡时遗留的个人合法财产。
>
> 依照法律规定或者根据其性质不得继承的遗产,不得继承。

法 律

⊙《**民法典**》(**人格权编**)(2020年5月28日)

第九百九十二条 人格权不得放弃、转让或者继承。

⊙《**民法典**》(**物权编**)(2020年5月28日)

第三百六十九条 居住权不得转让、继承。设立居住权的住宅不得出租,但是当事人另有约定的除外。

⊙《**农村土地承包法**》(2018年12月29日修正)

第十六条 家庭承包的承包方是本集体经济组织的农户。

农户内家庭成员依法平等享有承包土地的各项权益。

第三十二条 承包人应得的承包收益,依照继承法的规定继承。

林地承包的承包人死亡,其继承人可以在承包期内继续承包。

第五十四条 依照本章规定通过招标、拍卖、公开协商等方式取得土地经营权的,该承包人死亡,其应得的承包收益,依照继承法的规定继承;在承包期内,其继承人可以继续承包。

⊙《**公司法**》(2023年12月29日修订)

第九十条 自然人股东死亡后,其合法继承人可以继承股东资格;但是,公司章程另有规定的除外。

⊙《**合伙企业法**》(2006年8月27日修订)

第五十条 合伙人死亡或者被依法宣告死亡的,对该合伙人在合伙企业中的财产份额享有合法继承权的继承人,按照合伙协议的约定或者经全体合伙人一致同意,从继承开始之日起,取得该合伙企业的合伙人资格。

有下列情形之一的，合伙企业应当向合伙人的继承人退还被继承合伙人的财产份额：

（一）继承人不愿意成为合伙人；

（二）法律规定或者合伙协议约定合伙人必须具有相关资格，而该继承人未取得该资格；

（三）合伙协议约定不能成为合伙人的其他情形。

合伙人的继承人为无民事行为能力人或者限制民事行为能力人的，经全体合伙人一致同意，可以依法成为有限合伙人，普通合伙企业依法转为有限合伙企业。全体合伙人未能一致同意的，合伙企业应当将被继承合伙人的财产份额退还该继承人。

第八十条 作为有限合伙人的自然人死亡、被依法宣告死亡或者作为有限合伙人的法人及其他组织终止时，其继承人或者权利承受人可以依法取得该有限合伙人在有限合伙企业中的资格。

⊙《**个人独资企业法**》(1999 年 8 月 30 日）

第十七条 个人独资企业投资人对本企业的财产依法享有所有权，其有关权利可以依法进行转让或继承。

第二十六条 个人独资企业有下列情形之一时，应当解散：

（一）投资人决定解散；

（二）投资人死亡或者被宣告死亡，无继承人或者继承人决定放弃继承；

（三）被依法吊销营业执照；

（四）法律、行政法规规定的其他情形。

⊙《**保险法**》(2015 年 4 月 24 日修正）

第四十二条 被保险人死亡后，有下列情形之一的，保险金作为被保险人的遗产，由保险人依照《中华人民共和国继承法》的规定履行给付保险金的义务：

（一）没有指定受益人，或者受益人指定不明无法确定的；

（二）受益人先于被保险人死亡，没有其他受益人的；

（三）受益人依法丧失受益权或者放弃受益权，没有其他受益人的。

受益人与被保险人在同一事件中死亡,且不能确定死亡先后顺序的,推定受益人死亡在先。

⊙《**著作权法**》(2020年11月11日修正)

第十条 著作权包括下列人身权和财产权:

……

(五)复制权,即以印刷、复印、拓印、录音、录像、翻录、翻拍、数字化等方式将作品制作一份或者多份的权利;

(六)发行权,即以出售或者赠与方式向公众提供作品的原件或者复制件的权利;

(七)出租权,即有偿许可他人临时使用视听作品、计算机软件的原件或者复制件的权利,计算机软件不是出租的主要标的的除外;

(八)展览权,即公开陈列美术作品、摄影作品的原件或者复制件的权利;

(九)表演权,即公开表演作品,以及用各种手段公开播送作品的表演的权利;

(十)放映权,即通过放映机、幻灯机等技术设备公开再现美术、摄影、视听作品等的权利;

(十一)广播权,即以有线或者无线方式公开传播或者转播作品,以及通过扩音器或者其他传送符号、声音、图像的类似工具向公众传播广播的作品的权利,但不包括本款第十二项规定的权利;

(十二)信息网络传播权,即以有线或者无线方式向公众提供,使公众可以在其选定的时间和地点获得作品的权利;

(十三)摄制权,即以摄制视听作品的方法将作品固定在载体上的权利;

(十四)改编权,即改变作品,创作出具有独创性的新作品的权利;

(十五)翻译权,即将作品从一种语言文字转换成另一种语言文字的权利;

(十六)汇编权,即将作品或者作品的片段通过选择或者编排,汇集成新作品的权利;

（十七）应当由著作权人享有的其他权利。

著作权人可以许可他人行使前款第五项至第十七项规定的权利，并依照约定或者本法有关规定获得报酬。

著作权人可以全部或者部分转让本条第一款第五项至第十七项规定的权利，并依照约定或者本法有关规定获得报酬。

第二十一条 著作权属于自然人的，自然人死亡后，其本法第十条第一款第五项至第十七项规定的权利在本法规定的保护期内，依法转移。

著作权属于法人或者非法人组织的，法人或者非法人组织变更、终止后，其本法第十条第一款第五项至第十七项规定的权利在本法规定的保护期内，由承受其权利义务的法人或者非法人组织享有；没有承受其权利义务的法人或者非法人组织的，由国家享有。

⊙《社会保险法》(2018年12月29日修正)

第十四条 个人账户不得提前支取，记账利率不得低于银行定期存款利率，免征利息税。个人死亡的，个人账户余额可以继承。

⊙《海域使用管理法》(2001年10月27日)

第二十七条 因企业合并、分立或者与他人合资、合作经营，变更海域使用权人的，需经原批准用海的人民政府批准。

海域使用权可以依法转让。海域使用权转让的具体办法，由国务院规定。

海域使用权可以依法继承。

⊙《台湾同胞投资保护法》(2019年12月28日修正)

第五条 台湾同胞投资者投资的财产、工业产权、投资收益和其他合法权益，可以依法转让和继承。

司法解释及文件

⊙《最高人民法院关于适用〈中华人民共和国民法典〉继承编的解释（一）》(2020年12月29日 法释〔2020〕23号)

第二条 承包人死亡时尚未取得承包收益的，可以将死者生前对承包所投入的资金和所付出的劳动及其增值和孳息，由发包单位或者接续承包合同的人合理折价、补偿。其价额作为遗产。

第三十九条 由国家或者集体组织供给生活费用的烈属和享受社会救济的自然人，其遗产仍应准许合法继承人继承。

⊙《**最高人民法院关于审理涉及农村土地承包纠纷案件适用法律问题的解释**》（2020年12月29日修正）

第二十三条 林地家庭承包中，承包方的继承人请求在承包期内继续承包的，应予支持。

其他方式承包中，承包方的继承人或者权利义务承受者请求在承包期内继续承包的，应予支持。

⊙《**最高人民法院关于空难死亡赔偿金能否作为遗产处理的复函**》（2005年3月22日〔2004〕民一他字第26号）

空难死亡赔偿金是基于死者死亡对死者近亲属所支付的赔偿。获得空难死亡赔偿金的权利人是死者近亲属，而非死者。故空难死亡赔偿金不宜认定为遗产。

公报案例

⊙**家庭承包方式的农村土地承包经营权不能作为遗产处理——李某1诉李某2继承权纠纷案**（《最高人民法院公报》2009年第12期）

【案例要旨】

遗产是自然人死亡时遗留的个人合法财产。农村土地承包经营权不属于个人财产，故不发生继承问题。除林地外的家庭承包，当承包农地的农户家庭中的一人或几人死亡，承包经营仍然是以户为单位，承包地仍由该农户的其他家庭成员继续承包经营；当承包经营农户家庭的成员全部死亡，由于承包经营权的取得是以集体成员权为基础，该土地承包经营权归于消灭，不能由该农户家庭成员的继承人继续承包经营，更不能作为该农户家庭成员的遗产处理。

【人民法院案例选案例】

⊙死亡赔偿金不属于受害人的遗产范畴，应当按照与受害人共同生活的紧密程度等因素确定权利人和相应份额——林某某诉陈某某共有纠纷案［《人民法院案例选》2015年第3辑（总第93辑）］

【案例要旨】

死亡赔偿金是基于受害人死亡对其近亲属所支付的赔偿，获得死亡赔偿金的权利人是受害人近亲属，赔偿金不属于受害人的遗产范畴。对于死亡赔偿金分配问题，原则上应当按照与受害人共同生活的紧密程度等因素确定权利人和相应份额，不应简单参照继承法分配原则处理。

⊙会员资格是针对本人所特有，与生命权相联系的权利性质，不能作为遗产被继承——胡某某、何某1、何某2诉深圳高尔夫俱乐部有限公司继承纠纷案［《人民法院案例选》2008年第4辑（总第66辑）］

【案例要旨】

本案被继承人何某具有被告公司高尔夫球的会员资格并办理了会员证，原告方认为该会员资格属于遗产，起诉要求继承该高尔夫会员资格。遗产是自然人死亡时遗留的个人合法财产，会员卡具有集会员资格和财产属性于一体的特征，类似于著作权中人身权利和财产权利统一的属性。其中会员资格是针对本人所特有，与生命权相联系的权利性质，当被继承人死亡时，该项权利应当消失，其会员资格应当终止，故无法由其被继承人继承。但该会员卡所体现的财产价值则可以继承或转让。

⊙宅基地使用权本身不能作为遗产继承——陈某某、莫某1等诉莫某2、莫某3继承纠纷案［《人民法院案例选》2016年第2辑（总第96辑）］

【案例要旨】

宅基地使用权人可以将地上建筑物以出租、赠与、继承、遗赠的方式转移与他人，宅基地使用权也随之转移，但宅基地使用权本身不得单独转移且不能用于抵押，包括不能进行继承。

适用要点

⊙土地承包收益属于遗产

在各类土地承包中，被继承人死亡时已经取得或者应当取得的收益，依法属于其遗产，也是实践中的共识。《最高人民法院关于适用〈中华人民共和国民法典〉继承编的解释（一）》第2条规定："承包人死亡时尚未取得承包收益的，可以将死者生前对承包所投入的资金和所付出的劳动及其增值和孳息，由发包单位或者接续承包合同的人合理折价、补偿。其价额作为遗产。"据此，承包人生前对土地所投入的资金、付出的劳动及其增值和孳息等，也应当属于承包人的财产，其价额作为遗产。

⊙土地承包经营权原则上不能继承

根据《农村土地承包法》第16条第1款的规定，家庭承包的承包方是本集体经济组织的农户，即家庭承包是以农户为生产经营单位进行的承包，土地家庭承包经营权不属于某一个家庭成员，承包户家庭中部分成员死亡的，承包关系不变，其他成员以该户的名义继续承包经营，因此，不发生继承问题。同时根据该条第2款的规定，农户内家庭成员依法平等享有承包土地的各项权益，故农户家庭成员对土地承包经营权形成共同共有关系，部分成员死亡的，其内部权利义务关系适用共同共有的规则进行调整，彼此不发生继承关系。家庭成员全部死亡的，因农户已不存在，家庭承包经营权因权利主体消灭而丧失，承包地应由村集体收回重新发包，不存在承包经营权的继承问题。

⊙土地经营权可以继承

《农村土地承包法》第54条除规定以其他方式承包取得土地经营权的承包人死亡，其应得的承包收益依照继承法的规定继承外，还规定"在承包期内，其继承人可以继续承包"。以其他方式承包取得的土地经营权，承包主体没有身份限制，承包标的不具有社会保障性，发包方式呈现市场化属性，土地经营权的财产属性更为明显，《民法典》将其从原有的土地承包经营权体系中剥离，也是对此种承包方式主体平等性、权利配置市场性、权益财产性的尊重,因此,在承包期内允许继承人继承土地经营权。

> **第一千一百二十三条** 【继承方式及其相互关系】继承开始后,按照法定继承办理;有遗嘱的,按照遗嘱继承或者遗赠办理;有遗赠扶养协议的,按照协议办理。

司法解释及文件

⊙《最高人民法院关于适用〈中华人民共和国民法典〉继承编的解释(一)》(2020年12月29日 法释〔2020〕23号)

第三条 被继承人生前与他人订有遗赠扶养协议,同时又立有遗嘱的,继承开始后,如果遗赠扶养协议与遗嘱没有抵触,遗产分别按协议和遗嘱处理;如果有抵触,按协议处理,与协议抵触的遗嘱全部或者部分无效。

第四条 遗嘱继承人依遗嘱取得遗产后,仍有权依照民法典第一千一百三十条的规定取得遗嘱未处分的遗产。

第二十九条 附义务的遗嘱继承或者遗赠,如义务能够履行,而继承人、受遗赠人无正当理由不履行,经受益人或者其他继承人请求,人民法院可以取消其接受附义务部分遗产的权利,由提出请求的继承人或者受益人负责按遗嘱人的意愿履行义务,接受遗产。

第三十九条 由国家或者集体组织供给生活费用的烈属和享受社会救济的自然人,其遗产仍应准许合法继承人继承。

人民法院案例选案例

⊙遗赠优先于法定继承适用——唐某等诉汪某某等遗赠协议纠纷案
[《人民法院案例选》2002年第1辑(总第39辑)]
【案例要旨】
合法有效的遗赠协议优先于法定继承。继承开始后,有遗赠的,应首先按照遗赠处理。

适用要点

⊙ 遗赠扶养协议与遗嘱并存的处理

被继承人生前与他人订有遗赠扶养协议，同时又立有遗嘱的，此种情形应适用《最高人民法院关于适用〈中华人民共和国民法典〉继承编的解释（一）》第3条规定选择继承方式：如果遗赠扶养协议与遗嘱没有抵触，遗产分别按协议和遗嘱处理；如果有抵触，应遵循遗赠扶养协议效力优先的规则，按协议处理，与协议抵触的遗嘱全部或者部分无效。

⊙ 遗嘱继承和遗赠并存的处理

被继承人生前通过遗嘱对其财产既指定了继承人又设立了遗赠的，如果二者不抵触，即被继承人对其不同的财产分别指定了继承人和受遗赠人，则分别按照遗嘱继承和遗赠处理；如果二者相抵触，即被继承人对其同一财产既指定了继承人又设立了遗赠，属于数份遗嘱内容相抵触的情形，根据《民法典》第1142条第3款的规定，应当以最后的遗嘱为准，也就是要审查被继承人所立遗嘱的时间，以设立在后的遗嘱选择适用遗嘱继承或遗赠。

⊙ 法定继承和遗嘱继承等其他方式并存的处理

先后适用遗赠扶养协议和遗嘱继承或遗赠后，尚有协议或遗嘱未处分的遗产，此时应当适用法定继承。《最高人民法院关于适用〈中华人民共和国民法典〉继承编的解释（一）》第4条规定："遗嘱继承人依遗嘱取得遗产后，仍有权依照民法典第一千一百三十条的规定取得遗嘱未处分的遗产。"此时，遗嘱继承人在法定继承中应根据法定继承的遗产分配原则确定能够继承的遗产份额，不受其是否已经通过遗嘱取得遗产以及取得遗产多少的影响。

第一千一百二十四条　【继承和遗赠的接受和放弃】 继承开始后，继承人放弃继承的，应当在遗产处理前，以书面形式作出放弃继承的表示；没有表示的，视为接受继承。

受遗赠人应当在知道受遗赠后六十日内，作出接受或者放弃受遗赠的表示；到期没有表示的，视为放弃受遗赠。

> 法　律

⊙《**民法典**》(继承编)(2020年5月28日)

第一千一百六十一条　继承人以所得遗产实际价值为限清偿被继承人依法应当缴纳的税款和债务。超过遗产实际价值部分，继承人自愿偿还的不在此限。

继承人放弃继承的，对被继承人依法应当缴纳的税款和债务可以不负清偿责任。

> 司法解释及文件

⊙《**最高人民法院关于适用〈中华人民共和国民法典〉继承编的解释（一）**》(2020年12月29日　法释〔2020〕23号)

第三十二条　继承人因放弃继承权，致其不能履行法定义务的，放弃继承权的行为无效。

第三十三条　继承人放弃继承应当以书面形式向遗产管理人或者其他继承人表示。

第三十四条　在诉讼中，继承人向人民法院以口头方式表示放弃继承的，要制作笔录，由放弃继承的人签名。

第三十五条　继承人放弃继承的意思表示，应当在继承开始后、遗产分割前作出。遗产分割后表示放弃的不再是继承权，而是所有权。

第三十六条　遗产处理前或者在诉讼进行中，继承人对放弃继承反悔的，由人民法院根据其提出的具体理由，决定是否承认。遗产处理后，继承人对放弃继承反悔的，不予承认。

第三十七条　放弃继承的效力，追溯到继承开始的时间。

第三十八条　继承开始后，受遗赠人表示接受遗赠，并于遗产分割前死亡的，其接受遗赠的权利转移给他的继承人。

第四十四条　继承诉讼开始后，如继承人、受遗赠人中有既不愿参加诉讼，又不表示放弃实体权利的，应当追加为共同原告；继承人已书面表示放弃继承、受遗赠人在知道受遗赠后六十日内表示放弃受遗赠或者到期没有表示的，不再列为当事人。

⊙《**最高人民法院关于印发〈第八次全国法院民事商事审判工作会议（民事部分）纪要〉的通知**》(2016年11月21日 法〔2016〕399号)

25. 被继承人死亡后遗产未分割，各继承人均未表示放弃继承，依据继承法第二十五条[①]规定应视为均已接受继承，遗产属各继承人共同共有；当事人诉请享有继承权、主张分割遗产的纠纷案件，应参照共有财产分割的原则，不适用有关诉讼时效的规定。

人民法院案例选案例

⊙**仅加盖私章而无本人签名且本人提出异议的放弃继承证明，形式上不符合继承人放弃继承的法律要件——罗某1、罗某2诉王某某等法定继承纠纷案**〔《人民法院案例选》2011年第2辑（总第76辑）〕

【案例要旨】

依照我国行为习惯，私章不具有识别个人身份的法律特征，也不具有代表本人意思的法律效力，仅加盖私章而无本人签名且本人提出异议的放弃继承证明，形式上不符合继承人放弃继承的法律要件。

继承开始后，在继承人均未表示放弃继承且遗产也未进行分割的情况下，不存在继承人权利被侵犯的问题，遗产归全体继承人共有，任何共有人随时都可以提出分割共有物的请求，该权利实质为形成权而非请求权，不适用诉讼时效的规定。

适用要点

⊙**关于口头放弃继承的效力认定**

根据《民法典》本条第1款的规定，放弃继承意思表示只能以书面形

---

① 编者注：《民法典》第一千一百二十四条继受了该条，内容有变动。

式作出,不再承认口头放弃的效力。因此,口头方式表示放弃继承的,原则上不具有法律效力。但是,考虑到继承人的特殊情况,如有些继承人由于身体健康等方面的原因可能无法以书面方式作出意思表示,《最高人民法院关于适用〈中华人民共和国民法典〉继承编的解释(一)》保留了原继承法司法解释第48条的规定,即在诉讼中,继承人向人民法院以口头方式表示放弃继承的,要制作笔录,由放弃继承的人签名。

第一千一百二十五条【继承权的丧失】继承人有下列行为之一的,丧失继承权:

(一)故意杀害被继承人;

(二)为争夺遗产而杀害其他继承人;

(三)遗弃被继承人,或者虐待被继承人情节严重;

(四)伪造、篡改、隐匿或者销毁遗嘱,情节严重;

(五)以欺诈、胁迫手段迫使或者妨碍被继承人设立、变更或者撤回遗嘱,情节严重。

继承人有前款第三项至第五项行为,确有悔改表现,被继承人表示宽恕或者事后在遗嘱中将其列为继承人的,该继承人不丧失继承权。

受遗赠人有本条第一款规定行为的,丧失受遗赠权。

司法解释及文件

⊙《最高人民法院关于适用〈中华人民共和国民法典〉继承编的解释(一)》(2020年12月29日 法释〔2020〕23号)

第五条 在遗产继承中,继承人之间因是否丧失继承权发生纠纷,向人民法院提起诉讼的,由人民法院依据民法典第一千一百二十五条的规定,判决确认其是否丧失继承权。

第六条 继承人是否符合民法典第一千一百二十五条第一款第三项规定的"虐待被继承人情节严重",可以从实施虐待行为的时间、手段、后果和社会影响等方面认定。

虐待被继承人情节严重的,不论是否追究刑事责任,均可确认其丧失继承权。

第七条 继承人故意杀害被继承人的,不论是既遂还是未遂,均应当确认其丧失继承权。

第八条 继承人有民法典第一千一百二十五条第一款第一项或者第二项所列之行为,而被继承人以遗嘱将遗产指定由该继承人继承的,可以确认遗嘱无效,并确认该继承人丧失继承权。

第九条 继承人伪造、篡改、隐匿或者销毁遗嘱,侵害了缺乏劳动能力又无生活来源的继承人的利益,并造成其生活困难的,应当认定为民法典第一千一百二十五条第一款第四项规定的"情节严重"。

第十七条 继承人丧失继承权的,其晚辈直系血亲不得代位继承。如该代位继承人缺乏劳动能力又没有生活来源,或者对被继承人尽赡养义务较多的,可以适当分给遗产。

⊙《**最高人民法院关于适用〈中华人民共和国民法典〉时间效力的若干规定**》(2020年12月29日　法释〔2020〕15号)

第十三条 民法典施行前,继承人有民法典第一千一百二十五条第一款第四项和第五项规定行为之一,对该继承人是否丧失继承权发生争议的,适用民法典第一千一百二十五条第一款和第二款的规定。

民法典施行前,受遗赠人有民法典第一千一百二十五条第一款规定行为之一,对受遗赠人是否丧失受遗赠权发生争议的,适用民法典第一千一百二十五条第一款和第三款的规定。

适用要点

⊙ 被继承人宽恕制度的适用条件

被继承人宽恕制度的核心在于通过"悔改、宽容、饶恕"化解家庭恩怨、重塑亲情,充分体现了意思自治原则及对私有财产权的保护,体现了法律调整家庭关系的温度。对于该制度的适用应同时具备以下条件:(1)被继承人宽恕制度只适用于继承人相对丧失继承权的情形,即本条第

1款第3项和第5项规定的情形。(2)继承人确有悔改表现。悔改意指悔过、改正，主观上要追悔所犯错误，客观上要加以改正。(3)被继承人宽恕。其性质为被继承人恢复继承人继承权的意思表示，包括明确表示宽恕或者事后在遗嘱中将其列为继承人。

第二章 法定继承

> **第一千一百二十六条 【继承权男女平等】** 继承权男女平等。

法 律

⊙《**宪法**》(2018年3月11日修正)

第三十三条 凡具有中华人民共和国国籍的人都是中华人民共和国公民。

中华人民共和国公民在法律面前一律平等。

国家尊重和保障人权。

任何公民享有宪法和法律规定的权利，同时必须履行宪法和法律规定的义务。

第四十八条 中华人民共和国妇女在政治的、经济的、文化的、社会的和家庭的生活等各方面享有同男子平等的权利。

国家保护妇女的权利和利益，实行男女同工同酬，培养和选拔妇女干部。

⊙《**妇女权益保障法**》(2022年10月30日修订)

第二条 男女平等是国家的基本国策。妇女在政治的、经济的、文化的、社会的和家庭的生活等各方面享有同男子平等的权利。

国家采取必要措施，促进男女平等，消除对妇女一切形式的歧视，禁止排斥、限制妇女依法享有和行使各项权益。

国家保护妇女依法享有的特殊权益。

第五十三条 国家保障妇女享有与男子平等的财产权利。

第五十八条 妇女享有与男子平等的继承权。妇女依法行使继承权，不受歧视。

丧偶妇女有权依法处分继承的财产，任何组织和个人不得干涉。

适用要点

⊙继承权男女平等是权利能力上的平等

继承权男女平等强调的是同等顺位同等情况下的平等，不意味着分割形式的绝对平等，遗产分割应遵循有利生产、方便生活和互谅互让的精神，在充分发挥物的最大效用的基础上满足继承人的生产、生活需要，照顾缺乏劳动能力和生活困难、无居住场所等特殊人群的需要；继承权男女平等也不意味着遗产分割份额的均等，遗产份额的最终分割需结合其他法条的规定，考虑扶养情况、必留份额等因素综合判断。

第一千一百二十七条 【法定继承人范围及继承顺序】 遗产按照下列顺序继承：

（一）第一顺序：配偶、子女、父母；

（二）第二顺序：兄弟姐妹、祖父母、外祖父母。

继承开始后，由第一顺序继承人继承，第二顺序继承人不继承；没有第一顺序继承人继承的，由第二顺序继承人继承。

本编所称子女，包括婚生子女、非婚生子女、养子女和有扶养关系的继子女。

本编所称父母，包括生父母、养父母和有扶养关系的继父母。

本编所称兄弟姐妹，包括同父母的兄弟姐妹、同父异母或者同母异父的兄弟姐妹、养兄弟姐妹、有扶养关系的继兄弟姐妹。

> 法　律

⊙《民法典》(婚姻家庭编)(2020年5月28日)

第一千零六十一条　夫妻有相互继承遗产的权利。

第一千零七十条　父母和子女有相互继承遗产的权利。

第一千零七十一条　非婚生子女享有与婚生子女同等的权利，任何组织或者个人不得加以危害和歧视。

不直接抚养非婚生子女的生父或者生母，应当负担未成年子女或者不能独立生活的成年子女的抚养费。

第一千一百一十一条　自收养关系成立之日起，养父母与养子女间的权利义务关系，适用本法关于父母子女关系的规定；养子女与养父母的近亲属间的权利义务关系，适用本法关于子女与父母的近亲属关系的规定。

养子女与生父母以及其他近亲属间的权利义务关系，因收养关系的成立而消除。

⊙《民法典》(继承编)(2020年5月28日)

第一千一百二十九条　丧偶儿媳对公婆，丧偶女婿对岳父母，尽了主要赡养义务的，作为第一顺序继承人。

> 司法解释及文件

⊙《最高人民法院关于适用〈中华人民共和国民法典〉继承编的解释(一)》(2020年12月29日　法释〔2020〕23号)

第十条　被收养人对养父母尽了赡养义务，同时又对生父母扶养较多的，除可以依照民法典第一千一百二十七条的规定继承养父母的遗产外，还可以依照民法典第一千一百三十一条的规定分得生父母适当的遗产。

第十一条　继子女继承了继父母遗产的，不影响其继承生父母的遗产。继父母继承了继子女遗产的，不影响其继承生子女的遗产。

第十二条　养子女与生子女之间、养子女与养子女之间，系养兄弟姐妹，可以互为第二顺序继承人。

被收养人与其亲兄弟姐妹之间的权利义务关系，因收养关系的成立而消除，不能互为第二顺序继承人。

第十三条 继兄弟姐妹之间的继承权，因继兄弟姐妹之间的扶养关系而发生。没有扶养关系的，不能互为第二顺序继承人。

继兄弟姐妹之间相互继承了遗产的，不影响其继承亲兄弟姐妹的遗产。

⊙**《最高人民法院关于适用〈中华人民共和国保险法〉若干问题的解释（三）》**(2020年12月29日修正)

第九条 投保人指定受益人未经被保险人同意的，人民法院应认定指定行为无效。

当事人对保险合同约定的受益人存在争议，除投保人、被保险人在保险合同之外另有约定外，按以下情形分别处理：

（一）受益人约定为"法定"或者"法定继承人"的，以民法典规定的法定继承人为受益人；

（二）受益人仅约定为身份关系，投保人与被保险人为同一主体的，根据保险事故发生时与被保险人的身份关系确定受益人；投保人与被保险人为不同主体的，根据保险合同成立时与被保险人的身份关系确定受益人；

（三）约定的受益人包括姓名和身份关系，保险事故发生时身份关系发生变化的，认定为未指定受益人。

[适用要点]

⊙**继子女与继父母形成扶养关系的认定标准**

对于再婚时未满18周岁的未成年继子女与继父母之间形成抚养关系，认识较为统一。但是对于再婚时18周岁以上的成年继子女与其继父母之间是否形成扶养关系，应考虑具体情况。继子女与继父母是否存在扶养关系可从以下方面考虑：（1）扶养时间的长期性，司法实践中尚未确定统一的扶养年限的要求，应结合被扶养人的年龄、健康状况、家庭情况来确定合理的扶养期限，以确定是否符合扶养时间的长期性要求；（2）具有经济上的支持和生活的照顾，如扶养费的负担、生活上的照顾；（3）家庭身份的融合性，继父母与继子女能够共同生活，互相照料。

第一千一百二十八条 【代位继承】 被继承人的子女先于被继承人死亡的,由被继承人的子女的直系晚辈血亲代位继承。

被继承人的兄弟姐妹先于被继承人死亡的,由被继承人的兄弟姐妹的子女代位继承。

代位继承人一般只能继承被代位继承人有权继承的遗产份额。

法 律

⊙《**民法典**》(**总则编**)(2020 年 5 月 28 日)

第十六条 涉及遗产继承、接受赠与等胎儿利益保护的,胎儿视为具有民事权利能力。但是,胎儿娩出时为死体的,其民事权利能力自始不存在。

司法解释及文件

⊙《**最高人民法院关于适用〈中华人民共和国民法典〉继承编的解释(一)**》(2020 年 12 月 29 日 法释〔2020〕23 号)

第十四条 被继承人的孙子女、外孙子女、曾孙子女、外曾孙子女都可以代位继承,代位继承人不受辈数的限制。

第十五条 被继承人的养子女、已形成扶养关系的继子女的生子女可以代位继承;被继承人亲生子女的养子女可以代位继承;被继承人养子女的养子女可以代位继承;与被继承人已形成扶养关系的继子女的养子女也可以代位继承。

第十六条 代位继承人缺乏劳动能力又没有生活来源,或者对被继承人尽过主要赡养义务的,分配遗产时,可以多分。

第十七条 继承人丧失继承权的,其晚辈直系血亲不得代位继承。如该代位继承人缺乏劳动能力又没有生活来源,或者对被继承人尽赡养义务较多的,可以适当分给遗产。

第十八条 丧偶儿媳对公婆、丧偶女婿对岳父母,无论其是否再婚,依照民法典第一千一百二十九条规定作为第一顺序继承人时，不影响其子女代位继承。

⊙**《最高人民法院关于适用〈中华人民共和国民法典〉时间效力的若干规定》**(2020年12月29日　法释〔2020〕15号)

第十四条　被继承人在民法典施行前死亡，遗产无人继承又无人受遗赠，其兄弟姐妹的子女请求代位继承的，适用民法典第一千一百二十八条第二款和第三款的规定，但是遗产已经在民法典施行前处理完毕的除外。

【公报案例】

⊙**随母改嫁的子女享有继承生父遗产或代位继承的权利——王某1等三人与王某4继承案**(《最高人民法院公报》1985年第4期)

【案例要旨】

父母和子女有相互继承遗产的权利。被继承人的子女先于被继承人死亡的，由被继承人的子女的晚辈直系血亲代位继承。代位继承人一般只能继承他的父亲或者母亲有权继承的遗产份额。因此，随母改嫁的子女有继承生父遗产或代位继承的权利。

【典型案例】

⊙**侄甥代位继承——苏某甲诉李某甲等法定继承纠纷案**[2022年2月25日最高人民法院发布的人民法院贯彻实施民法典典型案例（第一批）]

【典型意义】

本案是适用民法典关于侄甥代位继承制度的典型案例。侄甥代位继承系民法典新设立的制度，符合我国民间传统，有利于保障财产在血缘家族内部的流转，减少产生遗产无人继承的状况，同时促进亲属关系的发展，引导人们重视亲属亲情，从而减少家族矛盾、促进社会和谐。本案中，审理法院还适用了遗产的酌给制度，即对继承人以外的对被继承人扶养较多的人适当分给遗产，体现了权利义务相一致原则，弘扬了积极妥善赡养老人的传统美德，充分体现了社会主义核心价值观的要求。

【基本案情】

被继承人苏某某于 2018 年 3 月死亡，其父母和妻子均先于其死亡，生前未生育和收养子女。苏某某的姐姐苏某乙先于苏某某死亡，苏某某无其他兄弟姐妹。苏某甲系苏某乙的养女。李某甲是苏某某堂姐的儿子，李某乙是李某甲的儿子。苏某某生前未立遗嘱，也未立遗赠扶养协议。上海市徐汇区华泾路某弄某号某室房屋的登记权利人为苏某某、李某乙，共同共有。苏某某的梅花牌手表 1 块及钻戒 1 枚由李某甲保管中。苏某甲起诉请求，依法继承系争房屋中属于被继承人苏某某的产权份额，及梅花牌手表 1 块和钻戒 1 枚。

【裁判结果】

生效裁判认为，当事人一致确认苏某某生前未立遗嘱，也未立遗赠扶养协议，故苏某某的遗产应由其继承人按照法定继承办理。苏某甲系苏某某姐姐苏某乙的养子女，在苏某乙先于苏某某死亡且苏某某的遗产无人继承又无人受遗赠的情况下，根据《最高人民法院关于适用〈中华人民共和国民法典〉时间效力的若干规定》第十四条，适用民法典第一千一百二十八条第二款和第三款的规定，苏某甲有权作为苏某某的法定继承人继承苏某某的遗产。另外，李某甲与苏某某长期共同居住，苏某某生病在护理院期间的事宜由李某甲负责处理，费用由李某甲代为支付，苏某某的丧葬事宜也由李某甲操办，相较苏某甲，李某甲对苏某某尽了更多的扶养义务，故李某甲作为继承人以外对被继承人扶养较多的人，可以分得适当遗产且可多于苏某甲。对于苏某某名下系争房屋的产权份额和梅花牌手表 1 块及钻戒 1 枚，法院考虑到有利于生产生活、便于执行的原则，判归李某甲所有并由李某甲向苏某甲给付房屋折价款人民币 60 万元。

[适用要点]

⊙ 如何确定代位继承人

在代位继承中要注意充分理解晚辈直系血亲的概念。一般而言，晚辈直系血亲，是指与被继承人有直接血缘关系的晚辈亲属，主要有以下人员：被继承人的孙子女、外孙子女、曾孙子女、外曾孙子女。代位继承并不受辈数的限制，只要存在晚辈直系血亲就会发生代位继承。在法律规定中还有一种拟制血亲亲属，也同样享有代位继承的权利，主要有以下人员：被继承人的养子女、已形成扶养关系的继子女的生子女；被继承人亲生子女的养子女；被继承人养子女的养子女；与被继承人已形成扶养关系的继子女的养子女。上述人员也可以代位继承。

> 第一千一百二十九条 【丧偶儿媳、女婿的继承权】丧偶儿媳对公婆，丧偶女婿对岳父母，尽了主要赡养义务的，作为第一顺序继承人。

法　律

⊙《妇女权益保障法》(2022年10月30日修订)
第五十九条　丧偶儿媳对公婆尽了主要赡养义务的，作为第一顺序继承人，其继承权不受子女代位继承的影响。

司法解释及文件

⊙《最高人民法院关于适用〈中华人民共和国民法典〉继承编的解释（一）》(2020年12月29日　法释〔2020〕23号)
第十八条　丧偶儿媳对公婆、丧偶女婿对岳父母，无论其是否再婚，依照民法典第一千一百二十九条规定作为第一顺序继承人时，不影响其子女代位继承。
第十九条　对被继承人生活提供了主要经济来源，或者在劳务等方面给予了主要扶助的，应当认定其尽了主要赡养义务或主要扶养义务。

适用要点

⊙如何认定"尽了主要赡养义务"

《最高人民法院关于适用〈中华人民共和国民法典〉继承编的解释（一）》第 19 条规定"对被继承人生活提供了主要经济来源，或者在劳务等方面给予了主要扶助的，应当认定其尽了主要赡养义务或主要扶养义务"。因此，是否尽了主要赡养义务，主要结合以下要素判断：一是在扶养时间上要具有长期性，如果丧偶儿媳和丧偶女婿只是偶尔关心、看望公婆、岳父母，则不能视为尽了主要赡养义务，则无从获得继承权；二是在扶养程度上，丧偶儿媳和丧偶女婿应提供公婆、岳父母经济上的主要供养、扶助，或者主要照料公婆、岳父母的日常生活起居，才能作为第一顺序继承人继承遗产。

> **第一千一百三十条 【遗产分配的原则】**同一顺序继承人继承遗产的份额，一般应当均等。
>
> 对生活有特殊困难又缺乏劳动能力的继承人，分配遗产时，应当予以照顾。
>
> 对被继承人尽了主要扶养义务或者与被继承人共同生活的继承人，分配遗产时，可以多分。
>
> 有扶养能力和有扶养条件的继承人，不尽扶养义务的，分配遗产时，应当不分或者少分。
>
> 继承人协商同意的，也可以不均等。

司法解释及文件

⊙《最高人民法院关于适用〈中华人民共和国民法典〉继承编的解释（一）》（2020 年 12 月 29 日　法释〔2020〕23 号）

第四条　遗嘱继承人依遗嘱取得遗产后，仍有权依照民法典第一千一百三十条的规定取得遗嘱未处分的遗产。

第十六条 代位继承人缺乏劳动能力又没有生活来源,或者对被继承人尽过主要赡养义务的,分配遗产时,可以多分。

第十九条 对被继承人生活提供了主要经济来源,或者在劳务等方面给予了主要扶助的,应当认定其尽了主要赡养义务或主要扶养义务。

第二十二条 继承人有扶养能力和扶养条件,愿意尽扶养义务,但被继承人因有固定收入和劳动能力,明确表示不要求其扶养的,分配遗产时,一般不应因此而影响其继承份额。

第二十三条 有扶养能力和扶养条件的继承人虽然与被继承人共同生活,但对需要扶养的被继承人不尽扶养义务,分配遗产时,可以少分或者不分。

第四十二条 人民法院在分割遗产中的房屋、生产资料和特定职业所需要的财产时,应当依据有利于发挥其使用效益和继承人的实际需要,兼顾各继承人的利益进行处理。

第四十三条 人民法院对故意隐匿、侵吞或者争抢遗产的继承人,可以酌情减少其应继承的遗产。

公报案例

⊙**与被继承人共同生活的继承人在分配遗产时,可以多分——王某5等五人诉王某10继承纠纷案**(《最高人民法院公报》1993年第2期)

【案例要旨】

与被继承人共同生活的继承人无收入来源,在分配遗产时,应当对其予以照顾,可以多分部分遗产。

典型案例

⊙**对于生活有特殊困难、缺乏劳动能力的继承人,分配遗产时应当予以照顾——汪某2诉汪某3继承纠纷案**(2021年12月2日最高人民法院、中国残疾人联合会发布的残疾人权益保护十大典型案例)

【基本案情】

汪某2为持证智力残疾人,残疾等级贰级,经当地民政局审核,符合农村居民最低生活保障政策有关规定,享受最低生活保障。汪某1系汪某2之父,汪某3系汪某1养子。1988年,汪某1将汪某3、汪某2共同居住的房屋翻新重建。1996年因洪水冲毁部分房屋,汪某3重新建设了牛栏等附属房屋;后又建设厨房、洗澡间各一间,并对房屋进行了修缮。汪某1去世后,2019年,案涉房屋被列入拆迁范围,汪某3与某某人民政府签订《房屋拆迁安置补偿协议》,约定含主体房屋、附属房及简易房、附属物在内的拆迁补偿价款共490286.7元,汪某3实际领取。汪某2认可其中部分房屋由汪某3建设,扣除相应补偿款后剩余款项为314168元。汪某2起诉请求汪某3返还其中的230000元。

【裁判结果】

安徽省宁国市人民法院经审理认为,汪某3作为养子,对汪某1进行赡养并承担了汪某1的丧葬事宜。汪某2享有低保且生活困难,分配遗产时亦应对其进行照顾。综合考虑涉案房屋及部分附属设施的建造、管理以及继承人赡养汪某1等实际情况,酌定汪某2继承的财产份额为30%,即94250元(314168元×30%)。遂判决汪某3向汪某2支付94250元。

安徽省宣城市中级人民法院经审理认为,汪某2系智力残疾人,其家庭为享受最低生活保障的特殊家庭。依据继承法第十三条第二款(《民法典》第一千一百三十条第二款)有关"对生活有特殊困难的缺乏劳动能力的继承人,分配遗产时,应当予以照顾"的规定,人民法院在确定遗产继承份额时应给予汪某2特殊照顾及倾斜保护。汪某3应向汪某2支付拆迁补偿款157084元(314168元×50%)。遂撤销一审判决,改判汪某3支付汪某2拆迁补偿款157084元。

【典型意义】

通常情况下,同一顺序的各个法定继承人,在生活状况、劳动能力和对被继承人所尽的赡养义务等方面条件基本相同或相近时,继承份额均等。一审法院认定汪某3对被继承人履行了较多的赡养义务,同时对于遗产有较大贡献,进而认定其有权继承遗产的70%。从法律层面分析,似乎并无不当。但是,继承法同时规定,对于生活有特殊困难、缺乏劳动能力的继承人,分配遗产时应当予以照顾。本案中,汪某2及其配偶均身有残疾，其家庭经区民政局审核享受最低生活保障。汪某2生活具有特殊困难，符合继承法关于遗产分配时照顾有困难的特殊人群的规定。鉴于此，二审法院在遗产分配时，从照顾汪某2生活需要的角度出发，在一审判决的基础上，对遗产分配比例进行了调整，较好地实现了法理与情理的有机统一。

⊙**法定继承中对被继承人尽了主要扶养义务或者与被继承人共同生活的继承人，分配遗产时可以多分——贾某诉李某某继承纠纷案**（2021年2月24日最高人民法院发布的老年人权益保护十大典型案例）

【关键词】

分配遗产中照顾老年人利益　优良家风　多元化纠纷解决机制

【基本案情】

李某某系被继承人曹某某母亲，年近七十。贾某系曹某某妻子，双方于2019年6月4日登记结婚。2019年8月7日曹某某因所在单位组织的体育活动中突发疾病去世。曹某某父亲已于之前去世，曹某某无其他继承人。被继承人曹某某去世后，名下遗留房产若干、存款若干元及其生前单位赔偿金、抚恤金若干元。贾某诉请均分曹某某遗产。本案在审理过程中，人民法院引入了专业的心理咨询师参与庭前准备工作，逐步缓解失独老人不愿应诉、拒绝沟通的心态，同时也对原告进行心理介入，疏导其与被告的对立情绪；在庭审中做了细致的心理工作，宣解中华传统优良家风，修复了双方因失去亲人造成的误解和疏远。本案虽然并未当庭达成和解，但在宣判之后，双方当事人多次向合议庭表达满意，并在本案一审判决生效后自行履行完毕。

【裁判结果】

陕西省西安市新城区人民法院认为，本案被继承人无遗嘱，应按照法定继承进行遗产分配。对被继承人尽了主要扶养义务或者与被继承人共同生活的继承人，分配遗产时，可以多分。结合对子女抚养的付出及贾某与被继承人结婚、共同生活时间、家庭日常贡献等因素，酌定遗产分配比例为：贾某分配20%，李某某分配80%。工亡补助金部分不属于遗产范围，被继承人单位已考虑实际情况对李某某予以充分照顾，故二人各分配50%。

【典型意义】

本案被继承人无遗嘱，应以法定继承进行遗产分配。对被继承人尽了主要扶养义务或者与被继承人共同生活的继承人,分配遗产时可以多分。被继承人母亲将其抚养长大,付出良多,痛失独子,亦失去了照顾其安度晚年的人,理应在遗产分配时予以照顾。法院在审理此类涉及保护老年人权益案件及遗产继承纠纷案件时,应注重对当事人进行心理疏导工作,充分释明法律规定,宣讲优良家风,修复双方的对立关系;利用多元化纠纷解决机制,化解家庭矛盾,弘扬中华孝文化,体现老有所养、尊老爱幼、维护亲情的和谐家风。

> **第一千一百三十一条 【酌情分得遗产权】** 对继承人以外的依靠被继承人扶养的人,或者继承人以外的对被继承人扶养较多的人,可以分给适当的遗产。

司法解释及文件

⊙《最高人民法院关于适用〈中华人民共和国民法典〉继承编的解释(一)》(2020年12月29日 法释〔2020〕23号)

第十条 被收养人对养父母尽了赡养义务,同时又对生父母扶养较多的,除可以依照民法典第一千一百二十七条的规定继承养父母的遗产外,还可以依照民法典第一千一百三十一条的规定分得生父母适当的遗产。

第十七条 继承人丧失继承权的,其晚辈直系血亲不得代位继承。如该代位继承人缺乏劳动能力又没有生活来源,或者对被继承人尽赡养义务较多的,可以适当分给遗产。

第二十条 依照民法典第一千一百三十一条规定可以分给适当遗产的人,分给他们遗产时,按具体情况可以多于或者少于继承人。

第二十一条 依照民法典第一千一百三十一条规定可以分给适当遗产的人,在其依法取得被继承人遗产的权利受到侵犯时,本人有权以独立的诉讼主体资格向人民法院提起诉讼。

第四十一条 遗产因无人继承又无人受遗赠归国家或者集体所有制组

织所有时，按照民法典第一千一百三十一条规定可以分给适当遗产的人提出取得遗产的诉讼请求，人民法院应当视情况适当分给遗产。

公报案例

⊙申请人对无主房屋所有人生前尽了主要扶养义务，且该房屋财产价值不大的，可将上述财产判归申请人所有——陈某1申请认定财产无主案（《最高人民法院公报》1995年第4期）

坐落于上海市河间路323弄12号前半间约7平方米房屋，系申请人陈某1之姑母陈某2遗留的私房。陈某2于1989年9月死亡。陈某2与丈夫徐某1（于1979年6月死亡）生前育有一子，名徐某2（于1973年1月死亡）。陈某2的丈夫徐某1及儿子徐某2死亡后，其生活主要由申请人陈某1照料，陈某1对陈某2尽了较多的扶养义务。

上海市杨浦区人民法院依照《民事诉讼法》第一百七十五条[①]的规定，于1994年4月18日在该院公告栏及上述财产所在地发出认领该财产的公告，法定公告期为一年。公告期届满，上述财产无人认领。法院认为，位于该市河间路323弄12号前半间约7平方米房屋确属无主财产，依法应收归国家或者集体所有。

鉴于申请人陈某1对原房屋所有人陈某2生前尽了主要扶养义务，且该房屋财产价值不大，收归国家或集体所有实际意义不大。因此，申请人要求将上述无主财产归其所有，法院应予以支持。

⊙已被他人收养但对被继承人生前扶养较多的，可适当分得遗产——纪某1诉纪某2房屋继承纠纷案（《最高人民法院公报》1988年第4期）

【案例要旨】

自幼由他人收养，依法与父母的权利义务关系消除，不能作为法定继承人继承被继承人的遗产。但对被继承人生前扶养较多，被继承人去世后，对被继承人进行安

---

① 编者注：2023年修正的《民事诉讼法》为第二百零三条。

葬，依法可适当分得部分遗产。

> 典型案例

⊙**自愿赡养老人继承遗产案——高某2诉高甲、高乙、高丙继承纠纷案**（2020年5月13日最高人民法院发布的大力弘扬社会主义核心价值观十大典型民事案例）

【基本案情】

高某1与李某分别系高某2的祖父母，高某2没有工作，专职照顾高某1与李某生活直至二人去世，高某1与李某后事由高某2出资办理。高某1与李某去世前立下代书遗嘱，主要内容为因高某2照顾老人，二人去世后将居住的回迁房屋送给高某2。高甲、高乙、高丙为高某1与李某的子女，案涉回迁房屋系高某1、李某与高甲交换房产所得。高甲、高乙、高丙认为案涉代书遗嘱的代书人是高某2的妻子，且没有见证人在场，遗嘱无效。高某2以上述三人为被告提起诉讼，请求确认高某1、李某所立案涉遗嘱合法有效，以及确认其因继承取得案涉回迁房屋的所有权。

【裁判结果】

鞍山市中级人民法院认为，高某2提供的代书遗嘱因代书人是高某2的妻子，在代书遗嘱时双方是恋爱关系，这种特殊亲密的关系与高某2取得遗产存在身份和利益上的利害关系，属于《继承法》第十八条（《民法典》第一千一百四十条）规定的禁止代书人，因此其代书行为不符合代书遗嘱的法定形式要求，应属无效。本案应当按照法定继承进行处理。高某2虽然不是法定第一顺序继承人，但其自愿赡养高某1、李某并承担了丧葬费用，根据《继承法》第十四条（《民法典》第一千一百三十一条）的规定，继承人以外的对被继承人扶养较多的人，可以分配给他们适当的遗产，高某2可以视为第一顺序继承人。

《继承法》第十四条（《民法典》第一千一百三十一条）所规定的"适当分配遗产"，是指与非继承人所行扶养行为相适应，和其他有赡养义务的继承人所尽赡养义务相比较的适当比例。高某2虽没有赡养祖父母的法定义务，但其能专职侍奉生病的祖父母多年直至老人病故，使老人得以安享晚年，高某2几乎尽到了对高某1、李某两位被继承人生养死葬的全部扶养行为，这正是良好社会道德风尚的具体体现，并足以让社会、家庭给予褒奖。而本案其他继承人有能力扶养老人，但仅是在老人患病期间轮流护理，与高某2之后数年对患病老人的照顾相比，高甲、高乙、高丙的行为不能认为尽到了扶养义务。据此，高某2有权获得与其巨大付出相适应的继承案涉回迁房屋的权利。

【典型意义】

遗产继承处理的不仅是当事人之间的财产关系，还关系到家庭伦理和社会道德风尚，继承人应当本着互谅互让、和睦团结的精神消除误会，积极修复亲情关系，共促良好家风。本案中，高某2虽没有赡养祖父母的法定义务，但其能专职侍奉生病的祖父母多年直至老人病故，是良好社会道德风尚的具体体现，应当予以鼓励。本案裁判结合《继承法》的规定对高某2的赡养行为给予高度肯定，确定了其作为非法定继承人享有第一顺位的继承权利，并结合其赡养行为对高某2适当继承遗产的范围进行合理认定，实现了情理法的有机融合，弘扬了团结友爱、孝老爱亲的中华民族传统美德。

适用要点

⊙ "可以分给适当的遗产"的考虑因素

对此没有具体统一的标准，在分配遗产时，可以由当事人之间协商确定或者由法院确定。其中，《最高人民法院关于适用〈中华人民共和国民法典〉继承编的解释（一）》第20条中规定的"按具体情况可多于或少于继承人"，其考虑的因素主要包括：（1）依靠被继承人扶养的程度。如是否全部由被继承人扶养，还是与其他人共同扶养，以后是否需要长期扶养等。（2）对被继承人照顾扶养的程度。按照扶养时间的长短、扶养方式，以及扶养人与被继承人之间的关系来判定。（3）遗产情况和继承人情况。分配遗产需要考虑遗产的数量、种类，还要考虑继承人的情况。如继承人中有既无劳动能力又无生活来源的人，应首先保障该继承人的基本生活需要，再予以考虑继承人以外的可以酌给遗产的人。

> **第一千一百三十二条 【继承处理方式】**继承人应当本着互谅互让、和睦团结的精神，协商处理继承问题。遗产分割的时间、办法和份额，由继承人协商确定；协商不成的，可以由人民调解委员会调解或者向人民法院提起诉讼。

法 律

⊙《**人民调解法**》(2010 年 8 月 28 日)

第三条　人民调解委员会调解民间纠纷，应当遵循下列原则：

（一）在当事人自愿、平等的基础上进行调解；

（二）不违背法律、法规和国家政策；

（三）尊重当事人的权利，不得因调解而阻止当事人依法通过仲裁、行政、司法等途径维护自己的权利。

第十七条　当事人可以向人民调解委员会申请调解；人民调解委员会也可以主动调解。当事人一方明确拒绝调解的，不得调解。

⊙《**民事诉讼法**》(2023 年 9 月 1 日修正)

第三十四条　下列案件，由本条规定的人民法院专属管辖：

（一）因不动产纠纷提起的诉讼，由不动产所在地人民法院管辖；

（二）因港口作业中发生纠纷提起的诉讼，由港口所在地人民法院管辖；

（三）因继承遗产纠纷提起的诉讼，由被继承人死亡时住所地或者主要遗产所在地人民法院管辖。

司法解释及文件

⊙《**最高人民法院关于适用〈中华人民共和国民事诉讼法〉的解释**》(2022 年 4 月 1 日修正)

第七十条　在继承遗产的诉讼中，部分继承人起诉的，人民法院应通知其他继承人作为共同原告参加诉讼；被通知的继承人不愿意参加诉讼又未明确表示放弃实体权利的，人民法院仍应将其列为共同原告。

> 适用要点

⊙继承案件中遗漏继承人参加诉讼，如何处理

对于继承案件中是否存在遗漏继承人参加诉讼的情形，人民法院可依职权进行调查。如果当事人提交的证据表明可能存在未参加诉讼的其他继承人的，但是又无法找到该继承人时，在分割遗产时，要保留其应继承的遗产，并确定该遗产的保管人或者保管单位。

第三章 遗嘱继承和遗赠

第一千一百三十三条 【遗嘱继承和遗赠的一般规定】自然人可以依照本法规定立遗嘱处分个人财产,并可以指定遗嘱执行人。

自然人可以立遗嘱将个人财产指定由法定继承人中的一人或者数人继承。

自然人可以立遗嘱将个人财产赠与国家、集体或者法定继承人以外的组织、个人。

自然人可以依法设立遗嘱信托。

法 律

⊙《**信托法**》(2001 年 4 月 28 日)

第八条 设立信托,应当采取书面形式。

书面形式包括信托合同、遗嘱或者法律、行政法规规定的其他书面文件等。

采取信托合同形式设立信托的,信托合同签订时,信托成立。采取其他书面形式设立信托的,受托人承诺信托时,信托成立。

第十三条 设立遗嘱信托,应当遵守继承法关于遗嘱的规定。

遗嘱指定的人拒绝或者无能力担任受托人的,由受益人另行选任受托人;受益人为无民事行为能力人或者限制民事行为能力人的,依法由其监护人代行选任。遗嘱对选任受托人另有规定的,从其规定。

> 司法解释及文件

⊙《最高人民法院关于适用〈中华人民共和国民法典〉继承编的解释（一）》(2020年12月29日　法释〔2020〕23号)

第二十五条　遗嘱人未保留缺乏劳动能力又没有生活来源的继承人的遗产份额，遗产处理时，应当为该继承人留下必要的遗产，所剩余的部分，才可参照遗嘱确定的分配原则处理。

继承人是否缺乏劳动能力又没有生活来源，应当按遗嘱生效时该继承人的具体情况确定。

第二十六条　遗嘱人以遗嘱处分了国家、集体或者他人财产的，应当认定该部分遗嘱无效。

> 适用要点

⊙处理遗产时，遗嘱继承优先于法定继承

就法定继承与遗嘱继承表达被继承人的意思而言，是一般与个别的关系，法定继承是以一般人的立场，对被继承人意志的法律推定，而遗嘱继承则属于特定被继承人对自己意志的特殊表达。遗嘱继承优先于法定继承、遗赠扶养协议优先于遗嘱继承的继承制度表明被继承人对遗产的安排具有优越地位。自然人死亡后遗留的个人合法财产，既可以通过法定继承方式进行分配，也可以根据自然人所立的遗嘱内容进行分配。在自然人立有合法有效的遗嘱时，优先适用遗嘱分配遗产。人民法院受理继承纠纷案件后，首先要查清是否存在合法有效的遗嘱。只有被继承人生前未立遗嘱或者所立遗嘱无效时，才能按照法定继承制度处理继承纠纷。

第一千一百三十四条　【自书遗嘱】自书遗嘱由遗嘱人亲笔书写，签名，注明年、月、日。

司法解释及文件

⊙《最高人民法院关于适用〈中华人民共和国民法典〉继承编的解释（一）》(2020年12月29日 法释〔2020〕23号)

第二十七条 自然人在遗书中涉及死后个人财产处分的内容，确为死者的真实意思表示，有本人签名并注明了年、月、日，又无相反证据的，可以按自书遗嘱对待。

⊙《最高人民法院关于民事诉讼证据的若干规定》(2019年12月25日修正)

第九十二条 私文书证的真实性，由主张以私文书证证明案件事实的当事人承担举证责任。

私文书证由制作者或者其代理人签名、盖章或捺印的，推定为真实。

私文书证上有删除、涂改、增添或者其他形式瑕疵的，人民法院应当综合案件的具体情况判断其证明力。

民事审判指导与参考案例

⊙电脑中电子遗嘱不符合法律规定的自书遗嘱的形式要件，不能被认定为自书遗嘱——赫某1与赫某2等遗嘱继承纠纷上诉案[《民事审判指导与参考》2010年第2辑（总第42辑）]

【案例要旨】

被继承人电脑中的"身后安排"明显不符合法律规定的自书遗嘱的形式要件，且在继承人否认的情况下，证据的关联性、来源合法性无法确认和予以证明，故不能确认其为被继承人生前的自书遗嘱。在没有遗嘱的情况下，各继承人就继承问题达成的协议，不违反法律和行政法规的禁止性规定，应认定为有效，各方均应自觉履行。

适用要点

⊙ 立遗嘱人可否以印章、捺指印代替签名问题

自书遗嘱不能由他人代签姓名，也不能用印章、指印或其他符号代替签名。只有这样，才能保证遗嘱的真实性和准确性。自书遗嘱不要求见证人在场见证，如果允许以盖章或者捺指印的方式取代签名，可能会增加伪造遗嘱的风险。为此，《民法典》继承编在遗嘱的形式要件中，没有采纳盖章和捺指印的方式。

⊙ 遗嘱中涂改、增删的标注问题

自书遗嘱中如需涂改、增删，应当在涂改、增删内容的旁边注明涂改、增删的字数，且应在涂改、增删处另行签名。无论是修正书写笔误还是变更遗嘱内容，为了表示涂改、增删的内容为立遗嘱人本人所为，是对遗嘱的修正，立遗嘱人应当在涂改、增删处书写自己的姓名并注明年、月、日。

> 第一千一百三十五条 【代书遗嘱】代书遗嘱应当有两个以上见证人在场见证，由其中一人代书，并由遗嘱人、代书人和其他见证人签名，注明年、月、日。

法　律

⊙《民法典》(继承编)(2020年5月28日)

第一千一百四十条　下列人员不能作为遗嘱见证人：

（一）无民事行为能力人、限制民事行为能力人以及其他不具有见证能力的人；

（二）继承人、受遗赠人；

（三）与继承人、受遗赠人有利害关系的人。

司法解释及文件

⊙《最高人民法院关于适用〈中华人民共和国民法典〉继承编的解释（一）》（2020年12月29日 法释〔2020〕23号）

第二十四条 继承人、受遗赠人的债权人、债务人、共同经营的合伙人，也应当视为与继承人、受遗赠人有利害关系，不能作为遗嘱的见证人。

第一千一百三十六条 【打印遗嘱】打印遗嘱应当有两个以上见证人在场见证。遗嘱人和见证人应当在遗嘱每一页签名，注明年、月、日。

司法解释及文件

⊙《最高人民法院关于适用〈中华人民共和国民法典〉时间效力的若干规定》（2020年12月29日 法释〔2020〕15号）

第十五条 民法典施行前，遗嘱人以打印方式立的遗嘱，当事人对该遗嘱效力发生争议的，适用民法典第一千一百三十六条的规定，但是遗产已经在民法典施行前处理完毕的除外。

适用要点

⊙打印遗嘱在实践中应注意的问题

（1）不要求电脑制作和打印的行为必须由遗嘱人本人完成，但需要两个以上见证人全程参与。（2）如果遗嘱人先用传统手写的方式书写了遗嘱，之后无论出于何种目的，将手写遗嘱交与打印店工作人员用电脑抄录并打印，在打印的遗嘱上并无其他见证人签名，此时，还是应该谨守遗嘱形式法定的原则，确认打印遗嘱无效。但该手写遗嘱如果符合自书遗嘱要件，且与打印遗嘱内容一致，不存在时间先后内容不同的遗嘱，可认定该手写遗嘱的效力。(3)在打印遗嘱不止一页的情况下,遗嘱人、见证人只是在遗嘱的最后一页上或者只是在遗嘱中的某些页面上签名并注明年、月、日,此时,也应按照遗嘱形式法定的原则来确定遗嘱的效力。没有遗嘱人、见证人签名并注明年、月、日的遗嘱部分是无效的。

> **第一千一百三十七条 【录音录像遗嘱】**以录音录像形式立的遗嘱,应当有两个以上见证人在场见证。遗嘱人和见证人应当在录音录像中记录其姓名或者肖像,以及年、月、日。

司法解释及文件

⊙《最高人民法院关于民事诉讼证据的若干规定》(2019年12月25日修正)

第十五条 当事人以视听资料作为证据的,应当提供存储该视听资料的原始载体。

当事人以电子数据作为证据的,应当提供原件。电子数据的制作者制作的与原件一致的副本,或者直接来源于电子数据的打印件或其他可以显示、识别的输出介质,视为电子数据的原件。

第九十三条 人民法院对于电子数据的真实性,应当结合下列因素综合判断:

(一)电子数据的生成、存储、传输所依赖的计算机系统的硬件、软件环境是否完整、可靠;

(二)电子数据的生成、存储、传输所依赖的计算机系统的硬件、软件环境是否处于正常运行状态,或者不处于正常运行状态时对电子数据的生成、存储、传输是否有影响;

(三)电子数据的生成、存储、传输所依赖的计算机系统的硬件、软件环境是否具备有效的防止出错的监测、核查手段;

(四)电子数据是否被完整地保存、传输、提取,保存、传输、提取的方法是否可靠;

（五）电子数据是否在正常的往来活动中形成和存储；
（六）保存、传输、提取电子数据的主体是否适当；
（七）影响电子数据完整性和可靠性的其他因素。

人民法院认为有必要的，可以通过鉴定或者勘验等方法，审查判断电子数据的真实性。

第九十四条 电子数据存在下列情形，人民法院可以确认其真实性，但有足以反驳的相反证据的除外：
（一）由当事人提交或者保管的于己不利的电子数据；
（二）由记录和保存电子数据的中立第三方平台提供或者确认的；
（三）在正常业务活动中形成的；
（四）以档案管理方式保管的；
（五）以当事人约定的方式保存、传输、提取的。

电子数据的内容经公证机关公证的，人民法院应当确认其真实性，但有相反证据足以推翻的除外。

适用要点

⊙录音录像遗嘱规定的注明年、月、日的形式

如果遗嘱人、见证人没有在遗嘱中口述自己的姓名和日期，而是在封存遗嘱的材料上写上自己的姓名和日期，这种行为应视为遗嘱不符合本条规定的遗嘱形式要件，应被认为是无效遗嘱。因为按照本条的规定和法律设立录音录像遗嘱的初衷，遗嘱人和见证人应该是在录音录像中口述自己的姓名和日期，而不是另行在遗嘱载体或者载体的封存材料上签名并标注日期，更不能是见证人另行书写书面材料对遗嘱的见证过程加以说明。

第一千一百三十八条 【口头遗嘱】 遗嘱人在危急情况下，可以立口头遗嘱。口头遗嘱应当有两个以上见证人在场见证。危急情况消除后，遗嘱人能够以书面或者录音录像形式立遗嘱的，所立的口头遗嘱无效。

司法解释及文件

⊙《最高人民法院关于适用〈中华人民共和国民事诉讼法〉的解释》（2022年4月1日修正）

第一百零九条 当事人对欺诈、胁迫、恶意串通事实的证明，以及对口头遗嘱或者赠与事实的证明，人民法院确信该待证事实存在的可能性能够排除合理怀疑的，应当认定该事实存在。

⊙《最高人民法院关于民事诉讼证据的若干规定》（2019年12月25日修正）

第八十六条 当事人对于欺诈、胁迫、恶意串通事实的证明，以及对于口头遗嘱或赠与事实的证明，人民法院确信该待证事实存在的可能性能够排除合理怀疑的，应当认定该事实存在。

与诉讼保全、回避等程序事项有关的事实，人民法院结合当事人的说明及相关证据，认为有关事实存在的可能性较大的，可以认定该事实存在。

适用要点

⊙**应严格审查口头遗嘱的效力**

（1）在处理口头遗嘱继承案件时，应先审查口头遗嘱是否存在。（2）对口头遗嘱是否存在应该从严审查，口头遗嘱事实的证明标准要高于一般民事案件审查证据时的证明标准。（3）在审查口头遗嘱的效力时，要注意查清遗嘱人是否存在危急情况，只有在危急情况下所立的口头遗嘱才可能是有效的遗嘱。（4）要区别口头遗嘱和一般的日常聊天、谈话。（5）本条规定在危急情况消除后，遗嘱人能够以书面或者录音录像形式立遗嘱的，所立的口头遗嘱无效。（6）虽然本条并未就口头遗嘱的订立日期问题进行规定，但在实务中还是应该查明口头遗嘱的订立日期，只不过无须将日期问题作为遗嘱有效要件之一进行考察。

第一千一百三十九条 【公证遗嘱】公证遗嘱由遗嘱人经公证机构办理。

法 律

⊙《**公证法**》(2017年9月1日修正)

第二条 公证是公证机构根据自然人、法人或者其他组织的申请,依照法定程序对民事法律行为、有法律意义的事实和文书的真实性、合法性予以证明的活动。

第六条 公证机构是依法设立,不以营利为目的,依法独立行使公证职能、承担民事责任的证明机构。

第十一条 根据自然人、法人或者其他组织的申请,公证机构办理下列公证事项:

(一)合同;

(二)继承;

(三)委托、声明、赠与、遗嘱;

(四)财产分割;

(五)招标投标、拍卖;

(六)婚姻状况、亲属关系、收养关系;

(七)出生、生存、死亡、身份、经历、学历、学位、职务、职称、有无违法犯罪记录;

(八)公司章程;

(九)保全证据;

(十)文书上的签名、印鉴、日期,文书的副本、影印本与原本相符;

(十一)自然人、法人或者其他组织自愿申请办理的其他公证事项。

法律、行政法规规定应当公证的事项,有关自然人、法人或者其他组织应当向公证机构申请办理公证。

第二十五条 自然人、法人或者其他组织申请办理公证,可以向住所地、经常居住地、行为地或者事实发生地的公证机构提出。

申请办理涉及不动产的公证，应当向不动产所在地的公证机构提出；申请办理涉及不动产的委托、声明、赠与、遗嘱的公证，可以适用前款规定。

第二十六条 自然人、法人或者其他组织可以委托他人办理公证，但遗嘱、生存、收养关系等应当由本人办理公证的除外。

第三十九条 当事人、公证事项的利害关系人认为公证书有错误的，可以向出具该公证书的公证机构提出复查。公证书的内容违法或者与事实不符的，公证机构应当撤销该公证书并予以公告，该公证书自始无效；公证书有其他错误的，公证机构应当予以更正。

部门规章及规范性文件

⊙**《公证程序规则》**（2020年10月20日司法部令第145号修正）

第十一条 当事人可以委托他人代理申办公证，但申办遗嘱、遗赠扶养协议、赠与、认领亲子、收养关系、解除收养关系、生存状况、委托、声明、保证及其他与自然人人身有密切关系的公证事项，应当由其本人亲自申办。

公证员、公证机构的其他工作人员不得代理当事人在本公证机构申办公证。

第十四条 公证事项由当事人住所地、经常居住地、行为地或者事实发生地的公证机构受理。

涉及不动产的公证事项，由不动产所在地的公证机构受理；涉及不动产的委托、声明、赠与、遗嘱的公证事项，可以适用前款规定。

第五十三条 公证机构办理遗嘱公证，应当由二人共同办理。承办公证员应当全程亲自办理，并对遗嘱人订立遗嘱的过程录音录像。

特殊情况下只能由一名公证员办理时，应当请一名见证人在场，见证人应当在询问笔录上签名或者盖章。

公证机构办理遗嘱公证，应当查询全国公证管理系统。出具公证书的，应当于出具当日录入办理信息。

第六十一条 当事人认为公证书有错误的，可以在收到公证书之日起一年内，向出具该公证书的公证机构提出复查。

公证事项的利害关系人认为公证书有错误的，可以自知道或者应当知道该项公证之日起一年内向出具该公证书的公证机构提出复查，但能证明自己不知道的除外。提出复查的期限自公证书出具之日起最长不得超过二十年。

复查申请应当以书面形式提出，载明申请人认为公证书存在的错误及其理由，提出撤销或者更正公证书的具体要求，并提供相关证明材料。

第六十七条 当事人、公证事项的利害关系人对公证机构作出的撤销或者不予撤销公证书的决定有异议的，可以向地方公证协会投诉。

投诉的处理办法，由中国公证协会制定。

⊙**《遗嘱公证细则》**(2000 年 3 月 24 日　司法部令第 57 号)

第三条 遗嘱公证是公证处按照法定程序证明遗嘱人设立遗嘱行为真实、合法的活动。经公证证明的遗嘱为公证遗嘱。

第四条 遗嘱公证由遗嘱人住所地或者遗嘱行为发生地公证处管辖。

第五条 遗嘱人申办遗嘱公证应当亲自到公证处提出申请。

遗嘱人亲自到公证处有困难的，可以书面或者口头形式请求有管辖权的公证处指派公证人员到其住所或者临时处所办理。

第六条 遗嘱公证应当由两名公证人员共同办理，由其中一名公证员在公证书上署名。因特殊情况由一名公证员办理时，应当有一名见证人在场，见证人应当在遗嘱和笔录上签名。

见证人、遗嘱代书人适用《中华人民共和国继承法》第十八条的规定。

第七条 申办遗嘱公证，遗嘱人应当填写公证申请表，并提交下列证件和材料：

（一）居民身份证或者其他身份证件；

（二）遗嘱涉及的不动产、交通工具或者其他有产权凭证的财产的产权证明；

（三）公证人员认为应当提交的其他材料。

遗嘱人填写申请表确有困难的，可由公证人员代为填写，遗嘱人应当在申请表上签名。

第八条 对于属于本公证处管辖，并符合前条规定的申请，公证处应当受理。

对于不符合前款规定的申请，公证处应当在三日内作出不予受理的决定，并通知申请人。

第十二条 公证人员询问遗嘱人，除见证人、翻译人员外，其他人员一般不得在场。公证人员应当按照《公证程序规则（试行）》第二十四条的规定制作谈话笔录。谈话笔录应当着重记录下列内容：

（一）遗嘱人的身体状况、精神状况；遗嘱人系老年人、间歇性精神病人、危重伤病人的，还应当记录其对事物的识别、反应能力；

（二）遗嘱人家庭成员情况，包括其配偶、子女、父母及与其共同生活人员的基本情况；

（三）遗嘱所处分财产的情况，是否属于遗嘱人个人所有，以前是否曾以遗嘱或者遗赠扶养协议等方式进行过处分，有无已设立担保、已被查封、扣押等限制所有权的情况；

（四）遗嘱人所提供的遗嘱或者遗嘱草稿的形成时间、地点和过程，是自书还是代书，是否本人的真实意愿，有无修改、补充，对遗产的处分是否附有条件；代书人的情况，遗嘱或者遗嘱草稿上的签名、盖章或者手印是否其本人所为；

（五）遗嘱人未提供遗嘱或者遗嘱草稿的，应当详细记录其处分遗产的意思表示；

（六）是否指定遗嘱执行人及遗嘱执行人的基本情况；

（七）公证人员认为应当询问的其他内容。

谈话笔录应当当场向遗嘱人宣读或者由遗嘱人阅读，遗嘱人无异议后，遗嘱人、公证人员、见证人应当在笔录上签名。

第十四条 遗嘱人提供的遗嘱，无修改、补充的，遗嘱人应当在公证人员面前确认遗嘱内容、签名及签署日期属实。

遗嘱人提供的遗嘱或者遗嘱草稿，有修改、补充的，经整理、誊清后，应当交遗嘱人核对，并由其签名。

遗嘱人未提供遗嘱或者遗嘱草稿的，公证人员可以根据遗嘱人的意思表示代为起草遗嘱。公证人员代拟的遗嘱，应当交遗嘱人核对，并由其签名。

以上情况应当记入谈话笔录。

第十五条 两个以上的遗嘱人申请办理共同遗嘱公证的，公证处应当引导他们分别设立遗嘱。

遗嘱人坚持申请办理共同遗嘱公证的，共同遗嘱中应当明确遗嘱变更、撤销及生效的条件。

第十六条 公证人员发现有下列情形之一的，公证人员在与遗嘱人谈话时应当录音或者录像：

（一）遗嘱人年老体弱；

（二）遗嘱人为危重伤病人；

（三）遗嘱人为聋、哑、盲人；

（四）遗嘱人为间歇性精神病患者、弱智者。

第十八条 公证遗嘱采用打印形式。遗嘱人根据遗嘱原稿核对后，应当在打印的公证遗嘱上签名。

遗嘱人不会签名或者签名有困难的，可以盖章方式代替在申请表、笔录和遗嘱上的签名；遗嘱人既不能签字又无印章的，应当以按手印方式代替签名或者盖章。

有前款规定情形的，公证人员应当在笔录中注明。以按手印代替签名或者盖章的，公证人员应当提取遗嘱人全部的指纹存档。

第十九条 公证处审批人批准遗嘱公证书之前，遗嘱人死亡或者丧失行为能力的，公证处应当终止办理遗嘱公证。

遗嘱人提供或者公证人员代书、录制的遗嘱，符合代书遗嘱条件或者经承办公证人员见证符合自书、录音、口头遗嘱条件的，公证处可以将该遗嘱发给遗嘱受益人，并将其复印件存入终止公证的档案。

公证处审批人批准之后，遗嘱人死亡或者丧失行为能力的，公证处应当完成公证遗嘱的制作。遗嘱人无法在打印的公证遗嘱上签名的，可依符合第十七条规定的遗嘱原稿的复印件制作公证遗嘱，遗嘱原稿留公证处存档。

司法解释及文件

⊙《**最高人民法院关于民事诉讼证据的若干规定**》(2019年12月25日修正)

第十条 下列事实，当事人无须举证证明：
（一）自然规律以及定理、定律；
（二）众所周知的事实；
（三）根据法律规定推定的事实；
（四）根据已知的事实和日常生活经验法则推定出的另一事实；
（五）已为仲裁机构的生效裁决所确认的事实；
（六）已为人民法院发生法律效力的裁判所确认的基本事实；
（七）已为有效公证文书所证明的事实。
前款第二项至第五项事实，当事人有相反证据足以反驳的除外；第六项、第七项事实，当事人有相反证据足以推翻的除外。

第一千一百四十条 【遗嘱见证人资格的限制性规定】下列人员不能作为遗嘱见证人：
（一）无民事行为能力人、限制民事行为能力人以及其他不具有见证能力的人；
（二）继承人、受遗赠人；
（三）与继承人、受遗赠人有利害关系的人。

司法解释及文件

⊙《**最高人民法院关于适用〈中华人民共和国民法典〉继承编的解释（一）**》(2020年12月29日 法释〔2020〕23号)

第二十四条 继承人、受遗赠人的债权人、债务人，共同经营的合伙人，也应当视为与继承人、受遗赠人有利害关系，不能作为遗嘱的见证人。

适用要点

⊙符合条件的遗嘱见证人与不符合条件的人员同时参与遗嘱订立时的遗嘱效力

法律对此没有明确规定,在实务中,要分别对待,不能将遗嘱一律认定为有效或者无效。如果有证据证明在场的遗嘱受益人或其利害关系人实施了欺诈、胁迫行为,导致遗嘱人作出了不符合本意的遗嘱时,该遗嘱即应被确认为无效。反之,不应认定遗嘱无效。

第一千一百四十一条 【必留份】 遗嘱应当为缺乏劳动能力又没有生活来源的继承人保留必要的遗产份额。

司法解释及文件

⊙《最高人民法院关于适用〈中华人民共和国民法典〉继承编的解释（一）》（2020年12月29日　法释〔2020〕23号）

第二十五条 遗嘱人未保留缺乏劳动能力又没有生活来源的继承人的遗产份额,遗产处理时,应当为该继承人留下必要的遗产,所剩余的部分,才可参照遗嘱确定的分配原则处理。

继承人是否缺乏劳动能力又没有生活来源,应当按遗嘱生效时该继承人的具体情况确定。

民事审判指导与参考案例

⊙遗嘱应为缺乏劳动能力又没有生活来源的继承人保留必要的遗产份额——陈乙等与陈甲继承纠纷案［《民事审判指导与参考》2013年第2辑（总第54辑）］

【案例要旨】

遗嘱应当对缺乏劳动能力又没有生活来源的继承人

保留必要的遗产份额,如果没有为缺乏劳动能力又没有生活来源的继承人保留必要的遗产份额,应当对遗嘱的实质内容进行分析。只要遗嘱人在处分遗产时为缺乏劳动能力又没有生活来源的继承人今后的生活作出了特别安排,即使形式上没有指定其继承遗产,亦不应当认定遗嘱人未保留缺乏劳动能力又没有生活来源的继承人的遗产份额。

[适用要点]

⊙ **必留份的优先性**

本条规定的继承人享有的这种权利相对于被继承人的债权人对被继承人的债权来说具有优先性,同时这种权利也优先于国家对被继承人的税收权。这是因为本条保障的是这类继承人的生存权,生存权是人的最基本的权利,相较于其他权利类型而言,生存权应放在第一位。故在实务中遇有其他债权人的债权与本条规定相冲突时,应优先适用本条的规定,为符合条件的继承人留出必要的遗产。

第一千一百四十二条 【遗嘱的撤回、变更及效力顺位】遗嘱人可以撤回、变更自己所立的遗嘱。

立遗嘱后,遗嘱人实施与遗嘱内容相反的民事法律行为的,视为对遗嘱相关内容的撤回。

立有数份遗嘱,内容相抵触的,以最后的遗嘱为准。

[法 律]

⊙《**民法典**》(**总则编**)(2020年5月28日)

第一百四十条 行为人可以明示或者默示作出意思表示。

沉默只有在有法律规定、当事人约定或者符合当事人之间的交易习惯时,才可以视为意思表示。

第一百四十一条 行为人可以撤回意思表示。撤回意思表示的通知应当在意思表示到达相对人前或者与意思表示同时到达相对人。

部门规章及规范性文件

⊙《遗嘱公证细则》(2000年3月24日 司法部令第57号)

第三条 遗嘱公证是公证处按法定程序证明遗嘱人设立遗嘱行为真实、合法的活动。经公证证明的遗嘱为公证遗嘱。

第二十二条 公证遗嘱生效前，非经遗嘱人申请并履行公证程序，不得撤销或者变更公证遗嘱。

遗嘱人申请撤销或者变更公证遗嘱的程序适用本规定。

司法解释及文件

⊙《最高人民法院关于适用〈中华人民共和国民法典〉时间效力的若干规定》(2020年12月29日 法释〔2020〕15号)

第二十三条 被继承人在民法典施行前立有公证遗嘱，民法典施行后又立有新遗嘱，其死亡后，因该数份遗嘱内容相抵触发生争议的，适用民法典第一千一百四十二条第三款的规定。

适用要点

⊙**若遗嘱人立有数份内容相抵触的有效遗嘱，当最后一份遗嘱被遗嘱人撤回后，在先的遗嘱是否当然地恢复效力**

若最后一份遗嘱被遗嘱人撤回，则该撤回行为只能表明遗嘱人并不打算按照该被撤回遗嘱来处分身后遗产，但并不能直接得出遗嘱人还打算按照在先的前一份遗嘱来处理相关遗产的结论，除非人民法院综合案件具体情形可以认定遗嘱人有按前一份遗嘱处理财产的意思表示。

⊙**若遗嘱人立有数份内容相抵触的遗嘱，最后一份遗嘱被确认无效后，能否直接按照在先的遗嘱内容处理相应的遗产**

若最后一份遗嘱被确认为无效，一般会依据在先的前一份遗嘱来处理继承问题。

> **第一千一百四十三条　【遗嘱的实质要件】**无民事行为能力人或者限制民事行为能力人所立的遗嘱无效。
>
> 　　遗嘱必须表示遗嘱人的真实意思，受欺诈、胁迫所立的遗嘱无效。
>
> 　　伪造的遗嘱无效。
>
> 　　遗嘱被篡改的，篡改的内容无效。

法　律

⊙《民法典》(总则编)(2020年5月28日)

　　第一百四十三条　具备下列条件的民事法律行为有效：

　　（一）行为人具有相应的民事行为能力；

　　（二）意思表示真实；

　　（三）不违反法律、行政法规的强制性规定，不违背公序良俗。

　　第一百五十五条　无效的或者被撤销的民事法律行为自始没有法律约束力。

⊙《涉外民事关系法律适用法》(2010年10月28日)

　　第三十二条　遗嘱方式，符合遗嘱人立遗嘱时或者死亡时经常居所地法律、国籍国法律或者遗嘱行为地法律的，遗嘱均为成立。

司法解释及文件

⊙《最高人民法院关于适用〈中华人民共和国民法典〉继承编的解释（一）》(2020年12月29日　法释〔2020〕23号)

　　第二十八条　遗嘱人立遗嘱时必须具有完全民事行为能力。无民事行为能力人或者限制民事行为能力人所立的遗嘱，即使其本人后来具有完全民事行为能力，仍属无效遗嘱。遗嘱人立遗嘱时具有完全民事行为能力，后来成为无民事行为能力人或者限制民事行为能力人的，不影响遗嘱的效力。

⊙《最高人民法院关于适用〈中华人民共和国民事诉讼法〉的解释》（2022年4月1日修正）

第一百零九条 当事人对欺诈、胁迫、恶意串通事实的证明，以及对口头遗嘱或者赠与事实的证明，人民法院确信该待证事实存在的可能性能够排除合理怀疑的，应当认定该事实存在。

民事审判指导与参考案例

⊙遗嘱的解释应探寻被继承人的内心真意，不得仅仅因遗嘱存在个别错误或部分歧义而轻易否定其效力——简某1诉简某2、简某3、简某4、简某5遗嘱继承纠纷案［《民事审判指导与参考》2019年第1辑（总第77辑）］

【案例要旨】

进行遗嘱解释时应该以探求遗嘱人的内心真意为首要原则，遗嘱中附有的义务，系对继承人所有权的限制，而不是对所有权的否定。

【基本案情】

罗某于2003年9月12日去世，其父母先于罗某去世。简某1和简某2、简某3、简某4、简某5均为第一顺序法定继承人。根据被继承人罗某户籍和身份资料显示，罗某于1931年12月出生，文化程度：小学。2002年8月9日，罗某写下《遗言》一份："我本人过身后，愿意将现住房屋产权留给四仔简某1，三女简某4有居住权，房屋不能出租或出卖，如有变动需经五儿女签名同意；本人余下现金首饰留给五儿女平分……"被继承人罗某生前一直与原告简某1一家共同居住在涉案房屋，现简某1仍在该房屋居住。简某1名下没有其他房屋。其他四被告婚后（简某2：1981年；简某3：1981年；简某4：1987年；简某5：1995年）陆续搬出涉案房屋。原告简某1据《遗言》依法要求继承上述房产全部所有权，遭简某2、简某3、简某4、简某5拒绝，遂成诉。四被告辩称：罗某没有将处分权给简某1，且从罗某的文化水平及当时的生活环境看，其生活的年代对户籍非常看重，平时"担心简某1一家没有地方挂户口"，故罗某所说的产权仅仅是给简某1一家挂户口的地方，而不是真正意义上的产权。

【裁判结果】

一审法院经审理认为，从《遗言》的表述上分析，该房屋的处分权必须由原、被告五人同意才能够行使，即原告不享有单独的处分权。没有单独的处分权，也就不具备对该房产的完全物权即所有权。因此，对被告主张"罗某所说的产权仅仅是给简某1一家挂户口的地方，而不是真正意义上的产权"之抗辩意见予以采纳，《遗言》所涉房屋应当按照法定继承处理。据此判决原告与四被告各继承1/5的产权。二审法院经审理认为，罗某将涉案房屋产权遗留给四儿子简某1的意思表示是清晰明确的，其关于三女简某4有居住权、未经同意不能出租或出售等只是遗嘱附有的义务，系对继承人所有权的限制，而不是对所有权的否定，不足以推断出四被告所抗辩的只是给原告简某1一家挂靠户籍的意思。简某1上诉主张其应享有涉案房屋的全部所有权份额有理，应予支持。需要指出的是，简某1继承涉案房屋的所有权时，需尊重被继承人罗某生前遗愿，履行《遗言》所确定的简某4有居住权及未经简某2、简某3、简某4、简某5同意不得对涉案房屋出租或出售之义务。遂判决：涉案房屋的全部所有权份额由简某1继承。

第一千一百四十四条 【附义务的遗嘱或遗赠】遗嘱继承或者遗赠附有义务的，继承人或者受遗赠人应当履行义务。没有正当理由不履行义务的，经利害关系人或者有关组织请求，人民法院可以取消其接受附义务部分遗产的权利。

司法解释及文件

⊙《最高人民法院关于适用〈中华人民共和国民法典〉继承编的解释（一）》(2020年12月29日　法释〔2020〕23号)

第二十九条　附义务的遗嘱继承或者遗赠，如义务能够履行，而继承人、受遗赠人无正当理由不履行，经受益人或者其他继承人请求，人民法院可以取消其接受附义务部分遗产的权利，由提出请求的继承人或者受益人负责按遗嘱人的意愿履行义务，接受遗产。

第四十条　继承人以外的组织或者个人与自然人签订遗赠扶养协议后，无正当理由不履行，导致协议解除的，不能享有受遗赠的权利，其支付的供养费用一般不予补偿；遗赠人无正当理由不履行，导致协议解除的，则应当偿还继承人以外的组织或者个人已支付的供养费用。

第四十四条　继承诉讼开始后，如继承人、受遗赠人中有既不愿参加诉讼，又不表示放弃实体权利的，应当追加为共同原告；继承人已书面表示放弃继承、受遗赠人在知道受遗赠后六十日内表示放弃受遗赠或者到期没有表示的，不再列为当事人。

适用要点

⊙ **不履行义务的法律后果**

遗嘱继承人或受遗赠人在不履行义务时虽然会遭受不利的法律后果，但这种法律后果并不是由人民法院强制其履行该义务，而是由人民法院剥夺其接受相关遗产的权利，使遗嘱继承人或受遗赠人的财产状况恢复到之前的状态。在其不履行义务时，利害关系人或有关组织不得请求人民法院判决其履行义务。

第四章　遗产的处理

第一千一百四十五条　【遗产管理人的选任】继承开始后，遗嘱执行人为遗产管理人；没有遗嘱执行人的，继承人应当及时推选遗产管理人；继承人未推选的，由继承人共同担任遗产管理人；没有继承人或者继承人均放弃继承的，由被继承人生前住所地的民政部门或者村民委员会担任遗产管理人。

法　律

⊙《**信托法**》(2001 年 4 月 28 日)

第十三条　设立遗嘱信托，应当遵守继承法关于遗嘱的规定。

遗嘱指定的人拒绝或者无能力担任受托人的，由受益人另行选任受托人；受益人为无民事行为能力人或者限制民事行为能力人的，依法由其监护人代行选任。遗嘱对选任受托人另有规定的，从其规定。

第三十九条第二款　受托人职责终止时，其继承人或者遗产管理人、监护人、清算人应当妥善保管信托财产，协助新受托人接管信托事务。

[司法解释及文件]

⊙《最高人民法院关于适用〈中华人民共和国民法典〉继承编的解释（一）》(2020年12月29日　法释〔2020〕23号)

第三十条　人民法院在审理继承案件时，如果知道有继承人而无法通知的，分割遗产时，要保留其应继承的遗产，并确定该遗产的保管人或者保管单位。

> **第一千一百四十六条　【指定遗产管理人】** 对遗产管理人的确定有争议的，利害关系人可以向人民法院申请指定遗产管理人。

[典型案例]

⊙**让具有管养维护遗产房屋优势条件的部分继承人担任侨房遗产管理人，妥善解决涉侨祖宅的管养维护问题——欧某某申请指定遗产管理人案**［2022年2月25日最高人民法院发布的人民法院贯彻实施民法典典型案例（第一批）］

【典型意义】

侨乡涉侨房产因年代久远、继承人散落海外往往析产确权困难，存在管养维护责任长期处于搁置或争议状态的窘境，不少历史风貌建筑因此而残破贬损。本案中，审理法院巧用民法典新创设的遗产管理人法律制度，创造性地在可查明的继承人中引入管养房屋方案"竞标"方式，让具有管养维护遗产房屋优势条件的部分继承人担任侨房遗产管理人，妥善解决了涉侨祖宅的管养维护问题，充分彰显了民法典以人为本、物尽其用的价值追求，为侨乡历史建筑的司法保护开创了一条全新路径。

【基本案情】

厦门市思明区某处房屋原业主为魏姜氏（19世纪生人）。魏姜氏育有三女一子，该四支继承人各自向下已经延嗣到第五代，但其中儿子一支无任何可查信息,幼女一支散落海外情况不明,仅长女和次女两支部分继承人居住在境内。因继承人无法穷尽查明,长女和次女两支继承人曾历经两代、长达十年的继承诉讼,仍未能顺利实现继承析产。民法典实施后,长女一支继承人以欧某某为代表提出,可由生活在境内的可查明信息的两支继承人共同管理祖宅;次女一支继承人则提出,遗产房屋不具有共同管理的条件,应由现实际居住在境内且别无住处的次女一支继承人中的陈某1和陈某2担任遗产管理人。

【裁判结果】

生效裁判认为,魏姜氏遗产的多名继承人目前下落不明、信息不明,遗产房屋将在较长时间内不能明确所有权人,其管养维护责任可能长期无法得到有效落实,确有必要在析产分割条件成就前尽快依法确定管理责任人。而魏姜氏生前未留有遗嘱,未指定其遗嘱执行人或遗产管理人,在案各继承人之间就遗产管理问题又分歧巨大、未能协商达成一致意见,故当秉承最有利于遗产保护、管理、债权债务清理的原则,在综合考虑被继承人内心意愿、各继承人与被继承人亲疏远近关系、各继承人管理保护遗产的能力水平等方面因素,确定案涉遗产房屋的合适管理人。次女魏某2一支在魏姜氏生前尽到主要赡养义务,与产权人关系较为亲近,且历代长期居住在遗产房屋内并曾主持危房改造,与遗产房屋有更深的历史情感联系,对周边人居环境更为熟悉,更有实际能力履行管养维护职责,更有能力清理遗产上可能存在的债权债务;长女魏某1一支可查后人现均居住漳州市,客观上无法对房屋尽到充分、周到的管养维护责任。故,由魏某1一支继承人跨市管理案涉遗产房屋暂不具备客观条件;魏某2一支继承人能够协商支持由陈某1、陈某2共同管理案涉遗产房屋,符合遗产效用最大化原则。因此判决指定陈某1、陈某2为魏姜氏房屋的遗产管理人。

第一千一百四十七条 【遗产管理人的职责】遗产管理人应当履行下列职责：

（一）清理遗产并制作遗产清单；

（二）向继承人报告遗产情况；

（三）采取必要措施防止遗产毁损、灭失；

（四）处理被继承人的债权债务；

（五）按照遗嘱或者依照法律规定分割遗产；

（六）实施与管理遗产有关的其他必要行为。

司法解释及文件

⊙《最高人民法院关于民事执行中变更、追加当事人若干问题的规定》(2020年12月29日修正)

第二条 作为申请执行人的自然人死亡或被宣告死亡，该自然人的遗产管理人、继承人、受遗赠人或其他因该自然人死亡或被宣告死亡依法承受生效法律文书确定权利的主体，申请变更、追加其为申请执行人的，人民法院应予支持。

作为申请执行人的自然人被宣告失踪，该自然人的财产代管人申请变更、追加其为申请执行人的，人民法院应予支持。

第十条 作为被执行人的自然人死亡或被宣告死亡，申请执行人申请变更、追加该自然人的遗产管理人、继承人、受遗赠人或其他因该自然人死亡或被宣告死亡取得遗产的主体为被执行人，在遗产范围内承担责任的，人民法院应予支持。

作为被执行人的自然人被宣告失踪，申请执行人申请变更该自然人的财产代管人为被执行人，在代管的财产范围内承担责任的，人民法院应予支持。

> [!NOTE] 适用要点

> ⊙ 遗产管理人在涉遗产诉讼中是否有独立的诉权

《民法典》规定的遗产管理人制度未明确遗产管理人的独立诉权。但是基于保护遗产完整和安全的目的以及遗产管理人享有为此目的而实施相应民事行为的实体权利，包括对债权债务的处分，遗产管理人在遗产管理期间应当享有一定的诉权，并实施一定的处分行为。《最高人民法院关于民事执行中变更、追加当事人若干问题的规定》第 2 条第 1 款、第 10 条第 1 款已经赋予遗产管理人在执行程序中的独立主体地位。司法实践在一定程度上也肯定了遗产管理人的独立诉讼地位。遗产管理人及受托人在收集遗产过程中遇到障碍，无法及时收集并有效管理遗产时，有权以自己名义对相关民事主体提起民事诉讼以保证遗产安全。

> **第一千一百四十八条**【遗产管理人未尽职责的民事责任】遗产管理人应当依法履行职责，因故意或者重大过失造成继承人、受遗赠人、债权人损害的，应当承担民事责任。

> **第一千一百四十九条**【遗产管理人的报酬】遗产管理人可以依照法律规定或者按照约定获得报酬。

> [!NOTE] 适用要点

> ⊙ 遗产管理人报酬和遗产管理费用的区别

遗产管理人报酬和遗产管理费用的产生都源自遗产管理行为。但是二者有本质的区别。（1）功能不同。遗产管理人报酬是对于遗产管理人的酬劳，遗产管理人是请求报酬的权利主体；遗产管理费用是遗产管理人为进行遗产管理支出的必要费用，遗产管理人代表继承人，对外是支付管理费用的义务主体。（2）构成不同。遗产管理人报酬作为对于遗产管理人付出劳动的酬劳，一般是固定的数额或者按照遗产价值的一定比例计算的数额。遗产管理费用则是遗产管理中各种支出的统称,一般包括保存遗产的必要费用、遗产分割的费用和遗嘱执行的费用三项。(3)依据不同。遗产管理人请求支付报酬应当以法律规定或者合同约定为依据。而遗产管理费用的支付不需要特别的依据,无论当事人对于管理费用是否有约定,只要有遗产保存和管理之必要即应当支付。

> **第一千一百五十条 【继承开始的通知】**继承开始后,知道被继承人死亡的继承人应当及时通知其他继承人和遗嘱执行人。继承人中无人知道被继承人死亡或者知道被继承人死亡而不能通知的,由被继承人生前所在单位或者住所地的居民委员会、村民委员会负责通知。

司法解释及文件

⊙《最高人民法院关于适用〈中华人民共和国民法典〉继承编的解释(一)》(2020年12月29日 法释〔2020〕23号)

第三十条 人民法院在审理继承案件时,如果知道有继承人而无法通知的,分割遗产时,要保留其应继承的遗产,并确定该遗产的保管人或者保管单位。

适用要点

⊙义务主体未尽通知义务的法律后果

通知义务主体能够通知但没有通知或者通知遗漏继承人,使相关继承人未及时获知被继承人死亡的事实,如故意隐瞒,此种情况下,属于义务主体因主观过错未履行法定的通知义务,因此导致其他继承人财产损失的,应当承担民事责任。

第一千一百五十一条 【遗产的保管】存有遗产的人,应当妥善保管遗产,任何组织或者个人不得侵吞或者争抢。

司法解释及文件

⊙《最高人民法院关于适用〈中华人民共和国民法典〉继承编的解释（一）》(2020年12月29日　法释〔2020〕23号)

第三十条　人民法院在审理继承案件时,如果知道有继承人而无法通知的,分割遗产时,要保留其应继承的遗产,并确定该遗产的保管人或者保管单位。

第四十三条　人民法院对故意隐匿、侵吞或者争抢遗产的继承人,可以酌情减少其应继承的遗产。

适用要点

⊙**违反妥善保管遗产义务的责任**

遗产存有人应当妥善保管遗产,这是法定义务,如果未尽到妥善保管义务,导致遗产减值、灭失的,应当承担相应的民事责任。由于此种保管义务是无偿的,可参考适用《民法典》关于遗产管理人民事责任构成的规定,在遗产存有人因故意或者重大过失造成遗产损害的情况下,其应当承担民事责任。对于遗产的损害,遗产存有人无过错或者仅有一般过失的,不宜要求其承担民事责任。

第一千一百五十二条 【转继承】继承开始后,继承人于遗产分割前死亡,并没有放弃继承的,该继承人应当继承的遗产转给其继承人,但是遗嘱另有安排的除外。

司法解释及文件

⊙《最高人民法院关于适用〈中华人民共和国民法典〉继承编的解释（一）》（2020年12月29日　法释〔2020〕23号）

第三十八条　继承开始后，受遗赠人表示接受遗赠，并于遗产分割前死亡的，其接受遗赠的权利转移给他的继承人。

适用要点

⊙转继承与代位继承的性质不同

代位继承与本位继承相对应，具有替补的性质，继承人先于被继承人死亡，由代位继承人代替其位参加被继承人遗产的继承，代位继承人取得的是对被继承人的继承权，继承的是被继承人的遗产，属于间接继承。转继承是连续发生的二次继承，转继承人是以自己的名义取得被转继承人应继份额的所有权，属于直接继承，既适用于法定继承，也适用于遗嘱继承。对被继承人而言，转继承人享有的不是对被继承人遗产的继承权，而仅是分割遗产的权利。

第一千一百五十三条　【遗产的认定】夫妻共同所有的财产，除有约定的外，遗产分割时，应当先将共同所有的财产的一半分出为配偶所有，其余的为被继承人的遗产。

遗产在家庭共有财产之中的，遗产分割时，应当先分出他人的财产。

法　律

⊙《民法典》（物权编）（2020年5月28日）

第二百九十九条　共同共有人对共有的不动产或者动产共同享有所有权。

第三百零三条 共有人约定不得分割共有的不动产或者动产，以维持共有关系的，应当按照约定，但是共有人有重大理由需要分割的，可以请求分割；没有约定或者约定不明确的，按份共有人可以随时请求分割，共同共有人在共有的基础丧失或者有重大理由需要分割时可以请求分割。因分割造成其他共有人损害的，应当给予赔偿。

第三百零四条 共有人可以协商确定分割方式。达不成协议，共有的不动产或者动产可以分割且不会因分割减损价值的，应当对实物予以分割；难以分割或者因分割会减损价值的，应当对折价或者拍卖、变卖取得的价款予以分割。

共有人分割所得的不动产或者动产有瑕疵的，其他共有人应当分担损失。

⊙**《民法典》（婚姻家庭编）**（2020 年 5 月 28 日）

第一千零六十二条 夫妻在婚姻关系存续期间所得的下列财产，为夫妻的共同财产，归夫妻共同所有：

（一）工资、奖金、劳务报酬；

（二）生产、经营、投资的收益；

（三）知识产权的收益；

（四）继承或者受赠的财产，但是本法第一千零六十三条第三项规定的除外；

（五）其他应当归共同所有的财产。

夫妻对共同财产，有平等的处理权。

第一千零六十三条 下列财产为夫妻一方的个人财产：

（一）一方的婚前财产；

（二）一方因受到人身损害获得的赔偿或者补偿；

（三）遗嘱或者赠与合同中确定只归一方的财产；

（四）一方专用的生活用品；

（五）其他应当归一方的财产。

第一千零六十五条 男女双方可以约定婚姻关系存续期间所得的财产以及婚前财产归各自所有、共同所有或者部分各自所有、部分共同所有。约定应当采用书面形式。没有约定或者约定不明确的，适用本法第一千零六十二条、第一千零六十三条的规定。

夫妻对婚姻关系存续期间所得的财产以及婚前财产的约定，对双方具有法律约束力。

夫妻对婚姻关系存续期间所得的财产约定归各自所有，夫或者妻一方对外所负的债务，相对人知道该约定的，以夫或者妻一方的个人财产清偿。

⊙《**合伙企业法**》(2006年8月27日修订)

第五十条　合伙人死亡或者被依法宣告死亡的，对该合伙人在合伙企业中的财产份额享有合法继承权的继承人，按照合伙协议的约定或者经全体合伙人一致同意，从继承开始之日起，取得该合伙企业的合伙人资格。

有下列情形之一的，合伙企业应当向合伙人的继承人退还被继承合伙人的财产份额：

（一）继承人不愿意成为合伙人的；

（二）法律规定或者合伙协议约定合伙人必须具有相关资格，而该继承人未取得该资格；

（三）合伙协议约定不能成为合伙人的其他情形。

合伙人的继承人为无民事行为能力人或者限制民事行为能力人的，经全体合伙人一致同意，可以依法成为有限合伙人，普通合伙企业依法转为有限合伙企业。全体合伙人未能一致同意的，合伙企业应当将被继承合伙人的财产份额退还该继承人。

司法解释及文件

⊙《**最高人民法院关于适用〈中华人民共和国民法典〉婚姻家庭编的解释（一）**》(2020年12月29日　法释〔2020〕22号)

第二十四条　民法典第一千零六十二条第一款第三项规定的"知识产权的收益"，是指婚姻关系存续期间，实际取得或者已经明确可以取得的财产性收益。

第二十五条　婚姻关系存续期间，下列财产属于民法典第一千零六十二条规定的"其他应当归共同所有的财产"：

（一）一方以个人财产投资取得的收益；

（二）男女双方实际取得或者应当取得的住房补贴、住房公积金；

（三）男女双方实际取得或者应当取得的基本养老金、破产安置补偿费。

第二十六条 夫妻一方个人财产在婚后产生的收益，除孳息和自然增值外，应认定为夫妻共同财产。

第二十七条 由一方婚前承租、婚后用共同财产购买的房屋，登记在一方名下的，应当认定为夫妻共同财产。

第二十八条 一方未经另一方同意出售夫妻共同所有的房屋，第三人善意购买、支付合理对价并已办理不动产登记，另一方主张追回该房屋的，人民法院不予支持。

夫妻一方擅自处分共同所有的房屋造成另一方损失，离婚时另一方请求赔偿损失的，人民法院应予支持。

第二十九条 当事人结婚前，父母为双方购置房屋出资的，该出资应当认定为对自己子女个人的赠与，但父母明确表示赠与双方的除外。

当事人结婚后，父母为双方购置房屋出资的，依照约定处理；没有约定或者约定不明确的，按照民法典第一千零六十二条第一款第四项规定的原则处理。

第三十条 军人的伤亡保险金、伤残补助金、医药生活补助费属于个人财产。

第三十一条 民法典第一千零六十三条规定为夫妻一方的个人财产，不因婚姻关系的延续而转化为夫妻共同财产。但当事人另有约定的除外。

第三十二条 婚前或者婚姻关系存续期间，当事人约定将一方所有的房产赠与另一方或者共有，赠与方在赠与房产变更登记之前撤销赠与，另一方请求判令继续履行的，人民法院可以按照民法典第六百五十八条的规定处理。

第三十三条 债权人就一方婚前所负个人债务向债务人的配偶主张权利的，人民法院不予支持。但债权人能够证明所负债务用于婚后家庭共同生活的除外。

第三十四条　夫妻一方与第三人串通，虚构债务，第三人主张该债务为夫妻共同债务的，人民法院不予支持。

夫妻一方在从事赌博、吸毒等违法犯罪活动中所负债务，第三人主张该债务为夫妻共同债务的，人民法院不予支持。

第三十五条　当事人的离婚协议或者人民法院生效判决、裁定、调解书已经对夫妻财产分割问题作出处理的，债权人仍有权就夫妻共同债务向男女双方主张权利。

一方就夫妻共同债务承担清偿责任后，主张由另一方按照离婚协议或者人民法院的法律文书承担相应债务的，人民法院应予支持。

第三十六条　夫或者妻一方死亡的，生存一方应当对婚姻关系存续期间的夫妻共同债务承担清偿责任。

第七十一条　人民法院审理离婚案件，涉及分割发放到军人名下的复员费、自主择业费等一次性费用的，以夫妻婚姻关系存续年限乘以年平均值，所得数额为夫妻共同财产。

前款所称年平均值，是指将发放到军人名下的上述费用总额按具体年限均分得出的数额。其具体年限为人均寿命七十岁与军人入伍时实际年龄的差额。

第七十二条　夫妻双方分割共同财产中的股票、债券、投资基金份额等有价证券以及未上市股份有限公司股份时，协商不成或者按市价分配有困难的，人民法院可以根据数量按比例分配。

⊙《最高人民法院关于适用〈中华人民共和国民法典〉物权编的解释（一）》（2020年12月29日　法释〔2020〕24号）

第九条　共有份额的权利主体因继承、遗赠等原因发生变化时，其他按份共有人主张优先购买的，不予支持，但按份共有人之间另有约定的除外。

> 【公报案例】

⊙**分割夫妻共同财产中的遗产时，应当先将共同所有的财产的一半分出为配偶所有——莫某某、岑某1诉岑某2、岑某3、林某某继承纠纷案**（《最高人民法院公报》1988年第1期）

【案例要旨】

夫妻在婚姻关系存续期间所得的共同所有的财产，如果分割遗产，应当先将共同所有的财产的一半分出为配偶所有，其余的为被继承人的遗产。

> 【适用要点】

⊙**注意区分个人财产和家庭共有财产**

在认定家庭共有财产并将遗产从中分出时，应根据财产所有权取得的法律事实的不同，正确把握家庭共有财产和家庭成员个人财产的界限，区分的标准是取得财产是基于家庭成员共同的法律事实还是个人基于一定的法律事实。除了根据约定属于家庭成员个人所有的以外，以下财产一般应认定为家庭成员个人所有的财产：（1）个人基于身份关系取得、不得转让的财产；（2）个人取得但是没有投入家庭共同生活的财产；（3）个人受赠或继承所得的财产。属于个人的财产，所有人死亡时，直接作为遗产；其他家庭人员死亡时，应当注意不能将个人财产纳入共有财产。

第一千一百五十四条　【法定继承的适用范围】有下列情形之一的，遗产中的有关部分按照法定继承办理：

（一）遗嘱继承人放弃继承或者受遗赠人放弃受遗赠；

（二）遗嘱继承人丧失继承权或者受遗赠人丧失受遗赠权；

（三）遗嘱继承人、受遗赠人先于遗嘱人死亡或者终止；

（四）遗嘱无效部分所涉及的遗产；

（五）遗嘱未处分的遗产。

法　律

⊙《**民法典**》(**继承编**)(2020 年 5 月 28 日)

第一千一百二十四条　继承开始后，继承人放弃继承的，应当在遗产处理前，以书面形式作出放弃继承的表示；没有表示的，视为接受继承。

受遗赠人应当在知道受遗赠后六十日内，作出接受或者放弃受遗赠的表示；到期没有表示的，视为放弃受遗赠。

第一千一百二十五条　继承人有下列行为之一的，丧失继承权：

（一）故意杀害被继承人；

（二）为争夺遗产而杀害其他继承人；

（三）遗弃被继承人，或者虐待被继承人情节严重；

（四）伪造、篡改、隐匿或者销毁遗嘱，情节严重；

（五）以欺诈、胁迫手段迫使或者妨碍被继承人设立、变更或者撤回遗嘱，情节严重。

继承人有前款第三项至第五项行为，确有悔改表现，被继承人表示宽恕或者事后在遗嘱中将其列为继承人的，该继承人不丧失继承权。

受遗赠人有本条第一款规定行为的，丧失受遗赠权。

第一千一百三十八条　遗嘱人在危急情况下，可以立口头遗嘱。口头遗嘱应当有两个以上见证人在场见证。危急情况消除后，遗嘱人能够以书面或者录音录像形式立遗嘱的，所立的口头遗嘱无效。

第一千一百四十三条　无民事行为能力人或者限制民事行为能力人所立的遗嘱无效。

遗嘱必须表示遗嘱人的真实意思，受欺诈、胁迫所立的遗嘱无效。

伪造的遗嘱无效。

遗嘱被篡改的，篡改的内容无效。

司法解释及文件

⊙《最高人民法院关于适用〈中华人民共和国民法典〉继承编的解释（一）》（2020年12月29日　法释〔2020〕23号）

第五条　在遗产继承中，继承人之间因是否丧失继承权发生纠纷，向人民法院提起诉讼的，由人民法院依据民法典第一千一百二十五条的规定，判决确认其是否丧失继承权。

第六条　继承人是否符合民法典第一千一百二十五条第一款第三项规定的"虐待被继承人情节严重"，可以从实施虐待行为的时间、手段、后果和社会影响等方面认定。

虐待被继承人情节严重的，不论是否追究刑事责任，均可确认其丧失继承权。

第七条　继承人故意杀害被继承人的，不论是既遂还是未遂，均应当确认其丧失继承权。

第八条　继承人有民法典第一千一百二十五条第一款第一项或者第二项所列之行为，而被继承人以遗嘱将遗产指定由该继承人继承的，可以确认遗嘱无效，并确认该继承人丧失继承权。

第九条　继承人伪造、篡改、隐匿或者销毁遗嘱，侵害了缺乏劳动能力又无生活来源的继承人的利益，并造成其生活困难的，应当认定为民法典第一千一百二十五条第一款第四项规定的"情节严重"。

第二十六条　遗嘱人以遗嘱处分了国家、集体或者他人财产的，应当认定该部分遗嘱无效。

第二十八条　遗嘱人立遗嘱时必须具有完全民事行为能力。无民事行为能力人或者限制民事行为能力人所立的遗嘱，即使其本人后来具有完全民事行为能力，仍属无效遗嘱。遗嘱人立遗嘱时具有完全民事行为能力，后来成为无民事行为能力人或者限制民事行为能力人的，不影响遗嘱的效力。

第三十二条　继承人因放弃继承权，致其不能履行法定义务的，放弃继承权的行为无效。

第三十三条　继承人放弃继承应当以书面形式向遗产管理人或者其他继承人表示。

第三十四条 在诉讼中，继承人向人民法院以口头方式表示放弃继承的，要制作笔录，由放弃继承的人签名。

第三十五条 继承人放弃继承的意思表示，应当在继承开始后、遗产分割前作出。遗产分割后表示放弃的不再是继承权，而是所有权。

第三十六条 遗产处理前或者在诉讼进行中，继承人对放弃继承反悔的，由人民法院根据其提出的具体理由，决定是否承认。遗产处理后，继承人对放弃继承反悔的，不予承认。

第三十七条 放弃继承的效力，追溯到继承开始的时间。

第三十八条 继承开始后，受遗赠人表示接受遗赠，并于遗产分割前死亡的，其接受遗赠的权利转移给他的继承人。

第四十四条 继承诉讼开始后，如继承人、受遗赠人中有既不愿参加诉讼，又不表示放弃实体权利的，应当追加为共同原告；继承人已书面表示放弃继承、受遗赠人在知道受遗赠后六十日内表示放弃受遗赠或者到期没有表示的，不再列为当事人。

适用要点

⊙遗嘱因形式要件瑕疵不发生效力的，所涉财产应当按照法定继承办理

遗嘱的形式，是指遗嘱人处分自己财产的意思表示的方式。立遗嘱是要式民事法律行为，遗嘱形式必须符合法律规定，才能产生法律效力。《民法典》规定了六种遗嘱形式，包括自书遗嘱、代书遗嘱、打印遗嘱、录音遗嘱、录像遗嘱、口头遗嘱和公证遗嘱，并对每种形式都规定了严格的形式要件。由于当事人已死亡，是否为真实意思表示无法自证，故为了充分保证遗嘱的真实性，确保遗嘱体现遗嘱人处分自己死后遗产的真实意思，应当从严把握遗嘱形式要件在认定遗嘱效力方面的规定，不具备形式要件的遗嘱不发生法律效力。凡是不具备《民法典》规定的形式要件的遗嘱，都不发生法律效力，所涉遗产应当按照法定继承办理。

第一千一百五十五条 【胎儿预留份】遗产分割时,应当保留胎儿的继承份额。胎儿娩出时是死体的,保留的份额按照法定继承办理。

法 律

⊙《民法典》(总则编)(2020年5月28日)

第十六条 涉及遗产继承、接受赠与等胎儿利益保护的,胎儿视为具有民事权利能力。但是,胎儿娩出时是死体的,其民事权利能力自始不存在。

司法解释及文件

⊙《最高人民法院关于适用〈中华人民共和国民法典〉继承编的解释(一)》(2020年12月29日 法释〔2020〕23号)

第三十一条 应当为胎儿保留的遗产份额没有保留的,应从继承人所继承的遗产中扣回。

为胎儿保留的遗产份额,如胎儿出生后死亡的,由其继承人继承;如胎儿娩出时是死体的,由被继承人的继承人继承。

指导案例

⊙夫妻一方订立的遗嘱未为胎儿保留遗产份额的,该部分内容无效——李某、郭某阳诉郭某和、童某某继承纠纷案(指导案例50号,最高人民法院审判委员会讨论通过,2015年4月15日发布)

【关键词】

民事 继承 人工授精 婚生子女

【案例要旨】

1.夫妻关系存续期间,双方一致同意利用他人的精子进行人工授精并使女方受孕后,男方反悔,而女方坚持生出该子女的,不论该子女是否在夫妻关系存续期间出生,都应视为夫妻双方的婚生子女。

2.如果夫妻一方所订立的遗嘱中没有为胎儿保留遗产份额,因违反《继承法》第十九条[①]规定,该部分遗嘱内容无效。分割遗产时,应当依照《继承法》第二十八条[②]规定,为胎儿保留继承份额。

> **适用要点**
>
> ⊙ 为胎儿保留的遗产份额保管问题
>
> 本条采取了"保留份额"的方式。在胎儿出生之前,胎儿应继承的遗产并不直接移交胎儿的法定代理人,而是由遗产管理人"保留"管理,如果胎儿顺利娩出,遗产管理人应将保留的遗产移交胎儿的法定代理人;如果胎儿娩出时为死体,遗产管理人可以按照法定继承直接分割所保留的份额,而无须胎儿的法定代理人返还。在胎儿出生之前,胎儿的法定代理人也无权要求遗产管理人向其移交为胎儿所保留的遗产份额。

第一千一百五十六条 【遗产分割的原则和方法】 遗产分割应当有利于生产和生活需要,不损害遗产的效用。

不宜分割的遗产,可以采取折价、适当补偿或者共有等方法处理。

> **法 律**
>
> ⊙《民法典》(物权编)(2020年5月28日)
>
> 第三百零四条 共有人可以协商确定分割方式。达不成协议,共有的

[①] 编者注:该条被《民法典》第一千一百四十一条继受。
[②] 编者注:该条被《民法典》第一千一百五十五条继受。

不动产或者动产可以分割且不会因分割减损价值的,应当对实物予以分割;难以分割或者因分割会减损价值的,应当对折价或者拍卖、变卖取得的价款予以分割。

共有人分割所得的不动产或者动产有瑕疵的,其他共有人应当分担损失。

司法解释及文件

⊙《**最高人民法院关于适用〈中华人民共和国民法典〉继承编的解释(一)**》(2020年12月29日　法释〔2020〕23号)

第四十二条　人民法院在分割遗产中的房屋、生产资料和特定职业所需要的财产时,应当依据有利于发挥其使用效益和继承人的实际需要,兼顾各继承人的利益进行处理。

⊙《**最高人民法院关于适用〈中华人民共和国民法典〉婚姻家庭编的解释(一)**》(2020年12月29日　法释〔2020〕22号)

第八十一条　婚姻关系存续期间,夫妻一方作为继承人依法可以继承的遗产,在继承人之间尚未实际分割,起诉离婚时另一方请求分割的,人民法院应当告知当事人在继承人之间实际分割遗产后另行起诉。

第一千一百五十七条　【再婚时对所继承遗产的处分权】夫妻一方死亡后另一方再婚的,有权处分所继承的财产,任何组织或者个人不得干涉。

法　律

⊙《**民法典**》(婚姻家庭编)(2020年5月28日)

第一千零六十一条　夫妻有相互继承遗产的权利。

⊙《**民法典**》(继承编)(2020年5月28日)

第一千一百二十九条　丧偶儿媳对公婆,丧偶女婿对岳父母,尽了主要赡养义务的,作为第一顺序继承人。

[适用要点]

⊙**生存配偶再婚先于遗产分割的,在遗产分割时仍可继承遗产**

生存配偶对死亡配偶遗产的继承权,是基于生存配偶与死亡配偶生前的婚姻关系,只要在死亡配偶死亡前,生存配偶一直与其保持合法的婚姻关系,就享有对死亡配偶遗产的继承权,除非因生存配偶具有《民法典》第1125条所规定的丧失继承权的法定情形,否则,此继承权不因生存配偶再婚而消灭。当然,如果死亡配偶死亡前双方已离婚,双方婚姻关系终止,生存配偶即无权再以配偶身份继承死亡配偶的遗产。生存配偶自愿放弃继承权则是另外一种情形,与生存配偶是否享有继承权无关。

第一千一百五十八条 【遗赠扶养协议】 自然人可以与继承人以外的组织或者个人签订遗赠扶养协议。按照协议,该组织或者个人承担该自然人生养死葬的义务,享有受遗赠的权利。

[法 律]

⊙**《民法典》(合同编)**(2020年5月28日)

第六百五十八条 赠与人在赠与财产的权利转移之前可以撤销赠与。

经过公证的赠与合同或者依法不得撤销的具有救灾、扶贫、助残等公益、道德义务性质的赠与合同,不适用前款规定。

⊙**《民法典》(继承编)**(2020年5月28日)

第一千一百二十三条 继承开始后,按照法定继承办理;有遗嘱的,按照遗嘱继承或者遗赠办理;有遗赠扶养协议的,按照协议办理。

⊙**《老年人权益保障法》**(2018年12月29日修正)

第二十条 经老年人同意,赡养人之间可以就履行赡养义务签订协议。赡养协议的内容不得违反法律的规定和老年人的意愿。

基层群众性自治组织、老年人组织或者赡养人所在单位监督协议的履行。

第三十六条 老年人可以与集体经济组织、基层群众性自治组织、养老机构等组织或者个人签订遗赠扶养协议或者其他扶助协议。

负有扶养义务的组织或者个人按照遗赠扶养协议，承担该老年人生养死葬的义务，享有受遗赠的权利。

第四十八条 养老机构应当与接受服务的老年人或者其代理人签订服务协议，明确双方的权利、义务。

养老机构及其工作人员不得以任何方式侵害老年人的权益。

司法解释及文件

⊙《最高人民法院关于适用〈中华人民共和国民法典〉继承编的解释（一）》(2020 年 12 月 29 日　法释〔2020〕23 号）

第三条 被继承人生前与他人订有遗赠扶养协议，同时又立有遗嘱的，继承开始后，如果遗赠扶养协议与遗嘱没有抵触，遗产分别按协议和遗嘱处理；如果有抵触，按协议处理，与协议抵触的遗嘱全部或者部分无效。

第四十条 继承人以外的组织或者个人与自然人签订遗赠扶养协议后，无正当理由不履行，导致协议解除的，不能享有受遗赠的权利，其支付的供养费用一般不予补偿；遗赠人无正当理由不履行，导致协议解除的，则应当偿还继承人以外的组织或者个人已支付的供养费用。

部门规章及规范性文件

⊙《司法部关于印发〈遗赠扶养协议公证细则〉的通知》(1991 年 4 月 3 日　司发〔1991〕047 号）

第二条 遗赠扶养协议是遗赠人和扶养人为明确相互间遗赠和扶养的权利义务关系所订立的协议。

需要他人扶养，并愿将自己的合法财产全部或部分遗赠给扶养人的为遗赠人；对遗赠人尽扶养义务并接受遗赠的人为扶养人。

第三条 遗赠扶养协议公证是公证处依法证明当事人签订遗赠扶养协议真实、合法的行为。

第四条 遗赠人必须是具有完全民事行为能力、有一定的可遗赠的财产、并需要他人扶养的公民。

第五条 扶养人必须是遗赠人法定继承人以外的公民或组织，并具有完全民事行为能力、能履行扶养义务。

第六条 遗赠扶养协议公证，由遗赠人或扶养人的住所地公证处受理。

第七条 办理遗赠扶养协议公证，当事人双方应亲自到公证处提出申请，遗赠人确有困难，公证人员可到其居住地办理。

第八条 申办遗赠扶养协议公证，当事人应向公证处提交以下证件和材料：

（一）当事人遗赠扶养协议公证申请表；

（二）当事人的居民身份证或其他身份证明；

（三）扶养人为组织的，应提交资格证明、法定代表人身份证明，代理人应提交授权委托书；

（四）村民委员会、居民委员会或所在单位出具的遗赠人的家庭成员情况证明；

（五）遗赠财产清单和所有权证明；

（六）村民委员会、居民委员会或所在单位出具的扶养人的经济情况和家庭成员情况证明；

（七）扶养人有配偶的，应提交其配偶同意订立遗赠扶养协议的书面意见；

（八）遗赠扶养协议；

（九）公证人员认为应当提交的其他材料。

第九条 符合下列条件的申请，公证处应予受理：

（一）当事人身份明确，具有完全民事行为能力；

（二）当事人就遗赠扶养协议事宜已达成协议；

（三）当事人提交了本细则第八条规定的证件和材料；

（四）该公证事项属于本公证处管辖。

对不符合前款规定条件的申请，公证处应作出不予受理的决定，并通知当事人。

第十条 公证人员接待当事人，应按《公证程序规则（试行）》第二十四条规定制作笔录，并着重记录下列内容：

（一）遗赠人和扶养人的近亲情况、经济状况；

（二）订立遗赠扶养协议的原因；

（三）遗赠人遗赠财产的名称、种类、数量、质量、价值、坐落或存放地点，产权有无争议，有无债权债务及处理意见；

（四）扶养人的扶养条件、扶养能力、扶养方式，及应尽的义务；

（五）与当事人共同生活的家庭成员意见；

（六）遗赠财产的使用保管方法；

（七）争议的解决方法；

（八）违约责任；

（九）公证人员认为应当记录的其他内容。

公证人员接待当事人，须根据民法通则和继承法等有关法律，向当事人说明签订遗赠扶养协议的法律依据，协议双方应承担的义务和享有的权利，以及不履行义务承担的法律责任。

第十一条 遗赠扶养协议应包括下列主要内容：

（一）当事人的姓名、性别、出生日期、住址，扶养人为组织的应写明单位名称、住址、法定代表人及代理人的姓名；

（二）当事人自愿达成协议的意思表示；

（三）遗赠人受扶养的权利和遗赠的义务；扶养人受遗赠的权利和扶养义务，包括照顾遗赠人的衣、食、住、行、病、葬的具体措施及责任田、口粮田、自留地的耕、种、管、收和遗赠财产的名称、种类、数量、质量、价值、坐落或存放地点、产权归属等；

（四）遗赠财产的保护措施或担保人同意担保的意思表示；

（五）协议变更、解除的条件和争议的解决方法；

（六）违约责任。

第十二条 遗赠扶养协议公证，除按《公证程序规则（试行）》第二十三条规定的内容审查外，应着重审查下列内容：

（一）当事人之间有共同生活的感情基础，一般居住在同一地；

（二）当事人的意思表示真实、协商一致，协议条款完备，权利义务明确、具体、可行；

（三）遗赠的财产属遗赠人所有，产权明确无争议；财产为特定的、不易灭失；

（四）遗赠人的债权债务有明确的处理意见；

（五）遗赠人有配偶并同居的，应以夫妻共同为一方签订协议；

（六）扶养人有配偶的，必须征得配偶的同意；

（七）担保人同意担保的意思表示及担保财产；

（八）公证人员认为应当查明的其他情况。

第十三条 符合下列条件的遗赠扶养协议，公证处应出具公证书：

（一）遗赠人和扶养人具有完全民事行为能力；

（二）当事人意思表示真实、自愿；

（三）协议内容真实、合法，条款完备，协议内容明确、具体、可行，文字表述准确；

（四）办证程序符合规定。

不符合前款规定条件的，应当拒绝公证，并在办证期限内将拒绝的理由通知当事人。

第十四条 订立遗赠扶养协议公证后，未征得扶养人同意，遗赠人不得另行处分遗赠的财产，扶养人也不得干涉遗赠人处分未遗赠的财产。

第十五条 无遗赠财产的扶养协议公证，参照本细则办理。

> 人民法院案例选案例

⊙遗赠扶养协议的扶养人无正当理由不履行协议的，被扶养人有权请求解除协议——吕某某诉陈某某遗赠扶养协议纠纷案［《人民法院案例选》2004年民事专辑（总第48辑）］

【案例要旨】

遗赠扶养协议的扶养人负有照顾遗赠人生养死葬的义务，扶养人无故终止对被扶养人的扶养义务的，被扶养人有权请求解除协议。

> 适用要点

⊙遗赠扶养协议与遗赠的区别

遗赠扶养协议带有遗赠的性质，但又不同于遗赠。首先，遗赠是单方法律行为，只要遗赠人作出处分其死亡后财产的意思表示且符合法律规定的要件即可；遗赠扶养协议是双方法律行为，必须要遗赠人和扶养人双方意思表示一致方可成立。其次，遗赠扶养协议是双务、有偿合同，遗赠人与扶养人互负义务、互享权利，扶养人享有接受遗赠的权利但承担遗赠人生养死葬的义务，遗赠人接受扶养人的扶养但负有死亡后将财产赠与扶养人的义务；而遗赠则是单务无偿法律行为，受遗赠人接受遗赠而无须支付对价，具有纯获利性。最后，遗赠人对于遗赠有任意撤销权，在其死亡之前，可以随时撤销遗赠；但遗赠扶养协议则不同，遗赠人和扶养人都不享有任意撤销权，变更协议内容或者解除协议均需要双方达成新的合意才行。

⊙遗赠扶养协议的效力等级

《民法典》第1123条规定："继承开始后，按照法定继承办理；有遗嘱的，按照遗嘱继承或者遗赠办理；有遗赠扶养协议的，按照协议办理。"由此可见，我国遗产继承方式中，遗赠扶养协议效力最高，遗嘱次之，法定继承再次。

> **第一千一百五十九条 【继承遗产债务清偿与特留份规定】** 分割遗产,应当清偿被继承人依法应当缴纳的税款和债务;但是,应当为缺乏劳动能力又没有生活来源的继承人保留必要的遗产。

法 律

⊙《税收征收管理法》(2015年4月24日修正)

第四十五条 税务机关征收税款,税收优先于无担保债权,法律另有规定的除外;纳税人欠缴的税款发生在纳税人以其财产设定抵押、质押或者纳税人的财产被留置之前的,税收应当先于抵押权、质权、留置权执行。

纳税人欠缴税款,同时又被行政机关决定处以罚款、没收违法所得的,税收优先于罚款、没收违法所得。

税务机关应当对纳税人欠缴税款的情况定期予以公告。

司法解释及文件

⊙《最高人民法院关于适用〈中华人民共和国民法典〉继承编的解释(一)》(2020年12月29日 法释〔2020〕23号)

第二十五条 遗嘱人未保留缺乏劳动能力又没有生活来源的继承人的遗产份额,遗产处理时,应当为该继承人留下必要的遗产,所剩余的部分,才可参照遗嘱确定的分配原则处理。

继承人是否缺乏劳动能力又没有生活来源,应当按遗嘱生效时该继承人的具体情况确定。

适用要点

⊙ **区分被继承人个人债务和夫妻共同债务**

很多被继承人债务虽然是以被继承人个人名义所负,但实际用于夫妻共同生活，应当认定为夫妻共同债务。在司法实践中，如果被继承人生前债务为夫妻共同债务，债权人往往会将被继承人的配偶和其他继承人一并诉至法院，要求共担责任。此时，配偶一方既是债务人也是继承人。目前对于此类纠纷，一般对于被继承人与其配偶的夫妻共同债务，该配偶负有清偿义务，其他继承人以遗产范围为限承担连带清偿责任，对外承担的清偿责任超出比例者，可向其他继承人追偿。被继承人配偶和其他继承人之间承担上述债务的比例，可参照夫妻共同财产和遗产的分割比例确定。

第一千一百六十条 【无人继承遗产的归属】无人继承又无人受遗赠的遗产，归国家所有，用于公益事业；死者生前是集体所有制组织成员的，归所在集体所有制组织所有。

法 律

⊙《**民事诉讼法**》(2023 年 9 月 1 日修正)

第二百零二条 申请认定财产无主，由公民、法人或者其他组织向财产所在地基层人民法院提出。申请书应当写明财产的种类、数量以及要求认定财产无主的根据。

第二百零三条 人民法院受理申请后，经审查核实，应当发出财产认领公告。公告满一年无人认领的，判决认定财产无主，收归国家或者集体所有。

第二百零四条 判决认定财产无主后，原财产所有人或者继承人出现，在民法典规定的诉讼时效期间可以对财产提出请求，人民法院审查属实后，应当作出新判决，撤销原判决。

⊙《**涉外民事关系法律适用法**》(2010 年 10 月 28 日)

第三十五条 无人继承遗产的归属，适用被继承人死亡时遗产所在地法律。

司法解释及文件

⊙《最高人民法院关于适用〈中华人民共和国民法典〉继承编的解释（一）》（2020年12月29日 法释〔2020〕23号）

第四十一条 遗产因无人继承又无人受遗赠归国家或者集体所有制组织所有时，按照民法典第一千一百三十一条规定可以分给适当遗产的人提出取得遗产的诉讼请求，人民法院应当视情况适当分给遗产。

⊙《最高人民法院关于适用〈中华人民共和国民事诉讼法〉的解释》（2022年4月1日修正）

第三百四十八条 认定财产无主案件，公告期间有人对财产提出请求的，人民法院应当裁定终结特别程序，告知申请人另行起诉，适用普通程序审理。

第四百六十条 发生法律效力的实现担保物权裁定、确认调解协议裁定、支付令，由作出裁定、支付令的人民法院或者与其同级的被执行财产所在地的人民法院执行。

认定财产无主的判决，由作出判决的人民法院将无主财产收归国家或者集体所有。

第一千一百六十一条 【遗产继承与税款、债务清偿】 继承人以所得遗产实际价值为限清偿被继承人依法应当缴纳的税款和债务。超过遗产实际价值部分，继承人自愿偿还的不在此限。

继承人放弃继承的，对被继承人依法应当缴纳的税款和债务可以不负清偿责任。

> 人民法院案例选案例

⊙被继承人生前形成的侵权之债属于被继承人的债务，其遗产继承人在遗产价值范围内负有清偿责任——某汽车租赁有限公司与张某等被继承人清偿债务案［《人民法院案例选》2010年第4辑（总第74辑）］

【案例要旨】

被继承人生前驾车肇事致他人财产损害形成的侵权之债，属于继承法所规定的被继承人债务之范畴。被继承人债务没有超出其遗产的价值，继承开始后、遗产处理前，占有遗产的继承人应为被继承人的债务清偿人，负有清偿被继承人债务的法律责任；即使尚未占有遗产但未表示放弃继承的，也属被继承人的债务清偿人，同样负有清偿被继承人债务之责任。

> 适用要点

⊙被继承人税款和债务的清偿顺序

既有法定继承又有遗嘱继承、遗赠的，由法定继承人清偿被继承人依法应当缴纳的税款和债务；超过法定继承遗产实际价值部分，由遗嘱继承人和受遗赠人按比例以所得遗产清偿。实践中，如果遗产系货币等一般等价物，则直接可以用于清偿债务，且也容易计算比例。但如果遗产系车辆、不动产等物，则涉及对遗产价值的确定，这就有可能涉及评估、鉴定。

第一千一百六十二条　【遗赠与税款、债务清偿顺序】执行遗赠不得妨碍清偿遗赠人依法应当缴纳的税款和债务。

> **第一千一百六十三条** 【既有法定继承又有遗嘱继承、遗赠时税款和债务的清偿规则】既有法定继承又有遗嘱继承、遗赠的，由法定继承人清偿被继承人依法应当缴纳的税款和债务；超过法定继承遗产实际价值部分，由遗嘱继承人和受遗赠人按比例以所得遗产清偿。

适用要点

⊙ **既有法定继承又有遗嘱继承、遗赠时税款和债务的清偿规则**

涉及遗赠财产的交付问题时，在法定继承人继受的遗产的实际价值不足以清偿被继承人生前应缴纳的税款和债务，而要由遗嘱继承人和受遗赠人按比例以所得遗产清偿的情形下，在分割遗产时，应先清偿税款和债务，然后才能交付遗赠中涉及的财产，如果清偿后遗产无剩余的，遗赠也就不能执行。同时，如果法定继承人、遗嘱继承人、受遗赠人均自愿偿还超过其继承或受赠遗产实际价值范围部分的遗产债务的，法律亦不作特别干涉。